关系主义
理论发展与实践检验

秦亚青 等

著

Relationalism:
Theoretical Development
and Empirical Research

上海人民出版社

总序 中华传统文化与社会理论的构建

中华传统文化是中华文明几千年的思想结晶和实践积淀,也是社会科学知识生产的重要智识资源。对中国社会科学理论体系建设而言,中华文化是取之不竭的思想宝库;对一般意义上的社会科学理论构建而言,中华文化是启迪创新的源头活水。当然,中华传统文化理念不能自动成为社会科学理论,从资源到理论,需要经历一个创造性转化和创新性发展的过程,包括对当今世界现实的介入、与其他文化的交流融汇,并最终产生真正意义上的人类共同知识。在这个转化过程之中,中国国际关系理论的发展过程提供了一个有一定典型意义的实验平台。

一

文化是一个文化体的共同背景知识,是社会科学理论生产的重要智识资源。一般来说,知识可分为"背景知识"和"表象知识"两大类。背景知识是一个文化共同体在长期实践中形成的实践性知识,是非言明的、未经理性加工的知识,在实践中习得,且不断积累、代代相传。背景知识存在于文化共同体成员的背景或是潜意识之中,是文化共同体的构成性知识,驱动共同体成员有意识、有意图的行为,并使他们在宏观层面表现出相似的思维和行为方式。有了共同背景知识,人们才能对某种存在的事物加以理解,才能对某种外在的事实作出诠释,才能在某种情景下具有采取何种行动的取向。

表象知识是经过人脑梳理的、言明的、抽象的知识。科学理论，无论是社会科学还是自然科学，都归于"表象知识"的类别，因为这些知识不是我们直接实践的结果，而是通过知识生产者的梳理、整合、提炼、抽象而得来的。无论是牛顿力学、量子力学、爱因斯坦相对论，还是洛克的政府论、斯密的市场论、罗尔斯的正义论，都是表象知识的例子。

表象知识对于人类发展是重要的。但是，表象知识或曰理论并不是从天上掉下来的，也不是超级大脑的凭空创造，而是在背景知识的土壤中生产起来的。背景知识和表象知识有着两重关系。其一，背景知识是表象知识的基础来源。西方国际关系主流理论的基本背景知识是威斯特伐利亚体系下的国际关系实践，国际关系的重要理论概念，如"均势""无政府体系"等均是抽象于欧洲国际关系实践的。其二，表象知识和背景知识是相互作用的。表象知识生成于背景知识，但一旦形成了系统的表象知识，则又会反过来作用于实践。国际关系理论对国际关系实践和国家行为都产生了重要的影响。现实主义主导了美国冷战时期的对外政策，新自由制度主义则对冷战后20多年国际关系的实践产生了重要影响。但是，从本体意义上讲，背景知识具有本体优先的地位。没有背景知识，表象知识就成为无源之水、无本之木。

社会理论的建构者是人，是作为文化共同体成员的人，亦即韦伯意义上的"文化人"。一个文化共同体的背景知识是文化人的生命场和生长语境，也就是说，文化共同体成员是在自文化的背景知识浸泡中生长起来的，文化体背景知识流淌在其血脉之中，对行为起到潜移默化的作用。社会理论是人构建的，但是，借鉴马克思对历史的理解，人不是随心所欲地创造理论，而是在自身的知识结构和价值结构、思维方式和行为方式所界定的范畴内构建理论，是依照自身的实践活动并通过这样的实践构建理论。文化塑造了人，也正因为如此，文化与社会理论就有了直接的关系。从某种意义上讲，文化为社会理论提供了重要的、不可或缺的智识资源。

社会理论都是在背景知识的土壤中生发的。正如农民的劳作、工人的生产、外交官的外交活动被视为实践一样，学者的研究也是实践活动。生产知识的活动是一种实践，这种实践是在知识生产者作为"文化人"的背景知识影响下展开的。根据约翰·塞尔的理论，背景知识作为前意识和非意图的存在，关键性地影响到有意识和有意图的行为。文化共同体的背景知识影响到作为知识生产者的"文化人","文化人"又通过自己的生产实践将背景知识在现实生活中"表象"出来,这样就生产出理论。因此,背景知识是理论知识生长的土壤,也正是在这个意义上,文化为社会科学理论创造提供了一种基础营养,成为社会科学理论创造的智识资源。任何社会理论,无论其意义扩展到多么宽广的范围,都会有着理论建构者的初始文化印记。

在现在的国际关系领域中,西方的国际关系理论占据主导地位,尤其是美国的现实主义、自由主义和建构主义被称为三大理论流派。仔细审视国际关系三大主流理论,就会发现这些理论深植于西方的文化理念和实践活动。传统思想与当下现实有机结合在一起,经过创造性的提炼和转化,就会形成重要的理论体系。现实主义是对霍布斯、马基雅维利等思想的传承和转化,始终紧扣权力和利益的核心理念,将其用于民族国家的现实场景,转化为系统的理论。在自由主义国际关系理论中,洛克、康德、斯密等人的影响无所不在,并结合当今、尤其是冷战结束后国际关系的现实,形成一个理论体系。而贯穿这些主流理论的一个基本思想是"理性",这是自文艺复兴和启蒙运动以来西方表象知识的结晶,而其所表象的,恰恰是西方社会在现代化关键进程中由实践形成的背景知识要素,是西方现代化文明和文化的思想凝练和知识表述。追根溯源,西方文化传统是现代社会科学理论的重要智识资源。

西方的国际关系理论是以西方传统经典思想为智识资源,中华文化也可以成为中国国际关系理论的智识资源。进而,当我们开始进入一个真正的多元世界的时候,在多元文化和多向度实践共同产生价值意义的时候,中华传统文化(还有其他传统文化)的经典思想,通过不断地凝练、砥砺、升华,也会成为世界社会科学的共同智识资源。

中华传统文化作为社会理论智识资源具有很大潜能。当今世界发生了重要的变化,一个真正意义上的多元世界正在全方位地展现,西方社会科学理论已经无法充分解释当今世界的多元现实。中华传统文化里面有许多重要的思想概念,比如"仁""礼""和谐""阴阳""天下""王道""义利"等;中华传统文化里面也有许多重要的思想体系,比如忠恕意识、天下制度、中庸辩证、和合共生等。这些概念和思想,通过创新性转化和创造性发展,可以成为社会科学理论建构的智识资源和思想基底。"天下为公"的思想就突破了西方国际关系理论民族国家的基本思维模式,突出以世界责任为己任的人类共同体意识。而中庸辩证思想也突破了"理性人"的基本模式,从本体意义上确定了合作的可能性、必要性和必然性。

中华传统文化作为社会理论智识资源的价值在于推动社会理论的原创性发展。在一个多元文化的复合世界中,文化共同体差异性越大,背景知识在理论创新方面的潜力也就越大。以文明为基础的文化共同体是所有文化共同体中差异最大的共同体,基于这种差异并展开沟通对话很有可能出现创新性理论。比如中华文化与西方文化是基于不同文明的文化。这不是说中西全然不同,同是属人的范畴,两者必然有很多相通的地方。相通意味着社会理论具有普适性的发展空间。同时,差异则为理论原创提供了机遇。如果能够形成一种对话的宽厚平台和宽容机制,全球性社会理论的形成就是有希望的。思考如何使用文化资源构建具有显著性意义的知识体系,这对于将国际关系学发展成为真正全球意义上的学科是十分必要的。

二

中华传统文化是社会科学理论建构的重要资源。但是,智识资源不能自动生成社会理论。由资源成为理论需要对传统文化进行创造性转化和创新性发展。这一转化的前提是深刻领悟和整体把握中华文化的基本原理和意义境界,尤其是蕴含其中且贯穿其间的世界观、认知方法和思维方式。中华文化思想是一个系统的知识体系,体现了一个知行一体、内外兼容的生成过程。中华文化的基本原理经历实践和时间的磨砺,具有时空穿透性,反映人类共同的价值意义。不深刻体悟中华文化的基本原理,而仅仅取用一词一意、模仿传统的外在形式,不但不会实现转化和发展,而且会使中华文化庸俗化,甚至以文化民族主义和文化狭隘主义的形态阻碍中华文化在全球知识场景中的发展与进步。

因此,中华传统文化要进入社会科学领域,需要经历创造性转化和创新性发展。创造性转化更多地表现为一种空间维度的知识实践。所谓空间维度,是指将中国传统文化思想与社会科学主动的、创造性地结合在一起,使优秀传统理念在凝炼和升华之后，成为现代社会科学知识的理论硬核，并以此为核心，形成现代意义上的社会科学理论范式。如果传统文化智慧只是自我封闭的自娱自乐，不能转化为具有广泛意义上的现代社会科学知识，创造性转化就无法实现。比如，儒家"仁"的概念、道家"道法自然"的思想不仅仅是人们在生活中遵守的规则或是对于生活方式的个人选择，而且应该积极地转化为现代科学的核心理念，进而围绕这些理念形成系统的社会科学理论。仅仅停留在个体层面的经验和智慧是难以进入社会科学知识范畴的。

创新性发展则主要指向时间维度上的知识实践。所谓时间维度，是指将中国传统文化的思想与当今中国、当今世界与时俱进地结合在一起，使传统文化理念在彼时彼地的生成能够产生此时此地的现实意义和知识价值，尤其是与当今世界的重大问题密切联系在一起，使传统思想发展为当下的实践能力。如果传统文化思想不能直面当下重大社会问题，不能与时俱进地聚焦人类的现实关切，创新性发展也就无法实现。比如，对于中国的崛起、权力的意义、利益的界定、国际体系的形态、国际社会的规范、全球治理的路径等一系列与当今世界密切相关问题的理解、诠释和建构；再比如，我们在传统文化升华意义上的理论建树是什么？中国传统思想对当下世界的应然和实然思考是什么？怎样用中国传统文化中的优秀思想来解释和建构当今世界？

创造性转化和创新性发展是传统文化思想转向现代社会知识的一体两面。空间维度和时间维度是相辅相成、不可分割的。在空间维度上与现代社会科学知识的结合而成为现代社会科学理论的硬核，同时意味着在时间维度上对现代世界重大问题的知识观照、理论创建和实践应用。这样，空间和时间的维度就在实践中统一起来，成为时间、空间和实践的三位一体。这是传统文化创造性转化和创新性发展的根本意义所在。

在使用中华文化资源进行社会知识生产的过程中，需要实现三重意义上的超越。一是从资源到理论的超越。本土智识资源需要升华为根植于本土的社会科学理论，实现从经验和智慧到系统科学理论的转化。社会科学理论起源于地方性知识的，所有实践都是具有地方性意义的实践。背景知识是没有言明的知识，社会科学理论等表象性知识是汲取背景知识资源、经过思辨性转化的知识，是言明的、抽象的知识。因此，资源转化为理论是关键的第一步超越。福柯对权力和知识关系的研究起源于法国当时的社会现实，布尔迪厄对于实践和惯习的研究起源于他曾经生活的社区，但都实现了从资源到理论的超越。产生于欧洲的国际关系学也是初始于地方性知识的。欧洲国际关系的实践，尤其是威斯特伐利亚体系建立以来的实践，为西方国际关系理论提供了主要的实践基础。无论是卡尔的《二十年危机》、摩根索的《国家间政治》，还是基辛格的《重建的世界》，这些现实主义国际关系的经典理论著述，主要是以欧洲国际关系为实践依据、以欧洲文明文化的传统思想为智识资源的。没有这些资源，就难以产生社会科学理论。同样，没有这些理论生产者从资源到理论的有意识转化，资源也就只能停留在潜能层面，不会出现真正意义上的社会科学范式。

二是从描述到解释的超越。以中华传统思想为基底的社会科学理论不能仅仅是生活实践和处事智慧的描述。作为社会科学理论，需要能够解释基本的、有意义的社会现实。中国社会科学理论首先需要对中国的社会事实和社会行为具有解释能力，尤其是现有理论无法解释的现象。费孝通先生对中国江南乡村社会的研究就是解释中国乡村的现实的，依据也是中国乡村的田野研究。恰恰是这些对中国现实的解释，使之有了世界性的学术意义。韦伯之所以能够建立起重要的社会学理论，不仅仅是充分地、创造性地挖掘了西方文化的资源，而且将这种资源转化为可以解释资本主义内在动力和机制的理论体系。以中华优秀传统思想为核心概念的社会科学理论首先需要具有解释中国社会现象和发展的理论能力。中国经济实践是否能够转化为真正意义上的经济学理论，而不是仅仅对中国经济发展历程的描述？进而是否可以用来合理地解释中国经济发展的根本原因和内在机制？将中国的现实解释清楚并升华到社会科学理论的层面，这本身就产生了超越性意义。

三是从解释本土到解释世界的超越。实现从理论解释本土到解释世界的超越是社会科学理论的重要特征。以中华传统文化思想为核心的社会理论需要具有超越本土的意识和实践价值，可以产生超越本土、超越地域、更为广泛的解释力。冯友兰先生在讨论中国哲学的时候，曾经说过："……西方是外向的，东方是内向的；西方强调我们有什么，东方强调我们是什么。如何调和这二者，使人类身心都能幸福，这个问题目前难以解答。无论如何，中国的人生观也许错了，但是中国的经验不会是一种失败。如果人类将来日益聪明，想到他们需要内心的和平和幸福，他们就会转过来注意中国的智慧，而且必有所得。"冯友兰先生无疑考虑的是中国哲学超越中国本土的世界意义和人类价值。社会科学需要有超越本土的解释力。从根植于本土社会科学理论到具有广泛理论和实践意义的社会科学范式，超越本土经验和实践，实现从解释中国到解释世界的转化，使源于中国的社会科学理论成为世界知识的重要组成部分，这也许是中国社会科学理论的终极价值所在。

三

中国国际关系理论的发展历程表明，中华传统文化经典思想始终是贯穿其中的一条主要脉络，并且不断以创造性转化和创新性发展为知识生产的实践原则。虽然中国国际关系理论的发展仍然有很长的路要走，但从文化资源到社会科学理论、从事实描述到说明解释、从解释本土到解释世界这三个方面的转化来看，都取得了比较扎实的进步，并开始在世界国际关系理论研究领域占据一席之地。

改革开放以来，中国国际关系理论的发展大致可以分为三个阶段。第一个阶段是20世纪80年代至90年代中期，中国国际关系学界首次提出建立"中国特色国际关系理论"。第二个阶段是20世纪90年代中期到21世纪中期，这一阶段提出了国际关系理论"中国学派"的概念，并引发了学界的争论。当时争论的焦点在于"要不要"的问题上面，即需要不需要建立中国学派。第三个阶段21世纪头十年至今，中国国际关系学界开始认真思考怎样建立中国国际关系理论，亦即从讨论要不要的问题转而思考怎样做的问题。在这一阶段，中华传统文化被作为构建中国学派的重要资源。中国学者经历了前面几十年的积累，付出了极大的努力，产出了以中华文化理念为核心的国际关系理论，并且受到世界国际关系学界的高度关注，在世界范围内产生了影响。

中国国际关系学人通过对中华传统文化的深入挖掘，推出了不少有新意的、可以通归于"中国国际关系理论"范畴的研究成果。这里仅举几个比较典型的例子加以说明。为此，需要首先对中国国际关系理论做一个可以操作的定义，即"中国国际关系理论是使用中华文化背景知识中的思想资源，对国际关系实质性内容进行概念化、抽象化和通则化处理，在与世界其他地域文化社会科学知识的互学互鉴、沟通辩论中，形成自洽的、合逻辑的思想体系"。

这个定义包含几个内容。其一，中国国际关系理论根植于中华文化的实践和背景知识。这是定义性特征，强调文化、历史、思想和实践对于理论构建的重要意义。其二，中国国际关系理论是社会科学理论。既然是理论，就必须是系统的思想，而不是简单的灵感闪现或是零星的思想叠加。理论建构是一个概念化、通则化、抽象化的过程。进而，理论关照的对象是国际关系领域的实质性内容，讨论的内容是关涉国际事务、尤其是国际事务中的重大问题的。其三，中国国际关系理论是全球国际关系知识生产领域的一个重要组成部分，是与其他不同地缘文化中的国际关系理论学派互学互鉴的。也就是说，中国国际关系理论是全球诸学派中一个学派，是一个开放的体系，既以中国观天下，也以天下观中国，这是中国国际关系理论的一个主要意涵。

近年来，中国国际关系理论的发展取得了重要的进步，已经引起世界国际关系学界的高度关注，也产生了较大的影响力。比如，"天下体系"理论的一个思考重点是持久和平的世界秩序。"天下"作为一种体系是以其无外原则构成了持久和平的基础条件，这与以国家为核心的威斯特伐利亚体系及其"有外"原则形成了鲜明的对比。道义现实主义的基本内容是道义在权力世界中的意义和作用，借鉴先秦诸子的思想，提出了领导国家需要依赖道义、实施王道而非霸道才能获得合法性的观点。关系理论则是以中国社会的核心理念"关系性"为核心概念发展起来的一种国际关系理论。关系建构行为体身份，界定行为体利益，引导行为体行为。认知复杂纠结关系的基本视角和方法是中庸辩证法，其中阴阳被界定为元关系，是所有关系的典型表象，特征为"彼此相即"而非"非此即彼"，是我他共在、群己共在、互为生命、相辅相成。还有，上海学者的共生理论、台湾学者的关系平衡理论、美籍华人学者对道家辩证视野下的世界政治等研究成果，都是以中华传统文化为知识资源进行理论建构的。

显然，上述这些理论在很多方面都是不一样的，但却有一个相同之处，这就是使用中华传统文化作为理论建构的智识资源。天下无外、和合共生、道德规范、关系本位等思想，都是中华传统文化中高度关注的理念。进而，对这些理念也不是采取了直接的"拿来主义"，而是经过概念化和理论化的处理，使之成为社会科学理论的核心概念，围绕这一概念形成自洽的国际关系理论，并在理论转化过程中结合当下国际关系的重大问题，比如秩序、治理、领导力等。这些产生国际影响的理论，其硬核都是来自中华文化，发展都是在与世界其他地域的理论互学互鉴中实现的。也正是在这一过程中，中国国际关系理论走向了世界，也为世界国际关系领域的知识生产注入了新的活力。

四

　　中国国际关系理论的发展有着深刻的意义，已经受到世界学界的高度关注和积极评价。比如，布赞认为，中国国际关系理论已经成为"非西方国际关系理论最重要的来源"；阿查亚也认为"中国国际关系理论极大地丰富了整体意义上的国际关系理论和国际关系学科，尤其是对构建全球国际关系学的努力作出了贡献"。自然，这些理论也引发了世界国际关系学界的批评，比如中西二元对立、中国中心论、普适性与特殊性问题，等等。但无论如何，世界国际关系学界开始认真关注中国国际关系理论，对其进行讨论、分析、质疑、批判，并且开始用其作为分析框架展开经验性研究。中国国际关系理论终于在世界国际关系理论学界立足，并在对话、辩论、争鸣中形成了鲜明的特色，产生了积极的影响。可以说，在当今世界的国际关系学界，中国国际关系理论已经是绕不过去的知识产品了。

　　中国国际关系理论之所以能够发展起来，受到世界的关注和讨论，一个重要的原因是，几十年理论建构的过程始终是一个包容开放的系统，并积极参与在两个场域的知识生产实践。一是全球国际关系知识生产领域。这是一个多元知识场域，包含了不同的学派分支和理论范式，中国国际关系理论是其中一个重要的组成部分，并在与其他各种国际关系理论的相互学习和严肃辩论中发展成长。二是中国国际关系知识生产领域。这同样是一个多元知识场域，中华文化是丰富多彩的，在挖掘和凝练中华传统文化这个共同基础上生成的中国国际关系理论必然是多种多样的，自然不乏争鸣和互鉴。正因为从中华文化到社会科学理论转化过程的包容开放，才有了今天中国国际关系理论的世界性意义。

　　世界在朝着更加多元的方向发展，知识生产也在以更加多样化的形式展现出来。近年来，世界国际关系学界出现了"全球转向"的明显迹象，传统文化作为知识生产重要资源的意义比以往任何时候都得到人们的重视。山东大学全球治理与国际组织研究中心于 2021 年成立,一个主要的研究方向就是将中华传统文化的思想精髓和实践智慧与当下的全球治理联系起来,努力进行创造性转化和创新性发展,努力将中华文化精华转化为社会科学理论,实现从资源到理论、从描述到解释、从本土到世界的知识转化。我们将促进中国学者的交流沟通、促进世界不同地域文化国际关系思想和理论的互学互鉴,使中国国际关系理论成为世界社会知识宝库和人类共同价值的重要组成部分,使中国的社会科学产生全球性意义,推动人类知识的丰富多彩和人类共同价值的进化发展。

秦亚青

2021 年 10 月于青岛即墨

目　　录

导　　论

秦亚青

2022 年的时候，我们完成了第一本包含关系主义国际关系理论构建和实践检验两类内容的文集，以《关系性逻辑与东亚区域治理》为书名由上海人民出版社出版。其后几年里，关系主义理论得到了较快的发展，主要表现在两个方面。一是世界国际关系学界对关系理论展开了跨地域文化的讨论，使得关系主义作为知识产品在双向涵化过程中的发展更为明显；二是使用关系主义作为理论的经验性研究成果不断出现，使得关系主义作为一种理论在不同领域和地域的实践中得到验证，推动关系理论不断深化。编纂当前这本文集，目的是将由知识双向涵化引导的理论深化和多地域、多领域的实践检验两类成果汇集起来，既呈现关系主义的发展图景，也为理论的进一步发展提供阶段性依据。也就是理论部分聚焦交互涵化而带来的理论深化，实证部分包括不同地域和领域的经验性验证。根据这样一种设计意图，我们将书名定为《关系主义：理论发展与实践检验》。

一、涵化与知识生产

本书强调，关系主义理论是在涵化过程中发展起来的。涵化是知识生产和再生产的一种重要方式，也是理论创新的重要路径。我曾经区分了三种涵化形式，即单向涵化、双向涵化和交互涵化，并分别做出了定义。简言之，知识涵化主要指不同地域文化之间在实践基础上形成的知识的流动。尤其是双向涵化和交互涵化,表现了明显的知识间性,反映了流动中的知识体系之间相互批判、相互质疑、相互补充和相互影响,并因之启动知识再生产和实现理论创新。因此,本书理论探讨部分收入的文章主要是围绕学界的对话和辩论、不同文化背景中关系主义的比较研究,试图以此凸显双向涵化在知识生产和理论创新中的重要意义。[1]

知识涵化概念所包含的基本原则是,知识创新只能在一种流动开放的生产过程中产生,几个要素尤其重要。一是知识生产是一个开放过程,最重要的就是其开放性。在任何封闭的知识生产体系中,知识创新都是难以实现的。二是知识流动与涵化发生需要包容性作为必要条件。涵化是分为不同阶段的,但无论在哪一个阶段,包容性都是不可或缺的要素。当一种知识向外传播的时候,如若没有包容性的对接体系,涵化是无法实现的。包容性尤其包含了对自己不熟悉甚至不喜欢的知识产品,包容并尊重这样的知识产品,才能推动知识再生产。三是任何知识话语霸权和知识壁垒都是阻碍知识生产和再生产的。知识话语霸权意味着只有一种知识是主导性知识、只有一种知识是标准性知识,其他的知识都需要以这种知识作为标杆。在国际关系领域,现实主义、自由主义、建构主义三种理论主导国际关系研究的现象是不正常的,所以需要提倡真正的全球主义世界政治学。因为只有在全球主义的意义上,国际关系学科才能够成为一个开放的体系,成为一个多元的知识结构,成为一个在多向涵化和交互涵化中不断创新的知识生产过程。

知识话语霸权对知识创新是一种很强的负面力量。一旦一个学科领域建立起知识话语霸权,这个学科的研究就进入了库恩所说的常规研究阶段。[2]1900年,英国著名物理学家开尔文勋爵宣布,物理学一切基本问题都已解决,除了上空飘着的两朵小小的乌云之外,物理学大厦已经建成,未来物理学只需要做一些修修补补的工作即可。这一宣布意味着经典科学观登上话语霸权宝座,并且已经成为渗透人心的科学文化。当然这也就意味着物理学的重大创新停止了,修修补补就可以使大厦屹立不倒。从近现代科学研究的发展轨迹来看,在常规科学阶段,技术性突破时有发生,但重大思想革命和颠覆性知识创新是比较罕见的事情,而常见的是应用已有的知识或知识体系进行精工细作式的修补,表现出来的是专业分工越来越精细、技术操作越来越精到、研究方法越来越精致。在这样的阶段最缺乏的是思想的突破性创新,影响人类、世界乃至宇宙观的知识产品更是寥若晨星。开尔文勋爵在演讲时大约想不到的事情是,正是这两朵小小的乌云震撼了经典物理学大厦的根基,也带来了宇宙观的重大革命。

现代化是人类演进进程中的一个重大革命性发展,回溯现代化形成和成长时期知识生产的蓬勃时期,交互涵化是非常明显的。笛卡尔的思想、康德的哲学、黑格尔的辩证法等哲学社会科学思想与以牛顿物理学为代表的现代科学思想之间的相互影响是显著的。这些不同领域的经典思想和知识,共同构成了我们称之为现代科学的经典知识体系。现代化时期自然科学最重要的思想和理论成果是以牛顿为代表的世界观和科学理论体系,经典科学观代表了这一时期科学思想的最高成就,是人类科学发展的里程碑。牛顿的降临似乎就是要揭示这个世界之所以成为一个确定性世界的那些自然法则。同时,现代化时期科学知识取得了重要的发展,牛顿的力学和万有引力定律、麦克斯韦的经典电磁学、亥姆霍兹等人的能量守恒定律相继问世,似乎反映了无可置疑的普适真理,并且共同构成了物理学的科学体系。现代化取得的成功、科学技术的巨大进步使得整个世界发生了不可思议的变化,人们在日常生活中也无时无刻不在经历着这些变化,也使人们深信科学的唯一正确性,甚至科学一词也成为正确或真理的代名词。

随着这种成功而出现的负面情景是知识话语霸权的形成。具有霸权地位的知识成为主导一切和唯一正确的知识,并以这种唯一正确为中心,建立了一个越来越封闭的领地。从某种意义上说,没有一种开放的知识生产体系,没有一种知识的高强度交互涵化,现代科学体系本身也是无法形成的。知识话语霸权一经形成,知识的独院高墙就会出现,知识生产就会更多地成为重复性技巧演练,思想贫乏,而技术精湛;知识生产停滞,仿造翻新大量涌现。并且,一旦革命性、颠覆性的新思想、新世界观出现,则会被认为是鬼魅般的现象,既不遵从科学规律,也不符合常识思维,是绝对不容许、完全不可能发生的事情,因为上帝是不会掷骰子的。

以国际关系为例,结构现实主义和新自由制度主义几乎毫无保留、甚至不假思索地接受了现代物理学的基本假定,比如原子国家、确定世界、先在规律、决定性因果关系等。直到现在,主流国际关系学研究依然是在努力发现决定性因果律,并以此建构理论。没有规律的事实索然无味,没有理论的规律充其量只有平庸的使用意义。于是,寻找规律,寻找因果规律,并且寻找确定性的因果规律以形成确定性的理论,便成为一切主流研究的主要目的。因此,在主流国际关系学界,我们看到的只是经典科学观和由此形成的科学文化的单向涵化甚至绝对主导,几乎看不到任何双向涵化的现象,更不用说交互涵化了。这与现代化形成和发展时期那种高强度交互涵化的思想交流迥然不同。但是,这种现象终究是会被破除的,就像量子力学中那些鬼魅般的情景一样,荒诞离奇的超距效应和完全自由的随机概率是真实发生的,一次又一次的实验终于使牛顿思想不再成为唯一正确的标准科学思想,也终于证明经典科学观和以其为核心的科学文化只不过是基于地方性实践的地方性知识,超越其地域空间,所谓普适性的规律便失去了作用。如若再以这种普适性去观察新的天地,只能是处处无所适从了。经典科学文化与以量子思想为核心的新科学文化在沟通论辩的涵化过程中,震撼了前者的主导地位,推进了知识生产和再生产的革命性发展。

实际上,社会科学界也深知这一道理。正因为如此,国际关系学者也一直试图突破知识话语霸权,实现真正意义上的知识创新。西方国际关系学界内部的论争、批判理论、女性主义、后殖民主义、后现代主义等国际关系理论不断出现,试图挑战主流国际关系的话语霸权,也推动了一些主流国际关系学者的反思。从某种意义上讲,建构主义[3]既是主流理论和现代性思想的产物,也受到后现代思想的影响。近年来兴起的全球国际关系学倡议所包含的兼容学派和批判学派更是深刻地反映了国际关系学界寻求知识多元化和交互涵化以求突破性创新的愿望。[4]当然,即便是这些不同的话语体系和理论范式,也包含了很多物理主义和现代科学文化的前提假定,[5]这也说明了更加彻底的交互涵化具有重要的知识生产意义。

二、双向涵化与关系主义理论的演进

国际关系领域的关系主义兴起是新近的事情,在一定程度上受到关系社会学、量子思想及关系性世界观的影响,希望能够促使知识生产过程更加开放、理论创新更加彻底。同时,在中国传统文化社会实践和经典思想中,关系性是一个核心概念。在中国传统社会研究和哲学文化文献里,关系概念已经通过各种方式得到了表现。近现代以来,中国文化和社会学者也对这一概念做过富有学术意义的探讨。梁漱溟、费孝通、冯友兰等学者都对关系思想或关系性概念进行了重要的阐释和深入的探讨。所以中国关系主义学者对关系概念似乎有一种天然的敏感,自然而然地从传统和实践中得到启迪,并努力发掘关系概念在现代国际关系学的理论和实践意义。正因为如此,中国关系主义研究与西方几乎是同步的,并且从一开始就出现了比较明显的双向涵化现象。这些现象主要是通过中文学界和英文学界学者的对话和交流表现出来的。

虽然这种双向涵化的具体时间和详细内容仍需要认真地考证,但有几次重要的对话保留了比较完整的记录,还是可以作为基本依据的。除了中文学界学者在国际学术期刊发表的论文和出版的专著之外,三次正式的面对面交流和对话标志着双向涵化的重要节点。

第一次是 2017 年中西学者在兰卡斯特大学(Lancaster University)召开的学术研讨会,这次研讨会是专门就关系主义展开的学理对话。研讨会的主题是"走向全球关系理论研究:中文学界和英文学界关系主义学者的对话"。这可能是国际关系领域第一次中西学者以基本对等的学术身份和基本相当的阵容,就一个涉及理论转向的学理问题展开的研讨会,达成的一个重要共识是"关系理论的发展是在不同的地缘—语言(geo-linguistic)中兴起的,国际关系的关系路径能够提供一种超越英文学界学术语言和空间的交流,这种交流越来越多,也更富有成效"。[6]会议成果发表在 2019 年的《剑桥国际事务评论》期刊上。对话表明,关系主义是一种国际关系研究新路径,与其他理论相互交集借鉴论辩,但不是任何范式的分支。大家的共识是,不同地域文化的关系理论对话、辩论、交流会进一步促进知识创新,这无疑弱化了知识生产领域的中心—边缘界限,强化了知识生产的多元性和知识领域的民主意识。[7]

第二次是 2018 年在北京召开的关于中国国际关系理论的研讨会。出席会议的学者来自中国、日本、韩国、巴西、美国、英国等不同国家,就中国国际关系理论的有或无、贡献与局限、智识资源等问题展开了激烈的讨论。非西方国际关系理论成为会议讨论的中心内容,这一点本身就说明知识流动和知识生产全球性的重要意义。关系主义作为讨论的重点之一，引发了不同的观点和意见。参加研讨会学者的基本观点汇编成集，以《国际关系理论的全球化：关键性对话》为书名于 2020 年出版，书的导论中指出非西方国际关系理论发展的三种方式，即通过挖地方性资源拓展知识生产、通过辩论对话寻求知识互融互鉴、通过比较研究丰富知识宝库。[8]

第三次是 2021 年在蒙特利尔召开的国际研究学会（International Studies Association，ISA）年会专题研讨会（special symposium），研讨会的题目是"与中国国际关系学派的对话"（Dialogue with the Chinese School of IR Theory）。这次研讨会涉及多种中国国际关系理论，包括天下理论、共生理论等，同时专门讨论了中国国际关系的道义现实主义和关系主义理论。研讨会的最终成果由《中国国际政治杂志》（*The Chinese Journal of International Politics*）以两期的版面予以发表。[9]在这次研讨会上，双方学者对中国国际关系理论做出了很有分量的评论和回应。涉及关系主义的讨论，除了总论部分和论坛部分之外，还包含了石之瑜等的"A Relational Analysis of Exceptionalism：Connecting Liberalism with Confucian Multilateralism and Emotion"，古志尼（Stefano Guzzini）的"Relationalism(s) Unpacked：Engaging Yaqing Qin's Theory of World Politics"和秦亚青的"The *Zhongyong* Dialectic：A Bridge into the Relational World"等长文。应该说，这次讨论是深层意义上的讨论，并非只是在肤浅层面上指出几点不足，而是既关涉本体论、认识论等元问题，也包含了对国际关系和世界政治的现实考虑。

这一系列的对话展现的是一个双向涵化的过程。参与对话的学者需要认真思考对方提出的知识性质疑及其背后的原因，也需要在尊重和回应对方质疑的同时，深入诠释和改进自己的理论。在这样的对话过程中，双向涵化实际上已经悄然形成，并出现了一些交互涵化的迹象。也正是由于涵化过程的双向性和开放性，使得互补互鉴的知识增长成为可能。应该看到，正是通过这一系列的学术对话和交锋，中国国际关系理论才会成为全球国际关系知识生产领域的重要组成部分，才会产生更大的影响力，也才会获取更大的动力进行自我反思和发展进化。[10]

我曾将中文学界的关系主义称为"深度关系主义"，这一概念的提出正是在对话和辩论这样的双向涵化过程中产生的。与西方关系主义相比,深度关系主义表现了更为彻底的关系性,因此也可以称为彻底的关系主义。深度关系主义表现出几个明显特征。第一,世界是关系构成的,关系性是彻底的,是不可再行化约的。关系主义反对实体主义。这并不意味着忽视实体的存在,而是不认同以实体为基本单位与核心、将关系仅仅作为实体运动背景的实体主义。关系和实体是同时共在的,这跟个体与关系的共在是一样的,如同大海与一滴海水一般。同时,实体离开关系是没有活力、没有生命意义的。第二,关系主义的宇宙观是三位一体,这在太极图中得到了形象的展现,即整体和部分互涵、部分和部分互涵。这部分地与全息量子观相似,即整体和部分的互涵。[11]但同样重要的是,阴阳互涵或部分和部分的互涵也是关系宇宙观的重要内容。三位一体而不是二位一体才是关系主义的宇宙观图景。因此,关系主义宇宙观更像是全息量子说和量子纠缠的融合,关系是全方位的。第三,深度关系主义拒绝接受任何形式的二元结构。关系性思维不会将主体和客体视为二元对立,不会固化主体和客体,关系中的主体和客体是相对存在、相互转化的。将关系和行为体分为先后的存在实际上同样是一种变相的二元结构,无论孰先孰后,二元结构是其必然的形构。非二元结构从一开始就坚持关系和关系者是不可分割的。第四,世界的初始状态或自然状态是和谐,元关系表现的是和谐关系,冲突的出现是背离初始状态的现象,不具优先本体意义。第五,关系即过程,过程是流动的关系,两者一体,不可分割。流动的关系产生过程的基本动力,也意味着本原的不确定性和世界的无限可能性。第六,关系是最基本的单位,既是世界或宇宙的构成单位,也是分析单位;既是作为本体和认识的单位,也是作为方法的单位。因此,关系主义不是基于实体的,而是基于关系的。将单位置于关系,一切都是本原的流动和变化;将单位置于实体,一切都是先在的静止和孤立。

这些基本的原则,有的在拙著《世界政治的关系理论》中曾经列出,如关系本体论和反二元结构性等,但根据学术辩论中的质疑,既需要特别强调和补充,也需要进行更为深入的思考;有的则是在对话辩论中生成的,如关系的不可化约性和不可分割性、关系中主体的非固化性、关系性蕴含的本原不确定性和无限可能性等,这也为进一步的研究提供了思路。

三、关系主义的理论深化

本书的第一部分是对关系理论的深入讨论,主要是从知识生产视角审视理论的深化问题,强调对话辩论的涵化作用。在《关系性逻辑与东亚区域治理》一书中,第一部分也是理论探讨,但更多的是对关系理论的基本论述和原则性阐释。本书中的理论则更侧重理论深化问题。理论深化主要是通过知识的双向和交互涵化,即在与世界不同文明、文化和地域的学术交流和学理辩论中实现的。这一部分讨论了关系主义作为世界政治理论的发展,分析了近几年中国和世界其他地域国际关系学者,包括与西方主流学者就关系主义理论的对话和辩论,并就中西关系主义展开了思辨性比较研究。讨论中尤其对中文国际关系学界关系主义的文化传承和理论特色、知识贡献与学理局限、现阶段需要考虑和改进的问题等进行了剖析。

第一章《知识涵化与社会知识再生产——以中国国际关系理论发展路径为例》聚焦知识涵化问题。知识涵化是一种社会知识再生产的重要方式,是指不同文化之间的开放性接触形成知识的相互影响并导向知识再生产。知识涵化是一个流动过程,包含单向涵化、双向涵化和交互涵化等相互关联的阶段。单向涵化是指一种文化中的知识影响另一种文化中的知识再生产,特征是知识的学习借鉴;双向涵化是指两种文化中的知识以自身显著性并通过交流辩论产生相互影响,特征是知识创新;交互涵化则是不同文化中的知识在相互影响的条件下产生新的共同知识,特征是知识汇融。知识涵化是一个开放性过程,以知识的多样性消解学术话语霸权,形成基于多元基础的共同知识。中国国际关系理论 40 多年的发展过程更多地体现为一个知识涵化的过程,以开放性涵化起步,当前正处于双向涵化阶段并开始显现交互涵化的迹象。这一时期会表现出比较明显的"中华性",但发展中国国际关系理论的目的不是以"中华中心主义"取代西方中心主义,也不是以自文化产生的国际关系理论取代他文化理论,而是推动国际关系理论的全球化,向着建构人类共同知识的终极目标迈进。

第二章《理论尚未终结——从"跨大西洋辩论"到"跨太平洋对话"》提出了两种知识生产方式,一种是"哥伦布式",主要指单一文明内部和西方内部的理论辩论;另一种是"丝绸之路式",指不同文明之间的学理对话。在国际关系领域,"哥伦布式"的"跨大西洋辩论"已经结束,但新的"跨太平洋对话"却已开始,开启了"丝绸之路式"的知识生产进程。当下,来自中西方两种文明背景下的学者围绕"关系"概念,在本体论、认识论和方法论层面展开了对话。这种对话明显超越了西方单一文明背景下范式之间的辩论,以及"哥伦布式"国际关系学知识生产模式,蕴含了不同文明与多元文化交流互鉴下的"丝绸之路式"知识生产模式。"跨大西洋辩论"中西方单一文明背景下的理论终结反映了"哥伦布式"知识生产模式的不足,而"跨太平洋对话"中基于中西文明互容互鉴基础上的理论创新体现了"丝绸之路式"知识生产模式的优势。当然,两种知识生产模式不是对立的,而是共同构成了一个更加完整的国际关系知识生产空间。"跨太平洋对话"的展开和"丝绸之路式"国际关系理论知识生产模式的出现,会促进国际关系理论的知识生产在新的知识生产模式中迎来发展,国际关系理论创新也将在多元文明的交流沟通之中得以延续。

第三章《关系转向与关系主义世界政治理论——基于中西学理对话和比较视角的分析》将关系主义的兴起置于跨文明、跨文化的学理辩论语境之中,指出关系主义世界政治理论是在对主流国际关系理论的挑战中兴起,并随着21世纪初社会科学领域的"关系转向"而发展的。中文学界的关系主义在这一过程中表现出明显的特色,并在与西方学界的交流辩论中不断发展。关系主义是一个理论集群,包含多种流派,但都将社会性关系视为具有本体意义的实在。关系主义理论与量子力学有着相通的世界观,与关系社会学有着相似的假定。将世界视为关系构成的世界,将关系作为研究重心和基本分析单位,这是所有关系主义的最大公约数。关系主义世界政治理论的兴起还表现出一个重要的特点,即中西国际关系学界的关系主义大致在同一时期出现,成为世界国际关系领域关系主义的两支主要力量,在对话、辩论和比较中共同推动了国际关系理论的关系转向。中文国际关系学界的关系主义属于深度关系主义,从中华文化中汲取智识营养,表现出较强的社会性、贯通性和动态转化意识,在本体论和认识论层面都表现出更加彻底的关系性。这对于理解人类命运共同体、人与自然生命共同体和地球生命共同体的叠加状态和发展演进具有启发意义。

第四章《国际关系知识生产的全球关系主义路径与中国关系理论》在简述全

球关系主义自 2017 年以来的发展之后，重点讨论了中国学者的关系主义研究。在全球范围内，国际关系学界的关系主义研究经历了较快发展，呈现出全球对话、跨学科融合的知识生产新形态。全球关系主义知识生产源于对实体主义思维及其本体论和认识论所进行的反思，来自不同地域文化和学科背景的学者在确立关系本体论的基础上，通过不同关系主义研究路径间的对话，在明确关系主义认识论原则方面取得积极进展。中国传统哲学文化中的关系思维和关系实践为全球关系主义对话和理论创新提供了重要的认识论和方法论资源。在多元文化对话和跨学科融合的背景下，中国的关系主义学者深入挖掘中国的历史实践和文化传统，对建立真正的全球国际关系学具有深刻的意义。中国的关系主义学者可为培育全球关系主义知识生产新形态、推动建立全球关系主义知识体系做出更多贡献。

第五章《文化差异、理论普遍性与中国学派的发展——兼论秦亚青教授、赵汀阳教授的关系理论》讨论文化和文化差异对国际关系理论建构的影响和作用，考量以文化差异为视角来探讨本土理论建构研究的重要性。同时也根据对秦亚青、赵汀阳关系理论的分析和质疑，指出中国学者虽然普遍强调其理论建构依托中华文化资源，却缺乏从国际关系视角对所依托的文化资源进行学理性重构，因此文化资源也难以在内在的根本逻辑上支持理论的合理性，同时也容易使对文化与国际关系的相关讨论迷失在关于"普适性"的狭隘认知中。作者关注中西"关系"差异这一具体的文化资源，探讨其对于深化如下三个议题的意义：重新发现和思考学科基础问题，理解中国国际关系理论所面临的挑战，理解和借鉴国际上"全球转向"中相关理论探索经验。这些分析、发现和反思旨在推进学界对中国国际关系理论与当前主导的"普适性"标准之间关系的认知及对"普适性"思维模式的审思，从而深化关于文化差异、理论普遍性与中国学派发展的思考，并探索超越兼容路径和批判路径的、更具创新性的理论发展路径。

第六章《全球国际关系学与中国国际关系理论》讨论了 21 世纪兴起的全球国际关系学倡议和中国国际关系理论发展对于全球国际关系学的意义与贡献。全球国际关系学倡议批判了国际关系学科"西方中心论"的现状，主张建立以多元普遍主义和世界历史文化为基础的国际关系学，鼓励非西方国际关系理论的发展。中国国际关系学者通过借鉴中华历史文化的思想资源，进行了有学理意义的理论建构,取得了重要的进展,并开始在世界上产生学术性影响。通过梳理全球国际关系学倡议和中国国际关系理论之间的相互需求和相互呼应以及彼此间的互动,为中国国际关系理论提出了一个可操作性界定,同时也试图回应一些对中国国际关系理论的评价和质疑。

四、关系主义理论的实践检验

第二部分是对关系主义理论的实践检验。前一本书《关系性逻辑与东亚区域治理》主要聚焦东亚地区的治理,试图用东亚地区的合作治理实践验证关系主义理论。背后的假定是,关系性逻辑在东亚社会中的表现是比较普遍和明显的,所以选定东亚作为验证的所在。在本书中,我们将验证范围扩展到不同地域和不同领域,这对于验证理论的普适性程度是有好处的。背后的假定是,虽然理论不可能是完全普适性的,一定会保留本原地域文化的胎记,但作为人类共同知识体系中的一部分,理论需要具有有限普适性。这就需要不仅在理论产生的实践原地进行检验,也要在其他地域文化中进行检验。世界不同地域学者使用一种理论在不同背景的实践中进行验证,是走向交互涵化的重要一步。同时,这样的经验性研究,会对理论的重要概念进行操作性解释,使理论更加贴近世界政治的现实。近年来,世界不同地域的国际关系学者对关系主义理论进行了验证,在不同地域和不同领域以国际关系的实际案例检验关系主义理论的信度(reliability)和效度(validity)。[12]作为知识涵化的重要组成部分,这些检验对关系主义理论的改进提升和深入发展有着重要的意义。本书中主要选用了部分中国学者用中文发表的实证性文章,主要围绕世界政治的三个重要概念展开:权力、规范和治理。

第七章《东盟人道主义援助本土化的演进——以关系性权力的运作为视角》讨论关系性权力在地方层面的运作。联合国提出的人道主义援助本土化倡议旨在通过自上而下赋权的方式,支持和加强地方应对危机的能力。但因受到诸多因素掣肘,国际人道主义体系的权力结构调整在实践中一直难以推进。与之形成对比的是,东盟近年来基于本土自主实践,积极主动地塑造地方领导的人道主义议程。既有研究大多忽视了地方行为体的自主性和自下而上塑造国际实践的能动性。世界政治的关系理论假定，关系实践是一个自下而上、始于地方的过程。源于关系实践的关系性权力为自下而上的本土化进程提供了新的动力。东盟灾害救援合作是人道主义援助走向本土化的生动案例。在经历和应对缅甸风灾、台风"海燕"和印尼中苏拉威西地震这三场重大自然灾害的过程中，东盟通过运作关系性权力，建立了多元多层的地区人道主义网络，确立了"国家主导、区域支持和必要的国际化"原则，促使国际人道主义者反思和调整其传统角色定位。对关系性权力运作机制的探讨和对东盟灾害救援合作的跟踪，有望深化国际实践本土化的研究议程，丰富人道主义援助的经验研究。

第八章《关系性权力、预防行为与权力转移》集中讨论了守成国与崛起国之间的关系性权力问题。权力转移是对守成国与崛起国权力对比与变迁态势的描述。既有对权力转移的讨论多集中于物质性权力的变化和霸权战争的结果，这在客观上忽视了对权力关系属性和国际关系行为体和平互动的分析。关系性权力承载着权力的社会属性，实质是关系，关系即代表权力。关系性权力的变迁即为关系性权力转移。守成国在关系性权力转移的背景下出于恐惧可能采取战争、制衡、竞争和合作四种预防行为，深刻影响着权力转移进程的互动形态。在预防行为的基础上，崛起国可能给予守成国差异化的互动反馈评价，由此塑造着大国之间的战略互动选择与和平、战争议程。文章以此对英德、英美和美苏权力转移进行再探讨，或可为历史上的权力转移提供新的思考，为中美关系的和平发展提供可借鉴的思路。

第九章《关系性权力与亚太海洋安全合作"东盟中心地位"构建》从另一个侧面讨论了关系性权力问题。东盟中心地位实质上是弱国掌握强关系性权力，进而"反领导"强国的区域态势。关系性权力是指行为体互动过程中掌控与管理关系资源的能力，关系越强，则关系性权力越强。一般认为，关系强弱是按物质实力决定的，但弱关系（主体）未必有弱（关系性）权力。东盟利用其构建的区域关系网络掌控了强关系性权力，在区域合作中发挥中心性和主导性作用。亚太海洋安全合作实践是东盟利用其关系性权力优势构建中心地位的典型案例。通过制度设计、限制策略、互惠策略和规范建设四种实践路径，东盟实现了以东盟为中心的区域海洋安全合作架构的建立与运行。这一合作模式突破了霸权对区域的支配，实现了小国主导的区域海洋安全合作关系。但由于外部干涉和东盟自身的弱点，"东盟中心"区域架构仍存在一定的局限性和脆弱性。

第十章《国际规范政治传播的关系类型学分析》研究的主要内容是关系与规范传播。当前学界对不同层面上规范传播的研究多集中于探讨影响规范传播的因素，如权力、文化、国内制度和国家利益等，然而这些研究在本质上都局限于探讨规范传播者和规范接受者之间的关系，并未能将规范传播置于一个更大的关系网中进行考察，因而在其考察规范传播时都不同程度地忽视了规范接受者的主动选择性。本章利用关系理论对规范传播进行考察，以关系类型作为自变量，探究不同的关系类型对规范传播结果的影响机制，并通过明清两代与朝鲜半岛政权之间的关系类型、2012—2019 年中国与菲律宾之间的关系类型、中美建交后两国间的关系类型，以及相关规范传播情况作为案例进行分析和验证。本章认为全方位关系类型和主动型关系类型更加有利于规范的传播，且主动型特点越明显，其规范传播的效果就越佳。这一特点对于今天中国向外推广自身支持的规范具有很强的借鉴意义。

第十一章《关系变化与规范反馈——以中美对东南亚无核武器区建设的态度变迁为例》聚焦关系与规范传播问题。关系理论假定关系在规范对象国的规范反馈中具有本体优先的地位。为更好地理解规范倡导者与规范对象国的关系变迁如何影响后者对于规范的态度，作者从关系的情感联结程度和地缘政治价值两个维度考察关系的变化，并在此基础上分析关系性逻辑在规范对象国的规范反馈中发挥作用的机制。当规范倡导者与规范对象国之间关系的情感联结程度和地缘政治价值均不显著时，后者对规范的态度取决于其理性权衡，包括外部规范与其既有实践之间的匹配程度及其适当性。当关系的情感联结程度上升后，规范对象国会出于对倡导者的信任而放下之前的顾虑，或为了维持与倡导者的亲密关系而在有关规范内容的谈判中表现得更为开放。关系的地缘政治价值的升级则推动规范对象国为赢得（或避免竞争对手赢得）倡导者关系圈中相对优势的地位而对规范采取更加积极的举措。在规范社会化过程中，规范倡导者通过社会化目标的设定和对关系的经营来发挥自身能动性。自《东南亚无核武器区条约》签署以来，中美两国对东盟无核化规范的态度一直在不断调整，关系性逻辑很好地解释了这一态度变迁以及东盟在其中发挥的能动作用。

第十二章《从规则治理到关系治理——三十年来中亚地区治理模式的变迁》

讨论了中亚地区治理的路径转变。2021 年是中亚国家独立 30 周年的特殊年份。回顾中亚地区的治理历程可发现，该地区的治理模式大体经历了规则治理为主到关系治理为主的演进。中亚国家独立后的优先任务在于学习并接受国际规范与规则，提升自身的国际生存能力，而国际规则在很大程度上指引着中亚国家间的互动及其对国际事务的参与。这种态势导致中亚地区治理具有浓郁的规范治理的特征。而"9·11"事件后，尤其是当 2003—2005 年间"颜色革命"波及后苏联空间时，中亚国家意识到处理好与域外大国的关系极为重要，因其直接影响到各国的政权生存，由此导致各国将实现对各种关系的大致平衡视为国家优先任务，这使中亚地区治理的关系治理特征凸显。中亚地区治理模式的转型，反映了参与中亚地区治理的行为体逐渐增多、地区治理议题日益繁杂、治理主体间关系日益复杂等现实。中亚地区治理模式的转型有多重影响，如中亚国家自主性得到显著提高，地区治理成效好坏参半，各国寻求关系平衡增大了大国主导中亚事务的难度，使中亚地区逐渐形成了后自由主义的地区秩序类型。

第十三章《关系理论视阈下人工智能全球治理的困境与出路》聚焦当前的人工智能领域的治理问题。人工智能全球治理正面临着权力困境、制度困境和规范困境等三重困境。如何破解这些困境以实现良治已经成为这一领域亟待解决的关键问题。作者以关系理论为研究视角，构建了将关系治理与规则治理相结合的关系—规则融合性治理模式。并认为参与人工智能全球治理的主体包括主权国家、国际组织、非政府组织以及跨国公司，这些治理主体都处在一个相互联结、彼此交织的关系网中。通过形成有机的信赖共同体，以协商的方式进行治理决策并实施，最终实现互涵式合作。以中美参与人工智能全球治理现状为例，关系—规则融合性治理模式可能是实现中美合作治理的有效途径。

第十四章《中国—东盟共建"一带一路"的理念与实践——基于关系性合作的视角》关注合作治理这一重要问题。东盟是中国推进"一带一路"建设的优先方向和重要伙伴。世界政治的关系理论能够为理解中国—东盟共建"一带一路"的合作逻辑提供一种新的思路。在关系性合作的视角下，关系因素建构了中国与东盟共建"一带一路"的合作基础和条件。通过对中国—东盟间政治、安全、经济关系网络的分析可知，中国与东盟及东盟国家的关系基础赋予中国—东盟显著的关系亲密度优势，为其合作进程提供了充分的保障。在中国—东盟关系网络的复合结构下,中国与东盟在各领域的关系水平决定了双方合作的空间,中国与东盟各国在关系网络中的不同位置也决定了合作条件的差异性。中国—东盟的关系基础使双方得以在理念层面相互融合,基于东盟地区合作的本土理念以及中国的国际发展合作理念建立起深厚的共识,共同推动"一带一路"合作的具体实践。在高质量共建"一带一路"的进程中,中国与东盟需进一步强化中国—东盟关系的韧性与弹性,提升双方的关系水平;同时,也需不断巩固理念共识,通过实践完善双方的合作模式,使"一带一路"建设成为中国—东盟关系性合作的持久动力。

五、结　语

关系主义国际关系理论是近年来发展起来的理论,本书所选文章也都是近几年之内发表的,虽然只能选取文献中的一部分,但也可以表现出关系主义研究的大致演进过程,反映出关系主义与世界政治重大概念、领域和问题的密切相关。同时,我也想在这里再次对关系主义理论做出几点澄清。

其一,关系主义是一种国际关系研究新路径。关系主义世界政治理论与其他理论相互交集论争借鉴,但不是任何范式的分支。这是在兰卡斯特会议参会学者共同起草文件中大家表达的共识。有的学者将关系主义视为建构主义的一种衍生理论,这实际上是对关系主义的错误理解。因为建构主义的本体论假定和认识论假定与关系主义从根本上说是不同的。主流建构主义采用理念本体论立场,以原子式单位作为国际关系世界的基本单位,坚持经典科学观所定义和理解的科学原则,这与关系主义的关系本体论、关系作为不可再行化约的基本单位、关系不确定性假定,都是迥然不同的。可以说关系主义与建构主义有交集和借鉴,但将两者混为一谈是具有误导性的。

其二,关系主义是一个理论集群,而不是一种单一的理论范式。关系主义集群中包含不同分支。从目前来看,英文学界和中文学界的关系主义是其中最主要的力量。仅就中文学界的关系主义理论而言,赵汀阳天下理论包含的关系内容、凌焕铭对道家辩证法的关系性解读、石之瑜和黄琼萩对关系平衡和双边关系主义的强调等,都是从不同侧面对关系主义的反映和表象。虽然这些理论阐述具有一些相同和相似的假定,比如关系本体、关系理性等,但也存在明显的差异。并且,这些理论话语本身也处于相互对话、质疑、论辩和借鉴之中。进而,越来越多的经验性研究成果也表现了关系主义的多种样态。

其三,中文学界关系主义一个明显的特征是从中华传统哲学文化中汲取智识营养。虽然这些传统思想经过了当今时代知识生产者的概念化和再概念化,进行了系统化和理论化的加工,对经典的解读也因人而异、不尽相同,但大家不约而同地回望传统,恰恰说明中华文化传统作为中华文明长期的实践积淀和背景知识,对知识生产者潜移默化的影响是巨大的。概览近年来在世界范围内产生一定影响的中国国际关系理论,几乎全是受到中华传统文化的启迪。也正是因为如此,怎样深入挖掘中华文化这一实践场域和思想宝库、使之成为理论构建和知识生产的重要资源,依然是我们需要深入思考的问题。

注释

1. 我的一个基本估计是国际关系领域的中西知识涵化现在处于双向涵化阶段,虽有一些交互涵化的迹象,但并没有进入交互涵化阶段。因此,本书的重点在于知识双向涵化对关系主义发展的意义。

2. [美]托马斯·库恩:《科学结构的革命》,张卜天译,北京:北京大学出版社 2022 年版。

3. 这里主要指温特的结构建构主义。参见[美]亚历山大·温特:《国际政治的社会理论》,秦亚青译,上海:上海人民出版社 2000 年版。

4. 关于全球国际关系学的兼容学派和批判学派,参见秦亚青:《国际关系理论前沿》,北京:中国人民大学出版社 2023 年版,第三、四篇。

5. [美]亚历山大·温特:《量子心灵与社会科学》,祁昊天、方长平译,上海:上海人民出版社 2021 年版,第 8—12 页。

6. Astrid Nordin, et al., "Towards Global Relational Theorizing: A Dialogue between Sinophone and Anglophone Scholarship on Relationalism," *Cambridge Review of International Affairs*, Vol.32, No.5, 2019, p.573.

7. 参见本书第三章。

8. Qin Yaqing, ed., *Globalizing IR Theory: Critical Engagement*, Lon-

don and New York：Routledge, 2020，pp.16—21.

9. 参见 *The Journal of International Politics*，Vol. 17，Nos. 2 and 3，2024。

10. 西方国际关系主流期刊也开始关注中国国际关系理论中的思想意义和实践内涵。参见 Haoming Xiong, David A. Peterson, and Bear F. Braumoeller, "Reconceptualizing International Order：Contemporary Chinese Theories and Their Contributions to Global IR," *International Organization*，2024，doi：10. 1017/S0020818324000171。

11. Chengxin Pan, "Reclaiming Substances in Relationalism：Quantum Holography and Substance-based Relational Analysis in Word Politics," *Millennium：Journal of International Studies*，Vol.39，No. 3，2021，pp.577—606.

12. 本书仅收入国内学者的研究成果。不同地域文化中的研究者也会表现出对关系主义的不同理解和解读，因此，国外学者的研究有助于促进知识流动和交互涵化。国外学者将关系主义用于实证和政策分析的部分成果有，Emilian Kavalski, "Normative Power Europe and Normative Power China Compared：Toward a Relational Knowledge-Production in International Relations," *Korean Political Science Review*，Vol.51，No.6，2017，pp.147—170；Raul P. Lejano, "Relationality：An Alternative Framework for Analysing Policy," *Journal of Public Policy*，Vol.41，No.2，2021，pp.360—383；Javier Vadell, "China's Bilateral and Minilateral Relationship with Latin America and the Caribbean：The Case of China—CELAC Forum," *Area Development and Policy*，2022，Vol.7，No.2，pp.187—203；Joshua Eisenman, "Locating Africa in China's Community of Shared Future for Mankind：A Relational Approach," *Journal of International Development*，Vol.35，2023，pp.65—78；Hidetaka Yoshimatsu, "Rationality and Relationality：A Socio-Cultural Perspective on Japan's Strategy for Infrastructure Investment," *Asian Studies Review*，Vol.47，No.4，2023，pp.643—662。

第一部分　知识涵化与关系主义理论的发展

第一章　知识涵化与社会知识再生产

——以中国国际关系理论发展路径为例

秦亚青[*]

一、引　言

中国国际关系理论研究在过去几十年里取得了重要进步,引发了世界国际关系学界的讨论和辩论。有观点认为,"中国国际关系理论或许是非西方世界里令人印象最为深刻的理论建构",已经成为"非西方国际关系理论最重要的来源";[1]也有研究指出,"中国国际关系理论极大地丰富了整体意义上的国际关系理论和国际关系学科,尤其是对构建全球国际关系学做出了贡献"。[2]从学理角度来说,中国国际关系理论的原创性和理论化程度已经得到世界国际关系学界的承认,关于中国国际关系研究"只是深度新闻报道"或"没有理论创新"的说法已不多见。[3]当然也存在批评的声音,如"中华中心主义"(Sino-centrism)、"文化本质主义"(cultural essentialism)等观点认为国际关系理论必须首先是普适性的,中国国际关系理论的知识生产路径会构建新的"西方—非西方"或"西方—中国"的二元对立知识结构,并造成国际关系普遍知识的撕裂。[4]

本章提出一个知识生产的文化理论,即知识涵化理论(a theory of knowledge acculturation)。知识涵化的核心要义是任何社会知识都是在交互涵化中得以生

---

*　秦亚青,山东大学政治学与公共管理学院教授。

产和再生产,并且这一进程在互学互鉴、沟通辩论和相互影响中发生。中国国际关系理论的发展更多地呈现为一种通过涵化路径生产知识的过程,在这一过程中必然表现出"中华性",但反映的不是"中华中心论",追求的目标也不是以"中华中心主义"取代西方中心主义,而是一种多元文明文化知识的共生共存、相辅相成、相互交融,终极目标和理想形态是构建人类共同知识。

二、知识涵化:一种社会知识再生产的理论

涵化是语言学和文化研究中的常用术语,原意是当两种文化或文化体开始接触时,一种文化对另外一种文化产生深度影响,甚至包含了权力实施和暴力征服的内容。现在涵化一般是指自文化和他文化接触之后所引发的变化,即文化间影响及其产生的潜移默化效果,如儒学对东亚一些国家的影响、佛学对中华文化的影响等。本章中的涵化是指文化之间的影响。知识涵化是从文化视角思考知识问题,意味着知识的生发、生长、演变和进化是在涵化过程中实现的,知识的创新或再生产也是在这样的开放过程中生成的。

(一) 知识、实践与文化

要清楚地说明知识涵化的概念,首先需要界定文化的概念并厘清知识、实践和文化的关系。国际关系的实践学派依据实践本体论把知识分为两类:一类是实践知识,其来自实践,未经人脑的反思;另一类是表象知识,即经过人脑的理性梳理产生的系统性知识。[5]实践学派对知识的分类是正确的,但将两类知识对立起来是错误的。[6]实际上,这两类知识相互依存,且实践知识具有本体优先的地位。也就是说,实践知识是表象知识生发的土壤,表象知识是实践知识的反映。[7]同时,两者之间又是辩证关系,实践知识孕育了表象知识,表象知识又反过来作用于或是影响了实践知识。理论属于表象知识范畴,所以理论"不是从天上掉下来的",也不是人脑固有的,理论的基础是实践。实践知识是与实践共同体联系在一起的。根据伊曼纽尔·阿德勒(Emanual Adler)和文森特·波略特(Vincent Pouliot)的定义,实践知识是实践共同体在长期的实践过程中积淀和建构起来的,共同的实践知识又把实践共同体成员紧密聚合在一起。[8]因此,实践

共同体是以共同实践知识界定的；反过来，实践知识共同体成员又共同生产了实践知识。表象知识既然以实践知识为基础，其生产者就是实践共同体的成员。实践知识是来自实践的知识，是行动者行动的基本知识依据，是无以明言但又实实在在的知识。[9]社会理论的生产者首先是实践共同体的成员，社会理论是在共同实践知识的浸泡中生长和生产的。

社会理论属于表象知识，其所反映的是一个实践共同体的实践知识。因此，理论首先是地方性的，是在具体的实践共同体中产生并反映了这一实践共同体的实践知识。无论是什么知识、以什么形式表现，概莫能外。比如，西方主流国际关系理论生发于西方实践，首先是地方性知识，是西方国际关系实践尤其是威斯特伐利亚国际实践的表象，是在一种特定的地域文化中自下而上产生的知识，是知识生产者在其实践知识影响下生产出来的表象知识产品。就这一意义而言，一切表象知识或理论都起源于地方性实践和实践知识。当然，知识或理论在其后的发展过程中也会超越原生地域文化。

实践共同体最典型和最具代表性的形态是基于文明的文化共同体。实际上，文化就是一个文化共同体的实践知识，如以儒家文化、基督教文化和伊斯兰文化为实践知识或曰背景知识的共同体。[10]也正是因为基于文明的文化共同体是最具代表意义的实践共同体，所以这个共同体的成员在其实践知识潜移默化的影响下会生产出与这种实践知识相一致的表象知识。比如，个体理性是西方文化或曰背景知识中最重要的一个元素，尤其是西方自现代化以来最重要的一种知识积淀，在西方主流社会理论中始终是其理论硬核的重要成分，是建构理论过程中不加质疑的假定性因素。因此，知识源于文化并表象文化，文化的交互涵化在很大程度上包含了知识的交互涵化。

（二）知识涵化

世界是多元实践共同体共存互动的世界，也是多元实践知识共存互动的知识空间。人类学和文化学的研究指向一个共识：从根本上说，文化都是在交往沟通中生成和发展的，没有任何一种文化是孤立形成、特立独行、自生自灭的。进而，实践理论告诉我们，实践共同体是多元的，世界是多元实践共同体共存的场域，这些实践共同体之间的交往沟通成为知识生成和演进的重要方式。如果说文化是一个实践共同体的共同实践知识,那么这样的实践知识也是通过内向和外向的实践间性(intra- and inter-practicality)而生成的。因此,所有文化都是通过文化间性而生成且变化的。[11]这是一个明确的反文化本质主义的陈述,也是一个对人类文明与文化发展过程的真实表述。中华文化几千年的历史就是在这样一种不断的内外交往沟通中形成和演进的,无论是在政治、经济和军事上,还是在思想、理念和制度等方面都是如此。

　　既然文化和知识存在密切的关联,知识也是在交往沟通中生成和发展的,即可以说知识是在涵化过程中不断演进的。当然,这并不意味着简单的交往和肤浅的接受。陈寅恪先生的一段话揭示了知识涵化的真谛:"窃疑中国自今日以后,即使能忠实输入北美或东欧之思想,其结局当亦等于玄奘唯识之学,在吾国思想史上,既不能居最高之地位,且亦终归于歇绝者。其真能于思想上自成系统,有所创获者,必须一方面吸收输入外来之学说,一方面不忘本来民族之地位。此二种相反而相成之态度,乃道教之真精神,新儒学之旧途径,而两千年吾民族与他民族思想接触史之所昭示者也。"[12]这段话包含了涵化作为知识生产理论的重要内容:首先是借鉴。对于产生于他文化的知识(如北美或东欧之思想),就像玄奘之学一样是需要输入的,这是涵化的第一步。但仅仅靠输入并不能形成真正有重要意义的知识,甚至会完全丧失知识的生命。所以知识再生产便成为重要环节:一方面吸收输入外来之学,另一方面不能忘却本民族的知识,并将两种知识体系以"相反相成"的中庸辩证方式有机地融合起来。两种知识体系相互影响、相互渗透、相互作用,最终生产出新思想和新知识。新知识出现以后,也需要经由更加深入的涵化,通过思辨、互辩、反思和进化,最终成为人类共同知识的组成部分。简言之,学习借鉴、沟通互融和理论创新是知识涵化的要义,该要义指出了一条在多元文化的世界语境中知识生产和再生产的根本路径。

　　知识涵化的一个比较典型的例子是佛学在中国的发展。佛学是一门非中国本土的宗教和哲学理念,传入中国后开始产生影响,即出现涵化现象。它在与中国本土的思想理念不断沟通交流和析理辨义的过程中,既促进了中国儒学的发展,也产生了佛学的中国学派或曰中国的佛学。冯友兰先生专门讨论过"在中国的佛学"和"中国的佛学"两者之间的不同:前者是"忠实输入"的外来思想,后者则是与中国思想的结合,产生了像禅宗这样的新学派。"禅宗虽是佛教,同时又是中国的。"[13]禅宗表现了一个佛学中国化的"革命思想",[14]对中华文化产生了重要影响。禅学成为佛学学派或曰思想知识学派之后,又漂洋过海与日本等地的地方性知识产生互动,对东亚佛学产生了重要影响。这为知识涵化的过程提供了一个形象的例子。

(三) 涵化作为知识再生产的阶段性特征

作为一种知识再生产路径,知识涵化所表现的是一种不同文化共同体的知识交流、交锋和交融而产生新知识的过程。这一过程的前提是多元实践共同体的共存和交往,以及多元知识形态的共在和沟通,主要包括三个重要阶段,即单向涵化、双向涵化和交互涵化。

1. 单向涵化与知识学习

单向涵化是指一个文化体(他文化)的知识进入并影响另外一个文化体(自文化)的知识系统。这是一种单向度的影响,比如佛教进入中国并开始影响中国社会和知识界、中华文化传入东亚其他地区,以及 20 世纪前期西方文化和知识进入中国和东亚的时候,其基本特征便是知识学习。单向涵化的表现形式往往是"传播—接受"。传播方是知识生产者,也因而具有知识性权力:在知识生产过程中扮演生产者的角色,在知识传播过程中扮演传播者的角色,在知识涵化过程中扮演最终解释者的角色。米歇尔·福柯(Michel Foucault)的权力观和安东尼奥·葛兰西(Antonio Gramsci)的文化霸权思想所包含的权力关系也是存在的,但这样的存在很多时候是弥散性的、隐匿的甚至无意识的。知识接受者则扮演了学习者的角色,通过学习,使他文化的知识传播能够对自文化知识结构和内容产生重要影响。美国早期的国际关系研究和知识体系基本上是向欧洲学习的,在 20 世纪 60—70 年代西方政治学界发生"行为主义革命"之前,美国国际关系学主要还是传统欧洲国际关系研究的学习者。

2. 双向涵化与知识创新

双向涵化是指知识的单向涵化开始在知识接受者中产生反思性影响,知识接受者通过自己的能动作用,在接受知识的过程中与知识生产者交流沟通,开始反思和重构,并试图进行知识再生产,即生产包含自文化元素和意义的知识,如将"在中国的佛学"转化为"中国的佛学"。[15]双向涵化的效用是重要且明显的,任何一种他文化在自文化中的传播都会与自文化的实践知识相遇,在自文化的语境中产生意义,这也是通过自文化中知识生产者的思想而生成的。自文化中的知识生产者通过他文化的启示得以对自文化背景知识中的要素进行挖掘、反思、变通和重构。在这种情境下,自文化通过与他文化的交流,开始寻求知识再生产,产生具有自文化元素的新知识产品或理论。因此,双向涵化的特征是知识创新。如果这样的理论具有原创性意义,则会对他文化中的知识产生影响;如果这样的理论没有因知识话语权力压制而夭折,双向影响便开始发生效用。双向涵化将自文化的知识要素挖掘出来并在与他文化知识的对话中形成知识再生产,因此对知识繁荣和理论进步具有积极意义。

3. 交互涵化与知识汇融

交互涵化则更进一步,是指自文化与他文化的深度知识融合。这样的知识涵化是自文化和他文化真正深入对方的文化内核,形成了一种相辅相成、相互补充的辩证关系。自文化和他文化的知识依然存在差异,但这是一种互补性差异,是知识的一体两面,表现的是陈寅恪先生所说的"相反相成",也是多元普适性的知识生产路径。任何人类共同知识体系都是多元基础上的普适性知识体系,所以交互涵化的特征是知识汇融,是知识体系的多元一体。在理想的交互涵化模式中,知识的多元性推动知识生产的繁荣,知识的辩论和对话促成知识的升华。交互涵化是知识生产和传播的理想状态,其终极目标和理想结果是人类共同知识的生产和再生产。这样的涵化所反映的人类共同知识是基于多元文明的实践知识,任何地方性知识都具有知识合法性,但不具有知识垄断性。多元文明只有在交互涵化的过程中才可能不断融合和创新知识,形成人类共同的知识体系。

为便于分析,这里提出的交互涵化理论将知识再生产分为三个阶段。这三个阶段是相互关联的,阶段之间的界限也不是截然清晰的。单向涵化的特征是知识学习,双向涵化的特征是知识创新,但学习和创新并没有绝对的分界线,学习可能在时间上领先于创新,但很多时候都是知识生产者一边学习、一边创新。交互涵化是指知识的汇融,但知识的融合以知识多元化和多样化为前提,没有多种知识、没有不同的理论,融合也就没有基础。试想在一个知识话语被完全垄断的情景中,只有一种知识或知识体系是合理合法的知识,融合又从何谈起? 另外,从知识再生产角度来看,单向涵化、双向涵化和交互涵化之间表现为一种逻辑性的前提关系,即单向涵化是双向涵化的前提、双向涵化是交互涵化的前提。进而,双向(以及多向)知识涵化是人类共同知识体系形成的前提。知识体系的话语霸权只会阻碍学术发展和知识创新。当前国际关系知识再生产处于双向涵化的初期阶段,西方国际关系理论依然占据主导地位,非西方国际关系理论刚刚萌芽,涵化是否能够向前发展,最根本的一个问题是非西方国际关系理论的兴起是将夭折还是繁盛,这一点也是近年来全球国际关系学倡议就加强国际关系知识生产多元化和多样化的初始考虑。[16]

简言之,知识涵化所表明的就是这样一个知识交互过程,它也是一个文化的交互过程,表现了不同文化在交互过程中的生成、变化和演进。当自文化与他文化互动的时候,两种文化会相互渗透、相互影响,可能形成一种"共文化"效应。如果说文化是社会理论生产的实践知识,那么文化的交互过程就为知识生产和理论创新提供了重要的原动力,也为建构人类的"共知识"提供了可能。

三、中国国际关系理论的发展过程

中国国际关系理论40多年来的发展过程可以用来验证知识涵化的理论模式。如前文所述,涵化是指文化间相互影响。中国国际关系理论发展的主要路径是知识涵化,即文化之间的交流沟通、互补互融才是知识生产的实践路径,也是中国国际关系理论发展的主要方式。

观察40多年来中国国际关系理论发展的过程,可以看到三个相互关联的阶段:[17](1)20世纪80年代至90年代中期为单向涵化的初始期,翻译国际关系经典著作和评介主流国际关系理论是这一时期的重要特征。(2)20世纪90年代中期至2005年前后,中国国际关系理论虽然仍主要处于单向涵化阶段,但已从初始期转入发展期。在这一时期,主流国际关系理论经过反思和重构,广泛应用于国际关系研究。(3)自2005年至今,中国国际关系研究进入双向涵化阶段,中华传统哲学文化理念被用作理论创新的资源,并产生了在全球国际关系学界引发讨论和辩论的理论。

(一) 单向涵化初始期与学习借鉴

20 世纪 80 年代至 90 年代中期,学习借鉴是中国国际关系学的一个重要特征。1978 年起中国开始实行改革开放,国际关系学科的建制重新恢复,新一轮学科建设和发展也随之开始。中国与外部世界的学术沟通既包括人员的交流,也包含了思想的沟通。中国国际关系学界开始意识到国际关系是一门社会科学的学问,不仅涉及每日每时的时事政治以及相应的国际形势分析和研判,也需要具有学科特征的基础理论和具有学术意义的研究框架。虽然国际关系学科与现实的世界政治高度关联,但基础研究和理论建构是学科建设之基和学术发展之本。[18]这种意识使得中国国际关系学者开始注重对外国国际关系理论的研究,并深感西方国家在基础理论研究领域已经走在了前列。于是,国际关系研究除在国际格局、时代主题和中国战略等方面出现了活跃的讨论外,对学科基础和理论建构的思考也成为重要议程,而学习借鉴成为当时中国国际关系学界的一个重要标识。

这个时期的一个突出特色则是经典理论著作的翻译。1987 年,世界知识出版社出版了美国学者詹姆斯·多尔蒂(James E. Dougherty)和小罗伯特·普法尔茨格拉夫(Robert L. Pfaltzgraff, Jr.)的《争论中的国际关系理论》。[19]该书对西方国际关系理论的全面介绍使中国国际关系学者不仅了解到国际关系学的丰富理论,而且开始从理论视角认识知识生产的路径。其他理论著述的中文版本也相继问世,如斯坦利·霍夫曼(Stanley Hoffmann)的《当代国际关系理论》、苏珊·斯特兰奇(Susan Strange)的《国际政治经济学导论——国家与市场》和肯尼思·华尔兹(Kenneth N. Waltz)的《人、国家与战争———一种理论分析》等。[20]国际关系理论以学理知识的形式开始受到中国国际关系学界的高度重视。

这一时期最具代表性的翻译项目应是中国人民公安大学出版社出版的一套国际关系理论译丛,这也是改革开放之后最早以丛书形式出现的国际关系学翻译系列。这套译著自 1989 年开始出版,包含了汉斯·摩根索(Hans J. Morgenthau)的《国家间政治——寻求权力与和平的斗争》、华尔兹的《国际政治理论》、罗伯特·基欧汉(Robert O. Keohane)和约瑟夫·奈(Joseph S. Nye)的《权力与相互依赖——转变中的世界政治》,以及罗伯特·吉尔平(Robert Gilpin)的《世界政治中的战争与变革》(转由中国人民大学出版社出版)等。[21]从所选译著作来看,除尤·库库尔卡(J. Kukulka)的《国际关系学》外,[22]基本上都是西方国际关系理论研究方面的重要著作,反映了当时西方国际关系理论研究的最高水平。

中国国际关系学界组织翻译了大量国际关系理论经典著作这一现象可能并不被国际同行所关注,因为翻译本身并不是学术创新,但对处于单向涵化阶段的中国国际关系理论发展却具有显著意义,因为经典著作的翻译表现了单向涵化阶段学习借鉴的基本特征。改革开放后中国国际关系学科的重建就是从引进和借鉴国外国际关系理论研究成果开始的,启动了一个开放的知识学习过程。这样的引进和借鉴,尤其是翻译国际关系经典理论著作,对中国国际关系学界产生了重要的涵化效应。

这一时期,对于国外国际关系理论的评介也不断出现。《当代美国国际关系理论流派文选》《冲突与合作:现代西方国际关系理论评介》《世纪风云的产儿:当代国际关系理论》等都是这一时期介绍西方国际关系理论的著作。[23]另外,恢复和新创的国际关系专业期刊也开始发表以介绍和评价西方国际关系理论为主要内容的文章。

学习借鉴表现出单向涵化阶段的两个维度:一方面,国际关系学成为人们思考的重要问题,理论作为国际关系学科的基础性要素受到了高度重视。国际关系学者开始意识到,国际关系研究包含时政和策略研究,但也需要有自身的基础理论和核心知识,舍此则无法称为学科。另一方面,对于国际关系研究的实质性内容有了基于理论的清晰概念,对研究什么或是以什么作为研究基础的问题有了比较明确的认知。权力政治、势力均衡、无政府性、国际制度、地区主义和国家利益等国际关系的重要概念以其知识意义和现实意义进入国际关系学者的研究范畴。这些概念也被纳入当时中国对国际形势、世界格局和时代主题等国际问题的思考。

(二)单向涵化发展期与理论应用

20世纪90年代中期到2005年前后,中国国际关系学界表现出学习借鉴和理论应用的双重特点。外国国际关系经典理论翻译从20世纪80年代一直持续下来。20世纪90年代中期,中国学者开始使用这些理论以及其中的重要概念进行国际关系研究。这是单向涵化超越初始期、进入发展期的重要体现，标志着中国国际关系研究步入一个学习和应用相结合的阶段。中国学者在理解、消化和反思外来理论之后，开始在国际关系研究的实践中使用和/或验证这些理论衍生出来的假设。

翻译理论经典的工作在继续进行并且呈现出五彩纷呈的状态。自 21 世纪的第一个十年开始，几套国际关系理论译丛几乎同时问世。自 2001 年开始，浙江人民出版社推出了一套"国际政治当代名著译丛"，[24] 包括戴维·鲍德温（David Baldwin）主编的《新现实主义和新自由主义》、玛莎·费丽莫（Martha Finnemore）的《国际社会中的国家利益》、约瑟夫·拉彼德（Yosef Lapid）和弗里德里希·克拉托赫维尔（Friedrich Kratochwil）主编的《国际政治中文化与认同的回归》、约翰·鲁杰（John Ruggie）主编的《多边主义》、詹姆斯·德·代元（James Der Derian）主编的《国际关系理论批判》、巴里·布赞（Barry Buzan）和奥利·维夫（Ole Wæver）等主编的《新安全论》、克瑞斯汀·丝维斯特（Christine Sylvester）的《女性主义与后现代国际关系》等。[25]

自 2002 年开始，北京大学出版社推出了一套国际关系理论著作，包括《权力与相互依赖》（第三版）、基欧汉主编的《新现实主义及其批判》、基欧汉和海伦·米尔纳（Helen V. Milner）主编的《国际化与国内政治》、玛格丽特·凯克（Margaret E. Keck）和凯瑟琳·辛金克（Kathryn Sikkink）的《超越国家的活动家：国际政治中的跨国倡议网络》、朱迪斯·戈尔茨坦（Judith Goldstein）和基欧汉主编的《观念与外交政策：信念、制度与政治变迁》、彼得·卡赞斯坦（Peter J. Katzenstein）主编的《国家安全的文化：世界政治中的规范与认同》等。[26]

自 2003 年开始，世界知识出版社出版了一套国际关系译丛，包括经典系列、国际政治经济学系列和国家大战略系列。其中涉及国际关系理论的著述有爱德华·卡尔（Edward H. Carr）的《20 年危机（1919—1939）：国际关系研究导论》、赫德利·布尔（Hedley Bull）的《无政府社会：世界政治秩序研究》（第二版）、罗伯特·杰维斯（Robert Jervis）的《国际政治中的知觉与错误知觉》、马丁·怀特（Martin Wight）的《权力政治》、罗伯特·考克斯（Robert W. Cox）的《生产、权力和世界秩序：社会力量在缔造历史中的作用》、多尔蒂和普法尔茨格拉夫的《争论中的国际关系理论》（第五版）等。[27]

上海人民出版社的"东方编译所译丛·世界政治与国际关系"系列可能是涵盖最广、持续时间最长的一套译丛,至今共出版 70 余部,包含了大部分西方主流国际关系理论著作。这套译丛不仅有美国主流国际关系理论著作,包括结构现实主义、新自由制度主义与建构主义代表著作的翻译或重译,也包含了其他一些重要理论著作,如戴维·赫尔德(David Held)的《民主与全球秩序:从现代国家到世界主义治理》和杰维斯的《系统效应:政治与社会生活中的复杂性》等。[28]这套丛书是持续时间最久、跨越不同阶段的译丛,至今仍在将一些最新的国际关系理论前沿著作翻译出版,在最短的时间内使中国读者了解国际关系的发展前沿,如全球国际关系学的重要著作阿米塔·阿查亚(Amitav Acharya)和布赞的《全球国际关系学的构建:百年国际关系学的起源和演进》等。[29]另外,亚历山大·温特(Alexander Wendt)的《量子心灵与社会科学》虽然暂未列入丛书之内,但其中文版已经由上海人民出版社出版。[30]

这一时期评介西方主流国际关系理论的著述也不断涌现。这些评介与改革开放初期的西方国际关系理论评介相比存在一个比较明显的差异,就是中国学者自己的思考和观点在评介过程中得到了较为充分的反映;同时,对国际关系作为一门学问和国际关系理论作为一种知识产品的意识在这些著述中体现得更加明显。王逸舟的《西方国际政治学:历史与理论》(第二版)就是较具代表性的一部著作,[31]同一时期国际关系专业刊物上评介西方国际关系理论的论文也大致反映了同样的现象。

这个学习和应用的混合阶段并非单向的,其中包含了中国学者大量的自我思考和自我意识。这是知识再生产的重要环节:中国学者对理论的思考开始与自己的思想观点结合起来,形成了某种既介绍又反思的态势。比如,美国的新现实主义、新自由制度主义和建构主义自引进之后,中国学者在应用中批判,在自身的背景知识中反思。更为重要的是,中国学者开始自觉地将这些理论应用于国际关系的实践,试图通过对理论概念的辨析和对理论假设的验证进行更加深入的国际关系学研究。这种借鉴与应用既是单向涵化的一种结果,也是双向涵化开始的迹象。

单向涵化的发展期出现了一批重学理的研究成果。《中国国家利益分析》是使用现实主义的基本概念分析中国国家利益的重要著作,不仅打破了原来以意识形态为单一国家行为变量的研究取向，也开始聚焦中国在国际格局中超越阶级和阶层的整体国家利益考量。[32]《霸权体系与区域冲突——论美国在重大区域武装冲突中的支持行为》和《霸权体系与国际冲突》则运用新现实主义的理论框架、以定量方法分析了美国在国际体系中的霸权护持行为。[33]其后，《全球公共问题与国际合作：一种制度的合作》《建构主义与国际政治》《国家与超国家——欧洲一体化理论比较研究》《和平的纬度：联合国集体安全机制研究》《国际政治理论的社会学转向：建构主义研究》等也代表了中国学者尤其是年轻一代学者对重要国际关系理论的应用、反思和重构。[34]应用是单向涵化的特征性表现，反思与重构则是朝着双向涵化迈进的重要一步。

　　这一时期，中国国际关系学界发生了重要变化，可以概括为三种意识的显现和增强：一是学科意识。国际关系学不是时政报道，也不仅仅是政策分析和战略研究。国际关系学是一个学科，包含学科所必需的基础理论、认知逻辑和研究方法等要素，它与历史学、法学、经济学甚至物理学都具有同样的学科地位和标识。二是学术意识。在改革开放初期的中国国际关系学界，以知识生产和再生产为目的的学术实践凤毛麟角。但自这一时期起，中国国际关系学界开始意识到，国际关系的学术研究和理论建构可以生产知识性产品并产生久远的学术影响，知识生产本身就是学术研究的目的。三是学派意识。这些译著属于不同的学派，也使中国国际关系学者意识到学术多元化的意义和学术辩论对知识生产的推动作用。现实主义、自由主义、建构主义、英国学派和哥本哈根学派等不同国际关系思想流派的出现以及这些理论之间的学理辩论使中国国际关系学者认识到，学派是学术发展的推进器，学派之间的论争是学术进步的驱动力。

（三）双向涵化与中国国际关系理论的生成

　　2005年前后至今，中国学者开始推出具有原创性的国际关系理论。虽然单向涵化发展期对世界主流国际关系理论的借鉴和应用以及在这一过程中的反思和重构表现出双向涵化的迹象，但真正的双向涵化需要具备两个前提条件：一是要有原创性理论。这意味着中国学者要对西方主流国际关系理论具有深入了解，就此提出反思性批判，并在此基础上提出自己的国际关系理论。否则，既无法实现本土知识创新，更无法立足世界思想和学术之林、为生产人类共同知识做出贡献。因此,中国学者是否可以成为知识生产的创造者或知识再生产者,就成为第一个关键的前提条件。

二是原创性理论要得到承认。这种被承认以理论之间的辩论和互鉴为基本标准,意味着中国学者的理论建构在知识意义上需要达到世界国际关系理论的知识层次,而绝不仅仅是一时的智慧闪光或深度新闻报道。这就需要有自己的核心理念,并通过概念化、理论化、系统化和逻辑化的方式将核心理念发展成为理论,使其具有超越地缘文化范畴的潜力,以此得到学界的普遍承认。这样才能展示一种系统的新思想,才会提出批判性质疑;也只有这样,才能使这些理论成为世界国际关系学界辩论的一个焦点,激发更多的思考、质疑和辩论。这是真正的双向涵化情景。

在 20 世纪 80 年代中后期,中国国际关系学界就提出了建立"中国特色的国际关系理论"的倡议;[35] 21 世纪伊始,中国国际关系学界出现了"中国学派"的提法。[36]虽然这一提法引起了不少争议,尤其是围绕国际关系理论作为一种社会科学理论是否需要有民族界限或国家标签的讨论,但是提出"中国学派"的目的是建构原创性的国际关系理论,中国国际关系学界也具有一种强烈的理论创新意识甚至使命感。改革开放以来,中国国际关系学界一直在为建构原创性的国际关系理论付出艰辛的努力。从 21 世纪第二个十年中期开始,中国国际关系学界向世界推出了一些有原创性的理论产品,在世界国际关系学界引发了关注和辩论,这里仅举三个比较典型的例子。[37]

一是天下体系理论。这一理论体现的是中国传统文化意义上的世界观,实践基础是周朝体系。[38]天下体系理论有三点重要内容:首先是整体理念。天下不是一个独立的、主权性质的、有非常明确界限的政治单位,天下体系也不是现在以国家为中心的国际体系,它是以整个天下为单位而不是以个体为单位来形成秩序和设计制度的。其次是无外原则。世界既然是一个整体,就没有绝对的我他、内外界限。从这一原则产生的生存方式、利益分配和争端解决机制等都与民族国家体制有着根本的不同。最后是以天下取代"非世界"。当今世界是一个"非世界",虽然它是一个地理性的世界,但不是一个制度性的世界。现有的制度安排都以个体的主权国家为基础和基本单位,形成的只能是一个碎片化世界,因之也就是一个"非世界"。全球性问题不可能在一个"非世界"中得到解决,解决全球性问题的方案只能是建立一个整体的、无外的秩序体系或者制度体系。

二是道义现实主义。可以看出，这一理论就是"道义"和"权力"的结合，其理论框架是现实主义，同时融合了中国先秦思想家的道义思想，尤其强调世界领导国家的适切权力性质。[39]道义现实主义重点讨论世界领导地位，其中有四个观点尤为重要：其一，世界是一个等级秩序，决定国际政治的是大国。其二，国际体系存在王权秩序、霸权秩序和强权秩序等几种等级秩序。强权秩序时代已经过去，霸权秩序仍然存在，而最理想的秩序是王权秩序。其三，既然国际体系呈等级秩序，就势必存在一个领导国家，国际关系的实质是争夺世界领导地位。其四，领导地位的根本要素是权力。最适切的权力是道义性权力和物质性权力的结合，一个将两种权力融合于一身的国际体系领导国家所代表的王权秩序是最合理的世界秩序。如果说权力是西方现实主义的根本概念，那么道义则是中华传统文化中不可或缺的要素。

三是关系理论。世界政治的关系理论围绕"关系性"这个核心概念展开。[40]首先是关系本体。世界由关系构成，社会世界由人的关系构成，观察世界的基本单位是关系。其次是基于中庸辩证法的认识论。纷繁复杂关系的典型代表是以阴阳关系为代表的元关系，中庸辩证法是认识元关系的基本方法。中庸辩证法与黑格尔辩证法都认为世间万物均可分为两极，两极互动构成事物发展的动力，但中庸辩证法认为这种关系从根本上说是和谐的，而黑格尔辩证法中的两极却是对抗的。中庸辩证法注重和谐并非要否定矛盾和冲突的存在，而是认为矛盾和冲突是和谐化的过程中为求和谐出现的必要实践形态。最后是关系性逻辑。行动是由关系驱动的，关系确定身份，身份界定利益，利益驱动行动。儒家"达己达人"强调的是关系性利益，而不是一种单向性思维。元关系的两极是阴阳一体两面，元关系的本原状态是和谐，中庸辩证法是和谐化的过程。"关系选择"——即关系决定行动理性与否——则是关系理性的理论依据。

这些理论的出现及其后引发的世界国际关系学界的辩论表现出明显的双向涵化迹象。也就是说，不仅西方国际关系理论影响着中国国际关系学界，中国国际关系理论也已开始影响包括西方在内的世界国际关系学界。从这个意义上说，中国国际关系理论发展进入了双向涵化阶段。虽然说这种涵化并非完全对等，并且中国的国际关系理论成果依然不多、理论化程度也有待提升，但毕竟中国国际关系理论在世界国际关系学界有了一席之地,参与或引发了世界国际关系学界的辩论,一些国家的学者也开始思考如何使用中国国际关系理论进行经验性和政策性分析。[41]双向涵化是朝着交互涵化发展的必要前提和重要条件,但同真正的交互涵化依然有着明显的距离。

四、反思理论建构过程中的"中华性"问题

中国国际关系理论进入双向涵化的阶段,亦即在中国国际关系理论开始走向世界并影响其他地域的国际关系思想时,引发了世界国际关系学界对中国国际关系理论的各种批评。其中,最根本的问题是"中华性"(Chineseness)问题。所谓"中华性",是指中国国际关系理论的主要智识资源或理论启迪是中华传统文化。很有意思的一种现象是,对中国国际关系理论"中华性"的批评出现了两种对立的观点:一种认为中国国际关系理论显示出"中华性"过度的问题,导致了"中华中心主义"和文化本质主义;另一种批评则认为中国国际关系理论的"中华性"不足,因而无法充分表现中华民族的独特经历和历史实践。这些争论直接关涉文化和知识的交互涵化问题,因此需要从知识涵化的角度予以说明。

(一)"中华性"过度问题

对于中国国际关系理论"中华性"过度的批评主要来自西方主流学者,他们认为中国国际关系理论的发展、尤其是"中国学派"的意识表现了过度的"中华性",张扬的是"自文化中心主义"(ethnocentrism)和文化本质主义。自文化中心主义以自文化为中心,坚持自文化优于他文化的观点;文化本质主义认为,文化是一个实质性实体,是自在、自立、自组织和自我实现的,具有自己恒定的基因、性质和属性。批评者认为,如果中国国际关系的理论建构遵循文化本质主义方式,那么这种方式不仅会固化和加强自文化中心主义,而且生产出来的知识是无法沟通的知识,无法实现普适性目标,只能导致知识的碎片化,形成二元对立的知识生产态势。[42]在他们看来,天下体系、道义现实主义、关系理论和共生理论都是以中华文化为核心的理论建构,都突出了中国的文化传统,都是在寻求与非中国的差异中产生的知识,对国际关系学科的普适性知识体系形成了"威胁"。

毫无疑问，中国国际关系理论具有"中华性"，这可能是中国学者在知识涵化的过程中自然而然选择的一种知识生产路径。进入 21 世纪，国际关系学界出现了两种全球国际关系学的倡议：一种是以阿琳·蒂克纳（Arlene B. Tickner）等为代表的批判学派，另一种是以阿查亚和布赞为代表的兼容学派。批判学派强调西方国际关系理论话语霸权的不平等和压迫性，呼吁推翻西方国际关系理论的大厦；[43]兼容学派虽然也认为西方学术话语霸权并不合理，但主张世界应出现包括西方主流国际关系理论在内的多种国际关系理论。[44]无论具体观点如何，两派有一个共同点即主张国际关系理论的多元化和多样化，尤其鼓励非西方世界学者的理论建构努力和创新。

中国学者在进入双向涵化阶段后选择以中华传统文化思想作为理论建构的智识资源，这为理论的多元化和多样化奠定了基础。而挖掘中华传统文化思想中与西方的差异是尤为重要的一点。发现差异是导向创新的一个重要环节，也是建构不同社会理论的前提条件。否则，国际关系理论就只能有一个标准、一种声音。有观点认为，在非西方国际关系理论初创时期，斯皮瓦克式的策略性文化本质主义（strategic cultural essentialism）是有益的。[45]虽然这样的观点会引发争议，因为文化本质主义已经成为一个政治不正确的术语，但自然地在自文化传统中挖掘有利于知识再生产和人类共同知识的成分非但不是一种错误，而是对人类共同知识的一种贡献，也是最终消除文化本质主义的重要路径。如果连不同的学术声音和理论都不存在，又何谈真正意义上的全球国际关系学？如果只有一种文化本质主义可以作为知识的合法性来源，而不允许其他文化中的思想成为知识资源，那么这种文化本质主义就会通过权力运作成为知识的主导者和垄断者。

进而，使用传统文化思想作为理论建构的智识资源必然会导致自文化中心主义和文化本质主义吗？当然不是。使用传统资源可能导致多种结果，至少有三种知识再生产的结果需要考虑在内：一是走向自文化中心主义。使用本土文化资源的一种极端形式是文化民族主义和文化例外论，因此不能排除张扬文化本质主义而导致自文化中心主义这样一种可能的结果。二是走向文化再退场。使用本土文化资源建立起来的社会理论可能逐渐被强势的主流国际关系理论同化，失去原有的本色，成为其中的一部分。三是走向多元一体。诞生于本土的社会理论在保持文化本色的同时可以成为人类共同知识的一部分。通过挖掘不同文化中的智识资源,拓宽人类经验体悟和实践知识,丰富人类的表象知识体系,有助于更好地将这种社会理论导向全球范畴,使之具有真正的人类意义。在更深层面上,将非西方国际关系理论定为殊相,这本身就否定了非西方理论的世界性意义,而将西方理论视为普遍性知识。实际上,"中华性"也是世界性的组成部分,中国国际关系理论也是想象和创造世界政治的重要组成部分。从这个意义上讲,地方的就是世界的,世界的也必然起源于地方。

迄今为止,中国国际关系学者在使用中华文化资源时,所追求的主要是第三种结果。在使用传统文化思想作为理论建构智识资源的时候,一方面应防止出现学术民族主义、引发文化本质主义和自文化中心主义,另一方面也要大力挖掘传统文化,使之发生创新性转化,成为人类共同知识的一部分。中国国际关系理论的涵化式知识再生产路径可能恰恰就是消除自文化中心主义的关键性实践活动。

(二)"中华性"不足问题

对于中国国际关系理论"中华性"不足的批评主要来自批判理论、女性主义和后殖民主义学者。这些理论的共识性观点是,当前的知识生产表现出的是一种不平等的劳动分工,西方是知识成品的生产者和理论的建构者;而非西方仅仅是原料的提供者和知识成品的消费者,并且非西方思想长期被边缘化和缄默化。因此,要在国际关系领域改变这种不平等的现状,就必须推翻西方主流国际关系理论的话语霸权。[46]具体到"中华性"问题上,这种观点认为,建构中国国际关系理论有两个重要目标:一是弘扬包含中国独特经历、视角和历史实践的"中华性",以此提出更好的国际关系理论;二是挑战西方主流理论的话语霸权,进而动摇西方的全球政治霸权地位。这些批评者认为,当前的中国国际关系理论实际上与西方主流国际关系理论没有太大区别,也是知识—权力的产物,缺乏中国真正的独特经历、历史和实践。换言之,中国国际关系理论缺乏鲜明的"中华性",因此无法颠覆西方主流国际关系理论的学术话语霸权。

由于对中国哲学文化的挖掘和转化还远远不够,中国国际关系理论"中华性"不足的观点在现阶段似乎有一定的道理。当前中国国际关系理论的发展仅仅处于双向涵化的初始阶段，与西方主流国际关系理论相比无论在数量上还是质量上明显处于弱势地位。所以在防止自文化中心主义和文化本质主义的前提下加强对"中华性"的思考和深化，不仅对中国国际关系理论的发展很有必要，也有助于国际关系理论真正实现多元化和多样化的目标。在这个意义上，"中华性"不足是需要中国国际关系学界关注的一个问题。不过，中国国际关系理论自创始阶段就彰显了内部的多样性和外部的交往性，以不同的视角解读经典思想、以不同的方式使用传统资源建构现代社会理论。所以对中国传统文化资源的创造性挖掘和创新性转化依然具有很大潜力。

需要特别关注的另一个问题是中国国际关系理论发展的目标。发展中国国际关系理论不是为了争夺学术话语霸权，也不是寻求以"中华性"替代"他文化性"，更不是试图以自文化产生的理论替代或颠覆他文化产生的理论。从知识涵化的视角来看，中国国际关系理论在与外来文化和理论的不断交往沟通过程中产生，希望将中华哲学文化中的思想理论化，并以此使国际关系理论更具多元化和多样化。同时，中国国际关系理论需要使用中华文化的资源并且在与其他地域文化中的国际关系理论沟通辩论中生成和发展，因此无论是中华资源还是非中华资源都是理论生产的重要因素，而知识涵化的理想形态是超越"中华性"，将中华文化融入人类文化、建构人类共同知识。这种建构的过程是开放式而不是封闭式，是兼容并蓄而不是孤芳自赏，是相辅相成而不是独步天下。所以对"中华性"的加强是为了更好地实现平等意义上的交互涵化、更好地贡献于人类共同知识，而不是旨在推翻他文化产生的社会理论。兼容并蓄和多元一体是知识涵化的终极目标。

（三）双向涵化阶段的中国国际关系理论

笔者曾对非西方国际关系理论进行过定义，并根据这一定义提出了一个双向涵化阶段中国国际关系理论的可操作定义，即"中国国际关系理论是使用中华文化背景知识中的思想资源，对国际关系实质性内容进行概念化、抽象化和通则化处理，形成自洽的合逻辑思想体系"。[47] 这个定义包含三方面内容：其一，中国国际关系理论是社会科学理论，是系统思想并关涉国际关系领域的实质性内容。其二，中国国际关系理论根植于中华文化的实践和背景知识，这自然关涉"中华性"问题。其三,中国国际关系理论是世界国际关系知识生产领域的重要组成部分,是全球诸多学派中的一个学派,是与世界其他地缘文化中的国际关系理论及理论学派互学互鉴的。

以上引为案例的三种中国国际关系理论在观点和方法上存在很大差异,但都符合上述定义的基本内容。这一点颇具意义,因为它反映了中国国际关系理论发展过程中的三个要素:[48]一是自文化启迪。三种理论都从中国传统文化思想的智识资源中寻求创新灵感。天下体系反映的是中华传统文化的整体观,道义现实主义强调了国际体系领导国权力中道德的不可或缺性,关系理论则突出了宇宙万物的关系本位和关系性逻辑。三种理论包含的三个根本原则——无外原则、道义性权力和关系性逻辑——都是中华传统文化和社会性实践的产物,这些来自中华传统文化的理念在理论化过程中得以重塑。据此,中国国际关系理论具有"中华性"是自然而然的事情。将中华传统文化中的思想智慧理论化是知识多元化和多样化的生产实践,也是对全球国际关系理论的积极贡献。

二是跨文化沟通。这三种理论都是在知识涵化的过程中生成的,尤其是在与西方思想理念的对话和辩论中发展而来的。它们并不是闭门造车式的自说自话,而是在内外双重的交流辩论中寻求知识再生产,在深层意义上则是寻求跨主体的平等对话。在这样的对话中,他文化理念与自文化理念交汇,有冲撞也有融合,既竞争又互补,自文化理念在他文化中得以再诠释和再生成,反之亦然。天下体系所对照的是以国家为中心的国际体系,关系性逻辑所对照的是个体理性逻辑,道义现实主义在现实主义理论框架下强调了道义的价值。全球国际关系学的依据是真正意义上的跨文化互融互鉴,在自文化与他文化的沟通流动中重塑自我和他者,也重塑知识和知识生产方式。这本身就是一种非文化本质主义的实践。

三是全球性关照。虽然文化是理论创新的重要资源,但知识生产的意义也在于理论建构超越地方性知识,产生更为广阔的普适效应。就实践意义而言,全球化和全球性问题需要一种全球性制度作为解决全球性问题的基本依据,国际体系的领导地位需要道义力量的支撑,世界政治需要突破原子本体的思维方式,从整体和关系的视角去认知国际关系。这些做法有意识地突破了地方性知识的局限,表现出明显的超越意识和全球性关照。就理论意义而言,这些理论的建构本身就是试图打破世界国际关系学界的"西方出理论,非西方出素材"的不平等分工,证明国际关系学是全球性的,任何地域性知识都是全球国际关系学的组成部分。使"中华性"成为世界性的一部分,最终产生多元共存、相辅相成的人类共同知识,这是知识涵化的终极目标。

因此,中国国际关系理论从一开始就是在开放的体系中、在兼容并蓄的意识中生发的。中国国际关系理论一方面从传统文化中寻求理论建构的智识资源,表现出"中华性"的特征;另一方面,又在与世界其他地域文化中的国际关系理论不断交往沟通中对传统文化进行创新性转化,表现出"中华性"同"他文化性"和世界性的汇融。中国学者通过借鉴传统思想进行理论创新,但总是将传统文化思想置于当今世界的语境中。"中国学派"这一概念提出的一个重要目标是希望中国国际关系理论成为世界国际关系知识宝库的组成部分,而非分离于全球知识之林的奇异例外。中国国际关系理论现在仍处于起步阶段,尤其是同西方主流国际关系理论相比弱势地位相当明显,无论是在主观层面还是在客观层面都不具有追求自文化中心主义的意愿和可能。中国国际关系理论发展的过程反映了知识涵化模式的一个特点:单向涵化的"中华性"是稀薄的,双向涵化的"中华性"是厚重的,交互涵化阶段则表现为超越"中华性"、实现世界性或"人类性"这一知识生产的终极目标。

五、结　论

涵化作为一种社会知识的生产模式以实践为本体论立场。实践本体论认为实践性知识是具有本体优先的知识,包含社会理论在内的表象知识生发于实践知识且反过来作用于实践知识。实践知识的生产者是实践共同体成员,实践共同体最具代表性意义的形态是基于文明的文化共同体。当今世界是一个多元文化的世界,由多元实践共同体构成,社会知识也应该是多样的。进而,多元社会知识的交流沟通激活知识再生产,推动知识的演进,为建构人类共同知识奠定了基础。

涵化是一个知识生产过程,包含了以学习借鉴为特点的单向涵化、以理论创新为特点的双向涵化和以知识汇融为特点的交互涵化等阶段。中国国际关系理论40多年来的发展体现了这样一种涵化式的知识再生产过程,已经由改革开放初期以学习借鉴为特点的单向涵化发展到当下以理论创新为特点的双向涵化。中国国际关系理论创新的一条重要路径是以中华传统文化为智识资源,因此在理论创新阶段的一个明显标识是"中华性"问题,这是一个必然的发展阶段。但中国国际关系理论研究自一开始就是在内部和外部双重多元性的影响下发展起来的,因此这是一个开放过程,而不是一个封闭系统。因而,中国国际关系理论的创新不是以寻求学术话语霸权为目的,而是旨在丰富国际关系的知识大厦,最终目标是建立超越"中华性"的人类共同知识。

近年来,中国国际关系理论在世界国际关系学界引发了越来越多的论争,这在一定程度上是有益的。毕竟,学术的真谛在于激活思想、引发辩论、启迪知识的再生产。知识再生产的动力和知识本身的生命力死灭于学术话语霸权,而消解学术话语霸权的重要路径就是使国际关系理论多元化和多样化。从这个意义上讲,中国国际关系理论已经迈出了关键一步,当然,前途依然任重道远。

（原载《世界经济与政治》2023年第1期）

注释

1. ［加拿大］阿米塔·阿查亚、［英］巴里·布赞:《迈向全球国际关系学:国际关系学科的百年反思》,载《中国社会科学评价》2019年第4期,第32页; Amitav Acharya, "From Heaven to Earth: 'Cultural Idealism' and 'Moral Realism' as Chinese Contributions to Global International Relations," in Yaqing Qin, ed., *Globalizing IR Theory: Critical Engagement*, London and New York: Routledge, 2020, pp.158—185。

2. Barry Buzan, "How and How Not to Develop IR Theory: Lessons from Core and Periphery," in Yaqing Qin, ed., *Globalizing IR Theory: Critical Engagement*, pp.44—66.

3. Emilian Kavalski, *The Guanxi of Relational Theory*, London and New York: Routledge, 2018; Arlene B. Tickner and David L. Blaney, eds., *Claiming the International*, London and New York: Routledge, 2013; David M.

McCourt, "Practice Theory and Relationalism as the New Constructivism," *International Studies Quarterly*, Vol.60, No.3, 2016, pp.475—485.

4. 参见 Peter J. Katzenstein, "The Second Coming? Reflections on a Global Theory of International Relations," in Yaqing Qin, ed., *Globalizing IR Theory: Critical Engagement*, pp.27—43; Amitav Acharya, "From Heaven to Earth: 'Cultural Idealism' and 'Moral Realism' as Chinese Contributions to Global International Relations," pp.158—185。

5. 实践知识即约翰·塞尔所说的背景知识,参见 John Searle, *The Construction of Social Reality*, New York: The Free Press, 1995, p.129。

6. Vincent Pouliot, "The Logic of Practicality," *International Organization*, Vol.62, No.2, 2008, pp.257—288.

7. Yaqing Qin and Astrid Nordin, "Relationality and Rationality in Confucian and Western Traditions of Thought," *Cambridge Review of International Affairs*, Vol.32, No.5, 2019, pp.601—614.

8. [加拿大]伊曼纽尔·阿德勒、文森特·波略特主编:《国际实践》,秦亚青等译,上海:上海人民出版社 2015 年版,第 4—7 页。

9. John Searle, *The Construction of Social Reality*, pp.9—13. 在实践理论中,实践知识和背景知识是同义词,参见[加拿大]伊曼纽尔·阿德勒、文森特·波略特主编:《国际实践》,第 16—17 页。

10. 秦亚青:《世界政治的关系理论》,上海:上海人民出版社 2021 年版,第 41—51 页。

11. 关于实践间性,参见 Qin Yaqing, "Multilateralism via Inter-Practicality: Institutions and Relations," in Thomas Meyer, José Luís de Sales Marques and Mario Telò, eds., *Towards a New Multilateralism*, London and New York: Routledge, 2021。

12.《陈寅恪集·金明馆丛稿二编》,北京:生活·读书·新知三联书店 2001 年版,第 284—285 页。

13. 冯友兰:《中国哲学简史》,北京:北京大学出版社 2013 年版,第 232 页。

14. 胡适:《中国佛学史》,上海:华东师范大学出版社 2015 年版,第 84 页。

关于知识涵化的其他例子,参见邢丽菊:《韩国儒学思想史》,北京:人民出版社2015年版。

15. 一个很有意思的例子是观音的形象和含义在中华文化域境中的演变和成型,生动地体现了菩萨中国化的过程。参见于君方:《观音——菩萨中国化的演变》,北京:商务印书馆2012年版。

16. Arlene B. Tickner, "Seeing IR Differently: Notes from the Third World," *Millennium*, Vol.32, No.2, 2003, pp.295—324; Amitav Acharya, "Global International Relations(IR) and Regional Worlds: A New Agenda for International Studies," *International Studies Quarterly*, Vol.58, No.4, 2014, pp.647—659.

17. 中国国际关系学科的发展要追溯到20世纪后期诸多方面的内容,本文所涵盖的时间段是自1978年改革开放至今,并集中于理论和基础研究。关于中国国际关系学发展历史的详细描述,参见任晓:《中国国际关系学史》,北京:商务印书馆2022年版。

18. 秦亚青:《权力·制度·文化:国际关系理论与方法研究文集》,北京:北京大学出版社2005年版,第1—5页。

19. [美]詹姆斯·多尔蒂、小罗伯特·普法尔茨格拉夫著:《争论中的国际关系理论》,邵文光译,北京:世界知识出版社1987年版。

20. [美]斯坦利·霍夫曼:《当代国际关系理论》,林伟成等译,北京:中国社会科学出版社1990年版;[英]苏珊·斯特兰奇:《国际政治经济学导论——国家与市场》,杨宇光等译,北京:经济科学出版社1990年版;肯尼思·N.华尔兹:《人、国家与战争——一种理论分析》,倪世雄等译,上海:上海译文出版社1991年版。

21. [美]汉斯·摩根索:《国家间政治——寻求权力与和平的斗争》,徐昕等译,北京:中国人民公安大学出版社1990年版;[美]罗伯特·基欧汉、约瑟夫·奈:《权力与相互依赖——转变中的世界政治》,林茂辉等译,北京:中国人民公安大学出版社1992年版;[美]罗伯特·吉尔平:《世界政治中的战争与变革》,武军等译,北京:中国人民大学出版社1994年版。

22. [波]尤·库库尔卡:《国际关系学》,林军等译,北京:中国人民公安大学出版社 1991 年版。

23. 倪世雄、金应忠主编:《当代美国国际关系理论流派文选》,上海:学林出版社 1987 年版;倪世雄主编:《冲突与合作:现代西方国际关系理论评介》,成都:四川人民出版社 1988 年版;倪世雄、冯绍雷、金应忠:《世纪风云的产儿:当代国际关系理论》,杭州:浙江人民出版社 1989 年版。

24. [美]戴维·鲍德温主编:《新现实主义和新自由主义》,肖欢容译,杭州:浙江人民出版社 2001 年版;[美]玛莎·费丽莫:《国际社会中的国家利益》,袁正清译,杭州:浙江人民出版社 2001 年版;[美]约瑟夫·拉彼德、弗里德里希·克拉托赫维尔主编:《国际政治中文化与认同的回归》,金烨译,杭州:浙江人民出版社 2003 年版;[美]约翰·鲁杰主编:《多边主义》,苏长和等译,杭州:浙江人民出版社 2003 年版;[美]詹姆斯·德·代元主编:《国际关系理论批判》,秦治来译,杭州:浙江人民出版社 2003 年版;[英]巴里·布赞、[丹麦]奥利·维夫、[美]迪·怀尔德主编:《新安全论》,朱宁译,杭州:浙江人民出版社 2003 年版;[美]克瑞斯汀·丝维斯特:《女性主义与后现代国际关系》,余潇枫等译,杭州:浙江人民出版社 2003 年版。

25. 批判理论和女性主义国际关系理论著作的翻译是这套丛书的一个重要特点。但总体而言,翻译项目中最多的译著依然是主流国际关系理论著作。

26. [美]罗伯特·基欧汉、约瑟夫·奈:《权力与相互依赖》(第三版),门洪华译,北京:北京大学出版社 2002 年版;[美]罗伯特·基欧汉编:《新现实主义及其批判》,郭树勇译,北京:北京大学出版社 2002 年版;[美]罗伯特·基欧汉、海伦·米尔纳主编:《国际化与国内政治》,姜鹏、董素华译,北京:北京大学出版社 2003 年版;[美]玛格丽特·凯克、凯瑟琳·辛金克:《超越国界的活动家:国际政治中的倡议网络》,韩召颖、孙英丽译,北京:北京大学出版社 2005 年版;[美]朱迪斯·戈尔茨坦、罗伯特·基欧汉主编:《观念与外交政策:信念、制度与政治变迁》,刘东国、于军译,北京:北京大学出版社 2005 年版;[美]彼得·卡赞斯坦主编:《国家安全的文化:世界政治中的规范与认同》,宋伟、刘铁娃译,北京:北京大学出版社 2009 年版。

27. [英]爱德华·卡尔:《20 年危机(1919—1939):国际关系研究导论》,秦亚青译,北京:世界知识出版社 2005 年版;[英]赫德利·布尔:《无政府社会:世界政治秩序研究》(第二版),张小明译,北京:世界知识出版社 2003 年版;[美]罗伯特·杰维斯:《国际政治中的知觉与错误知觉》,秦亚青译,北京:世界知识出版社 2003 年版;[美]马丁·怀特著,赫德利·布尔、卡斯滕·霍尔布莱德编:《权力政治》,宋爱群译,北京:世界知识出版社 2004 年版;[加拿大]罗伯特·考克斯著:《生产、权力和世界秩序:社会力量在缔造历史中的作用》,林华译,北京:世界知识出版社 2004 年版;[美]詹姆斯·多尔蒂、小罗伯特·普法尔茨格拉夫:《争论中的国际关系理论》(第五版),阎学通等译,北京:世界知识出版社 2002 年版。

28.[美]戴维·赫尔德:《民主与全球秩序:从现代国家到世界主义治理》,胡伟等译,上海:上海世纪出版集团/上海人民出版社 2003 年版;[美]罗伯特·杰维斯:《系统效应:政治与社会生活中的复杂性》,李少军等译,上海:上海世纪出版集团/上海人民出版社 2008 年版。

29.[加拿大]阿米塔·阿查亚、[英]巴里·布赞:《全球国际关系学的构建:百年国际关系学的起源与演进》,刘德斌等译,上海:上海人民出版社 2021 年版。

30.[美]亚历山大·温特:《量子心灵与社会科学》,祁昊天、方长平译,上海:上海人民出版社 2021 年版。

31.王逸舟:《西方国际政治学:历史与理论》(第二版),上海:上海人民出版社 2006 年版。

32.阎学通:《中国国家利益分析》,天津:天津人民出版社 1997 年版。

33.秦亚青:《霸权体系与区域冲突——论美国在重大区域武装冲突中的支持行为》,载《美国研究》1995 年第 4 期,第 51—68 页;秦亚青:《霸权体系与国际冲突》,载《中国社会科学》1996 年第 4 期,第 114—126 页。

34.苏长和:《全球公共问题与国际合作:一种制度的分析》,上海:上海人民出版社 2000 年版;郭树勇:《建构主义与国际政治》,北京:长征出版社 2001 年版;陈玉刚:《国家与超国家——欧洲一体化理论比较研究》,上海:上海人民出版社 2000 年版;门洪华:《和平的纬度:联合国集体安全机制研究》,上海:上海人民出版社 2002 年版;袁正清:《国际政治理论的社会学转向:建构主义研究》,上海:上海人民出版社 2005 年版。

35.宦乡:《关于建立国际关系学的几个问题》,载上海市国际关系学会编:《国际关系理论初探》,上海:上海外语教育出版社 1991 年版,第 3—7 页;梁守德：《论国际政治学的"中国特色"》，载《国际政治研究》1994 年第 1 期，第 15—21 页；梁守德：《国际政治学在中国——再谈国际政治学理论的"中国特色"》，载《国际政治研究》1997 年第 1 期，第 1—9 页。

36. 梅然：《该不该有国际政治理论的中国学派？——兼评美国的国际政治理论》，载《国际政治研究》2000 年第 1 期，第 63—67 页；任晓：《理论与国际关系理论：一些思考》，载《欧洲》2000 年第 4 期，第 19—25 页。

37. 中国国际关系理论的发展过程本身就呈现多元样态的开放状态，这里只用三个例子加以说明。除这三种理论外，上海一些学者提出的"共生理论"、海外华人学者以道家辩证法诠释世界政治的思想以及中国台湾学者提出的关系理论等都是中国国际关系理论的组成部分。参见任晓：《走向世界共生》，北京：商务印书馆 2019 年版；任晓：《"中国学派"问题的再思与再认》，载《国际观察》2002 年第 2 期，第 57—60 页；苏长和：《从关系到共生：中国大国外交的文化和制度诠释》，载《世界经济与政治》2016 年第 1 期，第 5—25 页；L. H. M. Ling, *The Dao of the World Politics：Towards a Post-Westphalian，Worldist International Relations*，London and New York：Routledge，2013；Chiung-Chiu Huang and Chih-Yu Shih，*Harmonious Intervention：China's Request for Relational Security*，Surry：Ashgate，2014。

38. Zhao Tingyang, *Defining a Philosophy for World Governance*，Singapore：Palgrave Pivot，2019.

39. Yan Xuetong, *Ancient Chinese Thought，Modern Chinese Power*，Princeton：Princeton University Press，2011.

40. Yaqing Qin, *A Relational Theory of World Politics*，Cambridge：Cambridge University Press，2018.

41. 对于中国国际关系理论，近年来国际学界讨论已经很多，如阿查亚详细地讨论了天下理论、关系主义和道义现实主义，参见 Amitav Acharya，"From Heaven to Earth：'Cultural Idealism' and 'Moral Realism' as Chinese Contributions to Global International，" pp.158—185。以笔者关注的关系理论为例，2017 年中外 17 名学者参加了关于中西方关系理论的学术讨论，参见 Astrid H. M. Nordin，et al.，"Towards Global Relational Theorizing：A Dialogue

between Sinophone and Anglophone Scholarship on Relationalism," *Cambridge Review of International Affairs*, Vol.32, No.5, 2019, pp.570—581。《国际研究评论》(Review of International Studies)于 2022 年刊发专辑讨论多元关系性问题,包括 8 篇分析性论文,主要内容参见 Tamara Trownsell, Navnita Chadha Behera and Giorgio Shani, "Introduction to the Special Issue: Pluriversal Relationality," *Review of International Studies*, Vol.48, No.5, 2022, pp.787—800。关于用于实证和政策分析,参见 Emilian Kavalski, "Normative Power Europe and Normative Power China Compared: Toward a Relational Knowledge-Production in International Relations," *Korean Political Science Review*, Vol.51, No.6, 2017, pp.147—170; Raul P. Lejano, "Relationality: An Alternative Framework for Analysing Policy," *Journal of Public Policy*, Vol.41, No.2, 2021, pp.360—383。

42. Peter J. Katzenstein, "The Second Coming? Reflections on a Global Theory of International Relations," pp. 27—43; Amitav Acharya, "From Heaven to Earth: 'Cultural Idealism' and 'Moral Realism' as Chinese Contributions to Global International Relations," pp.158—185.

43. 参见 Arlene B. Tickner and Ole Wæver, eds., *International Relations Scholarship Around the World*, London and New York: Routledge, 2009; Arlene B. Tickner and David L. Blaney, eds., *Thinking International Relations Differently*, London and New York: Routledge, 2012; Arlene B. Tickner and David L. Blaney, eds., *Claiming the International*, 2013。

44. Amitav Acharya, "Global International Relations(IR) and Regional Worlds: A New Agenda for International Studies," pp.649—650.

45. 如后殖民观点认为:"如能聪明地使用策略性实质主义,中国学派还可以成为一种重要的地方性话语,通过与各种抗争力量的联合,在国际关系学科形成一个后西方国际关系学的'反霸权统一战线',抗衡各种弥散的、无所不在的西方主导话语形式。"参见 Yih-Jye Hwang, "Repraising the Chinese School of International Relations: A Postcolonial Perspective," *Review of International Studies*, Vol.47, No.3, 2021, p.313。另可参见 Gyatriti C. Spivac, *Selected*

Works of Gyatriti Chakravorty Spivak，London and New York：Routledge，1996，pp.204—205。

46. Inanna Hamati-Ataya，"Worlding Beyond the Self，" in Arlene B. Tickner and David L. Blaney，eds.，*Claiming the International*，p.28.

47. 秦亚青:《全球国际关系学与中国国际关系理论》,载《国际观察》2020 年第 2 期,第 33 页。

48. 关于对中国国际关系理论的详细阐述,参见秦亚青:《全球国际关系学与中国国际关系理论》,载《国际观察》2020 年第 2 期,第 27—45 页。

第二章　理论尚未终结

——从"跨大西洋辩论"到"跨太平洋对话"

袁正清　谷翔宇 *

2013 年,《欧洲国际关系杂志》出版了一期主题为"国际关系理论是否终结"的专刊,认为国际关系"宏大理论"已经终结。这很容易让人联想到弗朗西斯·福山(Francis Fukuyama)在冷战结束后不久提出的"历史的终结"。[1]事实上,恰恰在这种终结话语旋律之外,国际关系理论正在经历知识生产的地理迁移,开启了从"跨大西洋辩论"到"跨太平洋对话"的"奥德赛之旅"。走过百年历程的国际关系学科在百年变局的大潮中迎来了新的弄潮儿。但是,此次的主角不再是有着相同文化根基的大西洋两岸的欧美,而是背景知识相异的太平洋两岸的中美。它们在跨太平洋地区正在展开一场对话,这种对话不是既往大辩论的延伸,而是理论创新路径的开启。考察知识的旅行对于我们把握现实、进行理论创新、构建中国国际关系研究的自主知识体系提供了重要的参照和启迪。本章第一部分梳理了国际关系理论历史中大辩论的历程,指出范式间的趋同造成了跨大西洋内部"大理论"的终结。第二部分提出了跨太平洋对话的概念,并从整体视角阐述了发生在中西之间以"关系"为核心的对话背景和具体内容。第三部分对跨太平洋对话和跨大西洋辩论进行对比,提炼了文明观照下的国际关系理论知识生产

　* 袁正清,中国社会科学院大学国际政治经济学院教授,中国社会科学院世界经济与政治研究所研究员;谷翔宇,中国社会科学院大学国际政治经济学院博士研究生。

的"哥伦布式"和"丝绸之路式"两种理想类型。最后展望了跨太平洋对话的理论价值和发展前景。

一、"跨大西洋辩论"的美国主导

国际关系学自诞生以来,特别是第二次世界大战后,理论生产主要在跨大西洋,更准确地说是在跨北大西洋两岸进行,更多的是一门"美国的社会科学"。[2]冷战之后,新现实主义、新自由制度主义和建构主义形塑了国际关系理论的基本面貌,展开了一个广义上由美国主导的"跨大西洋辩论"。[3]

(一)大辩论与跨大西洋国际关系理论

大辩论是国际关系学最具统治力的标准自我意象。[4]考察大辩论的历史,不难发现国际关系理论发展的第一阶段具有明显的跨大西洋色彩和范式间辩论特征。

虽然对于大辩论的具体次数存在争议,但不可否认它们都发生在跨大西洋两岸以英美为主的国际关系学科的中心地区。[5]第一次大辩论围绕现实主义和理想主义展开,发生在盎格鲁文化圈内,现实主义占据上风并长期处于统治地位。20世纪50—60年代,在跨大西洋两岸发生了传统主义和科学行为主义之间有关方法论的辩论,以赫德利·布尔(Hedley Bull)为代表的英国学派主张"经典路径"和"传统方法",与主张"科学方法"的莫顿·卡普兰(Morton A. Kaplan)为代表的美国学派之间展开了激烈辩论。[6]第二次辩论关注的核心是科学实证方法在美国国际关系学中的运用,并最终促成了"科学认同",进而国际关系研究的中心由英国转移到美国。[7]尽管第二次辩论并没有直接产生国际关系理论,但在科学实证主义方法论基础上构建的新自由主义与新现实主义成为第三次辩论即范式间辩论的核心。[8]新自由主义与新现实主义的辩论基本发生在美国国际关系学界内部,二者在辩论与对话中相互吸收优势,共同成为主导范式,并构成了第四次辩论中的理性主义阵营。[9]第四次辩论主要发生在美国国际关系学界,最初围绕理性主义与反思主义之间的激烈争论展开,彼此视对方是错误的甚至对学科发展不利。[10]20 世纪 90 年代中期,随着建构主义尤其是亚历山大·温特的主流建构主义理论的提出,第四次辩论集中在理性主义和建构主义之间,成为国际关系学科的支配性辩论及关注的焦点。[11]建构主义的范式生成标志着跨大西洋辩论进程基本完成,并最终与新现实主义和新自由主义鼎立,构成了跨大西洋国际关系理论。

　　"跨大西洋辩论"阶段理论生产的跨大西洋色彩及辩论的主导形式都具有显著的连贯性。自第一次大辩论以来,国际关系学便长期处于不同阶段的辩论中,理论生产的中心也在大西洋两岸之间转移(主要是从英国转移到美国),这一时期国际关系的学术研究主要反映了英美的地区特征。[12]在跨大西洋辩论的进程中,范式的产生是重要节点。

表 2.1　跨大西洋辩论

大辩论的核心争论	大辩论发生的时间	大辩论产生的结果	大辩论发生的主要空间
现实主义和理想主义之争	20 世纪 20—30 年代	现实主义的胜利	英国与美国学者共同参与
传统研究方法与科学实证方法之争	20 世纪 50—60 年代	科学实证方法的胜利	英国学派和美国学者之间
结构现实主义和新自由制度主义	20 世纪 70—80 年代	新自由主义和新现实主义共同主导	美国学者内部
理性主义与建构主义(反思主义)之争	20 世纪 80—90 年代	三大理论共同主导	美国学者内部

　　资料来源:笔者自制。

(二) 范式趋同与"跨大西洋辩论"的终结

　　跨大西洋国际关系辩论构成了推动国际关系领域科学革命的原动力。[13]但是随着三大理论逐渐汇融,范式之间的不可通约性被打破,新的科学革命难以展开。[14]跨大西洋辩论也随之失去了理论发展和创新的基本动力,不可避免地走向终结。

　　1. 跨大西洋汇融

　　范式之间的辩论构成了国际关系理论的周期性繁荣和创造,新现实主义、新自由主义和建构主义是"跨大西洋辩论"阶段范式生成的典范,它们的汇融使得理论之间渐次趋同（synthesization）。[15]这一时期的理论趋同主要分为三个阶段。

第一阶段发生在第三次辩论期间，体现为奥利·维夫所说的新现实主义和新自由主义之间的"新新合流"（neo-neo synthesis）。第三次辩论"越来越被看作多元共存式的辩论，而不是一方要取胜的辩论"。[16]作为这场辩论的主体，新现实主义与新自由主义在包括无政府状态等基本假定上不存在显著差异，并且都处于理性主义阵营中，从而为它们展开与建构主义的新辩论奠定了基础。

第二阶段是主流建构主义理论与理性主义理论的汇融。尽管反思主义对理性主义进行了尖锐的批判，理念与物质的矛盾也看似不可调和，但是反思主义阵营中的建构主义尤其是温特的主流建构主义理论采取了"中间道路"（via media），在本体论上坚持理念主义、在认识论上则趋向实证主义，[17]使得理性主义与建构主义的分歧以部分的综合而告终。在大西洋一岸的美国，国际关系理论范式之间不再是不可通约的；相反，元理论之间的范式可通约现象成为主流国际关系理论范式的特征。[18]

第三阶段表现为大西洋另一岸的英国学派在"试图建立国际关系元理论和宏理论的时候，与美国主流理论走向了汇融"，出现了"跨大西洋趋同"。[19]英国学派作为盎格鲁核心区（Anglo-core）的另一流派以及"国际社会"路径和传统方法的代表，[20]在第二次辩论期间与美国学派展开了激烈交锋。传统主义方法的缺陷和科学主义的流行使得英国学派长期被美国学界忽视。[21]使英国学派重回主流视野并与主流汇融的关键则是英国学派的另一个核心标签——"'国际社会'概念在那些阐述或批判建构主义的学者中得到了新的关注"。[22]同时，在理性主义和反思主义的辩论中，对哲学、历史和法律的洞察与思考使得英国学派得以在国际关系理论构建中重新获得突出地位。对国际规范与国际社会的共同关注为主流理论尤其是建构主义与英国学派之间的汇融提供了通道。[23]

因此，我们可以看到在跨大西洋辩论的进程中，范式争论的历史同时也体现为范式间汇融的历史，最终并不是某一种范式而是跨大西洋理论中三大范式共同形成了国际关系主流理论的统治。[24]范式的汇融意味着范式间辩论的终止，以大辩论形式书写的国际关系理论历史也难以为继，跨大西洋辩论的空间内已无法再激活知识创新，这场辩论随之走向终结。

2. 理论构建的"华尔兹化"

范式间的趋同不仅体现为理论的基本观点与议题关注的趋同,也体现在理论构建的方法与标准之中。美国国际关系理论尤其是三大主流理论的构建过程都遵循了科学实证主义的标准。自结构现实主义开始,国际关系理论进入"华尔兹化"时代。"华尔兹化效应"具有高度的标准制定和门槛设定功能,比结构现实主义理论的实质内容本身具有更大的影响力。[25]这种理论生成的方式因而成为西方国际关系理论生成的唯一方式和标准,阻碍了理论的进一步创新。[26]

在第二次辩论中行为主义获得胜利之后,科学实证主义成为美国国际关系研究的认识论标志。肯尼思·华尔兹的《国际政治理论》一书使用实证主义方法,通过明确自变量和因变量的选择以及变量之间因果关系的阐述构建了结构现实主义。[27]华尔兹区分了"理论"和"思想",认为只有符合实证主义标准的理论才能被称为理论。[28]"华尔兹化"的理论构建方式贯穿了三大主流理论范式的生成过程,它们都遵循了实证主义的理论构建方法。罗伯特·基欧汉认为反思主义路径只能产生"软性理论",缺乏明晰的因果关系,只有实证主义意义上的理论才能被视为理论。[29]新自由制度主义正是以科学实证主义方法建立起来的。在影响深远的《社会科学研究设计》一书中,加里·金(Gary King)、基欧汉和悉尼·维巴(Sidney Verba)强调了因果推论和科学的研究设计,将科学实证主义在国际关系领域推广成更具普遍性的理论构建标准。[30]主流建构主义在理论建构过程中同样采取了实证主义的认识论,探索了一条理念主义和科学实在论的中间道路。

理论构建的单一标准体现了对社会理论一元普适性的追求以及同质化的特征,[31]一种理论构建标准,必然只会有一种理论形态。[32]科学实证主义与理论构建方式的"华尔兹化"不仅为主流理论范式之间的汇融提供了认识论前提,同时也以严格的理论准入标准进一步缩小了跨大西洋辩论中理论生产和创新的空间。"国际关系学界的理论论战趋于沉寂,对'主义'的热情日益下降,大多数学者从事着理论检验而非理论创造的工作。"[33]尽管仍有学者在尝试构建诸如"第五次辩论"一类的大辩论叙事,[34]但是在"跨大西洋辩论"阶段,大理论的生产不可避免地随着大辩论的消退而在大西洋两岸走向终结。

（三）理论终结的现实与反思

在"国际关系理论是否终结"的专刊讨论中,约翰·米尔斯海默和斯蒂芬·沃尔特强调了理论尤其是大理论在国际关系研究中的至高地位,认为国际关系研究的最终目的仍是"通往更好的理论",因为"没有好的理论,我们就无法相信我们的实证发现"。[35]但是专刊中的其他文章基本都对"国际关系理论是否终结"在大理论层面做出了不同程度的肯定回答,转而在其他层面讨论理论未终结的可能。

参与专刊讨论的学者在国际关系大理论的终结这一问题上达成了共识,正如蒂姆·邓恩(Tim Dunne)所言,"问题不在于国际关系理论是否终结,而是参与'元'辩论的作品是否终结"。[36]大理论的终结主要表现为两点:首先,"国际关系理论范式或主义之间的大辩论已经结束",[37]取而代之的是范式沟通,分析折中主义和理论多元主义成为理论研究和创新的新方向。[38]其次,国际关系学界对于构建大理论的工作产生了质疑和困惑。"元理论研究已经过时"成为一种共识,[39]"大理论产生的愿景应当建立在能够指导行为和解释世界的基础上,但不幸的是,这并不是当前大多数大理论研究的特征"。[40]

参与专刊讨论的学者在大理论终结的共识与背景下为新的理论发展方向给出了大理论层次之外的意见,也因此表现出对"理论是否终结"问题持开放态度,最显著的是提倡构建中层理论。戴维·莱克认为大辩论叙事和大理论的研究正在衰落,但随之而来的是"中层理论在辩论的空隙中蓬勃发展,在宏大理论消亡的同时,多元理论仍然存在"。[41]其他学者也从不同的理论关注点提出了国际关系理论新的发展可能,包括发展以解决问题为导向的批判理论、关注女性主义国际关系对于经典话题的重新讨论、重新思考自由主义在国际关系理论和历史起源中的核心意义以及提倡回归语言视角来进行建构主义研究等。[42]

事实上,自三大主流范式确立以来,在跨大西洋学界内部就不乏对大辩论叙事和范式分析的反思。莱克认为国际关系学界以"主义"为阵营的不同派别之间的对立无益于知识增长,"主义"之分使得国际关系研究的注意力从"重要事情上转移开了";[43]因此,国际关系研究应当打破"主义"的藩篱,以综合视角运用利益、互动和制度等重新定义国际关系。彼得·卡赞斯坦和鲁德拉·希尔(Rudra Sil)提出了融合三大范式的分析折中主义方法,倡导以问题为导向,综合不同理论而不是某种范式解释国际关系现象。[44]尽管莱克和卡赞斯坦等的研究都建立在对理论和范式的深刻理解上,但他们的工作并没有推动新的国际关系理论的产生。卡赞斯坦的分析折中主义本就不以构建理论为目的,而是为了在分析具体现象时灵活使用理论工具。莱克尽管"提倡中层理论,贬低宏大理论",但"国际关系理论并没有朝着这个方向发展,相反,它正在减少对各种理论的关注,并转为简单化的假设检验。方法取得了相对于理论的胜利"。[45]在三大主流范式之后,国际关系理论的构建"还未上升到元理论的水平,也没有引发任何争论……围绕学派和主义进行的理论工作正在减少"。[46]因此,尽管很多学者仍在从事理论工作,但是"跨大西洋辩论"阶段的理论构建已经走向了终结。

尽管2013年《欧洲国际关系杂志》专刊的文章在对理论发展困境进行分析时大多关注了理论与实践之间的脱钩,并提供了来自大西洋两岸以及同属益格鲁文化圈的澳大利亚、加拿大学界的诸多观点,但只有阿琳·蒂克纳(Arlene B. Tickner)旗帜鲜明地提出了一个显著但却更容易被忽视的现实,即国际关系学科中"构成了以美国为核心的中心—边缘的动态特征"。此外,她还考察了全球南方作为学科边缘角色的具体因素。[47]这种被忽视的视角体现在国际关系跨大西洋辩论阶段便是对跨大西洋之外地区的忽视。

通过前文的简略梳理,不难发现跨大西洋辩论从范式的构建与辩论再到终结,包括理论的生产和反思,都是在跨大西洋文化圈中进行的。

从学科进程来看,在国际关系学科的建立与发展历程中,以美国为首的西方国家始终占据主导地位。1977年斯坦利·霍夫曼将国际关系学称作一门"美国的社会科学",这一说法至今仍深入人心。[48]2007年阿米塔夫·阿查亚和巴里·布赞指出,国际关系学仍然是由西方思想主导的学科,国际关系理论也仍局限于西方地域文化范畴内。[49]2014年"教学、研究与国际政策"(TPIP)问卷调查项目的结果显示,有60%的受访者认同国际关系学是美国主导的学科,75%的受访者赞同国际关系学是一门西方主导的学科。[50]只有少数学者认为国际关系学已不再是美国主导的学科,其内部存在多样性。一方面,这种多样性关注的仍是中心地区的国际关系学发展，美国之外的国际关系理论成果主要来自英国、加拿大和澳大利亚等国家。[51]这表现了西方世界内部存在不同的研究路径，并没有超越西方中心的视角。另一方面，西方学者宣称的国际关系理论多样性往往是指三大主流理论内部衍生的多样性，或者本就指向三大主流理论构成的多元化。沃尔特将自由主义、建构主义与现实主义并列，以此来证明多元化的存在，[52]这并不足以推翻美国在国际关系理论中的主导地位，反而使其更加"合法化"。这一主导地位集中体现在国际关系理论的知识生产中，因此讨论国际关系理论是否终结，不能忽视其主语是以美国为首的西方世界，"跨大西洋辩论"中美国持续占据主导地位为理论终结论限定了其解释范围。

从大辩论叙事的产生和辩论进程来看，大辩论的正统自我意象本就是由"学科在美国的发展所定义的"。[53]1945 年后国际关系学的中心转移到了美国，但这不过是延长并巩固了该学科中盎格鲁圈的既有主导地位。历次大辩论都没有盎格鲁圈（以跨大西洋为主）之外的国家参与，在跨大西洋两岸的大辩论发生之时，其他地区的国际关系研究在未被纳入辩论的同时也存在着差异化的研究偏好。[54]邓恩等以 2008—2013 年发表在《欧洲国际关系杂志》上的论文为证，指出它们"很大程度上是理论测试，是学科范围内的现象，代表着对理论态度的转变"，[55]但其并未考察一系列新兴的亚洲国际期刊对于理论的构建与讨论。因此，所谓"跨大西洋辩论"的终结也只能被证明是在盎格鲁地区尤其是跨大西洋两岸的大理论生产的终结。

与在地理意义上忽视广大非盎格鲁圈的国家和地区的国际关系理论研究相比，"跨大西洋辩论"阶段更深刻、更深远的影响是对于文化因素的忽视。在跨大西洋辩论阶段，出于对普遍性的追求以及"华尔兹化"实证主义检验标准的制约，理论的构建通常基于一元主义的立场，认为自然科学和社会科学没有实质差异，从而很大程度上忽视了文化的作用，而文化在社会理论的发展中往往起着至关重要的作用，不同的文化体具有不同的背景知识，造就了不同的社会理论。[56]在回答国际关系理论是否终结的问题时，尽管邓恩赞同多元主义，提出国际关系理论应当尝试"综合多元主义"（integrative pluralism）的观点，将理论多样性作为一种手段，并对复杂现象进行更全面的解释，但其所指的多元主义依然是缺乏文化和文明视角的多元化理论。多元来自不同的理论扩散渠道，并且是为了避免回到"一切反对一切的范式间战争",但邓恩并没有提及主流理论本身的单一文明特质,因此这种多元化仅仅是"学科霸权的面纱"。[57]对文化的忽视在"跨大西洋辩论"中使得大理论的生产与辩论不只是在地理上局限于跨大西洋两岸,在文化上也被置于一种默认的西方文化或盎格鲁文化的共同背景之中,理论生产自然而然地忽视了其他文化共同体和文明的存在,从而"跨大西洋辩论"的终结也表现为单一文化和文明内部的终结。

作为理论生产的空间和进程,"跨大西洋辩论"阶段的国际关系理论叙事走向终结,大理论发展的新空间在太平洋两岸显现,新的大理论的生产与构造需要新的理论发展视野,而大西洋两岸之外的其他文明为理论发展提供了新的视野与动力。国际关系大理论的构建与发展在全球范围内尚未终结,而是在大西洋两岸之外、在文明的对话中进入新的理论发展阶段,即跨太平洋对话阶段。中国思想的加入撼动了以美国为首的西方国家在国际关系学科中主导地位,也为国际关系理论创新提供了新的动力。

二、"跨太平洋对话"的中国创新

"世界政治中的重大事件和变化与国际关系理论的前沿发展密切相关。"[58]中国的快速发展作为当代世界的决定性事件之一,需要给世界提供超越跨大西洋之外的理论视角。在此背景下,中国国际关系学者以中国历史文化传统为智识资源构建了原创性的国际关系理论,成为全球国际关系学发展进程中的重要一支。中国国际关系学的发展为"跨太平洋对话"提供了实践和学术背景,进而随着"跨大西洋辩论"的终结,理论生产的中心逐渐转移到以中国学界和美国学界为代表的跨太平洋地区,[59] 1999 年帕特里克·杰克逊(Patrick Thaddeus Jackson)和丹尼尔·内克松(Daniel H. Nexon)发表的《关系先于国家》一文是国际关系学界"关系转向"的起源,[60]而随着以秦亚青和赵汀阳为代表的中国学者先后完成了"关系"基础上核心理论观点的阐述,[61]跨太平洋两岸围绕关系主义理论的对话双方已经实际在场,但其理论发展主要还是在平行的两个学术空间内进行。

2019 年，兰卡斯特大学召开了以"走向全球关系理论研究：中文学界和英语学界关系主义学者的对话"为主题的研讨会，并在同年《剑桥国际事务评论》上发表了会议成果。[62]这可能是国际关系领域中西学者首次以基本对等的学术身份和基本相当的阵容围绕理论转向的学理问题展开的研讨会。[63]国际关系理论辩论中重大理论的生产和讨论仅仅由大西洋两岸英语学界主导的局面自此被打破，中文学界加入理论转向的中心并与英语学界展开对话，标志着"跨太平洋对话"的形成。[64]一方面，"跨太平洋对话"围绕着关系而展开，与"关系转向"存在一定程度的重合。中国学者对于中国传统文化智识资源的理论化转化为关系理论提供了新的发展动力，与西方文明产生了直接对话和互动（如与西方个体理性的互动），这为国际关系理论的知识生产和创造提供了不同于"跨大西洋辩论"的方式和案例。另一方面，尽管不具备共时性，但是作为关系主义理论的反思对象，跨大西洋国际关系理论也被置于这一对话中，所以一定程度上它们作为"关系转向"之外的内容构成了跨太平洋对话的一部分。因此在关注理论生产中心转移和方式转变的基础上，本章将这一有关关系的对话置于一个更宏大的背景即跨太平洋对话框架下加以讨论。[65]

（一）理论构建的共同起点——关系主义本体立场

在"跨太平洋对话"中，关系而不是实体成为理论构建的起点和认识世界的出发点，"跨太平洋对话"首先展开为关系主义者作为一个理论集群与实体主义主流国际关系理论的对话。关系主义者认为，"对国际事务的任何分析都应该是从关系开始，而不是从自主行为体的本质假定开始"，[66]这基于一个不尽相同的关系本体论（relational ontology）的基本立场：世界由关系组成，关系是最基本的分析单位。与之相对，主流国际关系理论则认为世界是原子的世界，以静态和分离的研究单位分析世界，因此国家和文明等实体往往被视为给定的，在本质上没有区别且无法还原。从华尔兹的结构现实主义开始，主流国际关系理论都将国家视为分析的起点，认为国家是单一理性的自在实体，进而建立起体系层面的理论，作为其构成部分的结构和单位在本体论上存在的实体是任何宏理论不可或缺的因素。[67]国际关系学的发展建立在一种将事物（things）置于关系之上的思维。[68]实体主义的本体立场一定程度上解释了国际关系理论的困境，即理论对现实解释能力的衰落。杰克逊和内克松认为,结构—行为体的实体本质使得主流国际关系理论无法从根本上解释体系变革的发生。[69]以实体主义为一元本体论并将其他的本体可能排除在外无法充分解释充满不确定性的全球事实,而关系概念的产生和发展有助于"阐明全球生活的复杂模式,并与全球互动的脆弱性、流动性和相互性产生了共鸣"。[70]

国际关系学界的"关系转向"由杰克逊和内克松引入西方社会学中关系主义的主张而开启。[71]对关系主义不同理论主张的梳理首先是在西方内部进行的,"在北美和欧洲,关系主义也是多样的……包括各种实践理论、实用主义和社会网络分析"。[72]杰克逊和内克松展现了一个英语语境关系理论的集群,主张将其与主流国际关系理论个人主义和结构主义的集群进行区分,从而将关系理论作为一个整体来看待。"正如现实主义或自由主义的内部复杂性和传统理论研究者的共同点一样,关系论的内部复杂性不应该是我们统合关系论路径的障碍。"[73]由于杰克逊和内克松始终是在西方学界进行理论的分类与整合,这种内部复杂性因此也蕴含着不容忽视的英语世界或者说西方社会文化背景中的共同点,而这种共同点难以在单一文明的叙事中体现出来。

因此,文化视角的加入有利于我们寻找西方世界的共同点,发现与之不同的关系主义主张,丰富关系主义学术研究。关系主义在本体论立场上与主流国际关系理论的实体立场具有根本不同(如图2.1),但类似的对立很容易将我们拉回到反思主义与理性主义的激烈辩论中。尽管在同一种文化背景和社会实践经验中的关系主义理论构建也存在不同路径,但仍是跨大西洋社会文化背景中产生的一种缺少了文化视角的差异化。在背景知识中没有根本区别的西方关系主义研究面临走向通约的风险,即"回到事物(或实体)本体论的风险"。[74]阿斯特丽德·诺丁(Astrid H. M. Nordin)分析了关注关系的国际关系理论是如何回归到事物本体的,[75]尤其是在本体论上提出"事物本体论"替代方案的建构主义。温特的关系思想体现在他对"有目的的行动者的身份和利益"的社会建构讨论中,特别是对于"自我"和"他者"的讨论,但事实上这两个概念并没有被理论化,也没有考虑国家与他人相处的复杂过程,仍然依赖于实体主义本体论。[76]秦亚青也认为,尽管温特的建构主义理论强调了行为体之间的互动,但在互动产生之前行为体已经具有了自我身份和特征,互动是个体完全独立的互动,无法改变彼此的根本特征。[77]主流国际关系理论所指的国际关系是实体主义界定的关系,关系只是在以国家为起点展开理论分析时其中的一个层次,由国家的属性和特征决定,是实体主义的表现和应用,国家作为自在实体使三大理论不会以关系为分析起点。[78]

图 2.1 英语语境中的关系主义与西方国际关系理论

资料来源:笔者自制。

注:尽管关系主义本体立场与西方主流国际关系理论的实体主义本体立场具有本质区别,但双方同处于西方文明背景,共同构成了单一文明背景下的西方国际关系理论。

在对西方关系主义研究(以杰克逊和内克松的过程关系理论为主)的反思中,秦亚青认为西方对关系的理解处于“为关系而关系”的状态。在西方国际关系理论背景下,对关系的本质意义、关系与过程的关系,以及关系在社会互动实践中作用的认识并不清晰,于是往往有意无意地回归实质主义和实体研究。[79]

因此,关系理论的自然发展需要不同文明视角的加入以防止其在单一文化背景的叙事中回到范式通约的旧路上去,来自中国学者的思想无疑弥补了这一缺憾。关系同中华文化和中国社会实践有着深厚的渊源,关系这一概念在中文语境中具有更丰富的内涵,中国传统关系思想和关系转向的相遇在实质上推动了关系主义理论研究的发展。此外,站在跨大西洋之外的视角,“英语学界的关系转向中对于实体主义的批判未能克服其欧洲中心主义”,[80]关系方法可以为英语语言之外更多富有成效的参与提供语言和空间,这种参与体现了比较和对比/分歧和趋同,有助于国际关系学的进一步全球化。因此,一定程度上强调或突出中文语境中的关系带来的差异有利于赋予关系对话持续的动力,同时也是“跨太平洋对话”展开的必要条件。

（二）理论构建的差异视角——中文语境中的关系

"理论是抽象的,但它不仅仅是抽象的,而是由特定地点的人在特定的经历中使用某种特定的语言建构的……理论必然包含不同的观点。"[81] 两种地域文化中关系思维并置,且分别形成了系统的理论构建。在此基础上,中西方学者之间的差异和对话一定程度上源于"relation"和"guanxi"两个概念的不同。秦亚青所指的"国际关系作为一门学科,以'关系'为名却没有系统的关系理论"中的"关系"便不能只以"relation"来解释。[82]

相较于与"things"或"substance"相对的"relations"来说,中文语境的"guanxi"具有更加深刻的内涵,这一内涵主要由中国传统文化和社会实践活动共同赋予。[83] 埃米利安·卡瓦斯基(Emilian Kavalski)较早在英语语境的国际关系研究中使用了"guanxi"一词,他不仅直接使用"guanxi"作为解释中国外交的工具,还将其作为国际关系中关系性知识生产和行动的关键。[84] 中国关系主义学者围绕"guanxi"这一具有特殊文化内涵的概念展开关系主义理论的构建。

关系概念具有三个特点。[85] 第一,中文语境的关系概念与英语语境中的关系在关系主义理论构建中的根本区别在于是否以人的关系为理论重心。英语语境中的关系主义构成一个强调实体之间联系的理论集群,但没有阐述关系概念的具体内涵,关系更多是作为不同于实体的一般性概念而存在,这种一般性并不意味着英语语境中的关系概念具有更广泛的解释范围或包含了中文语境中的关系概念。相反,由于缺乏具体的内涵,这一概念弱化了英语语境中的关系主义理论集群的特性,与建构主义和主流国际关系理论的界限相对模糊。与中文语境的关系主义思想进行对比,不难发现"中文与英语语境中的关系主义研究与争论分别围绕着截然不同的问题而展开"。[86] 中文语境中的关系主义往往是以人的关系为核心,将人的主动位置放置到关系理论中,关系作为一种世界观本就是由人形成的。秦亚青认为关系不是西方关系理论所指泛化的关系,"关系从根本上是涉人的关系,人际关系因此也是最重要的关系内容,社会理论关注的社会世界是由人的关系构成的"。[87] 赵汀阳对于关系概念的定义和使用则将"属人"特性表现得更为极致,尽管学界往往更关注其"天下体系理论"中的"天下"概念,但其理论的本体论是"共在存在论",因此中国的关系思维在其理论构建中同样突出。他首先将世界区分为物（things）的世界和事（facts）的世界，"一般存在论是为科学世界以及逻辑世界准备的，并不适合解释人的存在方式"。[88]人是互动存在而不是自在存在，人的世界是由互动关系创造的世界。在此基础上，人的能动性在事的世界中变得尤为重要，"我创造了我在和共在，共在关系创造了事的世界"，即"我做故我在"。[89]其天下理论中"家与天下的循环"等论述也从根本上反映了对人的关系的关注。[90]

第二，基于对人的互动的关注，中文语境的关系还是在中国人所处的文化背景和社会实践中体现和传承的关系。关系不仅仅是一个概念，也是一种新的视角和世界观。中文语境中的关系概念来自传统历史典籍和相关哲学思想，这些文化智识是在不同时期的社会实践中被观察、提炼和书面化形成的世界观，并在社会实践中得以加强和传承，其中最核心的影响来自儒家文化和儒家世界观。这种将儒家理念与关系联系在一起的共识远远超出了国际关系领域。马克斯·韦伯（Max Weber）在研究儒教后认为，本质上一个儒教徒的义务是在对具体的人尽孝道，并根据他们在自己生活中的地位对那些与自己相近的人善尽恭顺之道，"信赖"在中国总是基于纯粹的个人关系之上。[91]在关于中国社会关系的研究中存在着这样一种观点："中国人做的就是儒家说的，研究儒家伦理就相当于在研究中国人的关系。"[92]费孝通的"差序格局"概念便是基于儒家思想的影响描述了中国的关系特点，他将儒家最考究的"人伦"中的"伦"诠释为从自己推出去的和自己发生社会关系的那一群人里所发生的一轮轮波纹的差序。"由己向外推以构成的社会范围是一根根私人联系"，这一推的过程具有不同的路线和相配的道德，而这些包括最重要的仁以及孝悌忠信在内的道德都是儒家思想的体现。[93]在国际关系研究中，几乎所有的评论者都承认关系实践的儒家基础。秦亚青指出："在中华文化体或者儒家文化共同体中，长期实践生成的一个核心理念就是关系性，在儒家的世界观中，社会世界由关系构成，所有人都生存于关系世界之中。"[94]对儒家思想的借鉴和吸收也体现在他对关系性合作的阐释中，包括儒家的亲亲原则以及在此基础上提出的关系性合作的重要机制。[95]在赵汀阳的天下理论中，其存在论原则"共在先于存在"正是基于荀子的"人生不能无群"演变而来。[96]在阐述关系理性的优势时，他将孔子的核心概念"仁"解释为任意二人之间最优的共在关系，认为"仁"是关系理性的一个模型。[97]石之瑜则引入儒家的关系思想,尝试以角色理论弥合儒家视角下的关系与西方文明中的关系之间的差距,认为"送礼"是探索儒家关系中相互认同角色的方式,并在此基础上分析了儒家关系概念在外交中的具体体现。[98]此外,儒家关系思想也体现在"关系平衡"理论的相关阐述中,对于在两个行动者促使对方建构共性的这一动态过程,儒家思想中的双边主义为即兴构建双方身份的亲缘角色模拟提供了丰富的知识经验。[99]当然,无论是对于中国社会关系特征的研究和论述,还是中文语境中国际关系理论的构建,其智识来源都不止儒家文化对于关系的论述,中国学者似乎有先天的"关系敏感度"。[100]"guanxi"这一具有文化内涵的概念是中国社会在长期的历史实践中形成的、与传统文化思想长期互动并传承至今的一种不同于西方的概念、视角和世界观。

第三,基于中国传统文化,中国学者不仅更加清晰地界定了关系的具体内涵,也突破了二元对立的认识论传统。"中庸辩证法是中国人的基本认识论,是理解关系世界的主要途径。"[101]秦亚青界定了中庸辩证法的三个核心内涵,即互容、互补与和谐,三者同时也是阴阳两极之间关系的特征和互动方式。首先,两极之间是互容的,你中有我、我中有你,"互涵式互容假定排除了任何二元对立的两极结构"。其次,两极之间是互补的,相互取长补短,"阴阳两极处在向对方转化的或者说向对方生成的过程"。最后,中庸辩证法的核心是和谐,和谐基于差异,人的能动性使得两极"向中"运动最终达成和谐。[102]对于阴阳关系和中庸辩证法的思考有利于克服和突破两方国际关系理论中"自我—他者"的结构和难题。"中国人在其背景知识中没有二元对立的思维意识,也不会将互动的物体分割成为两个不同的类属和本质不变的两个实体。"[103]中庸辩证法不仅是中国传统的认识论,也是中华文化对广泛存在于西方国际关系中的"自我—他者"二元对立的不同回应。值得注意的是,以人为核心的关系主义和中庸辩证法的传统认识论共同决定了人的主观能动性在处理"自我"与"他者"关系时的能动作用,在中西关系主义学者的互动和对话中,中国学界主动促成双方文明和理论的相互借鉴(如图 2.2 中箭头所示)。[104]"跨太平洋对话"发生在两种文明之间,以中庸辩证法去认识其中的两种地缘语言传统,就会发现这场对话展开的动力正是文明之间的共构互涵与相互借鉴。

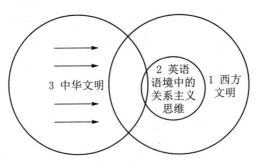

图 2.2　西方文明与中华文明的相遇与互容互鉴

资料来源：笔者自制。

注：当文明视角加入之后，图 2.1 中单一文明背景下的关系主义与实体主义之争演变为中西文明之间的对话。一方面，中华文明中的关系性思维与英语语境中的关系思维进行对话，并具有共同的本体论立场；另一方面，中华文明中的关系性传统与西方文明中的理性传统展开对话，在相互借鉴的基础上由具有关系理性，这种相互借鉴很大程度上由具有关系敏感性的中国学者主动推动。关系转向更多地集中在第一种对话即中西关系思维的对话之中，而两种对话共同构成了中西文明之间的"跨太平洋对话"。

（三）求同存异的理论构建——文明的互容互鉴

在中西学界围绕两种语境中的关系理论的对话中，除关注两种语言背景中的差异性关系思维外，还可在对比的过程中寻找相互关联的内容。以中庸辩证法的逻辑看待两种传统可以发现，二者之间并不是对立而是兼容互涵、相互构成的，因此部分关系主义学者"将分析定位在二者之间不可分割的混合空间中"，并阐述"在两种关系思维之间产生共构的基础"。[105]一方面，这种交融具体发生在两种关系思维的融合中（如图 2.2 中 2 号圆和 3 号圆的交叉）；另一方面，在两种地缘文化背景之间，关系作为中国文化的一种特殊构建和传统，与西方学界关系思维背后的西方文明中的理性展开对话，形成了更广阔的互动情境（如图 2.2 中 1 号圆和 3 号圆的交叉），并产生了新的互容互鉴基础上的理论构建。

首先，"跨太平洋对话"中的理论发展在于两种关系思维的融合，许多关于关系性的论点都借鉴了两种关系传统。两种关系思维的联系建立在共同的关系主义本体立场上，表现为两种思维在具体问题或概念上的混合分析。诺丁等在将"友谊"的概念重新引入国际关系及关系理论的讨论时，强调了中国的关系概念以及道家辩证法对认识"自我—他者"之间关系的重要性，但也指出"对友谊和国际关系理解的真正分歧并不在于中国和西方，而是在于朋友关系在事物本体论和关系本体论中不同的体现"。当然,他所说的关系本体论中朋友关系的动态转化而不是"自我—他者"二分的叙述本就主要借鉴了中文语境中的关系概念和辩证法思想。[106]诺丁和格雷厄姆·史密斯(Graham M. Smith)进一步探讨了"自我"与"他者"的关系,区分了基于中国或西方思维传统基础上四种不同类型的"自我"与"他者"关系,反思了"欧洲中心论中将'他者'视为绝对差异,从而选择同化和支配他者"的判断。[107]

其次,本章认为"跨太平洋对话"中的理论发展不仅体现在两种关系思维的具体运用上,更在于两种文化共同体或文明之间的对话。在中西方文化相遇时,中国学者主动推动传统思想与西方文明的借鉴交流,产生了文明层次宏观的概念和理论创新,同时也是一种文化产物——关系理性(relational rationality)。[108]

赵汀阳将关系理性作为天下体系中政治生活的运行原则。他的分析首先基于两种文化背景和语境中的"初始状态"(original situation)假定即霍布斯假定和荀子假定,将二者结合构成了"解释力最大的语境"。[109]在这一语境内的长时段博弈中,未来是由互动关系决定的,充分的理性必须是在互动中仍然普遍有效的理性,而个体理性仅关注个人利益,没有理性思考与他者的互动关系,可能会在未来表现出集体的非理性行为,因此个体理性不足以充分表达理性的概念。[110]关系理性则解决了因为个体理性带来的不同偏好难以汇总的问题,从而形成了理性上不存在反对理由的制度理性。在政治生活中,关系理性以共在意识优先,考虑未来的互动关系,避免因个人理性和个人利益遭受报复,追求伤害最小化、合作最大化、冲突最小化的最优共在状态,从而增进每个人的利益。[111]

秦亚青在《世界政治的关系理论》中将关系理性视为理性在关系性行为逻辑中的表达。他从两种社会文化背景出发,将关系性和理性分别作为中华文化和西方文化传统中的知识要素,认为两个概念是辩证的偶对双方,二者相辅相成。关系性与理性的结合产生了关系理性,关系性在本体上先于理性,理性是由关系界定的。因此,个体理性不考虑与他者关系,就无法判断自己的行为是否理性。[112]

关系理性的产生作为中国学者融合西方文化背景因素的主动理论构建,其产生的基本方式和原则体现了中国传统关系概念的三个特征。首先是关系的"属人"特性。一方面,中国学者基于文化赋予的关系本体意识以及对关系的天然敏感,捕捉到关系与理性结合的可能,在两种社会文化的相遇中主动以关系性弥补个体理性的不足,从而产生了关系理性(如图 2.2 中 1 号圆和 3 号圆的重合处,箭头体现了这种主动的互融和交流意识)。另一方面,中国关系概念中的人是在社会关系中认识自身的,关系理性基于人与人之间的关系重新理解人的存在,个体理性在长期博弈中的失效便是由于没有将人放在关系中考量。也正是因为属人的特性,关系理性具有非物化的情感内涵,理性原则需要被人实际承认才能发挥作用,因此有必要将情感或者"心"重新纳入世界政治和国际关系考量。[113]

其次,关系理性源于对两种社会文化和传统文明的整体认知即中国社会是关系性的,而西方社会是个体理性的。[114]这种认识尤其是有关中国的关系社会并不是凭空产生,而是在社会历史实践中形成并传承的。有关中西社会文化特性中关系与个体的差异在费孝通的论断中得到了体现,他认为西方社会建立在独立个体的基础上,就像把稻草捆在一起一样;中国社会则像一个从水面上掉下来的鹅卵石向外延伸的连续圆圈,涟漪传播着社会关系,每个圈子都以这样或那样的方式相连。[115]中国传统提供了"中国本体论和关系本体论,而不是西方的事物本体论"。[116]尽管有学者认为关系本体论并非中国独有,"中文世界中的辩论很少承认西方传统或其他传统,也有一部试图强调关系性的思想史",[117]但是基于中国关系定义的差异性内涵,将其作为一种中国社会的标签是合理的。之所以强调这一特征,是由于关系理性概念在国际关系领域有关关系的讨论中主要是由中国学者而不是在理性文化背景中发展关系主义的西方学者所构建。在具有中国文明背景的关系考量加入后,才在对话之中产生了关系理性。当然,这种文明之间的互容和借鉴也意味着西方学界的关系主义必然作为与两方都有交集(关系本体和理性思维背景)的存在与关系理性有着互容之处。西方关系主义在与中华文明关系思想互容的同时,也处在关系理性这个中间区域中,但是这种互容关系尚未在西方关系主义理论研究中被很好地发掘和阐述。[118]这又印证了社会文化背景影响着关系与理性谁先谁后的选择,"但并不是说东方的关系性高于西方的理性",而是因为西方国际关系学中理性享有特权地位而缺乏关系性,因而不能把握和解释很多国际关系现象。[119]

最后,关系性与理性互容的过程贯穿着非二元对立的认识论模式。不同社会文化背景之间的互容以及不同理性模式之间的互补都不是处在二元对立之中，而是在彼此的关系中共同构成了更全面地诠释世界的整体。非二元对立原则也是能够将关系性与理性融合的认识论基础，尽管关系主义在本体意义上优先强调关系，但"关系性绝不意味着否认理性"。[120]类似的非二元对立原则也体现在对个人理性的质疑中，尽管在"共在存在"的前提下，关系理性的使用优先于个人理性，但并不意味着关系理性与个人理性对立，而是与个人理性相互配合使用构成完整理性概念的硬币两面，两种理性的配合形成了理性自身的平衡。[121]

关系主义本体论主张为国际关系理论的构建提供了新的起点和路径，推动了新的理论对话的产生，而"关系"作为一个概念、视角和集体世界观，在参与对话的不同文化共同体和语言环境中得以塑造和传承，具有不尽相同的内涵。中国学者加入关系主义理论的构建，为国际关系理论注入了一种新的文化视角，在进行自身传统知识资源理论化的同时，也在与西方学界的关系主义学者和西方文化背景知识的对话中推动了双方的互容和共构。文化视角的注入使关系主义国际关系理论的发展得以延续，并以此为基础展开了一场跨太平洋的文明对话，国际关系理论尤其是大理论的发展由此进入新阶段，国际关系理论尚未终结。

三、"哥伦布式"对"丝绸之路式"的知识生产

在跨大西洋国际关系学界，随着范式间辩论的终结，国际关系理论尤其是大理论的生产也陷入了停滞。但是在"跨太平洋对话"中，中西方学界都以"关系"为核心展开了一系列理论构建，国际关系理论由此出现新的发展契机。以秦亚青的世界政治的关系理论和赵汀阳的天下理论为代表的理论构建在本体论和认识论上都为在整体上认识世界提供了不同于跨大西洋国际关系理论的宏观思考，均属于"大理论"。[122]国际关系理论没有走向终结，而是在新的地理空间围绕新的主题进入了新的理论发展阶段。通过考察跨大西洋辩论向跨太平洋对话演变的动态过程（部分呈现为由图 2.1 向图 2.2 的转化），本章分析了国际关系理论创新实现的主要动因，提出了"哥伦布式"和"丝绸之路式"两种国际关系理论的知识生产模式。

（一）国际关系理论创新的知识构成

对比"跨太平洋对话"与"跨大西洋辩论"可以发现，两者在本体论与认识论基础、理论生产的中心、理论互动方式，以及是否具有文明或文化视角等方面存在差异（见表2.2）。如果从国际关系理论知识生产方式的角度出发，本章集中阐述了"跨大西洋辩论"与"跨太平洋对话"的三个不同特征：一是理论生产中心的转移与扩大，二是理论创新方式从范式间辩论转向文明间对话，三是文明互动方式从二元对立转变为互容互鉴。这些差异并非毫无关联的对立，主要表现在从"跨大西洋辩论"到"跨太平洋对话"转化的动态过程中，这种转化是理论自然发展的结果和需求。[123]同时，这些差异性特征也是"跨太平洋对话"中理论得以再次创新的主要动因。通过分析三个特征，本章提取了国际关系知识生产结构的基本组成。

1. 理论生产中心的转移与生产特征的转变

跨大西洋国际关系的理论生产和辩论基本在美国学界完成，自1945年之后国际关系学的重心转移到美国以来尤其如此。霍夫曼对国际关系学是一门"美国的社会科学"的论断反映了国际关系理论生产第一阶段理论生产中心的集中度。基斯·冯·佩吉奥（Kees Van der Pijl）也认为在国际关系研究领域存在"大西洋汇聚"现象。[124]随着跨大西洋的理论发展停滞，国际关系学科需要"从西方实际上是盎格鲁圈为中心到真正全球性的转变"。[125]"跨太平洋对话"正是对这一转变的成功实践，中国学者的关系理论成为关系主义研究中的重要一支。

表2.2　"跨大西洋辩论"与"跨太平洋对话"对比

两次大辩论	对比内容				
	本体论立场	认识论特征	理论生产中心	理论互动形式	文明视角
跨大西洋辩论（20世纪20年代—20世纪末）	实体主义本体	单一科学实证主义和二元对立	美国（主）、英国	范式间辩论，汇融	单一文明主导排外（个体理性）
跨太平洋对话（21世纪初至今）	关系主义本体	多种认识论共存和中庸辩证法	中国、英国、美国	理论集群对话，共存	两种文明互涵兼容（关系性和个体理性）

资料来源：笔者自制。

国际关系理论生产的中心逐步转移到太平洋沿岸意味着理论生产中心的集中度降低,由实质上一体的跨大西洋中心扩散到其他地缘世界和非西方学界中。[126]在这个过程中,原本由西方提供理论、非西方提供素材的知识分工发生了改变,以中国为主要代表的非西方加入了国际关系理论的构建。同时,中国学界的理论生产特征也由"跨大西洋辩论"中的单向涵化为主转变为原创性理论基础上的双向涵化,并且随着中国关系理论在关系转向中的重要程度加深而展现了交互涵化的可能。[127]理论生产中心的转移和扩散是"跨太平洋对话"最显著的特征,也是推动知识生产最基础的要求,而考察理论生产中心的转移无法撇开文明和文化视角在国际关系理论知识生产中的回归。

2. 理论创新方式从范式间辩论转向文明间对话

跨大西洋国际关系理论以库恩式的范式辩论与更替推动理论发展,范式间具有不可通约的特征。但随着跨大西洋国际关系理论范式的汇融,辩论的叙事方式和动力也随之消失,国际关系理论并没有出现被广泛认同的大理论。

在"跨太平洋对话"中,关系理论的构建并不是某种范式或研究纲领的发展与拓展。"关系理论不是某种单一的连贯理论,是由共同的关系而不是个体的认知联系在一起的一系列方法,将它们联系在一起能够突显其不同的本体特征。"[128]杰克逊在对英语语境中的关系主义理论路径进行梳理时,同样认为不应该"坚持认为一个思想流派必须涉及某种一致的理论命题,而该学派的每个成员都同意这种理论命题",[129]这也是现实主义和建构主义等其他国际关系理论基于一个核心原则展开激烈的范式间辩论的主要原因。关系主义内部则形成了理论集群,展现了一定程度的多元化理论的共存,而不是范式间的辩论与争斗以及对其他理论的排斥。实际上,多元理论的主张在国际关系理论的讨论中并不罕见。例如,约瑟夫·拉皮德(Yosef Lapid)在对第三次大辩论的讨论中指出要发展理论的多样化和多元主义。[130]但如果仅仅是在英语学界或者说在西方中心的背景下思考理论多元化,那么多元主义最终也难以实现理论突破和知识创新,而是依然走向统一和被整合,因为"多元化只在美国和西方中心所圈定的(狭小)空间中存在,也正是这个中心发挥了规约作用,权威地决定哪些理论、概念和类别才算是关于世界政治的知识"。[131]如前所述,西方关系主义如果只在西方文化背景中与实体主义对话,就无法消除变为范式间争论或被建构主义等范式"俱乐部"整合的风险。[132]

多元化不只是一种理论或方法取向，也关乎群体的身份，如谁会被包括在内、谁会被排除在外。真正多元的实现需要文明和文化视角的回归，并从不同文化背景中界定概念与构建理论。卡赞斯坦在《世界政治中的文明：多元多维的视角》一书中论述了多元文明传统和多元实践对于世界政治的重要意义，强调实践与文化背景知识形成的关系，指出文明是一个实践共同体。不同文明的实践既有相似之处，也有明显的差异，文化共同体中的实践活动影响了国家形成以及国家作为一种集体组织的行动逻辑，这对国际关系理论的创新具有重要意义。[133]

中文语境中的"关系"正是源于中华文化共同体长期实践活动的传承与检验，因此关系性作为中华文明的背景知识和思维特征，使中国关系主义学者在关系主义理论构建过程中的创新同西方学者相比具有明显差异。这种创新具有传统文化和社会实践的深刻烙印，展现了一种不同于西方关系主义和西方文明背景的多元化色彩，也推动了关系转向与跨大西洋国际关系理论的平行而不是从属。关系概念的特殊内涵被不断发掘，并逐渐成为关系主义研究的中心议题之一。随着在这一概念基础上具有文化烙印的中国关系主义理论的构建，"跨太平洋对话"实现了与"跨大西洋辩论"不同的理论创新，即在文明对话而非范式辩论基础上的国际关系理论创新。

文明对话也使得理论构建的方式多元化。不同地区文明对理论构建的偏好不同，在文化和文明视角下的国际关系理论研究中，以历史分析和哲学方法为主的古典方法成为实证主义研究方法之外理论构建的可行途径，而不是像跨大西洋国际关系理论那样始终认为不采取主流学派坚持的"科学路径"则无法成为"真正的"科学理论。[134]

文明对话和文化视角的回归首先在差异性基础上为理论构建提供了不至于被通约或汇融的基础，为国际关系理论知识生产提供了更多可能。但是，当不同的文明相遇时如何处理文明之间的关系并以此促进理论的构建，"跨太平洋对话"也与"跨大西洋辩论"存在根本不同。

3. 文明互动方式从二元对立转变为互容互鉴

作为"跨太平洋对话"的主题，关系理论本就是在多样与多元的世界中理解国际政治的一种新世界观,中西方关系学者通过对话以"培养未来的关系思维,在处理相互分歧(或冲突)的全球认识论和本体论之间的关系时更具敏感性和包容性"。[135]这种包容性的关系思维不同于"跨大西洋辩论"中基于实体主义的二元对立思维,尤其是中文语境中认识关系的中庸辩证法与阴阳关系在根本上打破了西方文化中对两极关系非此即彼的对立认识。以中庸辩证法为基础,中国关系主义学者不仅推动了中西方关系思维的对话,也推动了文明之间的对话。如果以中西文明作为文明之间关系的元关系,借鉴对阴阳关系的认识论,能够发现文明之间的互动并不是"跨大西洋辩论"中的二元对立,而是互容互鉴的和谐关系。

实际上,"跨大西洋辩论"在深层次上同样受文明或文化影响,一元主义的文化背景对跨大西洋国际关系理论影响深远,对科学实证主义的偏爱和对实体主义本体立场的固守都来自西方文明个体理性的影响,多元世界现实中的一元主义意味着"自我"与"他者"之间的对立和排斥。跨大西洋国际关系理论中"普遍存在着二元叙事的模型,即自我—他者、中心—外围、霸权—挑战者"。[136]在"跨大西洋辩论"中缺少对其他文明思想的借鉴,这是因为西方国际关系理论在单一文明背景下将其他文明视为与自己相对立与矛盾的存在。

而以中国中庸辩证法为例,关系主义认识论消除了二元对立,认为"自我"和"他者"构成了共题的共同进化,[137]中西文明之间能够取长补短,在对方的发展中获得发展,二者之间最终是一种本原上的和谐状态。[138]在"跨太平洋对话"中,西方文化背景中的个体理性与中国的关系概念结合的关系理性就是这种互涵互鉴基础上的理论创新,有助于更完整地解释中西方共处的现实世界。西方关系主义学者也认同关系主义主张打破欧洲中心的二元叙事,"学习向他人学习",提倡"没有边界"的国际关系理论。[139]这种彼此对国际关系理论边界的消除和相互学习是"跨太平洋对话"中关系理论得以不断发展的重要动力之一。

"跨太平洋对话"实质上是文明间对话,不同文明而不是范式之间的对话在互动过程中互容互鉴,共同推动了"跨太平洋对话"中理论的不断发展。当前文明的互动主要以中华文明和西方文明的互动为主,中国与西方学者之间的对话是面向未来培养关系思维,而通过对中西文明互动的分析可以为其他文明之间的对话提供互容互鉴和理论发展的案例与模式。

4. 国际关系理论知识生产的基本要素

在上述"跨太平洋对话"的特征中，最核心的一点是"文明之间的对话"。理论生产中心的转移是文明间对话的结果和表现，文明间互涵兼容是文明互动的具体方式。通过与"跨大西洋辩论"的对比，文明之间的对话促成了国际关系理论的创新和知识生产。

国际关系理论进行有效的知识生产过程中包含三个基本要素。第一，国际关系关注的现实必定是一个多元的现实，多种文明共同存在。尽管"跨太平洋对话"主要是中西两种文明之间的对话，但这并不意味着国际关系理论的知识生产仅仅由这两者进行，类似的文明对话可以发生在任意两种文明之间，多元共存的文明意味着某一种观点或两种观点（如关系和理性）都不能完全解释复杂的现实，每一种文明的解释都有其重要意义，因此知识生产的空间应当是没有边界的。

第二，文明是一个实践共同体，多元文明代表着多元实践，多元实践塑造着多元文明。文明之间具有明显的差异，知识具有社会属性，不同的文明产生了不同的社会知识，社会知识则在传承和检验中形成了文明构建国际关系理论的独特资源。这些知识具有非同质属性，无法在其他文明实践体中拥有与自身文明中相同的解释力度，因此它们不能够完全汇融，而是存在着本质差异。

第三，文明之间尽管具有差异性，但并不意味着它们单独存在，不同文明中的人都处在关系世界中。在国际关系理论的知识生产空间与国际关系现实中，文明中的行动者通过实践彼此产生联系，从而构建起不同类型的关系。在这个过程中得以通过共同实践不断修正对彼此的理解，促进不同文明之间的沟通与合作，进而推动所处的公共空间中理论的创新，尽可能构建一种最大程度上能够理解和包含彼此的理论。

（二）两种知识生产模式

基于国际关系理论能够进行有效知识生产的基本因素，本章提出以"跨大西洋辩论"和"跨太平洋对话"为案例的国际关系理论知识生产模式。这两种知识生产模式在实践中分别来自西方文明和中华文明在同外部互动时产生的两种具有历史意义和文化意义的行为模式或理想类型——哥伦布发现"新大陆"以及丝绸之路的开辟。两种模式链接的关键并不是表现形式上相似的巧合,而在于文明、实践和理论的关联。两种对外探索的实践行为都是基于不同文化共同体的影响,同时又在实践活动中得以加强,继承了所处文明的思维方式和行动逻辑。

1. "哥伦布式"知识生产模式

1492年,哥伦布开启了"地理大发现"时代。通过海上通道的开辟,欧洲文明开始了以征服为主要特点的全球范围内传播。在哥伦布到达"新大陆"之后,"他本人的文化、宗教和意识形态的偏见阻止了他与美洲印第安人的接触"。哥伦布拒绝承认"新大陆"上语言的多样性,认为要么是与自己同样的语言,要么不是一种语言。因此,正如茨维坦·托多罗夫(Tzvetan Todorov)所说,"哥伦布在发现之前就已经知道他会发现什么"。[140] 卡瓦斯基认为,在主流国际关系理论中出现了与哥伦布类似的情况,出于这样一种"哥伦布综合征"(Columbus syndrome),"要么承认它们是关于世界政治的叙事,但不承认它们不同,要么承认它们不同但拒绝承认它们是国际关系的一部分"。[141]

"哥伦布式"对外部世界的探索主要表现出三方面特征:一是采取一元文明的视角;二是拒绝承认文明之间的本质区别,认为即便存在差异也仅仅是自身文明内部的分歧;三是"自我"与"他者"之间是独立割裂的个体,不存在关系视角,因此也不存在平等的互动。从结果来看,哥伦布在"新大陆"上传播了当时的欧洲文明,但同时造成"新大陆"本土文明未能向外传播,造成了文明之间的不理解甚至敌对。

"跨大西洋辩论"中国际关系理论构建模式体现出类似的特点。首先,"跨大西洋辩论"中只有一元文明的存在,因此文明因素在跨大西洋辩论中并没有被视为一种能够影响理论生产的变量,缺少真切地基于文明视角的分析,跨大西洋国际关系理论构成了国际关系理论生产的全部。基于一元文明的国际关系学建立在"西方历史和西方政治理论就是世界历史和世界政治理论的假设之上"。[142] "跨大西洋辩论"为其他文明的进入设置了实线边界(如图2.3)。[143] 全球国际关系学所反思的中心—边缘的知识生产结构也是由这一实线边界造成的。

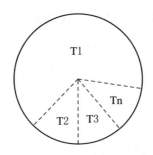

图 2.3 "哥伦布式"知识生产模式

资料来源:笔者自制。

注:外围实线代表排斥和忽视其他文明,为单一文明界限;T1 为该知识生产空间中主流理论构建方式的代表与开端,在跨大西洋辩论中是指华尔兹的结构现实主义以及理论构建的"华尔兹化";T2,T3,…,Tn 代表单一文明主导下对话的不同理论;内部虚线代表理论之间不存在本质差异,最终走向汇融。

其次,能够进入边界内部的讨论意味着它们共享一种"理论语言",这种共同语言来自消失的一元文化的深层影响。所以差异只是一种"语言内部"的分歧。在跨大西洋国际关系理论的生产中,这种分歧表现为理论范式间的争论,尽管最初范式间是不可通约的,但基于同一种文化背景或理论硬核的形上元,它们走向趋同是某种形式上的必然,[144]从而构成了图 2.3 中的虚线边界,理论范式之间最终走向趋同。图 2.3 中的 T1 代表同种形上元的理论最初的范式,如主流国际关系理论中的结构现实主义以及之后理论构建的"华尔兹化",造成了 T2、T3 等最终都与 T1 汇融并进一步加强了其构建方式的"科学"效应,从而多种理论演变成一种理论。同时,在一元西方文明和实体主义本体论基础上,关系演变成非此即彼的二元对立,关系仅仅依靠实体而存在,所以在理论辩论空间中不存在关系的视角。

最后,哥伦布未能发掘和学习美洲的土著文化并加以忽视和排斥给其带去了伤害,建立了欧洲文明的统治。而在"跨大西洋辩论"中,跨大西洋国际关系理论最终走向汇融,加强了盎格鲁中心在国际关系理论中的统治地位,形成了长期的知识生产不平等的结构,迎来了一个封闭空间内理论的终结。

2."丝绸之路式"知识生产

费迪南·冯·李希霍芬(Ferdinand von Richthofen)1877 年首次使用"丝绸之路"这一概念,[145]此后,"丝绸之路"被广为接受并概指横贯欧亚大陆的交通网络。丝绸之路不仅仅是联通经贸的道路,其影响随着人类社会的实践活动扩散到了外交和文化等领域。[146]丝绸之路促进了不同文明尤其是东西方各国之间的人员交流、物产交换和知识传播,这种互动是双向的,佛教典籍通过丝绸之路东传中土被中华文明吸收包容,其他文明如伊斯兰文明也从不同视角记录了丝绸之路上的人类活动与文化交流。[147]在丝绸之路的传播对话中,文化的特性没有被抹除,而是在建立关系后以更融合的方式体现在其他地方,不仅发起者本身的文化特性从长期来看没有被消除,其他文化也得以在交流互鉴中发展繁荣。凌焕铭(L. H. M. Ling)和诺丁指出丝绸之路呈现了一种不同于传统国际关系的"存在的多元":不同于西方的霍布斯自然状态的传统,丝绸之路实现了多种生活方式和思想传统的共存,体现了认识论上对不同存在的"同情",[148]进而丝绸之路沿岸商贸和文化的繁荣都能被理解,并在数千年后在中国的对外交往与多元文明的沟通中重新扮演了重要角色。

"丝绸之路式"对外探索同样表现出三个特征。第一,与多元文明之间的交流与来往本就是丝绸之路开辟的目的,丝绸之路接受文明之间的差异性存在。第二,不同语言、不同人种和不同社会文化都能够在其中表现出来,并没有被忽视,作为丝绸之路东方起点的中国并不排斥其他文明。第三,在多元文明的共处过程中,丝绸之路的对外探索以建立关系为行为模式,通过关系的建立互通有无,不同文明之间实现经贸往来、文化融合与文明沟通。从结果来看,丝绸之路有助于这一地理空间内不同文明之间的沟通,促进了文明的繁荣与进步,并在该地区实现了一种独特的文化印记和共同理解,得以在千年后被记忆、发掘和认可。

在"跨太平洋对话"中,中国学者将中华文明的因素带入了理论构建和对话中,体现了丝绸之路实践和传承的文明内涵在国际关系理论对话中的影响。首先,"跨太平洋对话"面向一个多元文明的世界,无论是关系主义本身的特性还是中华文明作为对话一方的加入,都使得这场对话既是理论之间也是文明之间的对话,尽管中西文明当前构成了"跨太平洋对话"的主要参与方,但是这场对话不断有其他文明加入。[149]"跨太平洋对话"对多元文明持开放态度,没有对其他文明设置实线边界,国际关系理论的生产空间是没有边界的。

其次,在"跨太平洋对话"中,文明之间由于在不同地理文化环境中进行着不同的实践活动,因此存在本质区别,无法被完全抹除或汇融,也就是图 2.4 中的 C 所具有的实线边界。本章认为这种看法会有回到本质主义的风险,但是文明之间的差异性是理论发展创新的根源之一,因此笔者采取佳亚特里·查克拉沃蒂·斯皮瓦克(Gayatri Chakravorty Spivak)所说的"策略式本质主义"(strategic essentialism)。[150]也就是说,文明之间的本质区别意味着不存在一种能够完全解释多元文明互动的国际关系理论。不同文明在理论生产空间中的共存对于学科的知识生产是有益的,更可能接近和探寻一种被相对普遍接受的理论方案,而不是由某一种文明方式所决定。因此,尽管中华文明在关系对话中的影响一定程度上可能作为这种模式中理论对话的核心 C1,但其特殊地位体现在对这一空间的开创而不是独占上,即 C1,C2,C3,…,Cn 在理论生产空间中并存。

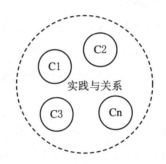

图 2.4   丝绸之路式知识生产模式

资料来源:笔者自制。

注:外围虚线代表对其他文明加入对话保持开放包容的态度;C1 代表对话的发起者(这里指中国)与其他文明共存,同化或排斥他者不是参与和开展对话的目的或手段;C2,C3,…,Cn 代表对话中共存的多元文明;内部实线代表文明之间存在本质区别,彼此之间不会走向汇融和趋同;实践与关系代表文明之间通过建立关系共同推动多元理论创新。

同时,作为跨太平洋对话的核心——关系——在这种模式中得以体现。尽管存在本质区别,但是文明视角的代入意味着实践视角的代入,文明之间不仅在现实实践中了解彼此并重新塑造自身对其他文明的认识,同时也在理论沟通中学习和融合彼此的思维方式。其中离不开关系的建立,正是在关系的建立与互动的过程中,不同文明之间围绕差异和共识展开对话并共同推动理论的构建和发展。而一旦关系建立,不同文明之间的关系会展现出呈现"跨太平洋对话"式的文明间沟通,理论创新得以在中间地带和自身文明背景中共同产生。因此如图 2.4 所示,在不同文明之间实践与关系构成了文明沟通的介质。

最后,丝绸之路造就了沿路的经济繁荣与文化沟通。参与丝绸之路的不同文明都是文化上平等的主体,实现的不是单一文明或中心的繁荣。在"跨太平洋对话"中,关系理论的繁荣以及关系转向的推进都是基于这样一种知识生产的方式,并不以单一文明背景下的理论生产为中心。在这种理论生产空间中,理论很难走向终结,关键在于如何在两种甚至多种文明的互动中求同存异。

虽然"跨大西洋辩论"并不满足本章认为这一时期国际关系知识生产的有效因素,但这并不意味着跨大西洋辩论代表的是一种失败或无效的知识生产模式,也不意味着"跨太平洋对话"对应的知识生产模式是一种异质存在或特殊案例。恰恰相反,两种知识生产模式之间是可以相互转化的。当某种文明退出了与多元文化共存的理论空间,采取二元对立的认识论认识其他文明,则其理论的构建和生产便失去了文明的视角,进而理论生产只在必然会实现汇融的文明内部进行,[151] 从而转化成"哥伦布式"知识生产,如对于中国学派的构建可能造成新的理论话语中心并最终呈现出西方和中国两种例外主义的担忧便是基于这种考量。[152]

本章提倡一种整体视角和关系视角,认为两种知识生产方式共同构成了一个更完整的国际关系学知识生产空间,"跨太平洋对话"和"跨大西洋辩论"共同构成了国际关系理论发展的完整进程。但这并不意味着它们是国际关系理论发展阶段的终结或全部的知识生产空间,也不意味着两种模式代表了全部的国际关系理论生产模式。国际关系学面向的是一个多元化的世界,存在着无数的实践和理论的可能。

四、面向未来的"跨太平洋对话"

"跨太平洋对话"不是独立的学术现象,也不仅仅是作为"跨大西洋辩论"的延伸而只与过去相关。面向全球,"跨太平洋对话"与中国以及全球范围国际关系学的发展有着深刻联结;面向未来,"跨太平洋对话"的理论价值同时以"现在进行时"和"将来时"的形式书写在国际关系理论的发展历程中。

首先,"跨大西洋辩论"向"跨太平洋对话"转化的过程伴随着中国国际关系学的发展,共同指向中国国际关系学科自主知识体系的构建。自主知识体系的构建建立在中国历史文化传统与当代社会实践的基础上,在"跨太平洋对话"中中国学者不断发掘和理论化古典知识体系中的文化传统,为国际关系学提供了新的世界观与方法论。此外,自主知识体系的构建也必须建立在与世界的沟通和联系中,中国学者在"跨太平洋对话"中反思了传统国际关系理论中的西方中心主义,并积极推动与西方知识体系平等的对话和交流,在相互借鉴的基础上丰富了国际关系理论的知识生产,完善了国际关系领域的知识体系。"跨太平洋对话"的展开部分源于中国国际关系学科自主知识体系构建的成果,同时"跨太平洋对话"的推进和中西方知识体系的融通也将进一步明晰中国国际关系学发展的前进方向,为中国国际关系理论的发展提供了新的机遇。中国国际关系学科自主知识体系和跨太平洋对话共同为全球国际关系学术界的整体进步提供了更宽广的空间。

其次,国际关系学面临着多元共存的现实世界,因此国际关系理论必须具有全球性关照,"跨太平洋对话"为构建更具全球性的国际关系学提供了理论支撑和实践案例。一方面,"跨太平洋对话"中的中国学者在传统历史文化基础上的理论构建突破了跨大西洋两岸西方学界对于国际关系理论生产的垄断,成为全球国际关系学的重要理论组成。另一方面,跨太平洋对话虽然主要发生在中西方之间,但"中西方之间关系思维的对话只是一个开始,在这场对话中需要听到更多的声音"。[153]相较于"跨太平洋对话"的实质内容,其意义更在于作为多元文明之间沟通互鉴的实践案例,这场对话为中西方之外的其他文明加入全球国际关系学的构建开辟了新路径,从而为理论的生产和创新提供了更广阔的空间。阿查亚和布赞认为国际关系学经历了两次创立,其结果是确立了美国国际关系理论话语的主导地位。[154]当前国际关系学正处于第三次创立的过程中,从"跨大西洋辩论"向"跨太平洋对话"的转化正是这一过程的重要组成和表现。

最后,在文明互动的基础上,"跨太平洋对话"为国际关系理论的知识生产提供了新模式。在国际关系学创立和国际关系理论发展的新时期,理论的构建必然不会是在单一文明内"闭门造车","跨大西洋辩论"中"哥伦布式"知识生产与全球国际关系学的呼吁背道而驰,无法为国际关系理论创新提供持续动力。文明之间的互动是跨太平洋对话中知识生产的动力源泉,文明互动方式的不同也决定了理论的知识生产模式的不同。中华文明在与其他文明的长期互动过程中形成了比西方更具包容性、更尊重差异的思维方式,丝绸之路中的文明繁荣便是这种思维方式的集中体现。当这种历史实践和思维方式通过中国国际关系学者转化到"跨太平洋对话"中,便为国际关系理论的知识生产提供了一种基于文明共存和对话的新模式。

"跨大西洋辩论"国际关系理论的终结论不过是国际关系理论长期被欧美大西洋话语体系垄断且囿于欧美中心视域的一隅所致。随着"跨太平洋对话"的到来,以文明间对话为核心,国际关系理论的知识生产会在新的知识生产模式中再次迎来发展,国际关系理论的创新将在多元文明中得到延续。

(原载《世界经济与政治》2024 年第 6 期)

注释

1. ［美］弗朗西斯·福山:《历史的终结与最后的人》,陈高华译,桂林:广西师范大学出版社 2014 年版。

2. Stanley Hoffmann, "An American Social Science: International Relations (1977)," in James Der Derian, ed., *International Theory: Critical Investigations*, London: Palgrave Macmillan, 1995, pp.212—241.

3. 本文所说的宏观的跨大西洋辩论区别于发生在英国学派与美国学派之间的传统主义和科学行为主义的跨大西洋辩论。

4. Steve Smith, "The Self-Images of a Discipline: A Genealogy of International Relations Theory," in Ken Booth and Steve Smith, eds., *International Relations Theory Today*, Philadelphia: Pennsylvania State University Press, 1995, pp.1—37; Ole Wæver, "The Rise and Fall of the Inter-Paradigm Debate," in Steve Smith, Ken Booth and Marysia Zalewski, eds., *International Theory: Positivism and Beyond*, Cambridge: Cambridge University Press, 1996, pp.149—185; Brian C. Schmidt, "On the History and Historiography of International Relations," in Walter Carlsnaes, Thomas Risse and Beth A. Sim-

mons，eds.，*Handbook of International Relations*，London：Sage，2012，pp.3—28.

5.［加拿大］阿米塔夫·阿查亚、［英］巴里·布赞:《全球国际关系学的构建:百年国际关系学的起源和演进》,刘德斌等译,上海:上海人民出版社 2021 年版,第 2—7 页。阿查亚和布赞在书中划分了中心—边缘地区,将对大辩论的梳理都置于"中心地区国际关系思想"的主题下。

6. Hedley Bull，"International Theory：The Case for a Classical Approach，" *World Politics*，Vol.18，No.3，1966，pp.361—377；Morton A. Kaplan，"The New Great Debate：Traditionalism vs. Science in International Relations，" *World Politics*，Vol.19，No.1，1966，pp.1—20.

7. Brian C. Schmidt，"On the History and Historiography of International Relations，" pp.3—28.

8. 有关范式间辩论的内容有不同的定义,较具代表性的如奥利·维夫认为现实主义、自由主义和激进主义构成了范式间辩论。参见 Ole Wæver，"The Rise and Fall of the Inter-Paradigm Debate，" pp.149—185。对范式间辩论的总结参见 Mark Hoffman，"Critical Theory and the Inter-Paradigm Debate，" *Millennium：Journal of International Studies*，Vol. 16，No. 2，1987，pp. 231—250。有关新自由主义和新现实主义之间的辩论,参见 David A. Baldwin，"Neoliberalism，Neorealism，and World Politics，" in Colin Elman and Michael Jensen，eds.，*The Realism Reader*，London and New York：Routledge，2014，pp.313—319。

9.［美］彼得·卡赞斯坦等:《世界政治理论的探索与争鸣》,秦亚青等译,上海:上海人民出版社 2006 年版,第 6—8 页。

10. 罗伯特·基欧汉明确划分了国际关系制度研究中的两种路径,他本人更倾向科学实证主义的研究方法和理论构建。参见 Robert O. Keohane，"International Institutions：Two Approaches，" in John J. Kirton，ed.，*International Organization*，London and New York：Routledge，2017，pp.171—188。

11. Richard Price and Christian Reus-Smit，"Dangerous Liaisons? Critical International Theory and Constructivism，" *European Journal of International*

Relations，Vol.4，No.3，1998，pp.259—294；Tanja E. Aalberts and Rens van Munster，"From Wendt to Kuhn：Reviving the 'Third Debate' in International Relations," *International Politics*，Vol.45，No.6，2008，pp.720—746；［美］彼得·卡赞斯坦等：《世界政治理论的探索与争鸣》。

12. Brian C. Schmidt，*The Political Discourse of Anarchy：A Disciplinary History of International Relations*，New York：Suny Press，1998，p.13.

13. 秦亚青：《世界政治的关系理论》，上海：上海人民出版社 2021 年版，第 97 页。

14. Dudley Shapere，"The Structure of Scientific Revolutions," *The Philosophical Review*，Vol.73，No.3，1964，pp.383—394.

15. 秦亚青：《世界政治的关系理论》，第 99 页。

16. Ole Wæver，"The Rise and Fall of the Inter-Paradigm Debate," p.155.

17. Steve Smith，"Wendt's World," Review of International Studies，Vol. 26，No.1，2000，pp.151—152. 将建构主义视为理性主义与反思主义的中间道路的文献还可参见 Emanuel Adler，"Seizing the Middle Ground：Constructivism in World Politics," *European Journal of International Relations*，Vol.3，No.3，1997，pp. 319—363；James Fearon and Alexander Wendt，"Rationalism v. Constructivism：A Skeptical View," in Walter Carlsnaes，Thomas Risse and Beth Simmons，eds.，*Handbook of International Relations*，pp.52—72。

18. ［美］鲁德拉·希尔、彼得·卡赞斯坦：《超越范式：世界政治研究中的分析折中主义》，秦亚青、季玲译，上海：上海人民出版社 2013 年版，第 28 页。

19. 秦亚青：《世界政治的关系理论》，第 99 页。

20. ［加拿大］阿米塔夫·阿查亚、［英］巴里·布赞：《全球国际关系学的构建：百年国际关系学的起源和演进》，第 154 页。

21. 有关英国学派的历史，参见 Tim Dunne，*Inventing International Society：A History of the English School*，London：Palgrave Macmillan，1998；Barry Buzan and Richard Little，"The Historical Expansion of International Society," in Cornelia Navari and Daniel M. Green，eds.，*Guide to the English School in International Studies*，New York：John Wiley & Sons，2014，pp.

59—75。

22. Ole Wæver, "Four Meanings of International Society: A Trans-Atlantic Dialogue," in B. A. Roberson, ed., *International Society and the Development of International Relations Theory*, London and New York: Coutinuum, 2002, p.80.

23. Ole Wæver, "Four Meanings of International Society: A Trans-Atlantic Dialogue," pp.80—81.

24. 秦亚青认为主流理论之间的汇融和跨大西洋趋同的根本原因是它们包含了共同的、可通约的理论的形上元,即个体本体论和理性认识论构成的"个体理性",这一深嵌在英美世界和西方历史文化背景中的世界观决定了跨大西洋理论最终出现趋同与汇融。参见秦亚青:《世界政治的关系理论》,第97—135页。

25. 秦亚青:《世界政治的关系理论》,第9页。

26. Patrick Thaddeus Jackson, *The Conduct of Inquiry in International Relations: Philosophy of Science and Its Implications for the Study of World Politics*, London and New York: Routledge, 2016; Patrick Thaddeus Jackson and Daniel H. Nexon, "International Theory in a Post-Paradigmatic Era: From Substantive Wagers to Scientific Ontologies," *European Journal of International Relations*, Vol.19, No.3, 2013, pp.543—565.

27. [美]肯尼思·华尔兹:《国际政治理论》,信强译,上海:上海人民出版社2017年版。

28. Kenneth N. Waltz, "Realist Thought and Neorealist Theory," in Colin Elman and Michael Jensen, eds., *The Realism Reader*, pp.124—128.

29. Robert O. Keohane, "International Institutions: Two Approaches," p.174.

30. Gary King, Robert O. Keohane and Sidney Verba, *Designing Social Inquiry: Scientific Inference in Qualitative Research*, Princeton: Princeton University Press, 2021.

31. Amitav Acharya, "Global International Relations(IR) and Regional Worlds: A New Agenda for International Studies," *International Studies*

Quarterly，Vol.58，No.4，2014，pp.647—659.

32. 秦亚青：《世界政治的关系理论》，第 8 页。

33. Tim Dunne, Lene Hansen and Colin Wight，"The End of International Relations Theory?" *European Journal of International Relations*，Vol.19，No.3，2013，p.406.

34. Emilian Kavalski，"The Fifth Debate and the Emergence of Complex International Relations Theory：Notes on the Application of Complexity Theory to the Study of International Life," *Cambridge Review of International Affairs*，Vol.20，No.3，2007，pp.435—454.

35. John J. Mearsheimer and Stephen M. Walt，"Leaving Theory Behind：Why Simplistic Hypothesis Testing Is Bad for International Relations," *European Journal of International Relations*，Vol.19，No.3，2013，p.450.

36. Tim Dunne, Lene Hansen and Colin Wight，"The End of International Relations Theory?" p.418.

37. Patrick Thaddeus Jackson and Daniel H. Nexon，"International Theory in a Post-Paradigmatic Era：From Substantive Wagers to Scientific Ontologies," pp.545—548.

38. Tim Dunne, Lene Hansen and Colin Wight，"The End of International Relations Theory?" pp.405—425.

39. Christian Reus-Smit，"Beyond Metatheory?" *European Journal of International Relations*，Vol.19，No.3，2013，p.589.

40. Chris Brown，"The Poverty of Grand Theory," *European Journal of International Relations*，Vol.19，No.3，2013，p.494.

41. David A. Lake，"Theory Is Dead, Long Live Theory：The End of the Great Debates and the Rise of Eclecticism in International Relations," *European Journal of International Relations*，Vol.19，No.3，2013，p.580.

42. 参见 Chris Brown，"The Poverty of Grand Theory," pp.483—497；Christine Sylvester，"Experiencing the End and Afterlives of International Relations Theory," *European Journal of International Relations*，Vol.19，No.3，

2013, pp.609—626; Michael C. Williams, "In the Beginning: The International Relations Enlightenment and the Ends of International Relations Theory," *European Journal of International Relations*, Vol.19, No.3, 2013, pp.647—665; Charlotte Epstein, "Constructivism or the Eternal Return of Universals in International Relations. Why Returning to Language Is Vital to Prolonging the Owl's Flight," *European Journal of International Relations*, Vol.19, No.3, 2013, pp.499—519。

43. David A. Lake, "Why 'Isms' Are Evil: Theory, Epistemology, and Academic Sects as Impediments to Understanding and Progress," *International Studies Quarterly*, Vol.55, No.2, 2011, p.471.

44. [美]鲁德拉·希尔、彼得·卡赞斯坦：《超越范式：世界政治研究中的分析折中主义》。关于范式间融合的讨论，还可参见 Samuel J. Barkin, "Realist Constructivism," *International Studies Review*, Vol.5, No.3, 2003, pp.325—342；刘胜湘：《国际关系研究范式融合论析》，载《世界经济与政治》2014 年第 12 期，第 95—117 页；刘丰：《范式合成与国际关系理论重构——以现实主义为例的分析》，载《中国社会科学》2019 年第 8 期，第 187—203 页。

45. John J. Mearsheimer and Stephen M. Walt, "Leaving Theory Behind: Why Simplistic Hypothesis Testing Is Bad for International Relations," p.429.

46. Tim Dunne, Lene Hansen and Colin Wight, "The End of International Relations Theory?" p.418.

47. Arlene B. Tickner, "Core, Periphery and (Neo) Imperialist International Relations," *European Journal of International Relations*, Vol.19, No.3, 2013, pp.627—646.

48. Stanley Hoffmann, "An American Social Science: International Relations (1977)," pp.212—241.

49. Amitav Acharya and Barry Buzan, "Why Is There No Non-Western International Relations Theory? An Introduction," *International Relations of the Asia-Pacific*, Vol.7, No.3, 2007, pp.287—312.

50. Wiebke Wemheuer-Vogelaar, "The IR of the Beholder: Examining

Global IR Using the 2014 TRIP Survey," *International Studies Review*, Vol. 18, No.1, 2016, pp.16—32.

51. Robert M. A. Crawford and Darryl S. L. Jarvis, eds., *International Relations—Still an American Social Science? Toward Diversity in International Thought*, New York: State University of New York Press, 2001.

52. Stephen M. Walt, "International Relations: One World, Many Theories," *Foreign Policy*, No.110, 1998, pp.29—46.

53. Ole Wæver, "Four Meanings of International Society: A Trans-Atlantic Dialogue," p.80.

54. [加拿大]阿米塔夫·阿查亚、[英]巴里·布赞:《全球国际关系学的构建:百年国际关系学的起源和演进》,第 143 页。

55. Tim Dunne, Lene Hansen and Colin Wight, "The End of International Relations Theory?" p.406.

56. 秦亚青:《世界政治的关系理论》,第 26 页;Yosef Lapid and Friedrich Kratochwil, *The Return of the Culture and Identity in IR Theory*, Boulder and London: Lynne Rienner, 1997; Lawrence E. Harrison and Samuel P. Huntington, eds., *Culture Matters: How Values Shape Human Progress*, New York: Basic Books, 2000; Qin Yaqing, "A Multiverse of Knowledge: Cultures and IR Theories," in Qin Yaqing, ed., *Globalizing IR Theory: Critical Engagement*, London and New York: Routledge, 2020, pp.139—157。

57. Tim Dunne, Lene Hansen and Colin Wight, "The End of International Relations Theory?" p.415.

58. Amitav Acharya and Barry Buzan, "Why Is There No Non-Western International Relations Theory? Ten Years on," *International Relations of the Asia-Pacific*, Vol.7, No.3, 2007, pp.11—35.

59. 在盎格鲁圈内,英国与澳大利亚等国学界也在这一阶段对话之中,但中国学界的加入以及与主流国际关系理论之间的对话和交互涵化成为这一阶段的主要特征,因为促成了这场发生在中国学界和以美国学界为代表的盎格鲁圈国际关系学界之间的对话。跨太平洋对话的特点主要是由中国的加入塑造的。

60. 卡瓦斯基提出了关系转向的概念描述以关系主义为中心的学术现象，参见 Emilian Kavalski, *The Guanxi of Relational International Theory*, London and New York: Routledge, 2017, p.2, p.42; Patrick Thaddeus Jackson and Daniel H. Nexon, "Relations Before States: Substance, Process and the Study of World Politics," *European Journal of International Relations*, Vol.5, No.3, 1999, pp.291—332。

61. 下文将进一步讨论中文学界学者的关系理论贡献，在这里列举部分在英语学界具有相当影响力的核心文献，如秦亚青的世界政治关系理论以及赵汀阳的共在存在论与无外原则，参见 Qin Yaqing, "A Relational Theory of World Politics," *International Studies Review*, Vol.18, No.1, 2016, pp.33—47; Zhao Tingyang, "Rethinking Empire from a Chinese Concept 'All-Under-Heaven'(Tian-xia)," *Social Identities*, Vol.12, No.1, 2006, pp.29—41。

62. Astrid H. M. Nordin, et al., "Towards Global Relational Theorizing: A Dialogue between Sinophone and Anglophone Scholarship on Relationalism," *Cambridge Review of International Affairs*, Vol.32, No.5, 2019, pp.570—581. 本次对话的英语学界学者包括阿斯特丽德·诺丁、格雷厄姆·史密斯、帕特里克·杰克逊、埃米利安·卡瓦斯基和丹尼尔·内克松等，中文学界学者包括秦亚青和石之瑜等。研讨会的主题很好地反映了全球关照、关系中心和中西对话三个特征。

63. 秦亚青、付清:《关系转向与关系主义世界政治理论——基于中西学理对话和比较视角的分析》，载《国际观察》2023 年第 6 期，第 22 页。

64. 国际关系学界在看待这一对话时，往往将其置于"关系转向"之中。参见秦亚青、付清:《关系转向与关系主义世界政治理论——基于中西学理对话和比较视角的分析》，载《国际观察》2023 年第 6 期，第 14—34 页；季玲:《论"关系转向"的本体论自觉》，载《世界经济与政治》2019 年第 1 期，第 78—97 页。

65. 在围绕关系主义展开的对话中，参与学者不仅来自太平洋两岸的中美学界，也存在大量英国学者的声音。本文称之为"跨太平洋对话"，一方面是因为西方国际关系学界的关系主义始于杰克逊和内克松的《关系先于国家》，因此美国学界仍是这场对话的主导力量；另一方面是为了与"跨大西洋辩论"形成对照，国际关系理论的生产中心逐渐向跨太平洋两岸的中国与美国(作为西方学界以及盎格鲁文化圈的代表)转移。

66. Astrid H. M. Nordin, et al., "Towards Global Relational Theorizing: A Dialogue between Sinophone and Anglophone Scholarship on Relationalism," p.571.

67. 秦亚青:《世界政治的关系理论》,第 133 页。尽管建构主义否认了国际结构的物质性,认为结构可以是理念的,行动者可以是团体,但是结构与单位的独立自在并没有改变,也没有将国家自身的变化和国家间关系的变化纳入研究设计。

68. Patrick Thaddeus Jackson and Daniel H. Nexon, "Relations Before States: Substance, Process and the Study of World Politics," pp.291—332.

69. Patrick Thaddeus Jackson and Daniel H. Nexon, "Relations Before States: Substance, Process and the Study of World Politics," pp.296—299.

70. Emilian Kavalski, *The Guanxi of Relational International Theory*, p.6.

71. 美国学者穆斯塔法·埃米尔拜尔区分了西方社会学科学研究中的实体主义和关系主义传统,并在《关系社会学宣言》中勾勒了关系社会学理论体系的基本轮廓。参见 Mustafa Emirbayer, "Manifesto for a Relational Sociology," *American Journal of Sociology*, Vol.103, No.2, 1997, pp.281—317.

72. Patrick Thaddeus Jackson and Daniel H. Nexon, "Reclaiming the Social: Relationalism in Anglophone International Studies," *Cambridge Review of International Affairs*, Vol.32, No.5, 2019, p.582. 尽管对西方学界关系理论有着不同的关注点,杰克逊和内克松始于 1999 年的过程关系主义仍是大部分学者在梳理西方学界关系理论时的最大公约数,常以之为西方关系主义学者的主要理论构建代表和案例。例如陈纳慧:《国际关系学的"关系转向":本体论的演进与方法论意义》,载《国际政治研究》2022 年第 1 期,第 37—61 页;季玲:《论"关系转向"的本体论自觉》,载《世界经济与政治》2019 年第 1 期,第 78—97 页;秦亚青:《世界政治的关系理论》,第 143—151 页;Emilian Kavalski, *The Guanxi of Relational International Theory*, 2017.

73. Patrick Thaddeus Jackson and Daniel H. Nexon, "Reclaiming the Social: Relationalism in Anglophone International Studies," p.586.

74. Tamara Trownsell, Navnita Chadha Behera and Giorgio Shani, "Introduction to the Special Issue: Pluriversal Relationality," *Review of International Studies*, Vol.48, No.5, 2022, p.792.

75. 在主流国际关系理论中都有对于"relation"的分析,但是这种关系不同于西方关系主义者所说的"relation",更不同于后文论述的中文语境中的"guanxi",而是一种泛化、内涵不清晰且依赖于实体主义本体的关系。

76. Astrid H. M. Nordin and Graham M. Smith, "Reintroducing Friendship to International Relations: Relational Ontologies from China to the West," *International Relations of the Asia-Pacific*, Vol.18, No.3, 2018, pp. 379—383.

77. 秦亚青、付清:《关系转向与关系主义世界政治理论——基于中西学理对话和比较视角的分析》,载《国际观察》2023 年第 6 期,第 25 页。

78. 秦亚青:《世界政治的关系理论》,第 159—161 页。

79. 秦亚青:《关系本位与过程建构:将中国理念植入国际关系理论》,载《中国社会科学》2009 年第 3 期,第 81 页;秦亚青:《世界政治的关系理论》,第 149—151 页。

80. Emilian Kavalski, "Guanxi or What Is the Chinese for Relational Theory of World Politics," *International Relations of the Asia-Pacific*, Vol.18, No.3, 2018, pp.409—414.

81. Astrid H. M. Nordin, et al., "Towards Global Relational Theorizing: A Dialogue between Sinophone and Anglophone Scholarship on Relationalism," pp.573—574.

82. 秦亚青:《世界政治的关系理论》,第 161 页。

83. 潘忠岐认为关系概念尽管在理解中国人的思维方式和行为方式上非常重要,但是西方也有关系研究,因此关系本身不是中国经典概念,很大程度上是"缘"概念的衍生品。参见潘忠岐等著:《中华经典国际关系概念》,上海:上海人民出版社 2021 年版,第 14 页。本章认为在关系主义理论的构建和对话中,体现

"guanxi"和"relation"的差异是有助于体现文明间对话和丰富关系主义内涵的一种叙述方式。

84. Emilian Kavalski, "Guanxi or What Is the Chinese for Relational Theory of World Politics," p.404.

85. 秦亚青称中文学界的关系主义是"深度关系主义"(deeper relationalism)。参见秦亚青、付清:《关系转向与关系主义世界政治理论——基于中西学理对话和比较视角的分析》,载《国际观察》2023 年第 6 期,第 26 页。而本杰明克·拉什和比吉特·波普在区分了不同类型的关系方法的基础上同样以"深度关系主义"为起点展开论述。不同的是,他们提出的深度关系主义是指将关系视为社会世界的基本单位,同时认为"实体"有相互依存性,包含人类和非人类,反对因果关系和二元论。两位学者参考了宇宙关系主义等关系学说,其所指的"深度关系主义"是非文化视角下的关系主义理论探索。参见 Benjamin Klasche and Birgit Poopuu, "What Relations Matter? An Account of Critical Relationalism," *International Studies Quarterly*, Vol.67, No.1, 2022, p.3.

86. Patrick Thaddeus Jackson and Daniel H. Nexon, "Reclaiming the Social: Relationalism in Anglophone International Studies," p.584.

87. 秦亚青:《世界政治的关系理论》,第 151 页。

88. 赵汀阳:《共在存在论:人际与心际》,载《哲学研究》2009 年第 8 期,第 22 页。

89. 同上文,第 22—24 页。

90. 赵汀阳:《天下的当代性——世界秩序的实践与想象》,北京:中信出版集团 2016 年版,第 80—89 页。

91. [德]马克斯·韦伯:《韦伯作品集:中国的宗教与世界》(第五卷),康乐、简惠美译,南宁:广西师范大学出版社 2004 年版,第 319—320 页。

92. 翟学伟:《中国人的关系原理:时空秩序、生活欲念及其流变》,北京:北京大学出版社 2011 年版,第 63 页。

93. 费孝通:《乡土中国》,北京:北京大学出版社 2018 年版,第 27—45 页。

94. 秦亚青:《世界政治的关系理论》,第 4、145—161 页。

95. 包括亲缘选择、孔子改善和孟子最优。参见秦亚青:《世界政治的关系理论》,第 377—395 页。

96.《荀子·王制》。

97. 赵汀阳:《天下的当代性——世界秩序的实践与想象》,第 36 页。

98. Chih-yu Shih, "Role and Relation in Confucian IR: Relating to Strangers in the States of Nature," *Review of International Studies*, Vol.48, No.5, 2022, pp.910—929.

99. 石之瑜:《"关系均衡"理论与中、西方关系理论之整合——中国国际关系的"后华性"议程》,载《世界政治研究》2019 年第 2 辑,第 19—40 页。

100. 秦亚青、付清:《关系转向与关系主义世界政治理论——基于中西学理对话和比较视角的分析》,载《国际观察》2023 年第 6 期,第 22 页。有关中国社会中的关系特征,参见黄光国:《儒家关系主义:文化反思与典范重建》,北京:北京大学出版社 2006 年版;翟学伟:《中国人的关系原理:时空秩序、生活欲念及其流变》;边燕杰主编:《关系社会学:理论与研究》,北京:社会科学文献出版社 2011 年版。

101. 秦亚青:《世界政治的关系理论》,第 220 页。

102. 同上书,第 220—243 页。

103. 同上书,第 222—223 页。

104. 中国国际关系理论的构建既借鉴了西方国际关系理论,同时也推动中国传统文化资源与西方国际关系理论的融合,但处在西方文明背景中的国际关系学者相对难以实现这种不同文明之间的借鉴与融合。

105. Astrid H. M. Nordin, et al., "Towards Global Relational Theorizing: A Dialogue between Sinophone and Anglophone Scholarship on Relationalism," pp.577—578.

106. Astrid H. M. Nordin and Graham M. Smith, "Reintroducing Friendship to International Relations: Relational Ontologies from China to the West," p.373. 诺丁等在论述非实体主义本体基础上的友谊概念时,主要以秦亚青、凌焕铭和费利克斯·贝伦斯科特的观点为案例,同时重视克服"自我—他者"的二元对立,认为友谊关系接受但调和了分歧,可以克服国家的本体论焦虑。参见 Felix Berenskoetter, "Friends, There Are No Friends? An Intimate Refra-

ming of the International," *Millennium：Journal of International Studies*，Vol.35，No.3，2007，pp.647—676。

107. Astrid H. M. Nordin and Graham M. Smith，"Relating Self and Other in Chinese and Western Thought," *Cambridge Review of International Affairs*，Vol.32，No.5，2019，p.641. 该文考察了中西学界如何论述"自我—他者"关系并建构"他者"，并融合中西方的关系论述提出了四种不同类型的关系，即角色关系(与"他者"没有联系)、等级关系("他者"包含"自我")、辩证关系("他者"与"自我"共在)和先验关系("他者"先于"自我")。

108. 对关系理性的讨论还可参见刘胜湘：《国际关系研究的文化融合路径——关系理性主义探析》，载《社会科学》2021年第7期，第3—21页。

109. 赵汀阳：《天下的当代性：世界秩序的实践与想象》，第32页。霍布斯假定中人人互为假想敌,展示了最坏世界的极限,排除了合作的基因,需要强者集团建立秩序。荀子预设了合作基因,群体先于个体,即共在先于存在。霍布斯难以解释集团内部合作问题,但解释了无政府状态的冲突。因此,荀子假定不能覆盖霍布斯假定,"互补能够合成一个充分的初始状态理论来表达政治问题"。参见赵汀阳：《天下的当代性：世界秩序的实践与想象》，第6—9页。

110. 赵汀阳：《天下的当代性：世界秩序的实践与想象》，第32—35页。对于个体理性的检验,赵汀阳设计了普遍模仿的理论实验,个人理性可能产生恶策略和善策略,引入未来性存在观点,通过未来结果是否陷入破坏性互动来检验行为是否理性。

111. 赵汀阳：《天下的当代性：世界秩序的实践与想象》，第36—39页。

112. 秦亚青：《世界政治的关系理论》，第277页。

113. 对于关系逻辑中的情感因素,参见秦亚青：《世界政治的关系理论》，第286页；赵汀阳：《天下的当代性：世界秩序的实践与想象》，第39—40页。

114. 秦亚青：《关系本位与过程建构：将中国理念植入国际关系理论》，载《中国社会科学》2009年第3期，第69—86页。个体理性包含本体个体主义及理性的认识论方法,理性的认识论来自启蒙运动的影响以及包括笛卡尔在内的西方哲学思想家的传承。以理性认识世界不仅体现在个体世界观上,也体现在理论构建包括主流国际关系理论的构建上。

115. 费孝通:《乡土中国》,第 27 页。

116. Zhao Tingyang, "Rethinking Empire from a Chinese Concept 'All-Under-Heaven'(Tian-xia)," pp.33—34.

117. Astrid H. M. Nordin, et al., "Towards Global Relational Theorizing: A Dialogue between Sinophone and Anglophone Scholarship on Relationalism," p.573.

118. 关系思维并非中国独有,但中国视角更容易发现关系性的存在,并以关系的视角看待理性,发掘西方哲学思想中支持关系性与理性结合的内容,进而推动关系与理性叙事共同发展。参见贺来:《"关系理性"与真实的"共同体"》,载《中国社会科学》2015 年第 6 期,第 22—44 页。

119. [加拿大]阿米塔夫·阿查亚:《全球国际关系学与国际关系理论的中国学派:两者是否兼容》,载《世界经济与政治》2015 年第 2 期,第 13—14 页。

120. 秦亚青:《世界政治的关系理论》,第 281 页。

121. 赵汀阳:《天下的当代性:世界秩序的实践与想象》,第 36 页。关系理性是共在理性,个人理性是竞争性平衡。当然,在秦亚青和赵汀阳对于关系与理性的关系描述中,关系性的优先地位往往是比二者的相互构成更值得强调的问题。

122. 赵汀阳的天下理论是以整个世界为思考单位去分析问题的世界政治理论,共在存在论的本体论立场和关系理性的行动模式都具有关系主义的本体论和认识论特征。尽管对天下理论的讨论常集中于对天下概念与世界体系的思考上,但本章主要关注的是天下理论与关系主义之间的本体论和认识论公约数,当然这种关系主义是中文语境中的 guanxi。

123. 邓恩认为理论的终结是理论的自然发展,也是智力成熟的形式。本章认为"跨太平洋对话"的出现和理论的再发展同样是理论的自然发展。

124. Kees Van der Pijl, "The World View of the Atlantic Ruling Class as Academic Discipline," *International Politics*, Vol.54, No.3, 2017, pp.292—305.

125. [加拿大]阿米塔夫·阿查亚、[英]巴里·布赞:《全球国际关系学的构建:百年国际关系学的起源和演进》,第 7 页。

126. 在引言部分提到的 2022 年围绕关系宇宙展开的讨论中,其他地理区域和非西方学者也积极参与到理论对话中。

127. 有关知识涵化的概念,参见秦亚青:《知识涵化与社会知识再生产——以中国国际关系理论发展路径为例》,载《世界经济与政治》2023 年第 1 期,第3—24 页。

128. Astrid H. M. Nordin, et al. , "Towards Global Relational Theorizing: A Dialogue between Sinophone and Anglophone Scholarship on Relationalism," p.574.

129. 科学哲学家伊姆雷·拉卡托斯的科学研究纲领的发展与拓展理论认为,一项具有生命力的核心理论在提出后会吸引许多学者围绕其展开研究,为这一理论增加保护带,进而形成一个系统的研究纲领。参见伊姆雷·拉卡托斯:《科学研究纲领方法论》,兰征译,上海:上海译文出版社 1999 年版。

130. 拉皮德所言第三次大辩论是指反思主义与理性主义之间的辩论,因为他认为范式间辩论不是真正的大辩论。参见 Yosef Lapid, "The Third Debate: On the Prospects of International Theory in a Post-Positivist Era," *International Studies Quarterly*, Vol.33, No.3, 1989, pp.235—254。

131. Arlene B. Tickner and David L. Blaney, eds. , *Thinking International Relations Differently*, London and New York: Routledge, 2012.

132. David McCourt, "Practice Theory and Relationalism as the New Constructivism," *International Studies Quarterly*, Vol.60, No.3, 2016, pp.475—485. 麦考特将关系主义视为建构主义的分支,杰克逊等对此做出了否定的回答:"关系主义当然与建构主义有交集,正如关系主义与这一领域的其他理论集群也有交集一样。但是,关系主义的许多理论与西方国际关系学界那些所谓的主流范式是平行的。"参见 Patrick Thaddeus Jackson and Daniel H. Nexon, "Reclaiming the Social: Relationalism in Anglophone International Studies," p.583。

133. [美]彼得·卡赞斯坦主编:《世界政治中的文明:多元多维的视角》,秦亚青等译,上海:上海人民出版社 2011 年版。秦亚青赞同国际关系理论的文化方法:共享的背景知识在知识生产和理论创新中发挥着重要作用,因为理论家是他们生活和实践的共同体背景中的文化存在。因此,社会理论带有不可磨灭的文化印记。参见 Qin Yaqing, "A Multiverse of Knowledge: Cultures and IR Theories," pp.139—157。此外,非西方国际关系理论的构建本以文明文化视角为主要特征之一,这集中体现在前文梳理过的全球国际关系学的倡议和中国学派的发展中。参见 Qin Yaqing, ed., *Globalizing IR Theory: Critical Engagement*, pp.139—157。

134. Robert O. Keohane, *International Institutions and State Power*, Boulder: Westview, 1989, p.173.

135. Astrid H. M. Nordin, et al., "Towards Global Relational Theorizing: A Dialogue between Sinophone and Anglophone Scholarship on Relationalism," p.574.

136. Emilian Kavalski, *The Guanxi of Relational International Theory*, p.7.

137. 秦亚青:《世界政治的关系理论》,第 226 页。

138. 此处借鉴了以阴阳为元关系的关系主义认识论分析,参见秦亚青:《世界政治的关系理论》,第 230—245 页。

139. Astrid H. M. Nordin, et al., "Towards Global Relational Theorizing: A Dialogue between Sinophone and Anglophone Scholarship on Relationalism," p.576.

140. Tzvetan Todorov, *The Conquest of America*, New York: Harper & Row, 1982.

141. Emilian Kavalski, *The Guanxi of Relational International Theory*, pp.2—15.

142. [加拿大]阿米塔夫·阿查亚、[英]巴里·布赞:《全球国际关系学的建构:百年国际关系学的起源和演进》,第 3 页。

143. 这种实线边界在国际关系理论构建中表现为实体主义本体论基础上的二元对立以及实证主义认识论基础上对于其他理论构建方式的不认可。整体表现为对其他文明的排斥。

144. 如同"历史终结""修昔底德陷阱""注定一战"一样,哥伦布在发现之前就已经知道他会发现什么。而这种必然也在国际关系"理论的终结"中体现出来。对于这种自我实现的预言,只有在跳出一元文明内部去观测时才会发现其中的不妥之处。

145. Ferdinand von Richthofen, *China*:*Ergebnisse eigener Reisen und darauf gegründeter Studien*, Berlin:Dietrich Reimer,1877,p.496.

146. Xin Wen, *The King's Road*:*Diplomacy and the Remaking of the Silk Road*, Princeton:Princeton University Press,2023,pp.1—16. 书中采取了一种"非中国中心"的研究模式,重现了丝绸之路"支流"国家之间紧密而丰富的联系。

147. 华涛:《中文和阿拉伯—波斯文古籍中的"一带一路"》,载《新世纪图书馆》2016 年第 11 期,第 9—14 页。

148. Lily H. M. Ling and Astrid H. M. Nordin, "On Relations and Relationality:A Conversation with Friends," *Cambridge Review of International Affairs*, Vol.32, No.5, 2019, pp.654—668.

149. 这一过程与其他地区的地方性国际关系理论的构建有关,尤其是对于有着悠久历史传统的国家或文明来说。例如,印度也以文明身份与中西文明进行着关系对话。参见 Lily H. M. Ling, "Heart and Soul for World Politics:Advaita Monism and Daoist Trialectics in IR," *International Relations of the Asia-Pacific*, Vol.18, No.3, 2018, pp.313—337;Deepshikha Shahi and Gennaro Ascione, "Rethinking the Absence of Post-Western International Relations Theory in India:'Advaitic Monism' as an Alternative Epistemological Resource," *European Journal of International Relations*, Vol.22, No.2, 2016, pp.313—334。

150. Gayatri Chakravorty Spivak, *In Other Worlds*:*Essays in Cultural Politics*, London and New York:Routledge,2012.

151. 之所以有"必然"的论述是由于不采取一元文明主义或二元对立观点的文明内部不会出现这种退出多元空间的选择。

152. Oliver Stuenkel, "Toward a 'Global IR'? A View from Brazil," in Qin Yaqing, ed., *Globalizing IR Theory*:*Critical Engagement*, pp. 124—138.

153. Astrid H. M. Nordin, et al., "Towards Global Relational Theorizing：A Dialogue between Sinophone and Anglophone Scholarship on Relationalism," p.572.

154. 国际关系学的第一次创立是 1919—1945 年，第二次创立是 1945—1989 年。参见[加拿大]阿米塔夫·阿查亚、[英]巴里·布赞：《全球国际关系学的建构：百年国际关系学的起源和演进》，第 83—115、141—183 页。学界对于国际关系学发展的新阶段也存在不同的看法，如殷龙修在反思全球国际关系学的认识论本体论缺陷的基础上提出了构建"全球国际关系 2.0"，但全球性是他们的共同目标与核心追求。参见 Yong-Soo Eun, "Knowledge Production Beyond West-Centrism in IR：Toward Global IR 2.0," *International Studies Review*，Vol.25，No.2，2023，pp.1—19。

第三章　关系转向与关系主义世界政治理论

——基于中西学理对话和比较视角的分析

秦亚青　付　清[*]

进入 21 世纪以来,国际关系理论有一个明显的发展,这就是被称为"关系转向"(relational turn)的知识观转化和关系主义的兴起。"转向"在学理意义上主要指出现了与原来主流理论范式有着根本性不同的思想,关系转向表示关系主义作为一种新的世界观和研究理路的兴起,认为万物之间的关系而非原子式个体才是世界的关键要素,自然科学和社会科学都是如此。鉴于关系转向的本体立场与主流国际关系理论[1]有着根本的不同,有学者将其称为"关系革命"(relational revolution)。[2]本章试图阐释关系主义国际关系理论的兴起,比较中文国际关系学界(以下简称"中文学界")和英文国际关系学界(以下简称"英文学界")关系主义的异同,辨析中文学界关系主义理论的学理意义,同时也试图从关系主义视角观察全球社会的变化,探讨人类命运共同体和地球生命共同体的发展。

一、关系主义的兴起

关系转向反映了一种观察和理解世界的基本视角。关系主义不是一种具体

---

* 秦亚青,山东大学政治学与公共管理学院教授;付清,山东大学政治学与公共管理学院博士研究生。

的理论，而是一个理论集群，其中包含了多种理论流派，但无论是哪一种关系主义视角，都将社会性关系视为具有本体意义的因素，比如在世界政治中，"关系是至关重要的"。注重社会性关系，将关系而不是原子式实体视为社会研究的重心，这是所有关系主义的最大公约数。

国际关系领域的关系主义是在对主流国际关系理论的挑战中兴起和发展的。自20世纪80年代起，国际关系领域占据主导地位的是美国的新现实主义、新自由制度主义和建构主义三大理论。[3]三大理论虽然在主导自变量和因果关系方面有明显不同，但在深层的意义上却是趋同的，[4]并且不断显现出对国际关系现实解释力不足、对西方之外的国际关系思想和实践也不予关注等问题。[5]国际关系领域知识生产的缓滞和学术话语霸权对知识的垄断催生新的思想的生发、质疑和挑战，关系主义世界政治理论尤其质疑主流国际关系理论的本体论立场。这就是关系主义兴起的主要学科背景。关系主义对主流国际关系理论的挑战主要表现在以下几个方面。

（一）挑战主流国际关系理论赖以为根本的经典科学世界观

主流国际关系理论秉持了牛顿科学思想，以经典科学观本体论为自己的本体立场，具有明显的现代性意识，表现出一些突出特点。一是原子宇宙观，即将构成宇宙的基本单位视为原子式个体，具有高度稳定的本原特征和属性。无论是新现实主义还是新自由制度主义，都将国家作为构成国际关系世界的基本单位，国家作为单一理性行动者，基本属性是不会轻易改变的。二是确定性世界。世界是按照客观规律展开的，构成世界的原子个体的确定性就是世界确定性的根本。在相同条件下，行为体行为是根据其稳定属性和特征产生的，表现出很强的规律性，因此也是相似的。三是人作为理性行为体，具有独立的思想意识，超然于客观世界之上，价值无涉地观测世界并发现客观规律。现代科学最为关注的规律是因果律，设定原因在先、结果在后的基本原则，并以发现事物发生和发展的原因为最重要的研究内容。[6]三大主流国际关系理论都试图发现客观世界的不变规律，都以发现能够最好解释原子式行为体行为的单一主导自变量为目的。

（二）挑战物质和理念的二元分立

主流国际关系理论在本体论意义上继承了西方哲学的二元传统，或是强调物质的本体优先性,或是强调理念的本体优先性。新现实主义是物质本体优先的理论,核心的原因因素——国际体系结构——指的就是国际体系中主要大国物质性力量的分布格局,因此国家的物质性实力,尤其是军事实力或可转化为军事实力的权力资源就成为新现实主义理论的一个核心概念。[7]建构主义则是理念本体优先的理论。温特试图把"似乎是不相容的本体论和认识论观点融合起来",将自己的理论称为"中间道路",意思是在本体论上坚持理念优先,同时又在认识论和方法论上采纳科学实在论。[8]就本体意义而言,建构主义恰恰与华尔兹的新现实主义形成了理念和物质的分野,如果说新现实主义表现了物质主义的本体立场,那么建构主义则是在另外一端表现了理念主义的本体思想。新自由制度主义兼有物质和理念的成分,国际制度本身具有非物质性,但其建立、存在、机制等都是以物质为基础和支撑的,原本就是在霸权国实力主导下建立的,因此新自由制度主义虽包含非物质因素,但依然以物质为基础,因此被划归弱式物质主义理论。[9]

(三) 挑战现有的主导研究模式

主流国际关系理论的主导研究模式是一种二元分离的层次研究模式:将研究重心或是置于体系结构,或是置于个体单元。由于经典科学的一个核心目的是发现因果规律,主流国际关系理论或是在体系结构层次,或是在个体单元层次寻找原因因素。新现实主义、新自由制度主义和建构主义都是体系层次的分析,都试图在体系层面找到一个解释国家行为的单一原因因素,比如以物质性权力分布界定的国际体系结构、以国际制度界定的国际制度结构和以理念分布界定的国际观念结构。另外一类国际关系理论则将重点置于个体单元,主要是国家,典型的是"民主和平论",直接将一个国家自身的政治体制作为国家行为的主要原因。[10]还有理论试图调和结构和单元两种层次,将两类因素结合起来考虑,比如新古典现实主义的一个重要发展就是提出了国际体系因素通过国内因素产生影响,即结构因素通过单位因素产生影响。[11]关系主义试图突破现代性科学的束缚,超越物质—理念本体论的桎梏,摆脱结构—行动者的分析模式,从个体与个体之间、个体与社会之间的联系切入,进行国际关系学的研究。但凡社会范畴的研究,社会性关系及其作用和意义往往是重要的研究内容。无论是结构或单元层次的研究,还是以物质或理念作为基础的研究,都难以避免社会性关系。但关系主义的不同是将关系上升到本体优先的地位,认为关系是社会研究中的根本所在,是社会研究的切入点。关系主义并不否认行为个体和社会结构的存在和作用,比如华尔兹的物质性国际体系结构和温特的理念性国际体系结构,以及主流国际关系理论中的国家行为体的重要性,但同时关系主义认为,无论是体系结构还是个体单元,只有在关系中才会产生社会性意义。没有关系,结构和单元都是离散的、没有社会意义的实体;有了关系,这些实体才会灵动、明白起来,才会产生王阳明所说的花之于人、人之于花的意义。[12]正因为如此,关系才是具有本体优先地位的要素。

关系本体是所有关系主义流派的基本观点,虽然各种关系主义对于关系的界定、关系的类型、关系的静态动态、关系与实体的关系等有着不同的认知,但在一点上是高度一致的,即关系不是行为体活动的背景,而是有着至关重要的本体意义。也正因为如此,关系主义不像有些学者认为的那样,是建构主义的分支或是新近发展。[13]虽然建构主义也强调主体间性,也具有比较厚重的社会内容,但建构主义坚持理念主义,这与关系主义的本体论基底是不一样的。关系主义坚持的本体既不是物质,也不是理念,而是关系。在这个基础上,关系主义的认识论自然也不同于主流国际关系理论,认识世界的进路是关系而不是实体。正因为如此,帕特里克·杰克逊和丹尼尔·内克松认为将关系主义视为建构主义的分支或是发展都是错误的,"关系主义当然与建构主义有交集,正如关系主义与这一领域的其他理论集群也有交集一样,但是,关系主义的许多理论,与英文国际关系学界那些所谓主流范式是平行的……"[14]因此,关系主义对主流国际关系理论的挑战是深层的真实挑战。

二、关系转向的特点

知识生产中的转向,一般指知识界对当前主导性知识的质疑并提出新的知识概念、发生方向性改变,并指向新的知识进路。这一次国际关系理论的关系转向是符合这一基本定义的,与以往的国际关系理论转向,比如"结构转向""规范转向""实践转向"等相比较,表现出一些明显的不同。如果说以前的理论和思想转向主要是西方国际关系领域内部的挑战和突破,那么这一次的关系转向则表现出跨学科和跨地域文化的鲜明特点。

(一)关系主义世界政治理论推动的知识转向反映了自然科学和 社会科学领域知识生产的新理念

自然科学领域的关系转向是由量子力学和量子世界观所引发的。经典科学的世界是由最小的物质性原子单位构成的,这些原子单位是独立存在的,具有稳定的属性和特征,其运动表现出很强的规律性,就像牛顿力学三大定律所描述的那样。但量子力学中的一些重要思想都摆脱了原子式单位的独立意义,显现出与关系性高度相关的宇宙意象。量子纠缠(quantum entanglement)意味着两个量子之间的关联是内在的,是同一系统中两个部分的关联。它们不像经典因果关系那样,先有因后有果,而是同时发生变化,具有"鬼魅般"超距作用。量子纠缠揭示了物体之间的内在关系,而这种关系与两者共生共在。[15]圈量子引力理论(loop quantum gravity)表现出明显的关系性,认为空间不是一个空洞的容器,而是量子的环环相扣,是相互关联的网圈;因此,个体不是存在于空间之中,个体连结而成的圈网就是空间。量子全息理论(holographic theory)也将关系视为一种基本要素,强调的是部分和整体内在的关系。关系纠缠的概念表明关系是与实体共在的,故而关系自始就存在于或体现在实体之中。[16]关系宇宙学(relational cosmology)更是将世界视为一切关联的宇宙空间,认为宇宙和世界不是实体的存在,而是关系的展开(relational unfoldings),是复杂关系的呈现,天下万物都是在相互关联的网中,都是在关系网中相互塑造身份、相互赋予意义、相互赋予生命的。所有法则都是关系展开的体现,没有舍去关系而存在的法则和原理。[17]在社会科学领域,社会学是较早开始进行关系研究的。关系社会学将个体之间的关联视为研究的关键因素。正如马克思所言:"社会不是由个体构成的,而是表示这些个体之间彼此发生的那些联系和关系的总和。"[18]关系社会学将关系置于社会研究的核心地位,认为"太初即关系"(In the beginning is the relation),[19]需要"……在形而上的理论环境中首先将关系性置于一般假定的层面上"[20]。社会网络理论(social network theory)对于社会资本、社会性关系网络、网络性权力等的研究,都将关系视为重要内容。芝加哥学派的社会学学者穆斯塔法·埃米尔拜尔(Mustafa Emirbayer)在 1997 年发表了《关系社会学宣言》,更是强调了关系的本体优先地位,以关系本体反对实体本体,将本体论立场表现得十分突出和清晰。[21]社会科学领域的研究虽然与自然科学有着知识交集且相互影响,但由于社会科学更多地是对人类社会的研究,关系色调更为浓重,并且这一点也在向非人类社会延伸,表现出与新自然科学观的趋同进路。

(二) 关系研究在中国和西方国际关系学界几乎同时展开并进行对话

国际关系领域的关系研究基本上是从 21 世纪开始的,最先在国际关系学界提出关系理论的是杰克逊和内克松。他们在 1999 年发表的《关系先于国家》一文中提出了关系/过程的分析模式,强调国家不是本原的实体存在,而是被关系过程建构起来的。[22]杰克逊和内克松与埃米尔拜尔一样,受到查尔斯·蒂利(Charles Tilly)的深刻影响,这些芝加哥大学的学友发表了一系列关系研究的成果。[23]其后,西方国际关系领域不少最新的发展都出现了与关系相关的内容。比较重要的有实践理论(practice theory),伊曼纽尔·阿德勒(Emanuel Adler)和文森特·波略特(Vincent Polliot)借鉴了布迪厄(Pierre Bourdieu)的学术思想,其中惯习(habitus)的概念包含了个体在关系环境中的形成和行为方式,场域(field)的概念则与关系网络有着高度的相似性,尤其是社会场域中权力关系的论述与政治学内容有着高度的相关。[24]中文学界的国际关系学者(包括中国大陆和海外,下同)也在这方面做出了努力,包括赵汀阳的无外原则、凌焕铭的道家国际关系理论、石之瑜和黄琼萩的关系平衡说、秦亚青的关系理论,等等。[25]

中西关系主义学者的对话是国际关系领域一个很有意义的现象。国际关系理论研究重心一直在西方,尤其是西方不同学派之间的对话。由于美国国际关系学在"二战"之后建立的话语主导地位,美国主流国际关系理论之间的对话勾勒了理论辩论的主线,并形成了新现实主义、新自由制度主义和建构主义三足鼎立的格局。西方国际关系内部的主流与非主流辩论也在展开,但更多地是非主流对主流的质疑和挑战,主流理论学者对此并不重视,甚至认为如果非主流学派,比如批判理论、女性主义、后结构主义、后殖民主义等,不采取主流学派坚持的"科学路径",则无法成为"真正的"科学理论。[26]

关系主义的兴起,在世界的国际关系学界表现了一个与以往不同的特点,这就是中西国际关系学者、中西关系主义学者的对话。世界国际关系学界的一个共识是,英文学界和中文学界的关系主义研究是在同一时期生成的重要国际思想,也成为关系主义世界政治理论的两支重要力量。[27]中国传统哲学文化思想和社会实践给予关系重要的本体地位似乎使得中国学者有着先天的"关系敏感性"(relational sensibility),[28]中文学界学者高度重视关系在社会场景中的意义,尤其注重中国人的关系意识、原则和实践,[29]这些给予中国国际关系学者重要启发。进入 21 世纪之后,中西国际关系学者在关系主义研究方面发表了不少成果,国际关系学界的关系转向引发了中国与西方学者的辩论性对话。2018 年,中西学者在北京举行了一次中国学派的理论对话,虽然这次会议不是专门讨论关系理论的,但中国学者的表述中出现了很多中国传统文化和关系主义的内容。[30]

2017 年,中西学者在兰卡斯特大学(Lancaster University)召开了一次对话性学术会议,对中西学界关系理论的成果、内容以及异同展开了学理性讨论,研讨会的主题是"走向全球关系理论研究:中文学界和英文学界关系主义学者的对话"。这可能是国际关系领域第一次中西学者以基本对等的学术身份和基本相当的阵容,就一个涉及理论转向的学理问题展开的研讨会,达成的一个重要共识是"关系理论的发展是在不同的地缘—语言(geo-linguistic)中兴起的,国际关系的关系路径能够提供一种超越英文学界学术语言和空间的交流,这种交流越来越多,也更富有成效"[31]。会议聚焦中西学界的关系主义,参加这次会议的也都是中西方关系主义学者,[32]会议成果发表在 2019 年的《剑桥国际事务评论》上。对话表明,关系主义是一种国际关系研究新路径,与其他理论相互交集借鉴论辩,但不是任何范式的分支;关系理论不是一种单一的理论范式,而是一个理论集群,其中也包含不同分支,比如西方的关系网络理论更加强调静态的网络特性和网络中行为体的位置,而中国的关系理论则更加强调动态演化和不确定性。大家的共识是,不同地域文化的关系理论对话、辩论、交流会进一步促进知识创新,这无疑弱化了知识生产领域的中心—边缘界限,强化了知识生产的多元性和知识领域的民主意识。

三、关系主义的共同假定

21世纪兴起的关系主义世界政治理论跨越学科界限和地域文化,不约而同地集中对关系这个概念给予高度重视,发展出既相似、又不同的关系理论,其中,尤其以中文学界和英文学界的关系理论最为明显。纵观目前的关系理论,可以发现,所有关系主义的最大公约数是关系本体立场,具体而言,表现在以下几个方面。

(一) 世界即关系

世界由关系构成,社会也是由关系构成的。主流国际关系理论坚持个体本体论,强调个体在任何系统的本体优先地位。而对于关系主义而言,在本体论意义上,关系才是重要的,甚至是根本性的。世界不存在独立的原子式个体,不存在没有关系的身份和属性,这是关系理论坚持的本体论。所有行为个体都是关系性存在,都是在关系之中呈现特定的坍缩状态。前关系或非关系的社会个体是不存在的,或者说这样的社会个体并没有主流国际关系理论假定的本原身份、特征和属性,行为体只能是关系中的行为体。一部分学者认为关系先于行为体,认为行为体是关系建构起来的,没有关系就没有行为体。[33]另一些学者则认为关系和行为体是共在互构的,没有孰先孰后之分。[34]但在一点上是共同的,即关系对于行为体的重要意义。换言之,社会意义只有在关系中产生。

(二) 关系即实在[35]

经典物理学的本体论观点坚持世界是由最小的物质单位构成的,即原子单位。原子单位是实在的,关系只不过是这些实在单位活动的背景而已。原子单位可以脱离关系而存在,但没有原子单位则没有关系。主流国际关系理论秉持了相同的观点,认为国家是国际体系和国际社会构成的基本单位,国家之间的关系只不过是国家活动的平台。关系主义认为,关系就是实在。量子力学将实体之间的关系视为是与实体共在的,如果不是如此考虑关系的意义,就难以理解量子纠缠或者量子全息理论。意大利社会学家皮耶尔保罗·多纳蒂(Pierpaolo

Donati)更是将涂尔干(Émile Durkheim)的"社会事实"直接界定为社会关系,认为"社会事实本质上是一种关系之物"。[36]在国际关系领域,也许"国际关系学"这个学科的名称就意味着,我们永远无法将国家从关系中抽离出来,我们也无法将关系与国家剥离开来。因为关系就是实在,并且是渗透性实在。

(三) 关系即空间

经典物理学思想中的空间是绝对的,物质实体活动于其中。关系主义则认为,世界和宇宙的空间不是独立的、仅仅供实体行为体活动的所在,而是关系空间,是关系的存在和运动。同时,关系是可以延伸和扩展的。[37]关系形似石头击破的水中涟漪,是随着水波的动力向外扩展的。关系实践延伸到哪里,哪里就成为可知的社会,关系扩展到哪里,哪里就成为我们所认知的世界的组成部分。人类的知识是有限的,人类的理解是有限的。河伯望洋兴叹,但大洋之外依然有更大的海洋,世界之外依然有更多的世界,宇宙之外依然有更多的宇宙。这是一个多世界(multi-worlds)、多宇宙(pluriverse),我们的认知是随着我们的实践而不断开拓的,我们的关系也是随着我们的实践而不断扩展的,关系性实践不断地连结更多物种和世界,观照更加宏大、更加多样的社会和社会成员。

(四) 关系是基本分析单位

经典科学观认为,世界是由最小物质性实体构成的,对世界的基本分析单位应该是这些最小的物质性实体。而对于关系主义而言,由于世界是关系构成的,关系才是基本的分析单位,自然科学和社会科学均是如此。关系宇宙学就是以万物之间的关系为思考基点的。圈量子引力论高度重视关系性。空间量子是"圈"或"环",因为它们环环相扣,形成了一个相关互联的网络。这些量子本身就是空间,或者说这些量子编织出来的关系就是空间,是一个量子相互关联而成的网络。因此,量子世界观将世界视为关系的集合,而非物质的集合,没有单独存在的实体,只有不断的关系展开。[38]如果将关系视为社会的基本单位,研究重点就从行为个体转向社会性关系。社会变化首先是社会关系的变化;分析社会变化,基本分析单位是社会关系。无论是国内社会还是国际社会,变化的根本是社会性关系发生了变化。部落社会、国内社会、国际社会都是如此。

这些基本观点与量子世界观的哲学内涵有着本体意义上的相通之处，同时也与以经典科学观为基石的主流国际关系理论形成了鲜明的对照。主流国际关系理论基本上都是立足于原子式行为体，并根据其稳定属性和特征界定自身利益和决定采取何种行动。国际关系场域只是国家活动的舞台，国家之间的关系就是国家活动的背景。国家则是独立存在的实体，具有领土主权等不变属性和特征，借用这些平台和背景展开自身理性的活动，实现自己的国家利益。也正因为如此，个体行为体的工具理性就成为行动的基本驱动因素。

华尔兹和基欧汉的国家都是原子式的理性行为体，原子式行为体的独立存在和理性权衡，构成了国际关系研究的基点。[39]温特的建构主义理论将行为体之间的互动视为重要因素，但行为体依然是先在的、自组织的行为体。他所说的第一次相遇，即自我—他者首次相遇模式，[40]是"没有文化的互动"，亦即各自完全独立的互动，在互动之前相遇双方就已经具有自我身份和特征，互动改变的只是可变特征而非根本特征。正是这些主流国际关系理论，在对国家行为体的行为进行研究的时候，将原因因素或原因性建构因素置于国际体系层面：对于华尔兹和基欧汉而言，在国际体系结构或是国际制度条件不变的情况下，国家由于其自身的本原属性，势必表现出同样的行为；对于温特而言，国际体系的理念结构不变的情况下，就会建构出同样身份的国家：霍布斯文化建构敌对身份、洛克文化建构竞争身份、康德文化建构朋友身份。在这里，我们可以看到，在某种系统结构不变的情景之下，国家行为在理性的驱动之下，会呈现出高度的相似性和可预测性。比如，崛起大国必然挑战霸权国、国际制度必然促进国际合作、共同文化必然产生相应的国际身份，等等。

但关系主义告诉我们，国际关系的世界不是如此清晰可预测的。行为体不是孤立存在的行为体，而是关系中的行为体，存在的是复杂的关系交织。所有行为体的身份、属性和特征，都是从关系角度定义的。因为关系是在不断变化的，行为体的身份是多重叠加的，所以行为体身份显现为一种什么固定状态或显像形构，是根据不同的关系情景和相对于不同的关系对象而呈现的，先在的固定身份及与之相关的稳定属性和特征是不存在的。在这样的前提假定之下，霸权国和挑战国之间的关系、国际制度与国际合作的关系、国际文化对于国家身份的建构,都不是确定的,都是在不同关系场景中、针对不同的关系对象予以呈现的。关系界定世界、社会和社会行为体,关系的不确定性界定不确定世界、不确定社会和不确定的社会行为体。

四、中文学界的"深度关系主义"

关系主义是一个理论集群,虽然世界上一些地域文化中也有一些与关系主义相关的国际关系论述,但总体上是零星的陈述和应用型的实证分析,唯有中文学界和英文学界的关系主义在理论上是比较系统的,研究人员和成果也是最多的。这两种语系的关系理论既有相同的观点,也有思想的差异。正如双方学者在共同撰写的文章中所指出的那样,"理论属抽象范畴,但理论不仅仅是抽象的思想,因为理论是人建构的,建构理论的人生长生活于特定的地域,具有特定的经历,使用特定的语言,这当然不意味着理论就是'相对的'和'主观的',但所有理论都是某人、某地生产出来的产品,因此理论必然包含不同的观点。"[41]总体而言,中文学界的关系主义更显厚重,我们在这里将其称为"深度关系主义"(deeper relationalism)。

中文学界"关系"具有丰富含义,仅仅是英文的"relation"一词很难表达这种深度关系主义思想。澳大利亚学者卡瓦尔斯基(Emilian Kavalski)直接使用了汉语"关系"一词的拼音(guanxi)作为关系主义的专门术语,并将关系主义与中国学派和中国外交实践联系在一起。[42]虽然他正确地指出,"关系不是仅仅用来解释中国外交的概念,而是国际关系学知识生产和行动的关键概念",但关系似乎与中华文化有着深厚的渊源。我们之所以称中文学界的关系主义是"深度关系主义",主要有以下几个原因。

(一)中文学界的关系本体属于强社会性本体思想

关系本体立场从定义上讲就是社会性立场,由于中华文化的社会性更加明显,中文学界的关系主义也显示了更强的社会性。概言之,无关系不成社会。在思考本体论的时候,英文学界的关系主义往往首先分清关联实体在时间上的先后,比如怀特(Colin Wight)关于行为体建构关系的论述、[43]杰克逊和内克松关于关系建构国家的观点等。这在很大程度上是受到绝对时间思维模式的影响,孰先孰后的问题一旦清晰了,本体优先地位也就确定了。换言之,先在的势必有着本体优先性,比如关系先于国家。这样的关系趋于物化的关系,是将关系视为一种因素,而将实体视为另外一种因素,先在的具有本体优先性。

中文学界的关系本体包含了更强社会性的意义。换言之,这里面没有更多时间先后的考虑,而是更加强调什么因素具有赋予社会性意义的功能。也就是说,能够赋予社会性意义的因素具有本体优先性。在一般意义上,关系和实体是共在的,关系之所以具有本体优先地位,是因为关系赋予实体和实体行为、进而赋予世界以社会性意义。比如,关系之于国家更具本体意义,不是因为关系在国家之前,而是在国际社会中,是关系赋予国家和国家行为以社会性意义。一个国家具有多重身份和属性,这些身份和属性是随机性的叠加存在,相对于不同的关系者,就会表现出某种固定的身份和属性。国家表现出的立场和行为是相对于某种特定关系和某个特定关系者的,而不是超然的理性权衡所致。

(二) 中文学界的关系本体思想更具贯通性

贯通性有两层含义:一是关系贯通于整个社会空间,包括社会空间本身。关系的界限就是世界,关系未及之处就是非社会。在中国文化的思维中,关系的空间是软体空间,是变化迭出、开合交替的空间,而不是结构化的定型网格。二是关系与实体相互贯通。关系内在于实体,实体离不开关系。在社会整体以及各个部分之间,关系是相互贯通的、内在的,从一开始且自始至终,任何实体之间、任何整体和表现为实体的部分之间都包含了关系并且以关系界定自身的意义。在关系空间中,关系和任何关系者都是一体的,可用"关系体"的概念描述。关系体是包含关系空间和关系者的多元一体,不是可分离或对立的二元结构,这种一体性在中国传统文化意识和思维中有明显的表现。

比较之下,英文学界的关系主义仍然可以看到二元结构的深层影响。西方关系理论也试图破解二元对立结构,但这种结构性思维的影响已经成为英文学界背景知识的一部分,关系研究也很容易回归二元结构。社会网络路径是比较明显的"位置关系主义",这种路径将关系网络作为研究的起点,将行为体在网络上的位置或曰中心性(比如与网络中其他行为体的接近程度等)视为行为体获得社会资本、采取行动的重要因素。[44]位置是网络分析的关键词,虽然其分析起点是关系构成的网络,但节点是关键,而节点的位置是一个核心因素。这就相当于将关系网络实体化,也必然将其视为一个固定的结构,具有稳定的特质和特性。一个实体在这个网络中的位置(中心还是边缘)是这个实体行为的原因因素。这就回到了结构—行为体的二元结构:社会网络发挥的是一种结构性功能,节点则是位置化的行为体。即便是杰克逊和内克松的比较动态的关系/过程理论,也趋于回归二元路径。关系/过程理论认为,是过程建构了国家,而不是国家建构了过程。这本身就将国家和过程分为两个分离的存在,有先有后,有建构主体(过程)和被建构个体(国家)。英文学界的关系主义是多样的,但也表现出一个相近点,即无论是实体对关系的建构,还是关系对实体的建构,都会在分析过程中,将关系与实体分离开来,区分孰先孰后。这种时间上的先后意识实际上是主客二元结构的深层影响使然,就如经典科学观中的因果关系必然分清孰先孰后一样。

中文学界的关系思想将关系贯通于整个社会之中,并且在社会空间及其实体之间高度渗透。这与中国经典哲学中的关系与实体不可分割、同生共在的思想是一致的。谢和耐(Jacques Gernet)认为中国人从来没有二元对立的思维模式,他说:"灵魂和身体之间实质性的对立是中国人从来不曾想过的事情……感性和理性之间也是如此,没有对立而言。"[45]郝大伟和安乐哲持同样观点,认为中华文化中,"自我是环境性自我,个人的角色和关系是相互关联的意识。"这种自我意识"不是'主我'和'宾我'的一分为二……"。[46]如果说英文学界包含着主体和客体、主我和宾我、自我和他者等语言术语,这些术语的产生本身就反映了一种"主客二分、主为本体"的思维模式和实践取向。汉语语言中原本没有以不同形式指代主格和宾格,主格和宾格都是在语境关系的情景中界定的。也就是说,个体的身份和属性是针对关系对象而定的,而不是先天就有的。

这种思维方式包含了两个维度,一是行为体间性是以关系界定的。关系不是行为体之间互动的背景,而是行为体自身和行为体间性的定义性要素,行为体自始至终都隐含了关系。两个相互关联的行为体是你中有我、我中有你,而不是像温特想象的那样两个独立的存在,在第一次相遇之后才开始发生互动和互构。这与量子纠缠有相似之处。两者之间是内在的关联,是彼此相即的生命和存在关系。[47]二是个体和整体也是由关系界定的。个体和整体是相互参与的关系,个体是整体的部分，整体是个体的形构，没有整体就没有个体、没有个体同样没有整体，犹如一滴海水和整个海洋的关系。量子全息理论也强调整体包含在部分之中，部分包含了整体的信息，通过全息仿真来部分地反映整体。[48]整体自始至终包含在作为部分的实体之中，整体和部分之间存在隐缠性关系。最能形象地表述这两个维度叠加状态的关系体依然是中国的太极图。在静态的太极图中可以看到部分和部分、部分和整体的存在，一个圆中包含了阴阳这两个你中有我、我中有你的部分；而旋转运动的太极图则表现出整体和部分、部分和部分浑然一体的无边界状态。因此，一切都在关系之中。关系贯通始终，关系内在于关系者之间，内在于关系者和整体之间。这显然是一种更为彻底、更具内生意识的关系性思维。

（三）中文学界更加强调关系性动态转化

在中文学界的关系理论中，关系者之间的相互转化是自然和正常的事情，中文学界的关系理论更多地反映了中华传统哲理，比如道家辩证意识和中庸辩证思想，认为关系中的万物互为生命、相互转化、相辅相成。正如阴阳这对元关系，两者各有差异，但共同构成生命的整体，差异是互补共生的关键，不是竞争和冲突的原因。[49]关系性动态转化是中文学界关系主义的一个突出特点。

英文学界的动态转化就显得比较困难，有的时候甚至无法转化。这一点尤其表现在自我和他者这对出自西方语言的偶对关系上面，比较典型的一个案例是诺丁（Astrid Nordin）和史密斯（Graham Smith）对于自我与他者关系的论述。[50]他们专门讨论了中文学界学者提出的自我—他者辩证关系，即自我包含他者、他者包含自我的互涵关系。自我他者似阴阳两极，自我和他者不是一种二元对立结构，自我和他者互涵互容，并且可以相互转化。诺丁和史密斯认为，必须意识到还存在另外一种关系，即激进他者关系（radical/absolute otherness）或绝对他者关系（alterity），亦即他者拒绝被自我关联和同化的关系。激进他者阻止任何"被"关系、拒绝任何被主导和同化的做法。自我就是自我，他者就是他者。同时，诺丁和史密斯告诫人们，激进他者是无法与自我互涵互容的，这是一种无法变化的自我他者关系，也表现了一种二元对立、无以兼容的关系。

辩证关系和激进他者关系确实有着重要的差异。前者指相互不同但相互包涵并相互转化的自我与他者,而后者则指力图关联他者的自我和拒绝被关联的绝对他者。虽然诺丁和史密斯想要说明的是一种反同质化思想,比如反殖民者拒绝殖民者的同化,女性拒绝男性的同化,平民拒绝权势者的同化。但在更深层面上,还是要区分孰先孰后、孰主孰客。而在辩证关系中,自我和他者是相互包涵和相互转化的。两者之间并非谁要同化谁的关系,也不存在消除差异而实现同化的目的。即便应用到国家关系上面,国家之间的关系和一个国家相对于另外一个国家的关系,都是可以发生重要变化的。盟友可以变成敌人,也可以先变成敌人再变成盟友。这不是一个谁同化谁的问题,而是关系变动之中行为个体不同属性的相应展现而已。在中国辩证思维中,绝对的激进他者是不存在的,社会中没有非关系者。拒绝同质化和拒绝关系并非同一件事情。

在本体意义上,阴阳之间是差异平等关系,因为缺一而无以生成和延续生命。这尤其表现在庄子的齐物思想(equality of things)中,"天地与我并生,而万物与我为一"[51],它包含了万物本体平等的意识。阴阳又是相互转化的,因此,西方二元结构中的主体和客体在中庸辩证思维中是没有明确界定和界限的,A之于B是主体,但之于C则是客体。进而,主体可以与客体相互转化,关系中的行为体也是这样动态转化的。庄周和蝴蝶是相互转化的,是庄周还是蝴蝶?是蝴蝶还是庄周?抑或两者亦是亦否?[52]在中庸辩证思维中,没有一成不变的主体和客体,西方的主客二元是不存在的。无确定主体、无明确主客边界、主客相互转化;复杂的自我,包含了他者的内容,强调不同的自我相向平衡和关联,表现了一种多元关系本体论。总之,自我他者不同而又关联。我们可以与他者关联,但是既相互自我,又超越相互自我。这是中文学界关系理论中比较独特的一点,也好像是世界政治中一个被英文学界忽视或是"难以从这里想起"(think from)的空白。

我们以全球社会发展作为例子,对关系变化和社会演进做一个简单的解释。国际社会概念的系统阐述源于英国学派,布尔将国际社会定义为国家构成的社会,即国际社会以国家为主体。[53]国家是主体,其他国际行为体都属客体范畴,国际社会的关系是国家之间的关系。冷战之后,由于全球化的兴起和全球性问题的凸显,国家已经不能成为应对全球问题的唯一行为主体,国家和非国家行为体的关系发生了一次重要的变化,虽然这还不足以颠覆国家在国际社会中的核心地位,但已经为其他行为体打造了一个重要平台,使它们的客体身份或曰他者身份发生了重要变化,成为全球化和全球治理不可或缺的参与者和行动者,成为主体的一部分,世界社会因之显现。[54]这是我他关系的第一次重大变化。当人类意识到"人类世"对自然和环境产生的负面和破坏作用的时候,便开始重新认识原来被视为他者或是客体的自然,开始将自然视为与人类自我同等重要的存在,人类和自然也成为主体间关系。进而,人类也认识到,不仅人与自然界所谓有生命、有意识的他者之间的关系产生了变化,而且开始考虑包括人类在内的天下万物之间的关系,开始有了真正社会意义上的齐物思想,地球社会也出现了。[55]这是第二次我他关系的重要变化。

这两次变化都是自我他者关系的根本性变化,表现了自我他者的差异性相互包容和相互转化。与之相应的是全球社会出现了两次重要变化,从以国家为主体的国际社会,到以国家和非国家行为体共为主体的世界社会,再到人与自然乃至世界万物共同参与、共享主体的地球社会,这也正是我们提出的人类命运共同体、人与自然生命共同体和地球生命共同体。这三种社会形态并非因为国际体系中的国家发生了质变,国家的基本性质并没有根本变化,但原本作为自我和主体的国家与原本属于他者和客体的世间万物之间的关系发生了变化。这依然是人类的视角,但可以反映出关系和关系者的变化对全球社会发展意识和实践的影响。进而,当今的全球社会本身就是国际社会、世界社会和地球社会三重社会的叠加态,主体客体、自我他者也在不同的关系维度上运行、转变和进化。

五、结　语

关系主义世界政治理论是在对主流国际关系理论的质疑和挑战中兴起的,开始在世界政治领域思考以关系本体论为基础、以社会性关系为认知起点和基本分析单位的新的研究路径。关系主义与其他学科的思想发展有着密切的关系,不仅与关系社会学在认知和分析社会方面有着高度契合之处,也与量子力学及其背后的哲学和世界观相似相通。以关系作为本体优先的思想、将关系视为世界基本构成要素的视角,成为关系主义理论的重要支柱。

在关系思维引发的"关系转向"之中,出现了中文学界和英文学界的关系主义研究两支重要学术队伍,并且,这两个语系的关系主义学者几乎在同一时期聚焦世界政治领域的关系问题,并进行了平等的学理对话。通过交流、辩论、比较,一方面梳理了关系主义相同或相似的基本假定,另一方面也力图发现中文学界和英文学界两个不同地域文化中关系思想的差异。这在国际关系理论发展历史上应属第一次,对于进一步推动国际关系理论超越中西地域文化局限、向着全球国际关系学发展具有重要的意义。

尤其需要指出的是,中文学界的关系主义理论主要从中华经典哲学文化中汲取营养,将关系视为柔性关系空间,强调关系者之间、关系者与关系空间之间的互为内在和相互贯通的关系纠缠,既相辅相成、又相互转化的动态思维,更加显现了关系和关系者的相互建构、相互渗透的关系过程。进而,相互转化的思维还包含了万物平等的思想,如果以这样的视角观察全球社会,就会更好地理解和诠释从国际社会到世界社会再到地球社会的变化过程:一个主客关系、我他关系不断变化、不断展开的过程;一个三重社会形态叠加互动的过程。中国哲学文化在二阶问题上不存在二元分立思维的传统,这是对主客二分、我他对立的僵硬二元结构在更深层面上的挑战,也是中文学界关系主义视角形成的一个重要来源,并且在与英文学界的学理对话中产生了交互涵化的积极效应。

(原载《国际观察》2023 年第 6 期)

注释

1. 主流国际关系理论主要指以新现实主义、新自由制度主义和建构主义为代表的国际关系理论。

2. 关系转向的说法应该是叶米利安·科瓦利斯基(Emilian Kavalski)较早提出的。参见 Emilian Kavalski, *The Guanxi of Relational International Theory*, London: Routledge, 2018, p.2; Emilian Kavalski, "Guanxi or What is the Chinese for Relational Theory of World Politics" *International Relations of the Asia-Pacific*, Vol.18, No.3, 2018, pp.397—420。米利娅·库尔基(Milja Kurki)在新近的论述中则使用了"关系革命"(relational revolution)的说法,强调关系主义本体论与经典科学观的根本性不同。参见 Milja Kurki, "Relational

Revolution and Relationality in IR: New Conversations," *Review of International Studies*, Vol.48, No.5, 2022, pp.821—836。

3. Wiebke Wemheuer-Vogelaar, Nicholas J. Bell, Mariana Navarrete Morales and Michael J. Tierney, "The IR of the Beholder: Examining Global IR Using the 2014 TRIP Survey," *International Studies Review*, Vol.18, No.1, 2016, pp.16—32.

4. 秦亚青:《世界政治的关系理论》,上海:上海人民出版社 2021 年版,第 97—139 页。

5. Amitav Acharya, "Global International Relations (IR) and Regional Worlds: A New Agenda for International Studies," *International Studies Quarterly*, Vol.58, No.4, 2014, pp.647—659;[加拿大]阿米塔·阿查亚、[英]巴里·布赞:《全球国际关系的构建:百年国际关系学的起源和演进》,刘德斌等译,上海:上海人民出版社 2021 年版,第 292—302 页。

6. 秦亚青:《知识观重建与国际关系理论的发展进路:以三大理论批判为例的分析》,载《中国社会科学》2022 年第 9 期,第 145 页。

7. A. F. K. Organski and Jacek Kugler, *The War Ledger*, Chicago and London: The University of Chicago Press, 1980, pp.30—38.

8. [美]亚历山大·温特:《国际政治的社会理论》,秦亚青译,上海:上海人民出版社 2014 年版,第 35—37 页。

9. 同上书,第 29—30 页。

10. 参见 Bruce Russett, *Grasping Democratic Peace: Principles for Post-Cold War World*, Princeton: Princeton University Press, 1993; Michael Doyle, *Ways of War and Peace*, New York: Norton, 1997。

11. [加拿大]诺林·里普斯曼、[美]杰弗里·托利弗、[美]斯蒂芬·洛贝尔:《新古典现实主义国际政治理论》,刘丰、张晨译,上海:上海人民出版社 2017 年版,第 33—99 页。

12. 王阳明:《传习录》,叶圣陶点校,北京:北京时代文化书局 2014 年版,第 233 页。

13. David McCourt, "Practice Theory and Relationalism as the New Con-

structivism," *International Studies Quarterly*，Vol.60，No.3，2016，pp.475—485.

14. Patrick Jackson and Daniel Nexon，"Reclaiming the Social：Relationalism in Anglophone International Studies," *Cambridge Review of International Affairs*，Vol.32，No.5，2019，p.583. 需要指出的是,关系主义的方法论立场是开放的,无论是思辨的还是实证的方法都可以用于关系主义的研究之中。参见秦亚青等著:《关系性逻辑与东亚区域治理》,上海:上海人民出版社 2022 年版。

15. 成素梅:《改变观念:量子纠缠引发的哲学革命》,北京:科学出版社 2020年版,第 170—193 页。

16. 潘成鑫:《量子全息理论的本体论新解:以国际关系为例》,载《哲学探索》总第 2 辑,第 66—88 页;陈纳慧:《国际关系学的"关系转向":本体论的演进与方法论意义》,载《国际政治研究》2022 年第 1 期,第 37—61 页。

17. Milja Kurki，"Relational Revolution and Relationality in IR：New Conversations," pp.829—833.

18. Karl Marx，*Grundrisse*，Harmondsworth：Penguin，1973，p.265. 转引自[英]尼克·克罗斯利:《走向关系社会学》,刘军、孙晓娥译,上海:格致出版社 2018 年版,第 1 页。

19. 玛格丽特·阿彻:《序》,载[意]皮耶尔保罗·多纳蒂:《关系社会学:社会科学研究的新范式》,刘军、朱晓文译,上海:格致出版社 2018 年版,第 1 页。

20. [意]皮耶尔保罗·多纳蒂:《关系社会学:社会科学研究的新范式》,第13 页。

21. Mustafa Emirbayer，"Manifesto for a Relational Sociology," *American Journal of Sociology*，Vol.103，No.2，1997，pp.281—317.

22. Patrick Jackson and Daniel Nexon，"Relations before States：Substance, Process and the Study of World Politics," *European Journal of International Relations*，Vol.5，No.3，1999，pp.291—332.

23. 参见 Charles Tilly，*Stories，Identities，and Political Change*，New York：Rowman & Littlefield，2002。

24. [加拿大]伊曼纽尔·阿德勒、文森特·波略特主编:《国际实践》,秦亚青等译，上海：上海人民出版社 2015 年版，第 3—41 页。

25. 参见 Chiung-Chiu Huang and Chih-yu Shih, *Harmonious Intervention：China's Quest for Relational Security*, England：Ashgate, 2014; L. H. M. Ling, *The Dao of World Politics*, London and New York：Routledge, 2014; 秦亚青：《世界政治的关系理论》。

26. Robert Keohane, *International Institutions and State Power*, Boulder：Westview, 1989, p.173.

27. 在中西学者共同撰写的《走向全球关系理论研究》一文中，大家认为："我们将上面提到的主要是英文学界关系理论成果与主要是在同一时期通过不断加强构建'中国学派'的声音而引人关注的中文学界关系思想进行比较分析，以此启动这次对话。"参见 Astrid Nordin, et al., "Towards global relational theorizing：a dialogue between Sinophone and Anglophone Scholarship on relationalism," *Cambridge Review of International Affairs*, Vol.32, No.5, 2019, pp.573—574。

28. 梁漱溟：《中国文化要义》，上海：上海人民出版社 2011 年版，第 90—91 页；费孝通：《乡土中国》，北京：外语与教学出版社 2012 年版，第 39—43 页。相关观点参见黄光国：《儒家关系主义：文化反思与典范重建》，北京：北京大学出版社 2006 年版；边燕杰：《关系社会学：理论与研究》，北京：社会科学文献出版社 2011 年版；翟学伟：《中国人的关系原理：时空秩序、生活欲念及其流变》，北京：北京大学出版社 2011 年版。这里说的"先天"，主要是指中国社会的长期实践及其在实践中形成的中华文化背景知识。参见秦亚青：《行动的逻辑：西方国际关系理论"知识转向"的意义》，载《中国社会科学》2013 年第 12 期，第 181—198 页。

29. Nan Lin, "Social Networks and Status Attainment," *Annual Review of Sociology*, Vol.25, No.1, 1999, pp.467—487；罗嘉昌：《从物质实体到关系实在》，北京：中国人民大学出版社 2012 年版，第 17—19、251—254 页。

30. 部分对话成果见 Yaqing Qin, ed. *Globalizing IR Theory：Critical Engagement*, London and New York：Routledge, 2020。

31. Astrid Nordin, et al., "Towards global relational theorizing," p.572.

关于对话的详细内容,参见该期专辑。

32. 英文学界学者有阿斯特丽德·诺丁(Astrid Nordin)、格雷厄姆·史密斯(Graham Smith)、帕特里克·杰克逊(Patrick Jackson)、埃米利安·科瓦利斯基(Emilian Kavalski)、丹尼尔·内克松(Daniel Nexon)等,中文学界学者有黄琼萩、凌焕铭、石之瑜、秦亚青等。

33. Patrick Jackson and Daniel Nexon, "Relations before States: Substance, Process and the Study of World Politics," pp.291—332.

34. 秦亚青:《世界政治的关系理论》,第 156 页。

35. 罗嘉昌:《从物质实体到关系实在》,第 3 页。

36. [意]皮耶尔保罗·多纳蒂:《关系社会学:社会科学研究的新范式》,第1 页。

37. Yaqing Qin, "A Relational Theory of World Politics," *International Studies Review*, Vol.18, No.1, 2016, p.36.

38. Milja Kurki, "Relational Revolution and Relationality in IR: New Conversations," p.830.

39. 秦亚青:《世界政治的关系理论》,第 98 页。

40. [美]亚历山大·温特:《国际政治的社会理论》,第 156、183 页。

41. Astrid Nordin, et al., "Towards global relational theorizing," pp. 573—574.

42. 相关观点参见:Emilian Kavalski, *The Guanxi of Relational International Theory*; Emilian Kavalski, "Guanxi or What is the Chinese for Relational Theory of World Politics".

43. Colin Wight, *Agents, Structures and International Relations: Politics as Ontology*, Cambridge: Cambridge University Press, 2006, pp.121—225.

44. Emily Erikson, "Formalist and Relationalist Theory in Social Network Analysis," *Sociological Theory*, Vol. 31, No. 3, 2013, pp. 219—242; Brantly Womack, *Asymmetry and International Relationships*, Cambridge: Cambridge University Press, 2016, pp.174—189.

45. 参见 Jacques Gernet, Trans. Janet Lloyd, *China and the Christian*

Impact：*A Conflict of Cultures*，Cambridge：Cambridge University Press，1985。转引自 David Hall and Roger Ames，*Thinking from the Han*：*Self*，*Truth*，*and Transcendence in Chinese and Western Culture*，Albany：State University of New York，1998，p.29。

46. David Hall and Roger Ames，*Thinking from the Han*：*Self*，*Truth*，*and Transcendence in Chinese and Western Culture*，p.26.

47. 庞朴：《道家辩证法论纲（上）》，载《学术月刊》1986 年第 12 期，第 4—10＋29 页；《道家辩证法论纲（下）》，载《学术月刊》1987 年第 1 期，第 29—33 页。

48. 潘成鑫：《量子全息理论的本体论新解：以国际关系为例》，第 68 页。

49. Yaqing Qin，"A Relational Theory of World Politics;" L. H. M. Ling，"World beyond Westphalia：Daoist Dialectics and the 'China Threat'," *Review of International Studies*，Vol.39，No.3，2013，pp.549—568.

50. Astrid Nordin and Graham Smith，"Relating self and other in Chinese and western thought," *Cambridge Review of International Affairs*，Vol.32，No.5，2019，pp.636—653.

51.《庄子·齐物论》。

52. 同上。

53. Hedley Bull，*The Anarchical Society*：*A Study of Order in World Politics*，New York：Columbia University Press，1977，p.13.

54. Barry Buzan，*From International Society to World Society? English School Theory and the Social Structure of Globalisation*，New York：Cambridge University Press，2004，pp.91—97.

55. Milja Kurki，*International Relations in a Relational Universe*，Oxford：Oxford University Press，2020，pp.161—190.

第四章　国际关系知识生产的
全球关系主义路径与中国关系理论

季　玲*

2017 年英国兰卡斯特大学邀请来自世界各地的学者,以"全球关系性的未来"为题举办国际研讨会。以此次会议为开端,来自不同地域文化背景的国际关系学者加入关系主义研究的对话中。与此同时,自然科学与社会科学间的跨学科融合,也为关系主义理论创新注入了新的动能。经过近几年的快速发展,全球范围内的关系主义知识生产呈现出什么样的发展形态? 中国文化要素在帮助确立关系主义认识论原则、推动全球关系主义知识生产方面发挥了什么作用? 全球关系主义研究以及中国关系理论可能走向何方? 本章拟对这些问题做出自己的思考。

一、国际关系知识生产与全球关系主义研究

近几十年来,国际关系知识生产见证了各种"转向",其倡导者或多或少都对之前的理论进行了本体论或认识论层面的哲学反思。比如以温特的建构主义为代表的"文化转向"探讨了物质和理念、整体与个体何者具有本体优先性的哲学问题[1],"实践转向"对理性主义知识观进行反思,提出相对于个体的理性能力和

---

* 季玲,外交学院一流学科办公室副研究员。

整体的结构因素,将两者联系起来的"实践"具有本体优先性。[2]"关系转向"则是在对实体主义思维方式及其影响下形成的本体论、认识论和研究路径进行反思的过程中发展出来的。实体主义思维贯穿于西方知识生产的本体论、认识论和方法论基础各个层面,形成了丰富精密的知识生产体系和学术传统,这些知识体系和知识生产实践反过来又强化和自证了实体主义的思维方式。虽然西方实体主义思维影响下形成的理论和概念"已经引导人们发现了某些宇宙模式",并在自然科学和人文社会学科研究方面取得了巨大的成就,但"这些概念工具也从根本上限制了人们探索宇宙已经呈现出的更多奥秘的能力。人们需要重新调整概念工具"。[3]因此,与之前的历次转向不同的是,关系主义研究对主流国际关系理论的反思并不仅仅是本体论或认识论问题,而是产生这些本体论和认识论哲学基础的实体主义思维方式这个更为根本的根源。

20 世纪末,西方哲学和人文社会科学领域对实体主义展开的反思被帕特里克·杰克逊(Patrick T. Jackson)和丹尼尔·内克松(Daniel H. Nexon)引入国际关系领域。[4]与此同时,随着中国参与国际社会互动的广度、深度持续扩大和加深,中国传统文化和国际关系实践成为国际关系学者推进理论创新的重要源泉。21 世纪初,一批从中国文化传统与实践中汲取营养的关系主义研究成果集中涌现,其代表人物包括中国大陆的秦亚青、赵汀阳,中国台湾的石之瑜、黄琼萩,以及海外的凌焕铭和曾在中国执教的叶米利安·科瓦尔斯基(Emilian Kavalski)等。这些学者挖掘中国道家、儒家等传统哲学思想,借鉴中国本土社会学、心理学等相关学科的现代化理论成果,在本体论、认识论和方法论各个层面对西方传统实体主义思维方式进行了不断深入的反思和解构,成为推动国际关系研究"关系转向"的重要力量。[5]也正是因为中国文化力量的加入,全球关系主义研究议程才成为可能。2017 年英国兰卡斯特大学"全球关系性的未来"学术研讨会主要就是西方文化和中国文化影响下的关系主义学者之间的对话。[6]

"全球关系性"这一主题也反映了学术界去西方中心主义的多元化研究取向。《国际研究视角》(*International Studies Perspectives*)和《国际研究评论》(*Review of International Studies*)两本杂志分别在 2021 年和 2022 年推出了关系主义研究的论坛和专辑,集中展示了多元文化背景下关系主义研究路径的新探索。[7]这些来自不同文化背景的学者从更多古老的文化传统中,如印度教、锡克教、佛教、伊斯兰教和安第斯哲学等,复原被遮蔽的关系性存在思想。塔玛拉·特朗塞尔(Tamara Trownsell)等人指出:"关系宇宙论与大多数人类的世界观一致……世界上数十亿人的实践基础是深度关联的本体假定。"[8]这些古老的关系思想在对人与人、人与自然共存共生、相依相融紧密联系的感悟中,提供了有关人类存在、成长、认知以及行动的多种相互关联的方式。与此同时,自然科学领域量子力学的发展动摇了牛顿经典科学观的宇宙论基础,为哲学社会科学领域知识生产进行更为深刻的变革提供了助力,量子全息、圈量子引力等前沿量子力学理论被引入关系主义理论建构,为进一步理解"世界是如何关联"以及"世界不同地区多种关系性之间的对话"这些核心议题贡献了科学基础。[9]一场跨学科的"关系革命"正在自然科学、艺术人文和社会科学领域中同时进行。[10]

随着关系主义在哲学层面反思的深入以及关系主义概念和理论工具的丰富,关系理论被运用于更广泛的经验研究领域,其中运用较多的是关系网络分析方法、关系平衡理论以及世界政治的关系理论。一些学者融合使用了相关理论的概念与方法,比如收录在《关系性逻辑与东亚区域治理》一书中的经验研究文章,就融合运用了关系平衡、网络的中心性、关系治理、关系性身份、关系性安全等概念和分析工具,为理解以东盟为中心的东亚地区秩序提供不同的分析框架。[11]在《亚洲政治与政策》(*Asian Politics & Policy*)上刊发的关于韩国在印太地区作用的特辑中,安德鲁·杨(Andrew Yeo)和钟久友(Kuyoun Chung)将秦亚青的世界政治关系理论与西方的网络分析方法相结合,为印太框架下韩国与其他国家的互动提供了关系主义的解释。[12]此外,秦亚青的世界政治关系理论还为海外学者理解中国对外政策提供了不同于主流国际关系理论的概念与工具。比如德国学者玛丽娜·鲁迪亚克(Marina Rudyak)运用关系理论,改造了法国人类学家马塞尔·莫斯(Marcel Mauss)的礼物理论,将中国对非援助概念化为一个持续不断的礼物/人情循环,日本学者吉松秀孝(Hidetaka Yoshimatsu)用日本在基础设施投资领域的外交政策验证了关系理论及其中庸辩证法在解释东亚国家外交政策中的适用性。[13]巴西学者哈维尔·瓦德尔(Javier Vadell)运用关系性权力理论分析中国的国际倡议是如何在拉丁美洲和加勒比海地区传播并付诸实践的。[14]中国本土国际关系学界也有一批青年学者运用关系性权力概念作为经验研究的概念工具。

从全球范围来看,经过 20 多年的发展,关系主义研究的主导议程已从最初倡导关系或过程具有分析独立性或本体优先性,发展到确立关系本体论基本共识,再到深入探讨"什么样的关系"或"如何关联"等认识论和方法论问题,关系主义知识生产的基础体系初步建立,也形成了以全球多元文化对话和跨学科融合为主要特征的关系主义知识生产方式。2018 年,阿米塔·阿查亚曾提出包括关系理论在内的中国学派需要提供更令人信服的论述,以阐明其理论和概念在其他社会文化环境中的普遍性,同时需要在国际上吸引更多的追随者,以激发更多的研究议程。[15]随着全球关系主义研究和对话的深入,阿米塔·阿查亚对关系理论普遍性和适用性的关切已得到回应。关系主义研究的目标不是为了建立一个具有普遍适用性的国际关系理论或范式,如过去主流国际关系理论所做的那样,而是以关系主义思维去认识和构建更加多元的世界,并为此提供更多可供选择的关系主义概念和分析工具。总之,以关系主义思维开展全球国际关系知识生产的新形态已经出现。

二、实体主义认识论批判与关系主义认识论辨析

任何一个理论都是本体论、认识论和方法论三位一体的建构。本体论是关于存在和存在物的学说,回答关于世界的基本问题,认识论关注人类认识的本质、过程和限制,以及我们如何获得知识和理解世界,回答关于知识的基本问题,方法论则探讨研究的方法、推理的规则和原则,回答关于科学研究的基本问题。认识论是本体论的发展和应用,是方法论的基础,是理论发展的中心环节。本体论、认识论和方法论相互关联构成了一个理论的哲学基础,这个哲学基础的内在一致性就体现了更为根本的思维方式。在不同的思维方式下,对存在、认识以及实践的追问和探索从内容到形式都会存在较大差异。

实体主义思维模式是贯穿西方哲学发展的主线。亚里士多德之前的希腊哲学家对世界本原的思考主要体现为原子论和理念论两条路径,持原子论的古希腊自然哲学家认为世界的本原是某种具体的自然物质,以柏拉图为代表的理念论则把超验的精神性一般本质理解为万物的本质,双方都把自己所理解的本原看作先于其他事物而独立自存,同时把对方的本原看作自己本原的产物或属性。

亚里士多德用"实体"这个范畴囊括了古希腊哲学家关于世界本原的这些思考和方法,认为实体是固定不变地作为其他东西的主体、基础、原因、本质,并先于其他东西而独立自存的东西,同时用"形式"和"质料"这对范畴将"理念论"和"原子论"两大实体观结合起来,说明世界万物的产生和存在。"亚里士多德实际上是使希腊哲学家们共循的思维定式得以进一步完善化了,他继柏拉图(一般与个别)、德谟克利特(必然与偶然)之后,把形式与质料、个体与属性等相互指称的共生关系理解为先后因果的线性关系,并把原因表述和规定为先于结果而独立存在的实体。"[16]

亚里士多德所奠定的独立自存、本质不变、二元对立的实体观得到牛顿经典科学观的佐证,被西方近代哲学家作为构建哲学体系不言自明的出发点和核心范畴,绵延为一种思维方式影响着认识论、方法论、历史观等西方近代知识体系构建的方方面面。[17]这种实体主义的本体论和认识论体现在具体的研究路径上,就是穆斯塔法·埃米尔拜尔(Mustafa Emirbayer)所说的以某种类别的实体(事物、存在、本质)作为所有分析的基本单位的观念,并从各种二元对立的范畴中去寻找线性的因果关系,这种观念和研究路径影响着包括国际关系研究在内的社会科学各领域的知识生产。[18]在实体主义思维模式下,人类的认识被限定在从"物化"(reify)认识对象开始,走向"二元对立"认知框架这个总路径上。在实体主义思维模式影响下,一个根深蒂固的思维习惯是"物化",即"在经验的连续性中使一个元素去情境化和本质化,然后通过努力克服这种因果颠倒的分离,从而将这个元素解释为基础性和因果性"。物化的实体在本体论上的独立性转化为对现实的分类,在"同一性"和"非矛盾性"逻辑原则的指导下,为了使一极为真,另一极必须是假,且其他结果不可能,排他性的二元对立认知框架于是得到强化。[19]在实体主义思维下,主导哲学、社会学、心理学、人类学、文学各个领域的有整体与个体、主体与客体、自我与他者、理性与情感、思维与实践等各种二元对立认知框架。

在关系主义思维中,世界上的各种存在不是相互独立、自存自足的,而是在相互关联并在关联的过程中不断发展变化的,这是关系主义理论的本体论基础。这一关系主义本体论立场需要在认识论、方法论中得到贯彻与发展,对各学科中关系主义研究的最大考验也正是来自此。尽管从 20 世纪中后期开始,越来越多的社会学者都主张从关系的视角来理解社会现象，也通过发展各种概念和方法来超越二元对立，但是，"根深蒂固的二元论偏见使得西方关系主义社会学家无法彻底摆脱还原论的纠缠，在他们的关系主义思想中总是残留着某种隐蔽的实在论气息"。[20]无论是福柯的权力关系、埃利亚斯的关系过程，还是布迪厄的场域、实践和惯习，都在某种程度上保留了客观关系性相对于个体主体性所具有的本体优先性，"二元论已经成为西方社会学乃至整个西方近现代思想的根深蒂固的偏见之一"。[21]

深受西方实体主义社会科学影响的国际关系研究，想要破除二元对立认识论的影响也不是一件容易的事。主流建构主义的努力可以被看作这种努力的阶段性成果。首先，通过聚焦观念性因素，将物质与理念这一古老的二元对立范畴带回国际关系研究中，打破了国际关系理论中物质主义一统天下的局面。其次，为突破结构对个体行为体的单向决定性作用，提出"无政府是国家建构的"这一标志性论断，[22]并且借鉴安东尼·吉登斯的"结构化理论"试图弥合结构与行动者的二元对立，为沟通结构与施动、打破整体与个体的二元对立做出了初步贡献。但由于不能在本体论上突破实体主义思维方式的影响，破除二元对立的认识论框架成为不可能实现的目标，结构与行为体的相互建构退化成单向的文化结构对行为的规制。[23]这为后来者继续推进这一议程留下了空间，于是实践和过程等要素被引入国际关系研究，以填补结构与个体相互建构中缺失的环节。[24]在这一阶段，关系主义思维方式的影响逐渐从"隐性"状态走向"显性"状态，更多的学者开始从本体论、认识论、方法论等基础理论层面探寻关系主义思维方式与实体主义思维方式的不同，并且以"关系本体论"这一基本共识为推动全球关系主义研究而对话。[25]

从关系本体论出发，在多元文化和学科融合的背景下，非二元对立的认识论原则逐渐得到更为明晰的表达和阐释。诚如戴维·玻姆所言，要清晰地表达一个与潜藏在主导语言结构中的世界观相反的世界观是十分困难的。[26]为了概念化非二元对立认识论，关系学者借助不同文化传统和学科领域中的语言或图示来表达一种区别于二元对立的认识论原则。有的学者用亦此亦彼的"二象性"（duality）来替代非此即彼的"二元论"（dualism），[27]或用佛教中的"相即"概念来表述两极之间的相互包容、相互依存的逻辑。[28]为了更直观地表现非二元对立认知图式,关系学者还借用一些意象图形,其中最常用的是中国传统的阴阳太极图意象和西方格式塔心理学知觉图意象。图 4.1 是最常见的阴阳太极图和格式塔知觉图。阴阳太极图和鲁宾的花瓶/人脸图一个来自中国传统文化,一个来自西方实验心理学,一个表征世界观,一个揭示知觉特征,前者具有深刻的世界观内涵,后者具有丰富的实验基础,但两者都以直观的图式表达了区别于二元对立的认识论原则。

阴阳太极图被称为“中华第一图”,[29]是形象的世界观、简洁的认识论和直观的方法论。[30]阴阳太极图内涵深刻,这里仅选取国际关系学者借用较多的几重象征意义。一是阴阳太极图最外圈的圆象征太极,表示无所不包、无处不在,圆形又象征着万物的变化周流不息,表征了一种无穷变化的整体宇宙观。二是太极图中的黑白鱼,象征阴阳两分,表示万事万物的变化都包含相辅相成的阴阳两方面,大到宇宙,小至微观,无不分为两个不同的方面。三是图中的 S 形曲线,表示阴阳互根互生,各自均以对方为存在条件,且彼此消长互动,阴长则阳消,阳长则阴消,阳极生阴,阴极生阳,阴阳互推互化,生生不息。四是阴阳中的鱼眼,表示阴阳互容,阴中含阳,阳中含阴,阴阳双方中都包含相对面的因素。五是阴阳鱼无论如何相分相推,最后总是共处一个圆中,共同和谐地构成一个矛盾的统一体。[31]

阴阳太极图　　　　　　鲁宾的花瓶/人脸图

图 4.1　阴阳太极图与格式塔知觉图

鲁宾的花瓶/人脸图是典型的格式塔知觉图,图片中的图形可以被看成一个花瓶,也可以被看成两个人头侧面像,但在任何时候,都只能看见面孔或只能看见花瓶。如果继续看，图形会自己调换以使观察者在面孔和花瓶之间只能选择看到其一。格式塔心理学认为，知觉显示出一种整体性，是一个格式塔，任何一种经验的现象，其中的每一部分都牵连其他成分，每一成分之所以有其特性，是因为它与其他部分具有关系。完整的现象具有它本身的完整特性，它既不能分解为简单的元素，它的特性又不包含于元素之内。[32]知觉现象不是与刺激对象一对一的固定反应，每个人都有在具体经验中形成的关于某种对象特性的基准点或零点，关于某种特性的知觉取决于与这些基准点的关系。[33]因此，人脸或花瓶并不是图片本身所具有的某种本质，而是在观察者、观察对象以及历史经验等关系作用机制下，直接完整经验的结果。这个图片显现为人脸或花瓶的过程类似于"聚焦"，或者是量子力学中的观测干扰引起的"坍缩"。

阴阳太极图表达了中国人认识世界的基本图式，从阴阳这一对元关系以及圆这一整体性概念中，从阴阳鱼互生互化、生生不息的动态特性和动力机制中，[34]世界展现出与二元对立认知图式完全不同的景象。这种抽象的世界观想象与格式塔心理学的实验发现表现出高度一致性。在格式塔知觉图片中，黑白两种特性共存共生、观察者与观察对象交互作用，最终形成整体性的直接经验的过程，将黑白两极、整体与部分、主体与客体等多种认识论范畴中对偶概念的非二元对立特性直观地表达出来。人类知觉特性与世界观想象的同构使得关系主义学者运用更精致的非二元对立认识论工具以更好地理解和解释关系世界成为可能。从全球范围来看，突破二元对立认知图式的影响，开发和运用关系主义的认知概念与工具，成为关系主义学者对话与理论建构的核心关切，而以中国传统关系思维和关系实践为思想资源的关系理论正是这一对话的重要参与者和理论建构的推进者。

三、全球关系主义研究的对话与中国关系理论

多元文化对话和自然科学革新推动了全球关系主义对话的深入和扩展。2017 年阿斯特丽德·诺丁（Astrid H. M. Nordin）等学者将不同文化背景的学者聚集在一起，开启了关系主义对话的学术发展进程。[35]埃米利安·科瓦尔斯基曾指出，真正的关系理论既不是以中国为中心，也不是以欧洲为中心，而是从世

界事务研究中对价值观、叙述和实践的欢乐而又不失和谐的交叉融合中培养出来的。[36] 米利娅·库尔基(Milja Kurki)则将鼓励多种情境下的关系性知识以及来自世界不同地区和跨学科的关系性思想和实践之间的对话,看作是"新一代"关系主义的标志性特征。[37]

关系主义研究内部的差异和相似是对话与发展的基础。传统的类型化概念难以描述关系主义思维下对差异和相似的理解,杰克逊和耐克森借用数学中的分形概念来理解实体主义与关系主义思维方式以及两种思维方式内部不同研究路径之间的异同。[38] 分形概念强调局部与整体的相似性,"分形差异"描述了相对的种类内部又产生自相似的分形,以至无限循环下去的一种知识图谱。杰克逊和耐克森指出,关系主义致力于从交互和进程中寻求解释,而实体主义则从个体或结构的静态的、本质的属性中寻求解释。实体主义内部,有从实体内部特性出发的"自动"(self-action)研究路径和关注实体间关系的"互动"(inter-action)研究路径两个分形,而在关系主义内部,也有更关注相对静态"位置"(position)和更关注动态"过程"(process)的路径之分。[39] 在分形差异所描绘的知识图谱中,实体主义与关系主义知识体系并不是非此即彼、有严格界域或不可通约的,而是呈现出你中有我、我中有你、相互蕴含、相互影响的形态。杰克逊和内克松为西方文化圈内的关系主义研究绘制了分形图谱,其超越实体主义思维、建立关系主义知识图谱的努力具有重要的启发意义。笔者采用"分形差异"这一概念工具,沿着非二元对立认识论原则这一线继续绘制全球关系主义研究内部的分形及其对话。

阿斯特丽德·诺丁和格雷厄姆·史密斯曾以"自我"与"他者"二元关系为线索,考察了中西关系主义研究对"关系性"的阐释。诺丁和史密斯认为中西文化圈内的关系主义研究有四种形态的"关系性"。[40] 第一种形态是"角色关系性"(role relationality),关注自我的不同角色身份,但不关心自我与他者的关系。部分网络理论、实用主义和大部分主流建构主义都属于这种。石之瑜将关系平衡作为驱使国家寻求建立长期互惠关系的体系力量,因此也和主流建构主义一样,是"没有他者的自我"。第二类是"等级关系性"(hierarchical relationality),代表理论是天下体系。作者认为虽然天下体系思想强调差异事物之间的和谐而非同一,但主张天下体系需"容纳所有",具有"整体性和完全性",因此和主流建构主义一样，是起于"对关系本体论的坚持，却终于包容一切空间的同质性"，[41]他者成为待并入自我的存在。第三类"辩证关系性"（dialectic relationality）以道家的阴阳来表达自我与他者的关系。[42]在秉持阴阳认知图式的文化中，人们从一开始就不会假定世界是两极对立、相互冲突的。[43]诺丁和史密斯还借鉴了德里达的"困境"概念和道德经的"道可道，非常道"等思想，对国际关系学术界在自我与他者关系上的讨论进行了延伸，提出还可能存在一种"困境关系性"（aporetic relationality），即不可认知、不可言说的他者以无法建立联系的方式与自我相关联。

在诺丁和史密斯的分形图谱中，源于中国传统文化的关系理论在自我与他者关系这一维度上处于不同的分形位置。相对而言，诺丁和史密斯认为辩证关系性为自我与他者的关系提供了一个更为精致的超越西方二元对立的认知工具。不过尽管注意到秦亚青已经对关系性权力做出了概念化尝试，但对于辩证关系性如何概念化权力和等级仍存有疑虑。[44]这反映了两位学者对二元对立认知框架中产生的"主导、支配"问题心有余悸，陷入了"绝对他性的存在使自我和他人之间的联系不可能发生，但如果没有绝对他性，就会有支配和同化的危险"的两难状态中。[45]相比较而言，对于中国文化圈的学者来说，这种既保存"绝对他性"又避免"陷入支配和同化危险"的可能性是真实存在的。在世界范围内，安第斯哲学、佛教、锡克教等文化的世界观对待差异问题与中国阴阳关系图式更为接近。[46]比如阿玛亚·克雷贾祖（Amaya Querejaza）对安第斯世界中"Tinku"概念进行了考察，提出存在是由互补的对立面构成的。"Tinku"概念还蕴含着差异的相遇（即便是因此带来紧张和冲突）是能动性和创造性的根源、其终极目标是实现宇宙的平衡，行为主体甚至会有意识地去与差异相遇，以实现自我更新和成长的目的。[47]此外，诺丁和史密斯似乎模糊了整体与部分、自我与他者这两个不同维度上二元对立的表现，如中国的阴阳太极图所示，象征着自我与他者的阴阳两极之间共存共生、相摩相推，象征整体的圆与部分的阴阳鱼也是共存共生关系。诺丁和史密斯认为天下体系"无外"的兼容和内部化最终会导致"同质性"，但从笔者的理解来看，"无外"更多涉及整体与个体之间的二元关系。与其说"天下体系"在"自我"与"他者"的二元关系上抹掉了"他者"的"绝对他性"，不如说在"整体"与"个体"的二元关系上更强调"整体"的优先性。

在整体与部分的二元关系维度上，潘成鑫认为关系主义研究尚未令人满意地处理好这一问题,因此无法用关系主义认识论工具去研究国际关系现实中表现为实体的研究对象,比如具有领土、边界和主权的国家。潘成鑫认为,以"过程"为本体的研究路径可能无意识地将"实体主义"等同于"实体"本身,从而将实体从关系假定中剔除,并将关系与实体对立起来。[48]以杰克逊和内克松为代表的"关系先于实体"尽管未将关系与实体看作非此即彼的对立,但二者在本体关系上仍然被视为是可分离的,实体在关系中产生后仍被看作是独立的、具有特定属性的存在。为了进一步克服这种二元对立的残余影响,一些关系主义学者借用中国传统的阴阳太极图来说明关系与实体是一种"过程性共时"存在。潘成鑫认为这个观点代表了关系转向的"最前沿"(cutting edge),但这一观点在经验研究中仅涉及话语意义上的身份建构等议题,在实际运用中具有局限性。[49]潘成鑫认为量子力学中的全息关系更能体现关系主义思维中整体与部分的关系。根据量子全息理论,部分不仅仅是整体的一个部分,而是整体的"坍缩",每个部分都反映着整体,是整体的"展开"(unfolding),整体也通过"折叠"(enfolding)存在于部分之中。人类社会中折叠与展开的中介是信息、语言和意识。[50]据此,潘成鑫认为,实体既是关系(具体说是全息关系)的过程又是关系的暂时结果,实体不是关系的反题,实体就是关系,因此可称为"关系实体"(relatance)。关系实体这一概念工具能运用于国际关系经验研究中诸如国家、经济、技术、权力等更为广泛的议题中。潘成鑫借鉴量子全息理论提出的关系与实体的二象性概念,在整体与部分关系的维度上,将关系主义非二元对立认识论原则具体化为可操作的认知框架,丰富了关系主义研究分形图谱。

受去殖民主义和批判理论影响的一批学者,在打破传统二元对立认识论上具有更宏大抱负。米利娅·库尔基期望通过引入关系宇宙学的"圈量子引力理论"(Loop Quantum Gravity),推动形成"更充分关系性的、过程性的、同时也是更情境性的知识生产方式,全方位解构物质与理念、结构与行动者、人类与环境、自然与文化等各种二元对立的概念"。[51]援引圈量子引力理论,库尔基指出牛顿式语言中所说的"事物"和"背景"只不过是关系性的过程性展开,所有的事物都只不过是无法逃离的"关系网"(relational mesh)中以相互渗透的方式互动着的过程。[52]这种极致的批判和解构精神呼应了塔玛拉·特朗塞尔等人推动"多宇宙关系性"(pluriversal relatioinality)研究路径的努力。特朗塞尔等人考察南亚、美洲、澳大利亚等不同文化背景中的关系性宇宙论,强调不存在一个具有"普遍性"的关系性,倡导不同宇宙论下的关系性之间进行开放性的交流和对话。[53]其精神实质直指普遍主义施加于知识生产和人类生活方式之上的殖民主义暴力,其学术旨趣在于确立不同的思维方式之间的平等地位,通过不同的思维方式探求体验和存在(情感和知识)的不同方式,并促进不同方式之间的交流与对话。

从去西方中心主义甚至是去人类中心主义的立场出发,阿玛亚·克雷贾祖致力于用关系主义思维工具彻底打破主观与客观、人类与环境、思想与实践、理性与情感等一系列二元对立的认识框架和研究方法的束缚。阿玛亚·克雷贾祖认为凌焕铭和秦亚青等学者用以阐释关系本体论的辩证法并不是理想的关系主义方法,因为辩证法仍然是假设存在相对的两极,并在"相对"(versus)的意义上进行互动,生产出另一个独立的单元,因此辩证法维持并再生产了两分法,克雷贾祖用格式塔知觉图与阴阳太极图进行对照解释了她的观点。[54]为了提供一种真正的关系主义方法,克雷贾祖将关系性作为"实践存在的方式"(ways of practicing existence),指出宇宙实践是一种创造世界的方式,"是情境实践相互联系的产物,情境化的实践在创造并改变现实的同时,也同时经历着'做/认知/存在'(doing/knowing/being)。存在、知识和行动的经验不仅仅作为本体论、认识论和方法论而存在,它们相互关联,作为正在展开的关系同时发生,即在行动中感觉,在感觉中认知,在认知中存在"。[55]

特朗塞尔、库尔基和克雷贾祖试图从多种文化传统和宇宙论的前沿理论成果出发,全方位地拷问认知的方式、主体、时间维度以及主体位置等问题,[56]确立更具颠覆性的关系主义认识论和方法论,在很大程度上为关系主义研究打开了更多可能性,推进了关系主义研究内部的差异性发展进程。但是批判关系理论对二元对立认识论原则的彻底颠覆在一定程度上牺牲了对经验现象的解释力,格式塔心理学图片"聚焦"、观察干扰形成的"坍缩"后的现象世界就无处安放了。正如潘成鑫所指出的,这种"更具革命性"的关系主义会导致经验分析的困难。[57]此外,克雷贾祖等学者对凌焕铭和秦亚青阴阳/中庸辩证法的理解还存在一定的片面性和自相矛盾之处。我们从上文阴阳太极图和格式塔知觉图的对照说明可以看出,阴阳太极图与格式塔知觉图在其本体论和认识论立场上并不如克雷贾祖所说的那样存在较大差异,考虑到克雷贾祖显然受到凌焕铭以道家思想为基础的"世界化"理论的较大影响,这种自相矛盾之处更加凸显了不同文化背景下关系思想深入对话交流的必要性。

总体来说,在多元文化和跨学科对话的推动下,全球关系主义研究从关系本体出发,在明确和发展关系主义认识论原则方面取得了重要进展。在上述多个二元维度上,中国传统文化都提供了重要的思想和方法资源,源于中国传统文化的关系理论以其"中庸"和"辩证"的认识论和方法论,为全球关系主义对话提供了重要基准线,也为"穿越本体论领地"[58]而在不同的思维方式、不同的世界之间开展互动,提供了颇具潜力的认识论和方法论工具。全球关系主义研究所取得的进展并不是线性发展的结果,而是如阴阳太极图的动态机制以及"分形"概念所显示,既在与实体主义理论相容相分、互推互化中发生和发展,更在不同的关系主义传统的影响、融合和分形中走向更为丰富和多元的未来。

（原载《学术月刊》2024 年第 5 期）

注释

1. ［美］亚历山大·温特:《国际政治的社会理论》,秦亚青译,上海:上海人民出版社 2000 年版。

2. Vincent Pouliot, "The Logic of Practicality: A Theory of Practice of Security Community," *International Organization*, Vol.62, No.2, 2008, pp. 257—288.

3. Milja Kurki, "Relational Revolution and Relationality in IR: New Conversations," *Review of International Studies*, Vol.48, No.5, 2022, p.831.

4. Patrik T. Jackson and Daniel H. Nexon, "Relations before Sates: Substance, Process and the Study of Wold Politics," *European Journal of International Relations*, Vol.5, No.3, 1999, pp.291—332.

5. 秦亚青:《关系与过程:中国国际关系理论的文化建构》,上海:上海人民出版社 2012 年版;Qin Yaging, *A Relational Theory of World Politics*, Cambridge: Cambridge University Press, 2018;赵汀阳:《共在存在论:人际与心际》,载《哲学研究》2009 年第 8 期。

6. Astrid H. M. Nordin, et al., "Towards Global Relational Theorizing: A Dialogue between Sinophone and Anglophone Scholarship on Relationalism," *Cambridge Review of International Affairs*, Vol.32, No.5, 2019, pp.570—581.

7. Tamara A. Trownsell, et al., "Forum: Differing about Difference: Relational IR from around the World," *International Studies Perspectives*, Vol. 22, 2021, pp.25—64; Tamara Trownsell, Navnita Chadha Behera and Giorgio Shani, "Introduction to the Special Issue: Pluriversal relationality," *Review of International Studies*, Vol.48, No.5, 2022, pp.787—800.

8. Tamara Trownsell, Navnita Chadha Behera and Giorgio Shani, "Introduction to the Special Issue: Pluriversal relationality," *Review of International Studies*, Vol.48, No.5, 2022, p.791.

9. Chengxin Pan, "Enfolding Wholes in Parts: Quantum Holography and International Relations," *European Journal of International Relations*, Vol.26, No.S1, 2020, pp.14—38; Chengxin Pan, "Reclaiming Substances in Relationalism: Quantum Holography and Substance-based Relational Analysis in World Politics," *Millennium: Journal of International Studies*, Vol. 39, No. 3, 2021, pp.577—606; Milja Kurki, "Relational Revolution and Relationality in IR: New Conversations," *Review of International Studies*, Vol. 48, No. 5, 2022, pp.821—836.

10. Milja Kurki, "Relational Revolution and Relationality in IR: New Conversations," *Review of International Studies*, Vol.48, No.5, 2022, p.822.

11. 秦亚青等著:《关系性逻辑与东亚区域治理》,上海:上海人民出版社 2022 年版。

12. Andrew Yeo, Kuyoun Chung, "A Relational Approach to Indo-Pacific Strategies: South Korea's Role in a Networked Regional Architecture," *Asian Politics & Policy*, Vol.15, No.1, 2023, pp.5—20.

13. Hidetaka Yoshimatsu, "Rationality and Relationality: A Socio-Cultural Perspective on Japan's Strategy for Infrastructure Investment," *Asian Studies Review*, 2023, DOI:10.1080/10357823.2023.2165625.

14. Marina Rudyak, "We Help Them, and They Help Us': Reciprocity and Relationality in Chinese Aid to Africa," *Journal of International Development*, Vol.35, No.1, 2023, pp.583—599; Javier Vadell, "China's Bilateral and Minilateral Relationship with Latin American and the Caribbean: the Case of China-CELAC Forum," *Area Development and Policy*, Vol.7, No.2, 2022, pp.187—203.

15. Amitav Acharya, "From Heaven to Earth: 'Cultural Idealism' and 'Moral Realism' as Chinese Contributions to Global International Relations," *Chinese Journal of International Politics*, Vol.12, No.4, 2019, p.467.

16. 梁枢:《实体思维与辩证思维》,载《学术月刊》1990 年第 9 期。

17. 同上。

18. Mustafa Emirbayer, "Manifesto for a Relational Sociology," *American Journal of Sociology*, Vol.103, No.2, 1997, pp.281—317; Patrick T. Jackson and Dan Nexon, "Relations before States: Substance, Process, and the Study of World Politics," *European Journal of International Relations*, Vol.5, No.3, 1999, pp.291—332.

19. Amaya Querejaza, "Why Relational Encounters?" Trownsell, Tamara A. et al., "Forum: Differing about Difference: Relational IR from around the World," *International Studies Perspectives*, Vol.22, 2021, p.33.

20. 郑震:《关系主义——以中国视角与西方社会学对话》,载《社会科学》2018 年第 8 期。

21. 同上。

22. Alexander Wendt, "Anarchy is What States Make of It: the Social Construction of Power Politics," *International Organization*, Vol.46, No.2, 1992, pp.391—425.

23. 参见季玲:《国际关系中的情感与身份》,北京:中国社会科学出版社 2015 年版,第 41—42 页。

24. Vincent Pouliot, "The Logic of Practicality: A Theory of Practice of Security Community," *International Organization*, Vol.62, No.2, 2008, pp.257—

288;秦亚青、魏玲:《结构、进程与权力的社会化——中国与东亚地区合作》,载《世界经济与政治》2007 年第 3 期;秦亚青:《关系本位与过程建构:将中国理念植入国际关系理论》,载《中国社会科学》2009 年第 3 期。

25. 参见 Astrid H. M. Nordin, et al., "Towards Global Relational Theorizing: a Dialogue between Sinophone and Anglophone Scholarship on Relationalism," *Cambridge Review of International Affairs*, Vol.32, No.5, 2019, pp. 570—581.

26. 转引自 Chengxin Pan, "Enfolding Wholes in Parts: Quantum Holography and International Relations," *European Journal of International Relations*, Vol.26, S1, 2020, p.16.

27. 同上。

28. 秦亚青:《世界政治的关系理论》;秦亚青等著:《关系性逻辑与东亚区域治理》,第 67 页。

29. 张其成:《阴阳鱼太极图源流考》,载《周易研究》1997 年第 1 期。

30. 周来祥:《中华和谐美第一图——太极图的审美观照和理性思考》,载《学术月刊》2003 年第 10 期。

31. 同上。

32. 〔德〕库尔特·考夫卡:《格式塔心理学原理》,李维译,北京:北京大学出版社 2010 年版,第 3 页。

33. 〔日〕野口熏:《格式塔心理学的知觉研究》,载《国外社会科学》1986 年第 7 期。

34. 转引自喻宛婷:《阿恩海姆的"太极图":格式塔艺术心理学中的中国图形》,载《社会科学战线》2018 年第 2 期。

35. Astrid H. M. Nordin, et al., "Towards Global Relational Theorizing a Dialogue between Sinophone and Anglophone Scholarship on Relationalism," *Cambridge Review of International Affairs*, Vol. 32, No. 5, 2019, pp. 570—581.

36. Emilian Kavalski, *The Guanxi of Relational International Theory*, Routledge, 2017, p.7.

37. Milja Kurki, "Relational Revolution and Relationality in IR: New Conversations," *Review of International Studies*, Vol. 48, No. 5, 2022, pp. 821—822.

38. Patrick T. Jackson, Danial H. Nexon, "Reclaiming the Social: Relationalism in Anglophone International Studies," *Cambridge Review of International Affairs*, Vol.32, No.5, 2019, p.591.

39. Ibid., pp.591—595.

40. Astrid H. M. Nordin and Gramham M. Smith, "Relating Self and Other in Chinese and Western Thought," *Cambridge Review of International Affairs*, Vol.32, No.5, 2019, pp.636—653.

41. Ibid., pp.643—644.

42. 秦亚青等著:《关系性逻辑与东亚区域治理》,第65—69页。

43. L. H. M. Ling, "Worlds beyond Westphalia: Daoist Dialectics and the 'China Threat'," *Review of International Studies*, Vol.39, 2013, pp.549—568.

44. Astrid H. M. Nordin and Gramham M. Smith, "Relating Self and Other in Chinese and Western Thought," *Cambridge Review of International Affairs*, Vol.32, No.5, 2019, p.649.

45. Ibid., p.636.

46. Trownsell, Tamara A. et al., "Forum: Differing about Difference: Relational IR from around the World," *International Studies Perspectives*, Vol.22, 2021, pp.25—64.

47. Amaya Querejaza, "Why Relational Encounters?" Trownsell, Tamara A. et al., "Forum: Differing about Difference: Relational IR from around the World," International Studies Perspectives, Vol.22, 2021, p.33.

48. Ibid., p.479.

49. Ibid., p.586.

50. Ibid., p.591.

51. Milja Kurki, "Relational Revolution and Relationality in IR: New Conversations," *Review of International Studies*, Vol.48, No.5, 2022, p.821.

52. Ibid., pp.829—830.

53. Tamara Trownsell, Navnita Chadha Behera and Giorgio Shani, "Introduction to the Special Issue: Pluriversal Relationality," *Review of International Studies*, Vol.48, No.5, 2022, pp.787—800.

54. Amaya Querejazu, "Cosmopraxis: Relational Methods for a Pluriversal IR," p.880.

55. Ibid., p.884.

56. Tamara Trownsell, Navnita Chadha Behera and Giorgio Shani, "Introduction to the Special Issue: Pluriversal Relationality," p.793.

57. Chengxin Pan, "Reclaiming Substances in Relationalism: Quantum Holography and Substance-based Relational Analysis in World Politics," *Millennium: Journal of International Studies*, Vol.39, No.3, 2021, p.582.

58. Tamara Trownsell and Anahita Arian, "Doing Difference and Similarity Relationally: An Analysis," in Tamara Trownsll, et al., "Forum: Differing about Difference: Relational IR from around the World," *International Studies Perspectives*, Vol.22, 2021, p.55.

第五章　文化差异、理论普遍性与中国学派的发展
——兼论秦亚青教授、赵汀阳教授的关系理论

陈纳慧*

一、引言：一项探索文化差异的国际关系学意义的研究框架

"关系转向"（the relational turn）是近 20 年来国际关系学界最受关注的理论动向之一。长期以来，以"关系"命名的国际关系学并非建立在关系本体论上。包括现实主义、自由主义和建构主义在内的主流国际关系理论普遍建基于牛顿式的个体主义或结构性实体主义。"关系转向"对此提出挑战，认为现实的基本要素不是实体，而是关系。20 世纪 90 年代末，以帕特里克·杰克逊和丹尼尔·内克松的文章《关系先于国家：实体、过程和世界政治研究》为标志，[1] 国际关系学的"关系转向"首先在西方兴起。之后出现了关系共存理论、[2] 关系宇宙论（relational cosmology）、[3] 全球纠缠理论（global entanglement）[4] 等众多代表性关系主义理论。21 世纪初以来，秦亚青和赵汀阳等中国学者从中国传统文化中获得灵感，相继提出世界政治的关系理论和天下体系理论，作为世界"关系转向"中的中国国际关系理论，受到国际学术界的广泛关注。

＊　陈纳慧，中国政法大学全球化与全球问题研究所助理教授。

　　尽管"关系转向"是在中西方国际关系学界共同兴起的学术现象,但不少学者发现,中西学界各自所讨论的"关系"并非同一个概念,彼此之间也缺乏应有的沟通和了解。[5]然而,国际关系学者并未对这一现象的成因和影响展开更多思考。长久以来,人类学、社会学等对中西"关系"差异投入了颇多关注,也产生了不少有针对性的论述,[6]却鲜有国际关系学者就"关系"概念的中西方文化差异展开具体分析,[7]这使得两种"关系"的文化差异在国际关系层面的意义未被充分发掘。本章认为,从中西"关系"差异探讨国际关系理论的相关研究具有如下三个层面的意义。

　　第一个层面是对于重新发现和思考学科基础问题的意义。关注"关系"概念的文化差异有助于国际关系学者反思作为学科研究对象的"关系"议题。中西"关系"概念的隔阂可以为困扰关系主义研究者已久的基本问题——"为何'关系'概念定义不明"——提供重要解释。不少关系主义研究者认识到,缺乏对关系和关系性的明确定义是已有关系理论的一个重要不足。在分析原因时,他们指出,已有关系理论热衷于强调关系建构了实体,却很少反思是什么建构了关系。[8]此外,它们通常不是从正面直接定义关系,而是通过否定,即它不是什么而定义之。[9]然而,这些讨论忽视了导致"关系"定义难以足够清晰的另一个重要原因,即"关系"在不同的文化语境中呈现出多样化的态貌,其中,中西文化中"关系"概念的差异就是一个最典型的例子。也正是因为难以实现中西"关系"概念的统合,关系主义研究者惯常采用以区别为主线的分述路径来讨论中西方各自的"关系转向"。[10]

　　第二个层面是对于理解中国国际关系理论所面临挑战的意义。厘清中西"关系"的差异能够为理解中国国际关系理论与所谓"普适性"的关系等问题提供具体、直观的视角,同时也能将相关讨论落实到理论问题的根本层面。一直以来,学界关于中国学派的争论或是直接就问题论问题、以理论谈理论,即以抽象思辨的方式谈论这个抽象思辨的理论问题;[11]或是借用他国案例(如英国学派)加以佐证;[12]鲜少以中国国际关系理论所依托的具体文化资源为理解和破解这些争辩议题的逻辑起点。本章并不否认中国国际关系理论的建构者对文化资源的重视,实际上,作为他们理论创新性和合理性重要来源的独特文化资源正是这些学者一再强调的。但既有研究对所借用的文化资源的学理性分析,尤其是通过与其他文化中的对应物相比较的研究路径尚显薄弱,重在建设理论大厦却疏于重审资源根基。[13]他们对文化资源多为"借用",很少"重构"以便为他们的理论提供根本的内在逻辑。[14]这使得理论与文化资源貌合神离,也很难为参与"中国学派"相关问题的论证提供有力的支持。

第三个层面是对于理解和借鉴国际上"全球转向"(global turn)中相关理论探索经验的意义。对"关系"议题的进一步梳理可为理解国际学界各种理论倡议的争论焦点与演进趋势提供经验基础,实现对相关成果的深入反思和有效借鉴。为了构建具有真正全球意义的理论,世界上的国际关系学界陆续提出了非西方国际关系理论(non-Western IR theory)、[15]后西方国际关系理论(post-Western IR theory)、[16]后殖民国际关系理论(post-colonial IR theory)[17]和全球国际关系学(global IR)[18]的理论倡议。包括关系理论在内的中国国际关系理论的提出正是处在这一"全球转向"的理论背景下。全球转向中的多种理论倡议和相关讨论对于中国学者理解和破解中国国际关系理论所面临的问题具有重要的启示作用。但学界在讨论中国国际关系理论和国际上的非西方国际关系理论等概念时,往往将两者分别置于中国国内语境和国际语境下,即使不乏形式上的结合,却并未就它们共同的主题和关键问题实现真正有机的融合性讨论。特别是对批判理论的借鉴不足,在很大程度上导致中国学者所建构的理论在不少情况下深化、拓展而非挑战了主流国际关系理论。[19]国内的理论探索和国际上更广泛的理论反思脱节的原因并不是学者们没有找到两者共同的问题或话题,而是没有意识到这样的共同问题(如"普适性")往往依旧是宏大的理论问题,因此对它们的有效探讨仍需更为鲜明具体的切入口和经验基础的支撑。具体的文化资源如中西"关系"差异可以做到这一点。

本章将通过更加翔实的讨论来深化上述相关研究。本章认为以上三个层面可以形成一个层层递进的逻辑进路,并建构起一定的分析框架:以中西"关系"差异为起点,探寻其在国际关系层面的具体体现;在此基础上,重点关注中国的关系理论并以其为窗口审视中国国际关系理论所面临的共同挑战;之后,将视野拓展至全球国际关系学等中国国际关系理论所处的理论背景中,以中西"关系"差异为经验基础深入理解国际上"全球转向"中的理论意义,推动中国国际关系理论探索兼具可行性和创新性的发展路径。同时,这一围绕具体文化资源、具体理论和理论背景的分析框架可拓展成更具广泛适用性的研究模式，即以文化差异为视角来理解以本土文化为基础的理论建构及其与全球国际关系理论学界的互动关联。就现状而言，本土理论建构往往产生于非西方世界，有潜力成为世界反思思潮的重要力量。如何成为真正的反思先锋并引领国际关系理论创新，应是中国国际关系学界的思考方向之一。

二、此"关系"非彼"关系"：中西"关系"辨析

（一）概念与文化背景：中西文化中的"关系"

"关系"一词在中国的出现至少早至宋代，但古时主要指牵涉或影响之意，并非人与人之间的相互联系。[20]后一种意思在中国传统语境中所对应的词为"人伦"或"伦理"。正如梁漱溟在分析中国是伦理本位的社会时所言："伦理本位者，关系本位也。"[21]"伦者，伦偶，正指人们彼此之相与。相与之间，关系遂生……是关系，皆是伦理。"[22]因此，有学者指出，现代汉语中的"关系"是从英语"relation"或"relationship"翻译而来的外来语，有两层含义，一是在西方社会占优势地位的独立、界限清晰的个体之间的关系，二是中国人特有的从亲属关系出发，一圈一圈往外推的人际关系网络。[23]对这两种含义的差异，费孝通早在 20 世纪 40 年代就用捆柴和投石激起的波纹作过形象的比喻。他认为，西洋社会是一种团体格局，若干个体组成一个个团体，就好像一捆捆扎清楚的柴，界限分明。中国社会则是差序格局，每个人都是他（她）的社会影响所推出去圈子的中心，如同把一块石头丢在水面上所发生的一圈圈往外推的波纹，愈推愈远，愈推愈薄。儒家所讲的"人伦"的"伦"就是由"己"推出去的一轮轮波纹样的人际关系的差序。[24]在中国乡土社会里，差序格局不仅适用于亲属关系，也适用于地缘关系等。在更广的范围内，推衍形成了一条由己到家、由家到国、由国到天下的通路。[25]

在对两种关系模式进行描述和区分后，我们更为关心的是，这两种模式产生的机制是什么，又是什么在维持和推动其运作。费孝通认为，在团体格局里个人之间通过一个共同的"架子"来发生相互关联；而在乡土社会里，关系是后起的和临时的，且在不同场合下结合程度有差异。[26]我们可以进一步追问，这个共同的

"架子"到底是什么？为何团体格局的"关系"来自一个先在的"架子"，而乡土社会里的"关系"却是权宜的？

　　石之瑜所提出的"前置共性"（前置关系）和"即兴共性"（即兴关系）对探解上述问题具有启发性。他指出，英语文献中"关系"的存在，是通过行为者的"自制"（self-restraint）来实现的。行为者能够自制，意味着行为者愿意为了履行其所属的团体和社会的责任而规制自己的欲望，把规则内化为对自我的要求，这些规则就是前置关系，是同属于某一团体或社会成员的共性所在。[27]同时，他认为，与前置关系不同，中文文献中的"关系"更多的是当下的人际关系，[28]关注的是人与人之间的相互责任，即使于我有利，若危害到你，我就放弃。故而，这种"关系"往往是通过牺牲自我来满足他人需求而实现的。因此，与西方人通过"自制"来积极维护作为共同存在基础的规则不同，中国人的"自制"更多的是克制和压抑自我，也就是儒家所说的"克己复礼""壹是皆以修身为本"。[29]

　　不难发现，费孝通所说的"架子"与"前置共性"具有共通性，个体结上这"架子"，也就是将人在社会生活中的规则内化。当个体对应当遵守社会规则和规范产生了信念，也便形成了道德观念。费孝通认为，要了解西方团体格局的道德体系，离不开他们的宗教观念，因为宗教是支持行为规范的力量。在象征着团体的神的观念下，有两个重要的派生观念：一个是每个人在神前的平等，另一个是神对每个人的公道。[30]神的意志需要代理者来执行，于是便有了政府和统治者。现代西方社会的前置关系集中体现为社会契约。社会契约所要规范的两种主要关系，即人对统治者的同意关系及人与人的平等关系，正是从人与神的关系转变而来。

　　差序格局中的道德体系在很大程度上与团体格局的正好相反。团体道德具有普遍性，前置关系关涉的可以是陌生人；而差序格局中并没有一个超乎私人关系的统罩性的道德观念，孝、悌、忠、信都是私人关系的道德要素。[31]中国人通过"自制"来实现和维护的良好关系发生在亲属之间、朋友之间、师生之间，也就是费孝通所说的以"己"为中心往外推的同心圆的覆盖域内。因此，孔子常常提到"仁"，却欲说还止，而不得不退回到"恭、宽、信、敏、惠"等私人间的道德要素。[32]因为"仁"只是一切私人关系中道德要素的总和，并非它们的共性。[33]但这并不意味着中国的伦理不具有超越性，伦理恰恰有"宗教之用"。[34]此外，有别于西方社会契约所看重的关系平等性,在儒家的伦理体系中,五伦(君臣、父子、夫妇、兄弟、朋友)关系是不对等的。但这并不意味着强势方对弱势方的绝对影响力,相反,因为互惠(或曰"报")原则对关系双方都构成压力,并关乎"面子"、声誉等社会成本,所以在某些情况下,不对等性恰恰体现在弱势方受益更多。这也造成了中国式关系下的一种权力悖论,即某些条件下,弱势方可以利用互惠义务的原则对强势方施加更大的影响力。[35]

以上对于中西"关系"特征、产生和运作机制、道德体系的分析和比较只针对中、西方最具典型性的"关系",不排除各自语境中多样化的"关系"态貌。例如,与儒家的人伦差序不同,墨家讲求"爱无差等",法家则推崇以规则治理社会,特别表现为赏罚制度。[36]不同的"关系"可以相互配合、相互补充,也可能产生矛盾。赵汀阳提出周朝天下体系采用了把家化成世界同时把世界化成家的双向原则,前者以家为出发点,把家族的亲疏远近关系演变为政治关系,形成"家—国—天下"的伦理秩序;后者把天下看作具有普遍性的属于所有人的共同财产,形成"天下—国—家"的政治秩序。一方面,两个方向都设定了家与天下的同构性,政治与伦理互相解释和互相佐证,既能使理性的政治秩序以人情即民心为基础,也能以赏罚分明的普遍法度克服人情和家庭的私心。[37]另一方面,在不少情境中,尤其是在公私冲突里,天下的无私原则和家庭的推爱原则之间往往存在矛盾,这时候就需要解答何者为主,何者为辅的问题,这是一个有关取舍的价值和利益判断问题。[38]在当今西方"规则治理"主导下的国际社会,这一未决问题表现为以人伦和家庭为推衍基础的"关系治理"如何与已有的"规则治理"相兼容,成为"关系治理"和相关的新世界秩序主张能否被接受和付诸实践的重要因素。

(二)文化差异投射:国际政治理论与实践中的"关系"

在国际关系的理论建构中,中西对于"关系"的不同理解使他们彼此都认为对方并不重视"关系"。秦亚青曾表达过这样一种观点,即西方主流国际关系理论虽然将学科定名为国际关系学,却并没有形成真正的、讨论"关系"的理论。[39]即使是西方"关系转向"的倡议者,也终究是很难避免回到以个人为中心的思考方式。[40]一些学者对此有不同看法。前文所述的"前置关系"就意味着即使是西方以个人为导向的思维,也必然包含了人的责任意识,这种责任意识建立在以权利和尊严为众人共性的基础上,是人与人之间关系的必要内容。因此,真正的辩论并非是否以个人为中心,而是到底什么是"关系"。在中国人看来,以规范和原则为自我认知和身份建立的基础,是罔顾"关系"的个人中心思维;同样,西方人会认为中国式的根据不同情境需要而不断调整的人际关系也不是人与人之间共有的普遍性关系,即他们所理解的关系。[41]此外,尚会鹏也指出,西方主流国际关系理论并不是没有研究关系,"结构""体系""秩序"等概念本来就是指国家行为体之间的互动,就是一种关系。只不过它们讨论的关系是建立在独立个体基础上的,是把国家行为体预设为"理性人"的、独立的民族国家之间的"契约"关系类型,是一种基于西方个人社会特殊文明经验的特殊关系类型。[42]这些学者的讨论从国际关系理论的视角拓展了对中西关系差异的理解,同时也以"中西关系差异"深化了对国际"关系"概念的理解,但尚存在有待进一步探索的空间。

在国际社会的现实生活中,当中西方以各自对"关系"的理解来衡量对方的行为时,也容易得出对方并不重视"关系"的结论。一个典型的案例是对东亚地区合作的运作方式的不同认知。在石之瑜看来,一方面,西方学者往往认为东盟国家没有"自制",所以回避建立规则,也就无法产生西方所认为的"关系"。另一方面,在亚洲人看来,东盟的会议正是在建立"关系",从而可以有效避免不注重"关系"的西方社会常常遇到的沟通障碍。[43]秦亚青也指出,依照西方国际关系中以法律制度和正式制度为基础的地区合作模式标准,东盟在发展早期缺乏明确的组织结构,没有正式的议程,也没有明确的决策和实施的框架安排。然而,东亚地区的实际合作水平却远高于其制度化水平。这主要是因为,偏好协商一致和最小限度的制度化恰恰是东亚合作模式的特点。习惯和规范正是在对话、协商和互动性的社会化过程中被孕育并得以产生。此外,密切的人际交往,尤其是国家领导人之间的私人交情,在东亚合作中有着重要的价值。[44]重视私人关系这一特点在中国外交中有着更广泛的体现并得到关注。[45]这种方式被理解为对制度化的消解,即将外交关系转化为私人关系,尤其是通过与外方代表建立友谊而使其遵从中国式的社会秩序和关系规范。[46]这些说明了关系可以弥补制度的缺失和不足,是中国式关系的实际效用层面在国际关系实践中的应用和体现。

三、从中国式"关系"概念到中国的关系理论:
理解中国国际关系理论的建构与挑战

(一) 中国的代表性关系理论

中国学者依托中国文化中的"关系"和关系性思维,产生了令国内外瞩目的研究成果,当前最具代表性的成果要数秦亚青的"世界政治的关系理论"和赵汀阳的"天下体系理论"。这两个理论学说不仅是国际关系"中国学派"理论的引领力量,也丰富和推进了世界上的关系主义研究。[47]此外,这两位学者的创见启发更多中国学者展开关于关系主义理论和实践的研究。[48]以下分别讨论这两项理论成果,及其在运用中国式"关系"这一文化资源方面的特点及表现。

1. 秦亚青的"世界政治的关系理论"

"世界政治的关系理论"试图构建"过程建构主义"的关系本体论,并以中华文化中的中庸辩证法为认识论和方法论原理。此外,秦亚青以关系理性(relationality)来解释人的行动原因,并认为关系理性先于个体理性。在全球治理方面,秦亚青提出应引入关系治理以弥补已有的规则治理之不足,形成关系治理和规则治理的综合模式。[49]这对于丰富全球治理的元理论具有重要意义。

"世界政治的关系理论"在本体论、认识论、方法论、治理模式等各方面架构起完备的理论体系,但对中西"关系"差异论述稍显不足。秦亚青明确强调"关系"是其理论的核心概念。然而,一般认为,"关系"并非中国文化的独有概念,重视"关系"甚至以关系为本体在西方思想界也有着悠久的传统。[50]早在公元前六世纪,古希腊哲学家赫拉克利特(Heraclitus of Ephesus)就开创了过程哲学。[51]这就提出了中华文化中的"关系"究竟有何独特的理论意义的问题。秦亚青尝试以中华文化中的"阴阳"关系为"元关系"来展开关于"关系"特性的具体讨论,但他将阴阳两个极项的和谐、互涵、互补与黑格尔辩证法下的两极的冲突相对比,区分了中式关系主义与西式实体主义,而非更为关键的中式关系主义与西式关系主义。当然,秦亚青也在一些论述中谈到了他对西式关系主义的看法,认为西方的关系主义研究尽管认识到了实体主义思维的缺陷,但对关系的本质意义、关系与过程的关系等方面的认识并不清晰,在很大程度上处于"为关系而关系"的状态,因而往往有意无意地回归实质主义。[52]这些看法指出了西方一些关系主义理论在关系本体上的不彻底性,同时秦亚青也基于对杰克逊和内克松的"过程关系主义"的批判和反思,通过"过程建构主义"推进了国际关系学"关系转向"中关系本体论的深化。但关系本体论的不彻底性并不是西方关系主义的专属。费孝通的投石比喻与温特的"首次相遇"有着同样的关系本体论缺陷。"首次相遇"意味着独立个体为先,之后才启动了自我与他者的关系。[53]投石比喻也是如此,先有石头,才有因其落水而激起的波纹。但秦亚青则反而观之,认为是关系确定了身份,任何个体的身份只有在关系网络复杂体中才存在。[54]因此,先有"人伦",才有人的存在,而处于人伦中心的人的身份可以是多重共存,形成了身份格局,且这些身份都是可变的。此外,按照石之瑜对前置关系和即兴关系的区分,主要存在于西方语境中的前置关系实际上才具有更彻底的关系本体,因其意味着表现为规范和原则的"关系"先于个人而存在。这些都说明,从本体论是否彻底的角度并不能解释中西关系及关系主义的差异,也无法成为否定西式关系作为"关系"正当性的依据。

故此,没有对中西"关系"差异予以足够关注,或者说没有赋予西式关系作为"关系"的正当地位,不能不谓"世界政治的关系理论"的一项缺憾。也正因此,尽管该理论强调其生发自中华文化资源,但中国式"关系"的文化特性实际上并未真正参与该理论的内在逻辑建构,也难以使文化特性支持其与西方关系理论的根本区别。这也解释了为何观察者在谈到中西关系理论的差异时,关注到的世界政治的关系理论有别于西方关系理论之处是其研究范围和解释对象的特点,即它更重视身份、权力、声望这些关系所孕化的表现形式,而并非该理论的内在逻辑特点。[55]

2. 赵汀阳的"天下体系理论"

赵汀阳提出"共在存在论"的关系本体论,并主张以"方法论的关系主义"为理性计算方法。他从孔子的思想得到启发,认为关系理性的理想目标是达到"己欲立而立人,己欲达而达人",[56]并称之为"孔子改善"。[57]赵汀阳的关系理论中最受国内外学界关注的部分是其关于"世界性社会",即关于"天下"治理模式的设想。实际上,天下概念自成完备的关系理论体系。作为政治方法论的天下概念既是实现世界内部化的治理模式,也蕴含着"共在存在论"的政治存在论(天下政治的基本信念)及以"孔子改善"为目标的关系理性(天下政治的基本运行原则)。[58]

"天下"是中国古代关系主义政治思维的重要概念之一。赵汀阳指出,与西方的以个人为中心的人权政治不同,在中国的政治思想中,各种事物、各种人之间关系的正当性才是政治的根本问题,只有优先明确了关系的正当性,才能进一步明确政治实体所拥有权利的正当性。[59]正如孔子所言,"政者正也",[60]即政治就是摆正各种秩序和关系。以关系为分析单位的政治存在论为兼容普遍主义提供了基础,天下概念最具代表性地体现了这种中国式兼容普遍主义,是比亚历山大·温特所提出的西方政治的三种文化更有潜力解决冲突的"第四种文化"。[61]温特的三种文化在不同程度上排斥他者,即使是追求和平的善意的康德文化,也在本质上缺乏兼容异己的包容力,无法回答如何面对不符合结盟条件的国家的问题,凸显了以民族国家所定义的最高权力及相关的国际政治的局限性。而"天下"则是关于世界总体的政治分析框架,意在建立超越现代性的全球系统化权力和全球政治,实现权力和利益的普遍共享,因此有望成为更好的世界治理制度。[62]

天下体系理论与其他中国国际关系理论的一个最大不同点是以讲述历史的方式传授关于政治的知识。赵汀阳通过中国古代周朝"天下概念的故事"来设想"天下秩序的未来性",即挖掘历史的理论资源并建立当代理论的过程。在这一过程中,历史及政治文化资源与理论建构之间形成了有机联系和互动,历史与理论内涵相互印证。[63]这是另一种仅仅"借助"文化资源进行理论建构的方式所无法实现的。正因如此,"天下体系理论"被认为是较具文化识别度的中华秩序理论。[64]

中国的关系主义学者强调其理论建构蕴藉于中国传统的文化和政治思想,因而具有与西方的国际关系理论明显不同的、甚至截然对立的思想和思维模式基础。事实上,不仅是关系理论,中国国际关系理论普遍依托于中华文化背景。[65]这不仅因为文化背景的确是这些理论生发的灵感来源,更重要的是,它被认为可以为中国能够创建自己的国际关系理论甚至形成中国学派提供合理性依据。但另一方面,也正是所依托的文化资源的独特性,使得关系理论和其他中国国际关系理论的适用性与解释力遭到质疑。不仅如此,由于依托中华传统文化而建构的中国国际关系理论出现在中国崛起的背景下,引起了西方部分学者关于中国通过提出新的世界秩序和治理方案来争夺世界秩序定义权的联想和担忧,[66]这也在很大程度上成为中国国际关系理论发展遭受西方学界质疑的深层原因。因此,不理解中国国际关系理论所处的现实权力结构语境,便很难对其普适性问题有更深入的思考。基于这些认识,本章将以关系理论为切入口,对中国国际关系理论发展所面临的有关其现实指向和理论普适性两个相关层面的挑战作具体阐述。

(二)中国国际关系理论的现实指向与新世界秩序的定义权

关系理论在中国的出现及中国学派的兴起发生在中国和平崛起的背景下,是中国学界对中国与国际体系关系思考的历史性现实,尤其是对"百年未有之大变局"的理论思考。对其解读往往与另一个更具广泛性的争辩议题相关,即如何认识中国的崛起对世界的影响和意义,西方学界就崛起中的中国是所谓"维持现状国家"还是"修正主义国家"进行争辩。[67]这一议题最初于 20 世纪 90 年代初在西方尤其是美国兴起,随着中国自身的发展和外部环境的变化,中西学界和政策界对此的讨论在不同时期呈现出不同特点和倾向性。[68]始自 90 年代的这波讨论中的"现状",特指"'二战'和冷战后由美国引领的西方自由民主国家主导建立的体现它们的文化价值和规范的秩序",[69]而事实上,自 19 世纪中叶起,中国就处在与现代国际体系这一更广义的"现状"的关系中,而相关观察和讨论也早已有之。美国汉学家本杰明·史华慈(Benjamin Schwartz)曾指出,一直以来,中国都在西方的民族国家体系和它固有的对于世界及自身角色的认知之间摇摆不定。[70]正是基于这样的认同困境,秦亚青提出将"中国如何和平地融入国际社会"作为中国学派的核心问题,并以此论证了中国学派生成的必然性。[71]

"中国如何和平地融入国际社会"这一核心问题的提出,一方面在很大程度上平息了此前关于"中国学派的可能性"及如何建设之的争论,使中国学者们更多关注于如何针对这一核心问题做出各自的解答;[72]另一方面,国内外学界对于这一核心问题本身也并非全无争议,如有研究者以关系理论为例指出,以重塑国际秩序为目的,恰恰是中国学者所建构的理论区别于其他非主流国际关系理论的一个主要特点。[73]

　　此外，一些学者对修正主义—维持现状二分法提出质疑，认为传统的修正主义和维持现状很难完全适用于当代中国的情况，不能概括中国与现有国际秩序的复杂关系。有学者认为，即使按照权力转移理论关于任何崛起国都是修正主义国家的观点，也并非所有修正主义国家都会成为颠覆现有秩序的革命力量，中国目前正处在"竞争"而非"挑战"自由国际秩序的阶段；[74]有学者提出，对于中国与现有国际秩序间关系的一种更为恰当的描述是，中国接轨和学习既有国际规范，同时也在这一过程中影响着国际规范的演变。[75]但另有学者并不满足于此，进一步提出修正何种现状及是否存在一个完整而一贯的国际秩序的问题。[76]更有学者如唐世平将修正主义—维持现状二分法弃置一边而另辟蹊径，提出进攻性现实主义国家对防御性现实主义国家是更为严密的二分法，对这两类国家的区分应以它们对战略的不同偏好而非对结果和目的的不同偏好为标准。[77]

　　然而，无论是否跳脱出修正主义—维持现状的框架，在意识形态领域提出一种新的替代性方案被认为是对现有秩序和其主导者最大的挑战，[78]尤其是当新的替代方案生发自与现有方案具有显著差异的文化和社会传统。[79]此外，在一些海外分析者看来，中国国际关系理论在很大程度上反映了并将进一步影响国家的实际政策导向，[80]基于这些因素，中国国际关系理论往往被外界过度解读和误读为中国争夺新世界秩序定义权的理论准备。以关系理论为例，尽管基于中国式"关系"而提出的有关新世界秩序的主张强调化敌为友的能力及和谐、和平的精神，却有西方学者将其与"中国威胁论"相挂钩。如柯岚安（William A. Callahan）就对天下理论表达了一种较为激进的看法。他认为，天下理论暗含了中国主导世界的想象，是中国知识界为构筑一种新的中华霸权体系而做的理论准备。[81]

　　近些年来，中国作为综合国力排名世界第二的大国逐渐将外交战略从大融入外交调整为大国外交。新时代中国特色大国外交也意味着中国将在全球治理上承担更大的国际责任。在此背景下，一些学者指出，中国学派的核心问题应由中国如何和平地融入国际社会转变为如何引领新型全球治理。[82]中国的关系主义研究者也围绕治理议题就"关系治理"和"规则治理"孰优孰劣展开讨论。尽管不少学者认为关系治理能有效弥补规则治理的不足，但也不乏质疑声音。有学者对中国式"关系"的社会价值导向提出质疑，指出关系理论带来的将是关系选择,在其导引下,世界将会变成一个关系社会和关系世界,社会发展因此而有可能出现关系社会挤占规则社会的发展空间。[83]

(三）普适性标准与中国国际关系理论普适性的获得

中国学派的反对者强调理论研究在于发现普遍性的规律,并无国籍的排他性。[84]其支持者如秦亚青则认为这是将社会科学等同于自然科学的一元论。他尤其从马克斯·韦伯的相关论述中获得灵感,指出在二元论的视角下,由于社会科学研究的是人,而人具有赋予世界意义的特殊能力,因此社会科学的研究目的除了与自然科学一样发现规律,还在于其独有的理解社会世界的意义,而"理解"恰恰是受到地缘文化限定的,因此,国别标签不仅是可能的,而且是必然的。[85]据此,秦亚青提出"中国学派"具有两个特征:一是起源于中国的地缘文化语境,二是在发展过程中获得普适性的意义。[86]他并不反对理论应具有普适性,但强调社会理论必然依托于地缘文化,具有天生的本土性。他对关系理论的概括体现了这一普适性兼具本土性的特点。他指出,关系理论以中国哲学文化为营养、以中西思想沟通比较为途径,力图对中国传统的理念和思想进行概念化凝练和理论化建构。[87]

然而,理论是否可以兼具普适性和本土性,与如何实现这种并存(或从本土性到普适性的转化)是两个不同层面的问题。无论国际关系理论是否具有国家性,对于它的生成往往是基于特定地域的观点并无太多争议,也正因此,学界在批判目前主导的国际关系理论乃至社会科学的一元论普遍主义时强调这些理论仅仅基于欧洲和西方的历史经验,却声称具有世界范围的适用性和有效性。同样,无论是不是使用"中国学派"这四个字,中国国际关系理论的建构普遍借助中华传统文化背景知识中的思想资源也是不争的事实。但萌发于某一或某些地缘文化中的理论如何成型、成长、成熟则是远为复杂的过程。[88]首先,就理论本身的发展而言,在各阶段都可能受到其他理论和文化的影响,与之交流融合,使自身包含多种理论和文化要素。其次,理论普适性的获得固然主要基于理论自身博采众长的生命力,但也往往受到权力,尤其是话语权等因素的影响。这一点只要回顾西方的国际关系理论如何成为主导甚至普适的国际关系理论便不难理解,同时只要审思西方国际关系理论如何在中心—边缘的不平等权力关系下维持自身的主导地位，也就更加了然中国国际关系理论想要获得普适性所面临的困难。[89]

在当前西方国际关系理论占主导地位的语境下，中国国际关系理论要想获得普适性便很难完全跳脱出西方的普适性标准。尤其是在"中国如何和平地融入国际社会"的核心问题的设定下，"中国国际关系理论如何融入目前主导的国际关系理论"很容易成为理论发展方向。在很多情况下，中国融入国际社会与中国国际关系理论融入既有国际关系理论是"融入"问题的一体两面，分别关乎秩序的现实与理念中的秩序。[90]即使一些中国学者并不完全认同"中国如何和平地融入国际社会"的核心问题，[91]他们并不讳言对于理论融入问题的关切。例如，阎学通在论述理论无国别性及中国国际关系理论如何获得普适性时指出："我们只能在现代国际关系理论的基础上，吸收先秦文化精华创建新理论。也就是说，将来中国学者创建了有系统的国际关系理论，它也是一种普世性的理论，而不是国别性的理论。"[92]很显然，他将现代国际关系理论（当然这是由西方国际关系理论主导的，如果不是完全等同的话）作为普适性的标准，将适应和融入现代国际关系理论作为创建具有普适性的新理论（或曰新理论获得普适性）的基础。

但这些就理论谈理论的宽泛争论难以为理解中国国际关系理论能否及如何获得普适性提供更多直观的参考价值。另一种研究围绕具体的文化资源展开更具针对性的讨论，能够有效探解中国国际关系理论与普适性之间关系的根源性因素。例如，有学者基于中国本土文化中的"关系"与西方"关系"的差异，对秦亚青的关系理论究竟借用的是哪一种"关系"提出质疑。他指出，现代汉语中作为人与人、人与事物、事物与事物之间的相互联系之意的"关系"事实上是外来语，并非中国本土的产物。中国传统语境中只有与之相近的表述，如"人伦"和"伦常"，特指从亲属关系往外推、将人分成亲疏远近的对人的认知模式，是中国人基于"人伦中心"生活方式的特殊经验。如果秦亚青的关系理论所借用的是这一关系概念，那么无疑无法作为普适性的概念加以推广。[93]学界的质疑表面上指向关系理论所借用的"关系"是一个未经辨识的概念，但生发出这一关切的根本原因不仅是中国式"关系"与西方"关系"的差异，更在于在他们看来中国式"关系"并不具有普适性。有学者认为，"人伦中心"的生活经验有忽视人的个体性、忽视普遍性规则（契约）等缺点，所以，无法作为普适性的东西加以推广，也不能直接用于补充西方个人社会的"契约"关系。以此来建构理论,会导致将特殊经验普适化,也无法解释当下中国需要融入国际秩序、内化国际规则的现实。[94]不难从这些分析中得出该作者的观点:中国式"关系"与当前通行的西式"关系"难以相融,这一"缺陷"不仅阻碍了其普适性的获得,也将使以它为基础的理论无法实现"中国如何和平融入国际社会"的核心问题的预期。质疑者关于普适性的认知在根本上与阎学通的并无二致,也在中国学者中具有普遍性;而他关于因中国式"关系"无法获得这样的普适性,而使得以其为基础建构的理论无法满足核心问题的担忧则凸显出核心问题可能带来的局限性,即将中国国际关系理论建设的成败与其能否融入既有国际关系理论和帮助中国融入现行的国际秩序相挂钩。

四、国际学界"全球转向"的启示与新时代中国国际关系理论发展路径探索

(一)"全球转向"的多种理论倡议:各自特点与相互争论

中国国际关系理论的兴起处在更广泛的国际学界理论探索的背景下。自21世纪初以来,国际关系学界发起对"为什么没有非西方国际关系理论"的反思[95]和"如何发展非西方国际关系理论"的思考,陆续提出并探讨了非西方国际关系理论、后西方国际关系理论、后殖民国际关系理论、全球国际关系学等概念和倡议。它们基于主流国际关系理论几乎完全植根于西方的经验历史和思想传统的现状,思考非西方世界的理论资源为何会处于边缘位置,以及挖掘和拓展这些资源对于构建具有真正全球意义的国际关系理论的意义,推动了国际关系学的"全球转向"。

这些理论倡议相互交织,各有侧重。非西方国际关系理论的发起者致力于构建蕴藉于亚洲、非洲、拉丁美洲等非西方地区的本土历史、文化、观念及国家间交往经验的国际关系理论,以此来拓宽国际关系理论的视域。其中,大量研究对具体国别案例(如亚洲的中国、印度、日本等)进行了针对性分析。[96]后西方国际关系理论同样重视挖掘非西方世界的理论资源,但强调来自非西方世界的理论不应被局限于其产生的背景,而是可以积极探索其普适性。与非西方国际关系

理论和后西方国际关系理论旨在建设更具多元性和包容力的国际关系学科不同，后殖民国际关系理论对学科中心—边缘的知识权力结构提出挑战，强调如果不从根本上改变学科的本体论和认识论基础，那么试图通过发展边缘地带的理论来改变知识生产的不平等现状的努力不仅是徒劳的，反而有可能起到稳固已有的权力结构、强化中心的主导地位的负面作用。全球国际关系学试图超越西方与非西方、殖民与后殖民的二元界分，建立更具包容性、多元性的开放的国际关系学。阿米塔·阿查亚提出了全球国际关系学的六个维度：建立在多元普适主义（pluralistic universalism）之上，以世界历史为基础，补充而非取代现有国际关系理论和方法，融合了地区、地区主义与区域研究，避免例外主义，承认物质力量之外的能动性的多种形式。[97]

自全球国际关系学倡议提出以来，学界围绕究竟何种路径才能构建真正全球意义的国际关系理论这一问题，使非西方国际关系理论、后西方国际关系理论、后殖民国际关系理论和全球国际关系学各自所持的观点展开了更为充分的对话。一方面，不少学者认为全球国际关系学的兼容路径超越了其他几种理论路径的局限性，推进了建构具有全球意义的国际关系理论的议程。同时，他们也从实现途径等角度提出了更多旨在拓展全球国际关系学的包容性、促进其内部的相互联系的主张。贡特尔·赫尔曼（Gunther Hellmann）和莫顿·瓦尔比约恩（Morton Valbjørn）提出应重审"国之间关系"（inter-national relations）的"之间"（inter）。他们从本体论和认识论两个维度来阐述如何重审"之间"。在本体论上，他们提到以杰克逊和内克松、秦亚青为代表的将"之间"置于优先地位的关系本体论。在认识论上，他们主张"对话"（dialogue）的重要性。[98]之后，卡琳·菲尔克（K. M. Fierke）和薇薇安·贾布里（Vivienne Jabri）改进和发展了这些观点，提出"全球"本体论，使得国"之间"（inter）变成全球"之内"（intra）；同时，他们以"交谈"（conversation）取代"对话"（dialogue）。[99]

另一方面，一些学者指出，由于全球国际关系学放弃了在后殖民国际关系理论中有突出体现的批判传统，不仅无法实现真正多元的、具有全球意义的理论建构，反而在一定程度上巩固甚至加强了主流国际关系理论。费利克斯·安德尔（Felix Anderl）和安东尼娅·威特（Antonia Witt）从两方面对全球国际关系学未加自审的"全球主义"（globalism）提出质疑。第一，全球国际关系学强调多元普遍主义并致力于以此为基础来构建国际关系学科的知识体系,这使得多元普遍主义在实际上成为一种新的知识衡量标准。尽管相较于一元普遍主义,多元普遍主义承认差异、接受多种可能性,但它依然强调普遍有效性,因此,若以其为知识衡量标准,是否意味着不具有全球普适性的知识便不足以被纳入国际关系学科的知识体系?[100]第二,全球国际关系学设想了一个全球性的国际关系学者共同体,并认为更多具有多元化背景的学者应加入进来。但事实上,有不少学者无法或不愿意加入这一共同体,这是否意味着他们就没有资格谈论国际政治? 安德尔和威特认为,全球国际关系学的这些假设表明它对决定国际关系如何被研究、由谁来研究的权力关系现状缺乏足够的批判,因此,尽管它在诸多方面拓展了国际关系学科的视野,并对多元化背景的学者更具包容力,但这些努力和优势实际上起到了粉饰、保全和加强现有国际关系学科的作用,这显然与它的初衷,即反思和挑战既有国际关系理论相背离。[101]

安德尔和威特就"全球主义"而展开的讨论主要处于认识论和方法论层面,此前,戴维·布莱尼(David L. Blaney)和阿琳·蒂克纳(Arlene B. Tickner)曾围绕"单一世界"(singular world)逻辑在本体论层面展开相关讨论。他们指出,殖民现代性中的"单一世界"逻辑在"全球转向"诸派中普遍遗存,即它们虽然提出了对于世界的多样化认识论主张,但在本体论上依然认可"只有一个世界"的事实。布莱尼和蒂克纳强调,人们不仅相信多种事实,同时也在通过不同的实践实现不同的事实,"单一世界"的逻辑抹杀了多个相异世界并存的事实,因此也就无法解决现实中多个世界之间的冲突。就全球国际关系学而言,"单一世界"逻辑主要体现在它补充而非取代现有国际关系学的主张中,而这与它倡导的多元普遍主义相矛盾,如果不毁掉一元普遍主义的世界,多元世界如何得以可能? 正是因为全球国际关系学对于世界政治中本体层面的差异认识不足,所以"多元"也就沦为"一元"内部的分类。[102]

(二)"全球转向"中的中国国际关系理论:超越批判路径与兼容路径

国际学界的这些理论倡议和相关讨论拓宽了我们对包括中国国际关系理论等来自非西方世界的理论与主流国际关系理论之间关系的认知,为我们深入理解建设中国国际关系理论的挑战及思考如何进一步探索其发展路径提供了重要启示。首先，上述国际学界围绕如何构建具有真正全球意义的理论的讨论体现了两种不同方向：一是拓展兼容性，二是重拾并推进批判性。[103]我们可以为中国国际关系理论在其间进行定位。无论是中国学派的支持者还是质疑者，都没有超越使中国国际关系理论融入当前国际关系理论的导向。对中国学派持质疑态度的学者认为理论必须具有普适性（很显然这是西方定义的普适性）的立场，这也明确显示了其接受当前国际关系学的基本假定。支持者虽然对普适性提出了更为丰富的理解，但以"融入"为基调的核心问题的设定也说明其并不打算以革命性的方式颠覆现有国际关系理论。在秦亚青提出"中国如何和平地融入国际社会"的核心问题后，关于中国学派的一系列争论逐渐平息，中国学者事实上形成了一定程度的共识，即针对核心问题从不同视角做出各自的解答。[104]这正好说明，当原本最有可能进入批判路径的中国学派的支持者放弃了这一选项，中国国际关系理论的发展整体上偏向于兼容路径。国外一些学者也观察到，中国国际关系学者对批判理论和批判路径普遍缺乏兴趣。[105]在这样的定位下，对批判理论的借鉴不足使得中国学者对于"普适性"和相关中国国际关系理论困境的看法很难有根本性的推进。在宏观思考层面，尽管秦亚青试图通过区别自然科学和社会科学研究目的的不同及社会理论具有天生的本土性来论证中国学派的可能性和必然性，但依然无法避免以西方的普适性[106]为本土性演变发展而往的最终的归宿，即以是否获得普适性为理论是否成功建构的衡量标准——与中国学派的反对者殊途同归。对此，秉持后殖民批判传统的学者会发问，如果源于中国本土的理论资源无法适应西方的普适性框架，那么是否意味着它就无法成为真正的理论？更进一步地，安德尔和威特会追问，是否应该对"普适性"本身提出质疑？即使不以西方的普适性为唯一标准而接纳多元普适性，普适性依然是理论的衡量标准，这是否意味着不具有普遍（全球）解释力的知识就不足以发展成为国际关系理论？如果把"适"换成"世"，布莱尼和蒂克纳一定会诘问，这个"世"是哪一个"世界"？是谁的"世界"？

在更具体的研究中，一些国内学者敏锐地捕捉到文化资源与理论建构之间的关系，对中西文化差异如何影响和体现在各自建构的国际关系理论中做出了卓有成效的分析。但可惜的是，当他们往前跑着跑着遇到"普适性"的横栏时，往往并未意识到要跨过去，而是触杆而退，将思考限制在普适性所设置的框架内，错失了质疑"普适性"并进而深化对中国国际关系理论困境的理解的机遇。例如，尚会鹏对中西"关系"差异及其对国际关系理论建构的影响展开了深入细致的分析，并且认识到中国式"关系"无法适应西方的普适性，但他并未顺势往前一步审视普适性标准的合理性，而是退而反思文化资源的适应性。[107] 如果这些学者能够利用对中西文化差异的了解来加深对批判理论中如"多个世界"的本体论主张的理解，认识到文化差异不仅体现在对世界的不同认识中，也是通过人们的实践形成的不同事实，那么他们对于"普适性"横栏的看法和采取的行动也许就会更加多样化——或推倒之，或跨过去，即使还是折道而返，也一定是基于更深入的考量。

对批判理论的借鉴不足在很大程度上是各领域的理论研究缺乏有机融合造成的，但中国学界对批判路径持保留态度还有另外两方面原因。一是批判理论本身的局限性。批判理论过于强调"不同"之间的对立和冲突，忽视了它们之间的联系，而世界的"关系性"正是以秦亚青为代表的中国学派的支持者所强调的。阿查亚在批评非西方国际关系理论、后殖民国际关系理论等概念时也指出，这些二元论不仅强化了西方—非西方、殖民—非殖民的二元对立，也忽视了它们之间不可分割的联系和互动。[108] 西方所主导的国际关系学是目前中国和其他非西方学者发表话语的唯一场域，中国国际关系理论的建构很难完全脱离开这一语境，这不仅是权力结构所致，更是由于理论资源之间的联系性，无论是非西方的理论土壤还是西方的理论土壤，各自内部在漫长历史进程中都早已吸纳、融合了彼此。[109]

二是国际权力结构现状使然。无论对这样的权力结构持何种态度，不容否认的是，现有国际关系学界是非西方学者获得话语权的唯一空间。在这样的状况下，如前文所述，中国国际关系理论的生存和发展受到两个层面的压力：一是外界基于理论对现实的影响力而展开的关于中国争夺新世界秩序定义权的联想；二是作为理论本身，如何被学界认可，在当前的话语体系中，关键点在于如何符合或至少相融于其普适性标准。批判理论尽管提议彻底改变现状，并对"全球主义""普遍主义"等做出了革新性的理解，却并未指出如何实现真正多元的世界、建构具有全球观照的理论的可行途径。中国学者在权力结构现状下独辟蹊径，尝试逐步瓦解而非激进地颠覆"中心"，探索更为有效的发展路径。秦亚青指出，当下最紧要的是吸引西方的主流学者加入关于建构具有全球意义的理论的讨论中。[110]而中国学界对全球国际关系学的格外关注和推崇也正是因为它着眼于并可以作用于"中心"，这使它的影响力和带来改变的潜能胜于从"边缘"着手的非西方国际关系理论等。[111]在新的时代背景下，中国提出了建构自主知识体系的倡议。[112]中国国际关系学界在"全球转向"中的有益探索为国际关系理论自主性发展和建构国际关系自主知识体系提供重要的知识和学理基础。

五、总结及对中国国际关系理论创新性发展的几点思考

本章基于中西"关系"差异在国际关系层面的意义尚待发掘的现状，讨论如何借助中西"关系"差异这一文化资源来推进如下三个议题的探索：理解国际关系理论和现实中的"关系"、破解中国国际关系理论的发展困境、借鉴世界"全球转向"中的反思理论。同时，本章所采用的层层递进的分析框架挖掘并有效呈现了这三者间的联系和逻辑关系，对其他以文化差异为视角来探讨本土理论建构的研究具有参考价值。本章的分析显示，中西方的关系模式具有不同的形成和维持机制，使得两种文化背景下人们对"关系"的理解呈现出差异甚至分歧，并反映在国际关系的实践和理论建构中。这一事实的再发现提示文化和文化差异对国际关系理论建构具有不可忽视的影响，故而本章采用了以中西"关系"差异为具体直观的视角来探解中国国际关系理论与"普适性"的关系的思路，并发现以中国式"关系"为依托的关系理论和其他普遍建基于中华文化的中国国际关系理论很难适应当下主导的普适性标准。但要破解这样的困境，关键不在于对如何使中国国际关系理论适应普适性标准和融入主流国际关系学做更多探索，而是要对"普适性"思维模式作更具批判性的审思。国际学界"全球转向"中批判学派对于认识论上的"全球主义"和本体论上的"单一世界"逻辑等普适性思维模式的反思富有启发意义，而中西"关系"差异等文化资源能够为中国学者深入理解相关理论问题的讨论提供经验基础，以实现更具成效的甄选和借鉴。

当前，中国国际关系学者主要对兼容路径进行了借鉴与思考，并且发展出直接作用于"中心"而非强化自己的"边缘"身份来挑战"中心"的策略，兼具可行性

和有效性,是值得发扬的探索成果。未来,如何进一步探索中国国际关系理论的发展路径,并超越批判路径和兼容路径各自的局限,有待学界更多的研究。本章希望能通过以上的讨论为此做出一些贡献,并基于这些讨论提出以下三点有待深化的研究议题和方向。

第一,挖掘历史视角在国际关系理论研究中的意义。为了深化对"中心"和与"中心"关系的理解,除了应更多关注、考量和借鉴有关"全球主义""单一世界""普遍主义"等问题的批判观点,以推进对当下的"中心"本质的思考,还应以历史的眼光来剖析"中心"本身在时间进程中的演变,从而理解所谓"中心"并不是具有固定特征的不变体,而是丰富的、流变的。西方的古典政治学与近现代政治学有着明显区别,正如一些研究中谈到的,近现代政治学是政治学"科学化"的结果,越来越多地以对政治中普遍的和不变的因素的研究替代了古典政治学对政治中个别的和可变的因素的研究,而西方古典政治学对个别的和可变的知识的关注正好与中国"经""史"互证的传统相契合。[113] 这说明,对政治学和国际关系理论中的"中心"与"边缘"的考量应引入时间维度,在时空交织的复杂网络中探究两者的关系。这也有助于以更综观的视野来审视、更开阔的思路来理解和思考何谓普适性和社会科学的普适性,并寻求更高层次的普遍性。[114]

第二,深化和拓展对"全球"的理解,尤其是借助前沿科技的新颖视角来挖掘其科学世界观维度并为之提供认识论工具。探索具有全球意义的理论,首先不容忽视的是如何理解"全球"。目前,对"全球"的理解呈现两个新方向:一是发现微观中的"全球"。历史学界先行一步,在对全球史的理解上超越了原先的扩张性思维模式,反向聚焦某一地、某一时刻,寻找其中的全球意义,即"全球"如何纠缠在特定的时空中。部分国际关系学界学者也强调以联系动态而非割裂固化的视角来看待地区,认为地区是在与其他地区和世界的互动过程中生成的,同时也参与了其他地区和世界的建构。[115] 二是超越将人类的"全球"视为整体的思维。近年来,国际关系学科及其他学科对"人类中心主义"的思维模式进行了反思,提出了整体应是万物皆是主体的地球,而不是人类主宰的世界。人文社科界对"全球"的认知进展在另一重要动向下呈现更为明朗的前景,即引入量子物理学的最新理论成果。在国际关系学界,潘成鑫将量子全息视角与关系主义研究相结合,提出了量子全息关系理论。[116] 这一理论与如上两种关于"全球"认知的新趋势都有契合之处：一方面，量子全息也推崇见微知著的世界观，在其视角下，部分不仅仅是部分，同时也是小规模的整体。[117]如果把"全球"视为整体，那么它可以被卷入、包含在无限细小的部分中，如病毒、微塑料。另一方面，量子全息关系理论在本体论意义上拓展了关于整体的认知，并认为国际关系的整体包括整个社会和生态系统，以及构成这些系统的部分、部分内部的隐缠关系和彼此之间的外在关系。可见，量子全息关系理论能够为理解"全球"提供一套新的概念化工具（如这里提到的卷入、隐缠），有助于更加精准地描述和概念化关于"全球"的思考和认知。

第三，重视理论对现实、理论对未来的观照。理论与现实之间固然有着复杂的相互作用机制，但可以肯定的是，面向未来、预见世界发展趋势的先进理论必将焕发出生命力。以国际社会理念为硬核的英国学派在冷战前未受足够重视，在冷战后却备受青睐，正是因为此时国际关系的性质发生了很大变化，凸显出建构国际社会的必要性。中国学者的一些理论研究也试图与未来对话。例如，赵汀阳认为"以世界为世界"的世界史尚未开始，他关于"天下"的研究着眼于天下秩序的未来性，使中国传统的天下理念与关于未来世界的构想对接。[118]这两种理论虽然都被认为带有国别标签，但其实都是超国家框架的。无论"国家"在现实政治中的地位和作用是否凸显，无可否认的是，关系性、整体性是人类对世界认知的大趋势。这不是人文社科学者的空谈，事实上科学成果早已有更全面深入的反映，如量子理论的反牛顿本体论立场，及其所体现的以全面深入的方式推崇关系整体主义的认识论特点。可以预见的是，一如之前牛顿经典物理学投射于各个学科一样，新的科学理论所带来的世界观和认识论也将进一步推进国际关系等学科的理论革新，"中国学派"建设面临难得的机遇。

（原载《国际观察》2023 年第 5 期）

注释

1. Patrick Thaddeus Jackson and Daniel H. Nexon, "Relations Before States: Substances, Process and the Study of World Politics," *European Journal of International Relations*, Vol.5, No.3, 1999, pp.291—332.

2. Louiza Odysseos, *The Subject of Coexistence*, *Minneapolis*, MN: University of Minnesota Press, 2007.

3. Milja Kurki, *International Relations in a Relational Universe*, Oxford: Oxford University Press, 2020.

4. K. M. Fierke, "Contraria sunt Complementa: Global Entanglement and the Constitution of Difference," *International Studies Review*, Vol.21, No.1, 2019, pp.146—169; "Introduction: Independence, Global Entanglement and the Co-production of Sovereignty," *Global Constitutionalism*, Vol.6, No.2, 2017, pp.167—183.

5. Astrid H. M. Nordin et al., "Towards Global Relational Theorizing: A Dialogue between Sinophone and Anglophone Scholarship on Relationalism," *Cambridge Review of International Affairs*, Vol.32, No.5, 2019, p.574; Patrick Thaddeus Jackson and Daniel H. Nexon, "Reclaiming the Social: Relationalism in Anglophone International Studies," *Cambridge Review of International Affairs*, Vol.32, No.5, 2019, p.596;石之瑜:《国际关系中的"关系"理论与"后华性"实践》,载《东南亚研究》2020 年第 3 期,第 4 页。

6. Yan Yunxiang, "The Culture of Guanxi in A North China Village," *The China Journal*, Vol.35, 1996, pp.1—25; Mayfair Mei-hui Yang, *Gifts, Favors, and Banquets: The Art of Social Relationships in China*, Ithaca & London: Cornell University Press, 1994;金耀基:《中国社会与文化》,香港:牛津大学出版社 1997 年版。

7. 少数的例外如 Chih-yu Shih et al., *China and International Theory: The Balance of Relationships*, Abingdon, Oxon; New York, NY: Routledge, 2019;石之瑜:《国际关系中的"关系"理论与"后华性"实践》,第 1—17 页; Emilian Kavalski, *The Guanxi of Relational International Theory*, Abingdon, Oxon; New York, NY: Routledge, 2021。

8. Chengxin Pan, "Reclaiming Substances in Relationalism: Quantum Holography and Substance-based Relational Analysis in World Politics," *Millennium: Journal of International Studies*, Vol.49, No.3, p.5.

9. Chengxin Pan, "Enfolding Wholes in Parts: Quantum Holography and International Relations," *European Journal of International Relations*, Vol. 26 (SI), 2020, p.17; Bernd Bucher and Ursula Jasper, "Revisiting 'Identity' in International Relations: From Identity as Substance to Identifications in Action," *European Journal of International Relations*, Vol.23. No.2, 2017, pp.391—416.

10. 如 Patrick Thaddeus Jackson and Daniel H. Nexon, "Reclaiming the Social: Relationalism in Anglophone International Studies," pp. 582—600; Emilian Kavalski, "Guanxi or What is the Chinese for Relational Theory of World Politics," *International Relations of the Asia-Pacific*, Vol.18, No.3, 2018, pp.397—420。

11. 如支持派的代表人物秦亚青和反对派的代表人物阎学通就"中国学派的可能性"的相关讨论和争论。参见秦亚青:《国际关系理论的核心问题与中国学派的生成》,载《中国社会科学》2005 年第 3 期,第 165—176 页;《国际关系理论中国学派生成的可能和必然》,载《世界经济与政治》2006 年第 3 期,第 7—13 页;阎学通:《国际关系理论是普世性的》,载《世界经济与政治》2006 年第 2 期,第 1 页;阎学通:《再论为何没有"中国学派"》,载《国际政治科学》2018 年第 1 期,第 III—VI 页。

12. 任晓:《向英国学派学习》,载《世界经济与政治》2003 年第 7 期,第 70—71 页;苗红妮:《英国学派的发展对中国国际关系理论的启示》,载《国际关系学院学报》2007 年第 3 期,第 1—6 页。

13. 其他学者也观察到这一不足,尚会鹏在评论关系理论时指出:"关系理论借用的关系是一个未经辨析和审视的概念。"参见尚会鹏:《关于国际政治"关系理论"的几个问题——与秦亚青教授商榷》,载《国际政治研究》2017 年第 2 期,第 136 页。

14. 有两点值得注意:一是赵汀阳的以"天下"为方法论或许是个例外,他试图说明天下概念如何用来理解历史、制度和政治空间,甚至重新定义政治的概念。参见赵汀阳:《天下的当代性:世界秩序的实践与想象》,北京:中信出版社 2016 年版。但赵汀阳的跨界研究(对国际政治问题的哲学思考)很难被定义为严格意义上的国际关系理论。二是阎学通是少有的注重古代文献的文本分析的学者,但他的理论建构与这些文本是疏离的。正如彼得·卡赞斯坦所言,道义现实主义的逻辑起点并不是中国。参见 Peter J. Katzenstein, "Is There a Chinese School of IR Theory?" *Conference paper*, December 1, 2021, p.6。阎学通自己也坦言,先秦文献提供的只是思想启迪,他并不关心这些文献的真实含义。参见阎学通:《世界权力的转移:政治领导与战略竞争》,北京:北京大学出版社2015 年版,第 105—106 页。

15. Arlene B. Tickner, "Seeing IR Differently: Notes from the Third World," *Millennium: Journal of International Studies*, Vol.32, No.3, 2003, pp.295—324; Amitav Acharya and Barry Buzan, eds., *Non-Western International Relations Theory: Perspectives On and Beyond Asia*.

16. Giorgio Shani, "Toward a Post-Western IR: The Umma, Khalsa Panth, and Critical International Relations Theory," *International Studies Review*, Vol.10, No.4, 2008, pp.722—734; Rosa Vasilaki, "Provincialising IR? Deadlocks and Prospects in Post-Western IR Theory," *Millennium: Journal of International Studies*, Vol.41, No.1, 2012, pp.3—22.

17. Anna M. Agathangelou and L. H. M. Ling, *Transforming World Politics: From Empire to Multiple Worlds*, Abingdon: Routledge, 2009; Vivienne Jabri, *The Postcolonial Subject: Claiming Politics/Governing Others in Later Modernity*, Abingdon, Oxon; New York, NY: Routledge, 2013; Branwen Gruffyd Jones, ed., *Decolonizing International Relations*, Boulder: Rowmann & Littlefield, 2016.

18. Amitav Acharya, "Global International Relations (IR) and Regional Worlds: A New Agenda for International Studies," *International Studies Quarterly*, Vol. 58, No. 4, 2014, pp. 647—659; Amitav Acharya and Barry Buzan, eds., *The Making of Global International Relations: Origins and Evolution of IR at its Centenary*, Cambridge: Cambridge University Press, 2019; Pinar Bilgin, "Contrapuntal Reading as a Method, an Ethos and a Metaphor for Global IR," *International Studies Review*, Vol.18, No.1, 2016, pp.

134—146；Antje Wiener，*Contestation and Constitution of Norms in Global International Relations*，Cambridge：Cambridge University Press，2018；Eun Yong-Soo，"Global IR through Dialogue," *The Pacific Review*，Vol. 32，No.2，2019，pp.131—149.

19. Peter J. Katzenstein，"Is There a Chinese School of IR Theory?" p.1. 在该文中，卡赞斯坦指出，尽管驱动中国学者的问题具有独特性，但他们的回答却往往与更广泛的国际学界的讨论并无二致。

20. 参见汉语大词典编纂处：《汉语大词典》官方 App 版，"关系"词条。1915 年的《辞源》和1936 年的《辞海》并未将"关系"收录在内，也说明该词在早先不受重视，并非我们现今所理解的关系概念。

21. 梁漱溟：《中国文化要义》，上海：上海人民出版社 2018 年版，第 110 页。

22. 同上书，第 94—95 页。

23. 尚会鹏：《关于国际政治"关系理论"的几个问题——与秦亚青教授商榷》，载《国际政治研究》2017 年第 2 期，第 135—136 页。

24. 费孝通：《乡土中国》，北京：北京大学出版社 2012 年版，第 40—44 页。

25. 进入 21 世纪以来，不少中国学者把费孝通关于"差序"或"圈序"社会的这种学术观点引入国际关系理论创新中，阐述其对当代中国学派的意义。比如，郭树勇教授等人认为，这种"由近及远、认同递减、文化外推的思维"，可以称之为"圈序认同"，并认为它千百年来"已成为中国人的民族性格和外交文化心理，它是民族复兴与文化创新不可忽视的文化结构。"参见郭树勇、陈建军：《论圈序认同对中国外交理论与实践的影响》，载《世界经济与政治》2009 年第 12 期，第 3 页。

26. 费孝通：《乡土中国》，第 51 页。

27. 石之瑜：《国际关系中的"关系"理论与"后华性"实践》，第 3—5 页。

28. 梁漱溟也曾谈道，中国的伦理只看见此一人与彼一人之相互关系，而忽视社会与个人间的相互关系。参见梁漱溟：《中国文化要义》，第 110 页。

29. 石之瑜：《国际关系中的"关系"理论与"后华性"实践》，第 4—6 页。同时，石之瑜也指出，尽管他认为中文语境下更多的是即兴关系，但这并不意味着其全然不存在共同前置关系的普遍性论述，而且儒家所设想的前置关系恰恰是社会生活中即兴关系的基础,参见同前,第 7—8 页。

30. 费孝通:《乡土中国》,第 52 页。

31. 同上书,第 54 页。

32. 孔子原话为:"能行五者于天下为仁矣——恭则不侮,宽则得众,信则人任焉,敏则有功,惠则足以使人。"参见《论语·阳货》。

33. 费孝通:《乡土中国》,第 54—55 页。

34. 梁漱溟:《中国文化要义》,第 101 页。

35. Kwang-kuo Hwang, "Face and Favor：The Chinese Power Game," *American Journal of Sociology*，Vol.92，No.4，1987，pp.944—974；Jack Barbalet & Xiaoying Qi，"The Paradox of Power：Conceptions of Power and the Relations of Reason and Emotion in European and Chinese Culture," *Journal of Political Power*，Vol.6，No.3，2013，p.412；Yadong Luo，"Guanxi：Principles，Philosophies，and Implications," *Human Systems Management*，Vol. 16，No.1，1997，p.44.

36. 如管仲所言:"不知亲疏、远近、贵贱、美恶、以度量断之。以法制行之,如天地之无私也。"(《管子·任法》)

37. 赵汀阳:《天下的当代性:世界秩序的实践与想象》,第 80—89 页。

38. 相关讨论参见赵汀阳:《天下的当代性:世界秩序的实践与想象》,第 82—89 页;费孝通:《乡土中国》,第 56—57 页。

39. 秦亚青:《关系与过程:中国国际关系理论的文化建构》,上海:上海人民出版社 2021 年版,第 41 页。

40. 秦亚青:《关系本位与过程建构:将中国理念植入国际关系理论》,载《中国社会科学》2009 年第 3 期,第 74 页。

41. 石之瑜:《国际关系中的"关系"理论与"后华性"实践》,第 6—7 页。

42. 尚会鹏:《关于国际政治"关系理论"的几个问题——与秦亚青教授商榷》,第 137 页。

43. 石之瑜:《国际关系中的"关系"理论与"后华性"实践》,第 3 页。

44. 参见秦亚青:《全球治理:多元世界的秩序重建》,北京:世界知识出版社 2019 年版,第 179—180,216—218 页。

45. Lucian W. Pye, "Factions and the Politics of Guanxi," *The China Journal*, Vol.34, No.2, 1995, pp.35—53.

46. Richard H. Solomon, *Chinese Political Negotiating Behaviour*, Santa Monica, CA: Rand, 1995, pp.17—29, 83—89.

47. 作者的另一项研究具体讨论了秦和赵的关系理论在推动关系本体论演进和拓展关系方法论意义两方面的贡献。参见陈纳慧:《国际关系学的"关系转向":本体论的演进与方法论意义》,载《国际政治研究》2022 年第 1 期,第 37—61 页。

48. 例如高尚涛:《关系主义与中国学派》,载《世界经济与政治》2010 年第 8 期,第 116—138 页;苏长和:《关系理论的学术议程》,载《世界经济与政治》2016 年第 10 期,第 29—38 页;郭树勇:《中国国际关系理论建设中的中国意识成长及中国学派前途》,载《国际观察》2017 年第 1 期,第 25—34 页;魏玲:《关系平衡、东盟中心与地区秩序演进》,载《世界经济与政治》2017 年第 7 期,第 38—64 页;刘胜湘:《中国学派还是美国范式——世界政治的关系理论研究》,载《社会科学》2020 年第 11 期,第 3—15 页。

49. 秦亚青:《世界政治的关系理论》,上海:上海人民出版社 2021 年版。

50. 一些学者指出,中文世界的关系主义研究很少承认西方传统中也有将"关系"置于显要地位的思想史。参见 Astrid H. M. Nordin et al., "Towards Global Relational Theorizing: A Dialogue between Sinophone and Anglophone Scholarship on Relationalism," *Cambridge Review of International Affairs*, Vol.32, No.5, 2019, p.574。

51. Nicholas Rescher, *Process Metaphysics: An Introduction to Process Philosophy*, Albany, N.Y.: State University of New York Press, 1996, p.9.

52. 秦亚青:《关系本位与过程建构:将中国理念植入国际关系理论》,第 81 页。

53. 温特关于两个独立个体首次相遇的论述,参见 Alexander Wendt, *Social Theory of International Politics*, Cambridge: Cambridge University Press, 1999, pp.328—332。秦亚青对温特"首次相遇"的评论,参见秦亚青:《关系本位与过程建构:将中国理念植入国际关系理论》,第 82 页。

54. 秦亚青:《关系本位与过程建构:将中国理念植入国际关系理论》,第83页。

55. Patrick Thaddeus Jackson and Daniel H. Nexon, "Reclaiming the Social: Relationalism in Anglophone International Studies," p.596.

56. 孔子:《论语·雍也》。

57. 赵汀阳:《天下的当代性:世界秩序的实践与想象》,第37页,第116—118页。

58. 参见赵汀阳:《天下的当代性:世界秩序的实践与想象》。

59. 赵汀阳:《天下体系的一个简要表述》,载《世界经济与政治》2008年第10期,第59页。

60. 孔子:《论语·颜渊》。

61. 温特所称的国际关系的三种文化是:互视为敌人而充满战争的霍布斯文化、以竞争代替战争的洛克文化、与朋友结盟的康德文化。参见 Alexander Wendt, *Social Theory of International Politics*。

62. 赵汀阳:《天下体系的一个简要表述》,第57—65页;《天下的当代性:世界秩序的实践与想象》,第21—22页。

63. 中国古代一直都有"经""史"互证的传统。如章学诚所言:"六经皆史也。古人不著书,古人未尝离事而言理,六经皆先王政典也。"参见章学诚:《文史通义》,上海:上海书店出版社1988年版,第1页。

64. 海外对天下体系理论的解读和相关研究参见 William A. Callahan, "Chinese Visions of World Order: Post-hegemonic or a New Hegemony?" *International Studies Review*, Vol. 10, No. 4, 2008, pp. 749—761; Allen Carlson, "Moving Beyond Sovereignty? A Brief Consideration of Recent Changes in China's Approach to International Order and the Emergence of the Tianxia Concept," *Journal of Contemporary China*, Vol. 20, No. 68, 2011, pp.89—102; June T. Dreyer, "The 'Tianxia Trope': Will China Change the International System?" *Journal of Contemporary China*, Vol. 24, No. 96, 2015, pp.1015—1031。

65. 秦亚青将中国国际关系理论定义为"使用中华文化背景知识中的思想

资源，对国际关系实质性内容进行概念化、抽象化和通则化处理，进而形成逻辑自洽的思想体系"，并强调中华文化的实践和背景知识是核心的定义性特征。参见秦亚青：《全球国际关系学与中国国际关系理论》，载《国际观察》2020 年第 2 期，第 33—34 页。当然，对中国国际关系理论也有一些其他的定义方式。如鲁鹏指出，中国学者大多将其理解为从中国经验出发而形成的对国际关系的理论认识。参见鲁鹏：《中国国际关系理论的两种构建路径：一项分析与评估》，第 2 页。

66. Yih-Jye Hwang, "Reappraising the Chinese School of International Relations: A Postcolonial Perspective," *Review of International Studies*, Vol. 47, No. 3, 2021, pp. 319—320.

67. 关于这一问题讨论众多，如 Alastair Iain Johnston, "Is China a Status Quo Power?" *International Security*, Vol. 27, No. 4, 2003, pp. 5—56; "China in a World of Orders," *International Security*, Vol. 44, No. 2, 2019, pp. 9—60; Susan Shirk, *China: Fragile Superpower*, New York: Oxford University Press, 2007; David Shambaugh, ed., *Power Shift: China and Asia's New Dynamics*, Berkeley, CA: University of California Press, 2006; Lye Liang Fook, "Introduction: China in World Politics: Is China a Status Quo Power?" *China: An International Journal*, Vol. 15, No. 1, 2017, pp. 1—3; 蔡拓：《当代中国国际定位的若干思考》，载《中国社会科学》2010 年第 5 期，第 121—136 页。

68. 即使在同一时期，学界与政界的看法往往也并不一致。例如，近几年美国政界几乎已经形成了中国是所谓"修正主义"国家的共识，但学界的看法则相对多样化。参见 Sung-han Kim & Sanghoon Kim, "China's contestation of the liberal international order," *The Pacific Review*, 2022, pp. 1—2.

69. 引自 Ye Xue, "China's Rise, Guanxi, and Primary Institutions," *The Pacific Review*, 2021, p. 2, DOI: 10.1080/09512748.2021.1917645。尽管有学者对何谓现状提出质疑，但对于西方主导的自由主义秩序至少依然是现状的主要面貌或特点这一点并无太大争议。

70. Benjamin Schwartz, "The Maoist Image of World Order," *Journal of International Affairs*, Vol. 21, No. 1, 1967, p. 92.

71. 秦亚青：《国际关系理论的核心问题与中国学派的生成》，第 165—176 页；《国际关系理论中国学派生成的可能和必然》，第 7—13 页。

72. 鲁鹏：《中国国际关系理论的两种建构路径：一项分析与评估》，第 7—8 页。

73. Benjamin Tze Ern Ho, "The Relational-Turn in International Relations Theory：Bringing Chinese Ideas into Mainstream International Relations Scholarship," pp.91—92. 赵汀阳的研究着眼于在根本上改变现状，因此也属于这一派观点或者说他所建构的理论符合这一观察。但赵汀阳并不以重塑国际秩序为目的，事实上他反对的正是为了国家利益的国际秩序，并主张建立为了世界利益的世界秩序。参见赵汀阳：《天下的当代性：世界秩序的实践与想象》。

74. Sung-han Kim & Sanghoon Kim, "China's contestation of the liberal international order," pp.1—26.

75. 蒲晓宇：《中国与国际秩序的再思考：一种政治社会学的视角》，载《世界经济与政治》2010 年第 1 期，第 23 页。

76. 温尧：《理解中国崛起：走出"修正—现状"二分法的迷思》，载《外交评论》2017 年第 5 期，第 32—34 页。

77. 唐世平：《国际政治的社会进化：从米尔斯海默到杰维斯》，载《当代亚太》2009 年第 4 期，第 11 页。

78. G. John Ikenberry, "The Rise of China and the Future of the West：Can the Liberal System Survive?" *Foreign Affairs*, Vol.87, No.1, 2008, pp. 23—37；Ted Hopf, *Social Construction of International Politics：Identities and Foreign Policies, Moscow, 1955 and 1999*, Ithaca：Cornell University Press, 2002, p.8.

79. 如唐士其所言，一个社会群体会把在社会结构、文化基础、价值观念等方面与其具有明显差别的其他群体的存在视为威胁，并在政治上做出敌友之间的区分，参见唐士其：《整体性理解中的国家与社会：新制度主义的视角》，第 107 页。

80. Benjamin Tze Ern Ho, "The Relational-Turn in International Relations Theory：Bringing Chinese Ideas into Mainstream International Relations Schol-

arship," p. 92；William A. Callahan, "Chinese Visions of World Order：Post-hegemonic or a New Hegemony?" p.749.

81. 参见 William A. Callahan, "Chinese Visions of World Order：Post-hegemonic or a New Hegemony?" pp.749—761.

82. 郭树勇、张笑吟:《习近平外交思想对中国学派发展的影响——基于国际关系理论史的视角》,载《国际展望》2022 年第 5 期,第 14 页。

83. 刘胜湘:《中国学派还是美国范式——世界政治的关系理论研究》,第 13 页。

84. 阎学通:《国际关系理论是普世性的》,第 1 页。

85. 秦亚青:《国际关系理论中国学派生成的可能和必然》,第 7—8 页。秦亚青关于一元论和二元论的更多论述参见秦亚青:《关系与过程:中国国际关系理论的文化建构》,第一章。相关的其他作者关于一元论和二元论的讨论见鲁鹏:《创建中国国际关系理论四种途径的分析与评价》,载《世界经济与政治》,第 52—54 页；Xiao Ren, "Grown from within：Building a Chinese School of International Relations," *The Pacific Review*, Vol. 33, No. 3—4, 2020, pp. 392—393.

86. 秦亚青:《国际关系理论中国学派生成的可能和必然》,第 9 页。

87. 秦亚青:《国际政治关系理论的几个假定》,载《世界经济与政治》2016 年第 10 期,第 20 页。

88. 不同于秦亚青所言的"理论在本文化中诞生"(秦亚青:《国际关系理论中国学派生成的可能和必然》,第 8 页),我将理论的"萌发"和"成型"("诞生")区分为两个不同阶段,并认为关于理论的最初想法萌发于某种特定的地缘文化,但当它成型落地即理论诞生时已并非纯然的本土产物。这是因为理论在初期创建过程中往往已然受到不同文化和蕴藉于不同文化的多种其他理论的影响。

89. 秦亚青指出,西方国际关系理论占据主导地位不在于其起步早,发展历史长,而是其刻意压制了不同的观点和视角,目的是维护自身的理论话语霸权,持续保持在知识生产中的垄断地位。参见秦亚青:《国际关系理论"全球转向"的实践意蕴》,载《中国社会科学报》2021 年 10 月 14 日,第 7 版。

90. 前述的学者们关于意识形态领域的新方案是对已有国际秩序的最大挑

战的观点亦强调了国际秩序现实与国际关系理论的不可分割性。尽管如此,本章要提请注意的是,在两者的演变过程中,它们的相关性并不意味着它们的同步性。

91. 阎学通将道义现实主义的核心问题设定为"崛起国是如何取代现行世界主导国的地位的,即世界权力中心转移"的问题。参见阎学通:《世界权力的转移:政治领导与战略竞争》,北京:北京大学出版社 2015 年版,第 3 页。

92. 阎学通:《国际关系理论是普世性的》,第 1 页。

93. 尚会鹏:《关于国际政治"关系理论"的几个问题——与秦亚青教授商榷》,第 135—136 页。

94. 同上文,第 136 页。

95. 2005 年,阿查亚和巴里·布赞在他们所组织的研究项目中提出了"为什么没有非西方国际关系理论"的问题。该项目的研究成果在 2010 年以论文集出版(Amitav Acharya and Barry Buzan, eds., *Non-Western International Relations Theory*: *Perspectives On and Beyond Asia*, London; New York: Routledge, 2010),参见秦亚青:《全球国际关系学与中国国际关系理论》,第 27—45 页。

96. Arlene B. Tickner and Ole Waever, eds., *International Relations Scholarship around the World*, Abingdon, Oxon; New York, NY: Routledge, 2009; Siddhart Mallavarapu, "Development of International Relations Theory in India: Traditions, Contemporary Perspectives and Trajectories," *International Studies*, Vol. 46, No. 1—2, 2009, pp. 165—183; Amitav Acharya and Barry Buzan, eds., *Non-Western International Relations Theory*: *Perspectives On and Beyond Asia*; L. H. M. Ling, "Worlds beyond Westphalia: Daoist Dialectics and the 'China Threat'," *Review of International Studies*, Vol. 39, No. 3, 2013, pp. 549—568.

97. Amitav Acharya, "Global International Relations(IR) and Regional Worlds: A New Agenda for International Studies," pp. 649—652.

98. Gunther Hellmann and Morton Valbjørn, "Problematizing Global Challenges: Recalibrating the 'Inter' in IR Theory," *International Studies*

Review，Vol.19，No.2，2017，pp.279—282.

99. K. M. Fierke and Vivienne Jabri, "Global Conversations: Relationality, Embodiment and Power in the Move Towards a Global IR," pp.506—535.

100. 安德尔和威特没有进一步想到与此相关的可能产生的多元普遍主义的逻辑不自洽,如果多个(两个及两个以上)被认为普遍有效的知识之间出现了冲突,那么冲突就意味着这些知识都只能是部分有效,这也是要求所有知识都具有全球普适性实际上难以成立的原因,即这些知识并不都是相融相洽或互不相干的。

101. Felix Anderl and Antonia Witt, "Problematising the Global in Global IR," *Millennium: Journal of International Studies*，Vol.49，No.1，2020，pp. 32—57.

102. David L. Blaney and Arlene B. Tickner, "Worlding, Ontological Politics and the Possibility of a Decolonial IR," *Millennium: Journal of International Studies*，Vol.45，No.3，2017，pp.293—311.

103. 秦亚青提出推动国际关系理论全球转向的两种主要路径:以阿琳·蒂克纳的后殖民国际关系理论为代表的批判路径(the critical approach)和以阿查亚、布赞的全球国际关系学为代表的兼容路径(the inclusive approach),参见 Yaqing Qin, "Introduction: The global turn in IR and non-Western IR theory," pp.1—26。安德尔和威特将非西方国际关系理论、后西方国际关系理论、后殖民国际关系理论称为全球国际关系学的"批判先驱"(critical precursors),但从其具体评析中不难发现,他们认为真正对主流国际关系理论持革命性的颠覆立场的只有后殖民国际关系理论,参见 Felix Anderl and Antonia Witt, "Problematising the Global in Global IR," pp.38—41。

104. 鲁鹏:《中国国际关系理论的两种建构路径:一项分析与评估》,第7—9页。鲁鹏强调,尽管阎学通对道义现实主义的核心问题有不同的设定,但考虑到其对中国和平崛起的肯定性结论,亦可被视作对秦亚青所提出的核心问题的一种回答。

105. Peter J. Katzenstein, "Is There a Chinese School of IR Theory?" p.1. 赵汀阳或许是个例外,他对当前的国际秩序持根本性的批判态度。例如,在布莱

尼和蒂克纳提出要抛弃"单一世界"逻辑后,也许赵汀阳关于"天下是一个可以容纳复数可能世界的世界"(赵汀阳:《天下的当代性:世界秩序的实践与想象》,第236页)的主张正好接应废而后建中关于"建"的表述。但赵汀阳关于国际政治的哲学思考具有一定程度的跨界性质,他并未直接参与建构中国国际关系理论的相关讨论,也未体现出对于"批判路径"的自觉。

106. 例如秦亚青在谈到这一普适性时提到了社会科学所普遍使用的理性选择(秦亚青:《国际关系理论中国学派生成的可能和必然》,第8页),很容易判断这里的"理性"正是个体理性,并非他所提倡的关系理性;普适性也是惯常理解中的普适性,即西式普适性。

107. 尚会鹏:《关于国际政治"关系理论"的几个问题——与秦亚青教授商榷》,第134—143页。

108. Amitav Acharya, "Dialogue and Discovery: In Search of International Relations Theories Beyond the West," *Millennium: Journal of International Studies*, Vol.39, No.3, 2011, p.621.

109. 彼得·卡赞斯坦在多元文明论的基础上论述了文明也是多维的,即一种文明内部存在多种文明的传统。参见 Peter J. Katzenstein, "A World of Plural and Pluralist Civilizations: Multiple Actors, Traditions, and Practices", in Peter J. Katzenstein, ed., *Civilizations in World Politics: Plural and Pluralist Perspectives*, Routledge, 2019, pp.1—40。

110. Yaqing Qin, "Introduction: The global turn in IR and non-Western IR theory," p.9.

111. 安德尔和威特指出,在全球国际关系学提出之前,尽管非西方国际关系理论、后西方国际关系理论、后殖民国际关系理论产生了深远的影响,却都未能改变主流国际关系学的现状,参见 Felix Anderl and Antonia Witt, "Problematising the Global in Global IR," pp.34, 37。

112. 中国国际关系学者就此相关讨论参见郭树勇、张笑吟:《习近平外交思想对中国学派发展的影响——基于国际关系理论史的视角》,第1—27页;徐进:《新时代中国国际关系学发展的内生动力、学术基础与学科框架》,载《国际观察》2023年第2期,第22—40页。

113. 唐士其：《政治学研究中的科学与人文》，第 54—55 页。

114. 关于如何寻求更高层次的普遍性，一个具有启发意义的例子是，当中国人理解了"气"，印度人理解了"普拉纳"（prana），古希腊人理解了"普纽玛"（pneuma），他们便不难达成关于生命在与环境的互动过程中不间断地形成新的生命状态的共同认知（陈纳慧：《国际关系学的"关系转向"：本体论的演进与方法论意义》，第 59 页）。这个例子说明，恰恰是基于不同的文化，可以有效发掘、理解和接纳普遍性，而这种普遍性的有效性就在于它始终是"自下而上"的。一旦采取"自上而下"的路径，普适性的解释力和普适性本身就很容易成为强加的需要削足而适的"履"。

115. Amitav Acharya, "Global International Relations（IR）and Regional Worlds：A New Agenda for International Studies," pp.650—651；"Regionalism beyond EU-centrism", in Tanja A. Börzel and Thomas Risse, eds., *The Oxford Handbook of Comparative Regionalism*, Oxford：Oxford University Press, 2016, pp.255—256.

116. Chengxin Pan, "Enfolding Wholes in Parts：Quantum Holography and International Relations," pp.14—38.

117. 值得强调的是，这里的部分与整体不仅是空间上的，也可以是时间上的。

118. 赵汀阳：《天下的当代性：世界秩序的实践与想象》。

第六章　全球国际关系学
与中国国际关系理论

秦亚青*

全球国际关系学的兴起是 21 世纪国际关系学领域的最重要的事件之一。这是一个学科发展倡议,目的在于反对西方在国际关系领域的话语霸权,支持非西方国际关系理论的创新,推进国际关系学科覆盖全球范畴,实现国际关系学科在全球范围内的平衡发展。中国国际关系理论的显著发展也是一件很有意义的事情:一方面,中国学者的努力表明非西方国际关系学界的原创性知识生产是完全可能的;另一方面,中国国际关系理论的建构也呼应了全球国际关系学倡议,成为全球国际关系理论大厦鲜明亮丽的组成部分。显然,全球国际关系学需要中国国际关系理论,中国国际关系理论的发展也需要全球国际关系学这个大平台。本章试图对这样一个有学术意义的学科图景加以描述和分析。

一、全球国际关系学的兴起

过去 20 年里出现了不少推动国际关系全球化的努力,[1]但首先正式提出创立"全球国际关系学"(Global International Relations,GIR)倡议的学者是阿米塔·阿查亚和巴里·布赞,其目的是要拓宽学科疆界,重构国际关系学,使之成

---

* 秦亚青,山东大学政治学与公共管理学院教授。

为"在多元基础上形成的全覆盖知识大厦"。[2]全球国际关系学的基本思想是兼容并蓄,根本原则是多元主义(pluralism)。它质疑西方国际关系理论的主导地位,提倡非西方国际关系世界发展新的理论和思想。但与此同时它也认为,西方国际关系理论依然是全球国际关系知识大厦的重要组成部分,我们不能也不应该排斥西方国际关系理论。

(一) 全球国际关系学发展演变的主要节点标志

全球国际关系学在其兴起与发展过程中具有三个重要的节点标志。

第一个节点标志是阿查亚和布赞2005年组织的一个研究项目,提出了"为什么没有非西方国际关系理论"这个重要问题。当今时代,全球化迅速发展,其影响遍及世界各个地方,而"国际关系理论却显然没有呼应研究对象全球化这一事实"。[3]"阿查亚—布赞项目"的学者主要来自亚洲,其研究成果最初发表在2007年出版的《亚太国际关系》杂志专辑上,后来又以论文集(《非西方国际关系理论:亚洲及其之外的观点》)的形式出版。[4]该研究项目对西方国际关系学长期以来所处的葛兰西式的霸权地位进行了深刻批判,认为国际关系学的这种现状不可接受,必须加以改变,而改变的基本方法就是"促使非西方思想者挑战西方国际关系理论的主导地位"。[5]

"阿查亚—布赞项目"提出了三个重要观点。其一,国际关系学作为一门学科过于西方中心化。国际关系理论的基础是西方哲学、政治学理论和历史文化,其所反映的内容是西方对世界的理解和诠释,并以其自身的方式框定了国际关系的研究边界。经典现实主义、自由主义和新自由主义、英国学派和建构主义,无一不是根植于欧洲历史、西方社会理论传统和实践。其二,非西方国际关系学科的发展在很大程度上被边缘化。尽管非西方国际关系理论并非完全不存在,但是由于西方已经占据了学科话语体系中的霸权地位,其他地区或是其他文化中产生的理论不是被压制就是被视为非理论。其三,需要鼓励非西方国际关系理论的发展,并展开和西方主流理论之间的对话。该项目认为,只有这样才能呼应和反映世界范围的全球化要求,才能产生尊重多元实践和不同历史与文化的国际关系理论。该项目还认为,非西方国际关系研究可以在地方性知识的基础上形成具有自身特色的理论,以解释西方国际关系理论日益难以解释和理解的国际关系事实,从而丰富国际关系知识的宝库。

第二个节点是 2014 年阿查亚当选国际研究学会(International Studies Association,ISA)会长的就职演讲,正式提出了全球国际关系学(Global International Relations,GIR)的名称和倡议。阿查亚不仅强调了建立全球国际关系学的必要性,也概括了全球国际关系学的意义、目的和重要内容。其中最重要的是,他提出了全球国际关系学应当具有的六个基本特征:一是要基于多元普遍主义;二是必须根植于世界历史而不是西方历史;三是包含而不是抛弃现有的西方国际关系理论;四是需要将地区主义和区域研究融合起来;五是要摒弃例外主义;六是要承认多元行为体的存在。[6]

全球国际关系学倡议认为,鼓励西方之外的国际关系理论研究和发展,以此拓宽国际关系学的研究议程,这对于全球国际关系学的健康发展具有非常重要的意义。该倡议还认为,通过将被边缘化的理论声音包含在国际关系学科话语之中的方式来丰富国际关系理论的知识宝库也是完全可能做到的事情。因此,在全球国际关系学研究议程上,鼓励发现新理论和新方法、研究世界多元历史、探索不同文明之间的互学互鉴之道,都应该成为国际关系理论走向真正全球意义上的学科的重要途径。其中,推动非西方国际关系理论的发展以形成国际关系学术话语的多样化形态尤其重要,因为只有这样才能使得这门学科真正具有全球意义。

第三个节点是 2019 年阿查亚和布赞在国际关系学科正式建立百年之际推出了新著,成为有力推动全球国际关系学发展的重要标志。2019 年出版的《全球国际关系学的构建:百年国际关系学的起源和演进》[7]一书重述了国际关系学科的发展历程。阿查亚和布赞两位学者在书中指出,虽然人们普遍认为 1919 年是国际关系学科的诞生年份,也就是国际关系学的第一次构建,但在 1919 年之前,实际上许多国际关系的思想和观点早就已经出现和存在了。但是,国际关系理论的思想根基是西方哲学和政治学理论,其实践依据是欧洲现代化的经验。此外,现代国际关系体系也是在欧洲首先形成的。因此,国际关系学的建立不仅是以当时的自由主义、社会主义、民族主义和所谓"科学"种族主义为思想启迪,而且是以欧洲的国际关系实践为基本依据的。在这一发展过程中,国际关系学的"核心—外围"格局逐渐形成并不断得到强化,其结果就是:"现在各种各样的国际关系理论只不过是从西方历史中抽象出来的思想而已。"[8]尽管外围地区很久之前就有诸多有关国际关系的思想和观点，即便是在第一次和第二次世界大战之间，中国、印度、日本和拉丁美洲国家也都出现了许多关涉国际关系和国家事务的思想和观点，但这些思想和观点都被国际关系的主流话语所忽视和掩盖，始终不能进入国际关系理论的话语体系之中。第二次世界大战之后，国际关系学出现了再次重构，其标志是国际关系学科越来越专业化，西方国际关系理论在该学科里的主导地位也再次得到确立和加强。与此同时，国际关系学科的重心也从欧洲转到了美国。[9]

1989 年之后，非西方国际关系学界的声音逐渐加强。这与全球化和非西方国家的崛起密切相关而且相互呼应。亚洲、拉丁美洲和其他地区都出现了这种迹象，这些地区的国际关系学者开始从自己的历史文化中寻找建构国际关系理论的灵感，国际关系学科多样化的迹象越来越明显，知识生产也因此而出现了新的多元主义发展空间。未来一段时间，国际关系学的发展会从西方中心向全球国际社会空间拓展。知识多样化不仅是多元主义的重要表征，同时也成为向真正意义上的全球国际关系学发展的基石。随着全球国际关系学的兴起，不少国际关系学的学者们开始质疑国际关系知识生产的西方中心主义做法，批评这样的学科现状无视并排斥非西方国际关系思想、文化、政治和历史，其结果只能是非西方的历史经验和现实实践被边缘化。[10]只有改变这一现状，全球国际关系学才能真正发展起来。

（二）全球国际关系学的学科意义和价值

创立全球国际关系学的倡议对国际关系理论学科的健康发展具有重要的意义和深远的影响。

1. 国际关系学应反映世界发展变化的现实

全球化已经成为世界发展的大趋势，尽管不时会出现逆全球化现象，但国际关系理论理应反映全球化这一基本现实，并且应在全球范围内实现平衡发展以响应全球化的发展要求。全球国际关系学者预测，虽然现在国际关系学科的话语主导权仍掌握在西方手中，但未来国际关系理论的发展必定会呈现出多样化的态势。值得注意的是，2015 年举行的"世界国际研究学会年会"是一个标志性转折,它不仅呼应了全球非西方地域学者的关切,而且还有意识地发出了建立真正意义上的全球国际关系学的声音。虽然阿查亚和布赞也指出,2015 年"是重要转折点,还是昙花一现,仍然有待时间的检验",但他们都相信"国际关系理论不仅需要更多地反映全球南方的现实,而且还需要朝着全球国际关系学的方向发展"。[11]

2. 非西方国际关系理论不仅应当快速发展,而且还要快出成果

现在的国际关系学科表现出了过度"欧洲中心"的状态,例如,美国和英国的理论话语主导地位被视为理所当然,而多样化的国际关系理论源泉往往被忽略。但是,知识生产应当面向世界各地的历史和文化,而不是仅仅依赖于盎格鲁—撒克逊传统。虽然国际关系理论的发展现在取得了一定的多样化成就,但这最多是一种"肤浅"的多元主义,不是"核心地带之内的多元化",因为主流西方国际关系理论继续处于主导地位,非西方国际关系研究继续处于使用本地区的数据来对西方理论进行验证的边缘状态。这种学科分工不仅会阻碍知识创新和再生产,而且还会导致西方国际关系理论研究之路越走越狭窄,不能全面反映全球国际关系的实际进程和真实面目。因此,国际关系学科现在更为迫切需要的是提出基于世界其他历史文化之上的理论,而不是继续维持"让非西方经验来验证西方理论"这种不科学的研究模式。

3. 全球国际关系学应当是一种开放性和兼容性的学科发展模式

这种模式的主要内容为:一是寻求对现有国际关系学的深入改革;二是包容核心和外围的国际关系理论发展;三是鼓励核心和外围的国际关系理论彼此交流沟通。全球国际关系学的倡导者明确指出,他们不是要以非西方国际关系理论取代现有的西方主流理论,因为国际关系学从根本上说是属于全球的学问,应包含西方和非西方以及全球任何地域历史文化的学术思想。全球国际关系学的主要倡导者还认为,检验全球国际关系理论的标准有两条:一是看其是否具有超越原产地的能力;二是看其是否可以解释更为广泛地区的国际关系事实。凡是符合这两条标准的理论都属于全球国际关系学的组成部分。

二、中国国际关系理论的界定

全球国际关系学的兴起对中国国际关系理论的发展有着非常积极的意义:

一方面,全球国际关系学是各种学派共生共存、互学互鉴的知识生产场所,必然需要中国的理论贡献;另一方面,中国国际关系理论的发展也需要与世界其他地区和国家的学界同仁和理论话语进行交流切磋,以便成为全球国际关系学科发展的重要内容和对国际关系知识作出的积极贡献。近年来,中国国际关系学者的努力也产生了比较明显的效果,并初步形成了一些具有自身特点的流派。但是,为了研究的目的和需要,本章认为对中国国际关系理论作出一个比较明确的界定十分必要。

一个可以操作的定义就是:"中国国际关系理论是使用中华文化背景知识中的思想资源,对国际关系实质性内容进行概念化、抽象化和通则化处理,进而形成逻辑自洽的思想体系。"这个定义主要包含以下几个内容。

(一) 中国国际关系理论是社会科学理论

既然是理论,就需要满足三个基本的理论条件。第一,理论是系统的思想。这就意味着它不是简单的灵感闪现或是零星的思想叠加。只有当纷繁的思想经过系统化而成为一个有机的整体之后,才能称之为理论。第二,理论包含概念化、通则化和抽象化的过程。这个过程也就是将思想系统化和理论化的过程。没有这些特征,也就难以产生学理理论。第三,理论关照的对象是国际关系领域的实质性内容。无论理论的启迪和灵感来自何处,理论讨论的内容必须是关涉国际事务的,尤其是国际事务中的重大问题,比如战争与和平问题、全球治理问题等。在这一基本理论定义的问题上,中国国际关系理论与任何其他国际关系理论没有差异。

这里需要指出的是,关于国际关系理论的界定一直存有争议。由于"二战"之后国际关系理论发展的重心转移到了美国,以行为主义为主流的美国国际关系理论成为理论的标识。这样一来,国际关系理论的界定就走进了一个极其狭窄的空间,大部分理论思考因而被排斥于国际关系理论之外。[12]这种实证主义或后实证主义的理论界定至少是不完全的,不能涵盖整个理论范畴。依照实证主义或后实证主义原则建构的理论是理论,但以其他方式建构的理论同样是理论,比如偏重历史和政治思想史的英国学派。因此,基于将理论界定为系统的思想这一定义,本章认为:只要是经过概念化、通则化、抽象化处理的系统思想都在理论之列。换言之,国际关系理论既包含以因果关系论述验证的理论,也包括诠释学意义上的解读性理论。[13]在当下西方主流国际关系理论占据话语主导地位的时候,广义的理论定义可以涵盖不同的本体论、认识论和方法论路径,因而更有利于全球国际关系学多元格局的形成。

(二) 中国国际关系理论根植于中华文化的实践和背景知识

这是一个核心的定义性特征。它意味着一个国际关系理论是否中国国际关系理论主要取决于理论的思想资源是否来自中华文化、历史、思想和实践。人们之所以使用"西方主流国际关系理论"这一表述,就是因为这些理论的依据主要是西方文化、历史、思想和实践。[14]比如,个体理性是西方许多社会科学理论的基本假定,而这个核心概念则是深嵌于西方文化历史传统之中的,也是西方社会背景知识之中的元素。

这就关涉"背景知识"和"实践共同体"等诸多来自实践理论的概念。实践理论的一个重要观点是人的行为主要依赖背景知识,亦即在实践中形成、在实践中显现并且又反过来引导人的实践的知识。[15]背景知识就像一只"看不见的手",它不仅建构了一个共同体的意义结构,而且还能够使这个共同体成员的实践行为在宏观层面上表现出高度的相似性,而这个共同体就是实践共同体。[16]简言之,具有共同背景知识的共同体就是实践共同体。如果将文化定义为共同背景知识,那么典型的实践共同体恰恰是基于文明的文化共同体。理论建构是理论学者的实践行动,必然反映他所生活的实践共同体或曰文化共同体的背景知识。[17]

实践理论衍生出一个重要观点,即任何社会理论都是起始于地方性知识,其普适性最多只能是有限普适性,而完全意义上的普适性是不存在的。[18]西方主流国际关系理论的思想资源主要是欧美社会的背景知识,其核心概念,诸如民族国家、主权、安全等,也都主要来自威斯特伐利亚国际体系的实践。据此,中国国际关系理论的思想资源是由历史文化和实践经验积淀而成的共同背景知识,比如中国的文化、历史和实践。由于我们所处的世界是一个多元文化共同体并存的世界,其实践活动自然多种多样,这就为多元社会理论的产生提供了非常丰富的思想资源,同时也为全球国际关系学提供了坚实的依据。

(三) 中国国际关系理论是全球国际关系知识生产领域的一个重要组成部分

中国国际关系理论不仅具有自身的特色,而且还与其他不同地缘文化中的国际关系理论学派是一种共生共存、互学互鉴的关系。也就是说,中国国际关系理论是全球国际关系学诸学派中的一个学派,或称"中国学派"。[19]既然文化共同体的背景知识对于国际关系理论的建构有着重要的影响,既然当今世界是一个多元文化共同体并存共生的世界,既然社会实践的方式多种多样并且处于不断发展演进的过程之中,那么社会知识生产的空间也一定是多元并存的,这就为理论的创新提供了无限的可能性。

知识生产空间是一个多重宇宙,不同地域文化都可以产生有意义的国际关系理论。比如,西方主流国际关系理论所广为接受的个体理性是西方文化中非常重要的背景知识,现实主义和自由主义都明确以个体理性为基本假定,而建构主义则表现了比较含蓄的个体理性预设;但是在儒家社会中,伦理关系成为共同背景知识中的重要成分,显示出比个体理性更为突出的文化特性。[20]再比如,西方国际关系理论的一个核心概念是主权,由平等主权国家构成的国际社会是无政府社会,因此,无政府性就成为许多国际关系理论的第一推动。但是,在历史上与威斯特伐利亚体系同时存在的东亚国际社会则更是一种天下体系,无论是东亚的朝贡体系还是日本江户时代的准国际关系体系,都没有个体国家主权和无政府性的概念。[21]这一方面说明主流国际关系理论具有地方属性和文化印记,另一方面也表明了国际关系理论在其他地域文化体系中产生是完全可能的事情。使用中国国际关系理论或"中国学派"这个术语,本身就是承认国际关系理论的多元化和多样性。

以上对中国国际关系理论定义的说明也包含了发展中国国际关系理论的一些重要原则和特征。中国国际关系理论是一个开放的体系,在汲取中华文化背景知识中的精华的基础上,努力在与其他国际关系理论学派和思想的对话中不断发展和丰富自己。汲取精华,不是机械地照搬中华文化传承下来的知识和概念,而是与时俱进地对其凝练和升华,使之成为对当今世界的关照性解释和进步性理解。中国国际关系理论的共同特征——借鉴中华文化的背景知识——使其具有了中华文化的鲜明特性,通过与其他国际关系理论学派的切磋交流,不仅可以使得中国国际关系理论能够不断发展演进,而且还可以在理论上更具创新性。此外,中国国际关系理论在发展过程中,还应积极寻求超越性意义,通过超越知识生产的本土空间,以获得比较广泛的普适性。本章认为,发展中国国际关系理论的终极目标是建立真正意义上的全球国际关系学。其间,各种理论学派和学术思想可以平等地存在、发展、沟通和辩论,最终消解国际关系理论在西方/非西方问题上的界限,当然也包括消解中国/非中国这些特定时期的标识,以便形成真正意义上属于全球和人类的知识体系。当然,这样的知识体系一定是不断进化发展的,同时也是多元的和多样的,必然能够表现出人的能动性的无限可能和人类知识生产的无边疆域。

三、中国国际关系理论的发展:进步与质疑

中国国际关系理论在近几十年里取得了重要的进展。客观上讲,国家间实力的消长、非西方国家的崛起,尤其是新型发展中大国的群体崛起,导致全球实力格局或力量对比态势发生了重要的变化,从而使得世界的眼光开始转向非西方世界。中国作为当今世界第二大经济体出现在世人面前,尤其引人关注。在此背景下,中国国际关系学界主观上重新发掘自身历史、文化、实践、传统的意识增强,比如中国学者在国际关系学科发展的过程中,始终具有理论意识,希望在知识生产领域做出创新性贡献。[22] 与此同时,西方国际关系理论的不充分性问题,亦即不能或是不能充分解释其他地缘文化中国际关系的事实,也在全球化和非西方国家发展过程中进一步凸显出来,从而为中国国际关系理论的发展提供了充分的学理依据。

(一) 中国国际关系理论的主要特点

从客观上讲,中国国际关系理论的发展势头良好,目前已经取得了令人瞩目的成就,并初步形成了以下主要特点。

1. 中华文化背景知识资源是构建中国国际关系理论的思想基础

本章认为,目前中国国际关系理论的三个流派——天下体系理论、关系理论和道义现实主义理论——都"使用中华文化背景知识中的思想资源"作为构建中

国国际关系理论的基础。这是一个非常明显的共同特点。[23]尽管这三种理论在观点上有所不同，在推理和分析方法上也存在很大的差异，但是它们的共同特点就是都使用中华文化背景知识资源。例如，天下体系理论的根本是"无外原则"；关系理论的核心是"关系性"；道义现实主义理论的要素则是"道义"。而这三个核心要素在很大程度上代表了中国传统文化思想的核心概念，也恰恰是这些理论的创新点和突破点。

2. 中国国际关系理论具有内部多样性的特征

中国国际关系理论的第二个特点是它的多种多样性。比如，上海学者积极构建的"共生理论"，大量借鉴了中华文化——尤其是儒家思想——的重要观点，强调世界的多元本质，指出世界在思想文化等诸多方面不能归一。因此，人类世界应当在这种多元思想的基础上提倡共生性和平与合作。[24]再比如，叶自成教授关于中国古代外交思想的研究，从春秋战国这个准国际体系的时代入手，在融合中国传统思想要素的基础上，以中国的思维和行为方式来分析中国外交的特点。[25]在方法上，中国国际关系理论也更加采取了中西交互格义的方式，将中华文化的传统理念与西方国际关系理论和哲学思想交互使用，追寻"世界主义"的终极目标。这说明中国国际关系理论也是在与世界其他地域的国际关系理论和社会理论的交流切磋中发展起来的。

3. 中国国际关系理论是一个开放性理论体系

中国国际关系理论的构建和发展不会局限于中国大陆的学者及其研究成果。广义上讲，凡是使用中华文化背景知识的国际关系理论都属于中国国际关系理论。中国台湾地区的石之瑜和黄琼秋教授以双边关系主义为基本内容，以实证的方法讨论了国家之间的关系，尤其讨论了中国的对外关系，"关系"一词构成了其理论著述的基本概念。他们认为，国际关系理论发展中的"关系转向"与关注个体利益、假定自助性国际体系等西方国际关系主流理论形成了鲜明的对比。[26]美国华裔学者凌焕铭主要是通过借鉴道家的辩证法思想，分析国际事务中的"自我—他者"关系、全球治理等重要问题，批判了西方中心主义和二元对立的思维方式。[27]这些研究成果都应该归于中国国际关系理论的范畴之列。

中国国际关系学者在理论构建上的努力还有许多，这里无法一一列举。但是无论如何，中国国际关系理论的发展和取得的成果受到了世界学界的高度关注,也得到了积极的评价。布赞认为,现在虽然还有许多不确定因素,但"中国国际关系理论或许是非西方世界里令人印象最为深刻的理论建构,已经成为非西方国际关系理论最重要的来源"。[28]阿查亚也认为"中国国际关系理论极大地丰富了整体意义上的国际关系理论和国际关系学科,尤其是对构建全球国际关系学的努力作出了贡献"。[29]在近年来一些西方学者的学术专著中,中国国际关系理论论述也得到了高度关注和认真讨论。[30]从学理探讨角度而言,中国国际关系理论的发展的确取得了很大的进步,过去在西方学术界流行的那种"中国国际关系研究成果只是深度新闻报道不是理论创新"的说法现在已经不多见了。

(二) 中国国际关系理论面临的主要质疑

从另一方面看,随着中国国际关系理论的进一步发展,质疑的声音也随之出现,归纳起来主要表现在以下几个方面。

1. 关于"二元对立"问题

虽然全球国际关系学倡导者一直使用"西方/非西方"的分类方法,但有学者认为,以简单的"二元两分"的办法对国际关系理论进行分类是错误的。如果将国际关系理论划分为"西方/非西方"两个部分,那么显然是一种非常简单的划分方法,势必具有误导性。所以采取兼容并蓄而不是非此即彼的方法对待国际关系理论的发展也许会更加有利于知识生产。[31]也有学者认为,如果使用"西方/非西方"的分类方法,可能会进一步加强西方中心主义在国际关系理论中的主导地位,更加使得西方之外的理论没有立足之地。[32]本章认为,在全球国际关系学视野中,中国国际关系理论属于非西方理论,但又是发展势头比较好的理论,所以,这种质疑自然把建构中国国际关系理论作为"二元对立"的典型案例。

2. 关于"中国中心论"问题

从后现代和后殖民时代的视角来看,任何"中心"的建立对于任何理论的构建都是有害无益的。因此,在国际关系理论发展领域,建立某一种"话语中心"或是"话语霸权",都会阻碍国际关系领域的知识生产。现在,世界国际关系学科的主要问题是"美国中心论",或称"盎格鲁—撒克逊中心主义"。根据批判理论的分析,这绝不仅仅是西方的国际关系理论建设比其他地区开始得更早、研究体制和机制也更为完善而占据了先进的地位或中心的地位,而是主导话语有意识压制边缘话语、强化知识生产领域形成对其有利的国际分工以确保自身永久拥有知识霸权地位的产物。这才是问题的实质所在。所以一旦中国国际关系理论发展起来，势必也会出现类似美国的情况，形成新的"理论话语中心"，最后可能呈现出所谓"西方和中国两种例外主义"的"话语中心"。[33]

3. 关于普适性和特殊性之间的关系问题

一些国际关系理论学者，尤其是主流国际关系理论学者，一直坚持只有具有普适性意义的理论才是理论。也就是说，理论无论是在何种地缘文化中产生出来的，都必须具有超越原产地的能力，不仅可以解释当地的国际关系事实，而且也要能够解释其他地方的国际关系事实。即便是全球国际关系学的主要倡导者，也认为理论必须能够"全球旅行"才能成为真正的理论，即理论必须具有全球范围内的解释力，必须能够"周游世界"，同时还必须将反对"例外主义"作为其基本原则之一。[34]据此推理，既然美国国际关系理论是"例外主义"的主题叙事理论，那么中国国际关系理论同样也会产生"例外主义"情景的可能性。

（三）对主要质疑声音的回应

上述现象和问题的确需要我们加以关注。这里，本章就此做出一些必要的说明和澄清，以回应那些对中国国际关系理论建设和发展的质疑。

第一，中国国际关系理论的建构有可能导致"二元对立"，但是也有可能产生"二元互补"。众所周知，"二元对立"结构的形成需要满足两个条件。一是必要条件，即需要存在两个不同的"元"，比如男性和女性、西方和非西方等。这是一个事实陈述，只表述了差异二元的存在和共在。二是充分条件，即这两个不同的"元"之间的关系性质如何。只有这种关系是处于相互排斥、相互冲突的状态下，才能称之为"二元对立"结构。如果两个"元"之间的关系是处于相互包容和相互合作的状态，那么这就不是一种"二元对立"关系，而是一种"二元互补"关系。[35]比如，当亨廷顿(Samuel Huntington)将世界分为不同文明的时候，他并没有建立一个"二元/多元对立"的结构；但当他把这些文明之间的关系本质界定为必然冲突的时候，就明确表现了一种"二元/多元对立"的思维模式。[36]我们使用"西方/非西方"的说法，更多的是表达一种具有两种差异物的存在和共在状态。[37]二元并存互补但不相互对立，这是中庸辩证法的精髓所在，是"both-and"结构，而不是"either-or"结构。中庸辩证法一方面承认差异两极的存在,也承认两极之间的互动是生命发展的原动力,但反对两者之间具有对立、冲突、不可调和的关系。[38]正如郝大伟(David Hall)和安乐哲(Roger Ames)在分析中国辩证思维的时候所说的那样,中国从来就不存在"二元对立"的思维定势。[39]因此,"西方/非西方"的分类可能会导致"二元对立"结构,但同样也可能产生"二元互补"的对话沟通结果。中国国际关系理论的发展从本意上就是希望看到切磋促进、"二元互补"的共赢结果。

第二,"中国中心论"的观点难以成立。中国国际关系理论出现多种思想和观点共存而不是互斥、对话而不是对立的状态,正是从根本上"去中心"努力所产生的效应。如果说现在国际关系理论发展的最大问题是葛兰西式的话语霸权,那么产生更多的、并存互动的所谓"中心"恰恰有利于推动"去中心化"的过程,而且在理论领域里存在"多中心"状态本身就是"去中心"努力的结果或产物。用中庸辩证法中共生互补的观点来解释,非西方国际关系理论发展不仅有利于国际关系领域整体知识生产,也有利于西方国际关系理论的进一步发展。进一步说,现在除了西方以外的其他地方国际关系理论的发展明显滞后外,中国国际关系理论实际上也是处于一种刚刚起步的阶段。发展中国国际关系理论,恰恰是为理论构建和知识创新提供一个机遇,为争取与世界国际关系理论学界展开平等对话提供一个平台。"中心意识"的确不利于知识生产,但如果现在就将中国国际关系理论的初步发展视为"中国中心论"的表现,则很有可能使刚刚起步的中国国际关系理论过早夭折。这种看法和主张所产生的负面效果对于其他非西方国家的理论发展也是一样。正因为如此,全球国际关系学倡议才能够以"去中心主义"和葛兰西式的霸权为理由,鼓励非西方国家国际关系理论的发展和创新,进而在世界范围内产生了重要的学术影响力。本章认为,将国际关系理论发展分为"西方/非西方"的目的是鼓励发现和推进西方之外的国际关系知识生产,推动出现百家理论兼容并蓄的知识繁荣状态,从而最终消除"西方/非西方"这类特定发展时期的表达方式。

第三,普适性和特殊性的关系的确存在,但关键是要承认国际关系理论的有限普适性这一前提事实。根据实践理论的基本假定,地方性实践在理论建构中具有关键作用,其所用社会理论首先是地方性知识。西方国际关系理论如此,非西方国际关系理论也是如此。因此,所有国际关系理论的初始构建都是建立在具有特殊性意义的地方性知识之上的。迄今为止,我们所看到的国际关系理论也都是在一定范围内适用的理论,比如均势理论是建立在欧洲国际关系实践基础上的一种国际关系理论,尽管它较好地解释了欧洲的国际关系事实,但难以解释东亚的国际关系事实,因为欧洲历史上的国际关系实践毕竟不同于东亚历史上的国际关系实践。美国的三大国际关系理论——现实主义、自由主义和建构主义——也都是在一定范围内解释国际关系的事实,并不具有全球普适性。从这个意义上说,现有国际关系理论只能做到有限普适性,而无法做到充分普适性。既然西方比较成熟的国际关系理论也只能做到有限普适性,那么我们就没有必要苛求非西方国际关系理论从一开始就具有完全普适性。鉴于此,本章认为,非西方理论发展在起步阶段首先要做到的是能够解释本土现象或本地区的国际关系事实,然后随着理论的不断深入发展,再不断获得范围较广的普适性意义,而那些完全没有超越本土能力的理论在这一发展过程中自然也会被淘汰掉。这是一个规律,同时也是减少和克服理论发展过程中普适性和特殊性关系矛盾的根本途径。

四、结　语

全球国际关系学视野中的理想国际关系学科是一个百家争鸣、百花齐放的知识大厦,包含世界不同地域文化的国际关系理论,在互学互鉴和交流切磋中不断提升国际关系领域的知识生产水平和增强人类对国际事务的认知能力。当然,现今世界的国际关系学科中的知识话语霸权仍然十分突出,远远没有达到全球国际关系学的理想状态。但是进入21世纪以来,非西方国际关系理论已经表现出明显的发展迹象和一定的研究成果,中国国际关系理论的发展就是一个有意义的典型个案。总的来看,对于中国和非西方国际关系理论来说,战略机遇和严峻挑战同时存在,但是否能够推进国际关系的知识生产成为整个人类的实践活动,还是遭遇昙花一现的命运,最终可能还是要取决于知识生产者的能动创新能力和持续努力。

(原载《国际观察》2020年第2期)

注释

1. 比如阿琳·B. 蒂克纳及其同事发起的研究项目。参见 Arlene B. Tickner and Ole Wæver, eds., *International Relations Scholarship around the World*, London and New York, Routledge, 2009; Arlene B. Tickner and David L. Blaney, eds. *Thinking International Relations Differently*, London and New York: Routledge, 2012; Arlene B. Tickner and David L. Blaney, eds. *Claiming the International*, London and New York, Routledge, 2013。

2. Amitav Acharya, "Global International Relations (IR) and Regional Worlds: A New Agenda for International Studies," *International Studies Quarterly*, Vol.58, No.4, 2014, pp.3—4.

3. Ibid., 2014, p.1.

4. Amitav Acharya and Barry Buzan, eds., *Non-Western International Relations Theory: Perspectives on and beyond Asia*, London and New York: Routledge, 2010.

5. Ibid., p.2.

6. Amitav Acharya, "Global International Relations (IR) and Regional Worlds."

7. Amitav Acharya and Barry Buzan, *The Making of Global International Relations: Origins and Evolution of IR at Its Centennial*, Cambridge: Cambridge University Press, 2019.

8. Ibid., p.36.

9. Ibid., pp.138—142.

10. Ibid., p.286.

11. Ibid., p.295.

12. Martha Finnemore, "Exporting the English School," *Review of International Studies*, Vol.27, No.3, 2001, pp.509—513; Robert Keohane, "International Institutions: Two Approaches," in Robert Keohane, *International Institutions and State Power*, Boulder: Westview, 1989, pp.158—179.

13. Silviya Lechner and Mervyn Frost, *Practice Theory and International Relations*, Cambridge: Cambridge University Press, 2018.

14. Barry Buzan, "How and How Not to Develop IR Theory: Lessons from Core and Periphery," *The Chinese Journal of International Politics*, 2018, pp.1—24, doi: 10.1093/cjip/poy013.

15. Theodore R. Schatzki, eds., *The Practice Turn in Contemporary Theory*, London and New York: Routledge, 2001; Vincent Pouliot, "The Logic of Practicality: A Theory of Practice of Security Communities," *International Organization*, Vol.62, No.2, 2008, pp.257—288; Emanuel Adler and Vincent Pouliot, eds., *International Practices*, Cambridge: Cambridge University Press, 2011.

16. John R. Searle, *The Construction of Social Reality*, New York: The Free Press, 1995, p.129.

17. Qin Yaqing and Astrid Nordin, "Relationality and Rationality in Confucian and Western Traditions of Thought," *Cambridge Review of International Affairs*, 2019, https://doi.org/10.1080/09557571.2019.1641470.

18. 秦亚青:《国家行动的逻辑:国际关系理论的知识转向及其意义》,载《中国社会科学》2013 年第 6 期,第 182—198 页。

19. "中国学派"包含外在多元性和内在多样性两个特征:外在多元性是指"中国学派"是全球国际关系理论知识领域的一个组成部分,而全球国际关系理论应该是一个包含多种学派和分支的总体知识体系;内在多样性是指"中国学派"虽然都是借鉴中华文化背景知识并且要进行理论创新的,但同时又可以是借鉴不同的背景知识要素,因而可以表现出多种多样的理论观点。

20. 梁漱溟:《中国文化要义》,上海:上海人民出版社 2011 年版,第 76—91 页。

21. Erik Ringma, "Performing International Systems: Two East-Asian Alternatives to the Westphalian Order," *International Organization*, 2012, Vol.66, No.1, pp.1—25.

22. 参见郭树勇主编:《国际关系:呼唤中国理论》,天津:天津人民出版社 2005 年版。

23. 参见 Zhao Tingyang, translated by Liqing Tao, *Defining A Philosophy for World Governance*, Palgrave, 2019；Yan Xuetong, *Ancient Chinese Thought*, *Modern Chinese Power*, Princeton：Princeton University Press, 2011；Yaqing Qin, *A Relational Theory of World Politics*, Cambridge：Cambridge University Press, 2018。

24. 任晓：《走向世界共生》，北京：商务印书馆 2019 年版；任晓编：《共生：上海学派的兴起》，上海：上海译文出版社 2005 年版；苏长和：《从关系到共生：中国大国外交的文化和制度诠释》，载《世界经济与政治》2016 年第 1 期，第 5—25 页。

25. 叶自成：《春秋战国时期的中国外交思想》，香港：社会科学出版社 2003 年版。

26. Chih-yu Shih, "Relations and Balances：Self-restraint and Democratic Governability under Confucianism," *Pacific Focus*, Vol.29, No.3, December 2014, pp.351—373；Chih-yu Shih and Chiung-Chiu Huang, "China's Quest for Grant Strategy：Power, National Interest, or Relational Security?" *The Chinese Journal of International Politics*, Vol.8, No.1, 2015, pp.1—26；Chiung-Chiun Huang and Chih-yu Shih, *Harmonious Intervention：China's Quest for Relational Security*, England：Ashgate, 2014.

27. 参见 L. H. M. Ling, "Worlds beyond Westphalia：Daoist Dialectics and the 'China Threat'," *Review of International Studies*, Vol.39, No.2, 2013, pp.549—568；Shannon Brincat and L. H. M. Ling, *Dialectics for IR：Hegel and the Dao*, Globalizations, 2014, http://dx.doi.org/10.1080/14747731.2014.940246。

28. Buzan, "How and How Not to Develop IR Theory：Lessons from Core and Periphery."另参见［加拿大］阿米塔·阿查亚、［英］巴里·布赞：《迈向全球国际关系学：国际关系学科的百年反思》，张发林译，载《中国社会科学评价》2019 年第 4 期，第 32 页。

29. Amitav Acharya, "From Heaven to Earth：'Cultural Idealism' and 'Moral Realism' as Chinese Contributions to Global International Relations,"

The Chinese Journal of International Politics,2019,doi:10. 1093/cjip/poz014.

30. Emilian Kavalski, *The Guanxi of Relational Theory*, London and New York:Routledge, 2018; Tickner and Blaney, *Claiming the International*; David M. McCourt, "Practice Theory and Relationalism as the New Constructivism," *International Studies Quarterly*, Vol.60, No.3, 2016, pp.475—485.

31. Peter Katzenstein, "The Second Coming? Reflections on A Global Theory of International Relations," *The Chinese Journal of International Politics*, 2018, pp.1—18, doi:10.1093/cjip/poy012.

32. Oliver Stuenkel, "Toward A 'Global IR'? A View from Brazil," paper presented at the Conference of Global International Relations and Non-Western IR Theory, China Foreign Affairs University, April 24, 2018.

33. Stuenkel, "Toward A 'Global IR'? A View from Brazil."

34. Acharya, "Global International Relations(IR) and Regional Worlds."

35. Qin Yaqing, "A Multiverse of Knowledge:Cultures and IR Theories," *The Chinese Journal of International Politics*, 2018, pp.415—434, doi:10. 1093/cjip/poy015.

36. Samuel Huntington, "The Clash of Civilizations?" *Foreign Affairs*, Vol.72, No.3, 1993, pp.22—49.

37. 语言是很有意思的一种实践。在中文里面,没有英文"versus(vs.)"的对等词,所以,英文中的"West vs. non-West"在中文中的表达往往只能是"西方和非西方"或"西方/非西方"。而"versus"确有"二元对立"的含义。这可能从语用学的角度验证了以下郝大伟和安乐哲的观点。

38. 关于中庸辩证法的详细讨论,参见 Qin Yaqing, *A Relational Theory of World Politics*, pp.152—194。

39. David Hall and Roger Ames, *Thinking from the Han*, Albany:State University of New York Press, 1998.

第二部分　关系主义视阈下的权力、规范与治理

第七章　东盟人道主义援助本土化的演进

——以关系性权力的运作为视角

李垣莹[*]

一、人道主义援助本土化:问题缘起与既有解释

人道主义领域的"本土化"并不是一个新概念,它通常被作为一个总括性术语,指涉所有与地方行为体有关的活动。[1]2016 年世界人道主义峰会之后,人道主义援助本土化倡议获得广泛关注,但是国际援助机构和以东盟为代表的地方行为体[2]根据各自偏好与预期对这一流行词进行了不同的解读。这种差异不仅主导了不同层面的本土化实践,还塑造了相关研究的不同分析视角。

(一) 关于"本土化"的分歧:由谁主导及如何落实?

长期以来,国际人道主义行动和规范以自由主义为核心,强调"国际的优越性"和"拒绝援助的禁忌"。[3]"国际的优越性"体现为西方捐助国、国际组织和非政府组织构成的精英俱乐部通过制定人道主义行动的规则和控制其运作,对世界如何应对紧急情况拥有真正的权力。[4]因此,国际人道主义者强调国际援助应不受阻碍地接触受灾人群,国家或地方当局拒绝援助则被视为邪恶的行为。过去十余年间,气候变化、环境退化、传染病扩散和局部冲突等多重危机叠加,导致全

* 李垣莹,河南师范大学政治与公共管理学院副教授,世界和平与发展研究院研究员。

球人道主义形势充满不确定性，"远程控制"式的自由主义架构难以适应日益复杂的援助需求。为了更好地应对挑战，2016 年举办的首次世界人道主义峰会（下文简称"峰会"）提出了人道主义援助本土化倡议。时任联合国秘书长潘基文在峰会上指出，地方行为体通常最了解社区的深层脆弱性和优先事项，能够获得最弱势民众的信任并接触到他们。但此前国际社会几乎只向国际组织提供资源，对地方能力和第一反应者（first responder）的承认与直接支持远远不够。[5]因此，本土化倡议确立了"尽可能地方化、必要时国际化"（As Local as Possible, As International as Necessary）原则，强调国际援助应加强而非取代地方系统，应补充地方行为体的应对能力，避免建立可能破坏地方能力的平行结构。[6]

为了推进本土化，与会的捐助国和援助机构签署协议，提出向地方转移更多的权力、提供更多的直接资金。但在具体实践中，针对人道主义融资结构、各种会议和集群结构的改革措施却难以落实，向地方赋权终究流于口惠。其根本原因在于，峰会虽然做出了本土化承诺，但强调"国际行为体将继续发挥至关重要的作用"。[7]很显然，自由主义框架下的"本土化"是以国际为中心的改革议程，而不是扎根于当地并由其驱动的变革。这反而强化了正式的人道主义系统对地方行为体的排斥，使他们的优先事项和利益处于从属地位。[8]研究显示，2020—2021年直接提供给地方的资金不仅没有提高，反而下降了一半，制度和体系层面的本土化进展仍旧缓慢，地方行为体对国际合作伙伴改变做法的时间过长感到越来越失望。[9]

地方行为体对本土化倡议表示欢迎，但希望当前人道主义体系的运作方式可以发生更大、更彻底的变化，真正提高地方的自主性和决策权。东盟被公认为在新的人道主义实践中处于领先地位。[10]作为一个自然灾害频发的地区，东盟也曾接受"国际的优越性"和供应驱动的援助，但在过去十多年中，东盟对这种不请自来和无法拒绝的善意越来越谨慎和排斥。因此，东盟对本土化倡议的回应是将地方自主置于议程的中心，强调这是一个承认、尊重与加强国家和地方行为体在人道主义和灾害应对中的领导和决策独立性的过程。[11]与自由人道主义体系的改革困境形成鲜明对比的是，东盟在经历重大自然灾害的过程中，不断反思和调整应对方式，不仅提升了人道主义行动的质量，还逐渐确立起具有典型本土性的人道主义实践模式。至少在这个地区，关于何时和如何进行本土化的决定权正被从国际行为体手中夺走。[12]这充分说明,东盟不是国际援助机构的"辅助力量",而是本土自主实践的领导者。东盟人道主义实践促使越来越多的研究者反思自由主义方案的普遍有效性,开始探讨地方自主对于提升本土韧性和应对能力的重要意义。

总体上说,人道主义援助本土化的争论焦点是地方在危机反应中的地位和权力。人道主义议程长期以北方为中心,忽略了最直接塑造"地方"的南方背景和历史。[13]本土实践与国际实践的重要区别在于,地方背景知识和地方能动性在实践过程起到主要的塑造和推动作用。[14]因此,对东盟人道主义实践的过程追踪,对于理解地方行为体在回应国际规范和塑造国际实践中的能动性具有非常重要的意义。值得进一步思考和探讨的问题是,国际行为体自上而下的本土化议程为何在实践中效果不彰?而处于权力弱势地位的东盟是通过什么样的方式调动自身能动、提升应对能力,并主动塑造人道主义议程的?

(二) 既有研究述评

结合上述研究问题,本章从两个方面回顾相关文献:一是国际人道主义体系的改革难以推进的原因,二是以东亚为代表的"地方"在人道主义实践中的自主诉求和相关实践。

第一类研究是国际行为体视角。这类研究普遍认为根深蒂固的权力失衡是阻碍本土化进程的主要原因。国际组织相对于国家来说是拥有权力的一方,[15]它们垄断了资源、权威和决策权。[16]自上而下的改革往往因难以突破传统架构的权力惯性而陷入困境。一些国际援助机构以对人道主义原则的关切为由,不愿意将权力和责任移交给可能成为资金竞争者的地方组织。[17]有学者认为,不对等的伙伴关系是造成权力失衡的深层原因。国际援助机构和地方行为体之间按照赠款/服务合同形成了一种"承包—分包"关系,不断强化体系的权力失衡。[18]援助机构提供的议程只是为了证明预先商定的方案,"参与者名单并不代表真正的参与过程"。[19]对捐助方"向上负责"的工作方式会导致监督与评估程序脱离实际,甚至将当地组织置于危险之中。[20]如果不改变当前这种自上而下的关系模式,那么当地合作伙伴无法发挥主导作用的挫败感将越来越强。[21]因此,本土化的关键在于国际和地方之间实现真正的能力互补,但相关研究和实践的进展仍很缓慢。

第二类研究是地方行为体视角。这类研究发掘了地方行为体在人道主义援助中的能动性和自主实践。近年来,西方主导的霸权式自由主义架构受到非西方世界的质疑和挑战。东亚地区推动了自由人道主义规范的"去全球化",将危机反应的中心位置移回国家,使双边和区域支持优先于(国际)多边倡议。[22] 东南亚国家在叙事实践中协商、争论和传达其有关区域人道主义秩序的主张,并使之合法化、制度化。[23] 东盟和西非国家经济共同体的案例显示了区域组织日益增长的人道主义雄心。[24] 西南太平洋和东南亚两个次区域的灾害治理机制能够协同互补,有望共同塑造全球议程的前景。[25] 但是这些研究未能在经验事实的基础上追问和探究地方重塑规范或创设制度的权力来源及具体运作机制。

总之,现有关于人道主义援助本土化的研究缺乏对地方主体地位的重视。第一类研究强调本土化要依靠国际行为体的理性、决心和行动。在自由人道主义语境中,国际和地方分别扮演"援助方"和"受援方"的角色,后者被视为被动反应的客体,而非推动有意义变革的主体。这种二分角色结构隐含了一种"非信任"假定。研究者考虑的仍然是如何将国际层面的经验和资源移植到地方,而不是关注地方已经做出的有价值的努力。第二类研究虽然初步探讨了地方能动与自主,但尚未就地方塑造国际实践的实际路径进行系统深入的学理分析。因此,接下来要探讨的理论问题是,如果自上而下的权力分享难以实现,本土自主实践能否生发出可资利用的权力资源? 这种权力的运作如何推进地方主导的本土化进程?

二、关系性权力、地方自主与人道主义援助本土化

人道主义援助本土化的实质是权力在国际和地方之间的重新配置。国际行为体推行的本土化是对现行制度的小修小补,而地方行为体则希望从前者手中拿回危机反应的中心地位和决策权。这就需要地方调动自身能动性、主动发掘塑造领导力的权力资源。世界政治的关系理论为认识世界提供了一种关系性视角,并拓宽了传统的权力观念,提出了一种新的理解——关系就是权力。本章将地方置于分析的中心,在接受关系性权力假定的基础上,尝试探讨地方关系作为

权力资源如何在塑造本土人道主义实践的过程中发挥了根本性作用。

（一）关系、信任与关系性权力

围绕"关系"这一元概念，关系理论包含三个重要假定。首先，关系是构成社会世界的根本要素。社会行为体生活在关系和被关系的过程中，因此自我与他者互为存在条件、共存共生。其次，社会行为体的身份是在关系实践中界定的，与不同他者的互动会形塑不同的自我身份。最后，社会行为体的利益是在关系运作中获得的。关系性存在决定了自我利益与他者利益是交织互涵而非互相排斥的，因此需要通过关系管理和互惠交换来实现利益。国际关系中的利益是内嵌于关系的，利益互涵的行为体间有相互的责任，"一荣俱荣、一损俱损"。在关系环境中，国际行为体的利他行为不仅是可能的，而且是必要的。信任是管理关系和维护合作的关键，是社会成员在长期历史和文化实践中形成的一种互动规范。[26]然而，对于制度主义者而言，合作建立在"非信任"假定之上，行为体制定并信任规则而不是信任彼此；[27]拥有资源优势和进步观念的国际人道主义者是高高在上的，很难真正信任地方；他们还认为，在某些情况下要求当地行动者保持中立和公正在政治上是无法实现的。[28]他们将西方权威和专业知识置于地方自主之上，而非西方行为体则被降低为规则或规范的接受者，并允许（有选择地）进行干预。[29]因此，国际与地方之间的"伙伴关系"实际上是关于物资交付的分包合同关系，长此以往会削弱信任并损害援助行动。[30]从这个角度来看，本土化困境其实是一种信任困境，阻碍了平等合作和赋权地方。即便国际人道主义者也意识到推进有利于地方的权力平衡迫在眉睫，却无法做出实际调整。[31]

关系理论发掘了主体间关系层面的权力资源，提出关系即权力。这是地方自主塑造人道主义议程的基础。关系性权力的基本假定包括以下三点。第一，关系是一种重要的权力资源。任何一个行为体能够获得的权力都来自其与他者和集体的关系。行为体需要通过积极地管理和利用其关系圈网来增加权力。第二，关系性权力具有可分享性。关系性权力是由关系中的行为体共同拥有和使用的资源，依赖于并反过来加强行为体的能动性。行为体退出关系圈网的同时也会丧失相关的权力资源，这自然会对潜在的不合作行为构成约束。第三，关系性权力随着使用而增长。关系是流动的，对关系的管理和运作会拓展关系圈网，纳入更多的关系资源,增强关系性权力的使用效果。[32]总体上,关系对于地方行为体来说是一种天然的、潜力巨大的权力资源。

(二) 地方自主塑造本土化进程的关系性逻辑

本章认为,通过关系性权力的运作,地方行为体能够在交互赋能中实现"1+1>2"的效果,从而弥补物质性权力的短板,强化自主实践,主动塑造国际进程。下文将具体阐述关系性权力从何而来,以及如何通过运作关系性权力主动塑造本土化进程(如图 7.1 所示)。

图7.1 关系、权力与人道主义援助本土化的逻辑关系图

资料来源:作者自制。

首先,地方行为体间的关系并不能直接产生权力,而是需要经由信任互动才能激活。本章认为,关系性利益和未来影响促使行为体主动经营和谐关系,这一过程能够催生与深化信任。一方面,行为体清楚地意识到共在事实和利益互涵,因此无法通过单次交易实现利益最大化,而是要主动考虑他者利益和环境制约,共同塑造稳定、互惠的交换关系。另一方面,建立并延续双方的关系构成了未来影响这一要素发生效用的条件。关系越是持久密切,未来影响效应就越明显,合作的动机就越强烈。[33]因此,关系理性行为体相信关系圈网中的他者不会损人利己,在他者处于困境时会主动提供帮助,并预期对方在自己有需要时将还这个人情。简言之,稳定的关系实践能够促进信任螺旋式上升。对于人道主义援助来说,真正的本土化不是专家"飞过来做决定",而是要建立在信任的基础上共享知识、共同做出决定。[34]地方关系经由信任互动激活,能够产生共享的关系性权力,这是地方行为体自下而上塑造本土化进程的基础。

其次,关系性权力是物质与情感资源的混合体。社会学家认为,当人们在一个群体中持续地互动并认为自己属于和融入这个群体时,就会产生团结或"我们感"(we feeling)。[35]本章假定"我们感"是共在关系塑造的主体间认同,即行为体认识到彼此间命运互系,自身发展与集体利益息息相关。这种认同在信任互动中能够被反复实践和强化,支撑主体间的情感互惠。地方行为体彼此馈赠物质帮助,互相给予情感支持,共同分享关系性权力。因此,关系性权力的运作是一个施受共在、交互赋能的过程,各方只有主动地、持续地维护良好关系和合作信誉,才能皆具权力、共享权力和持续地加强权力。信任基础和情感联系是关系性权力区别于其他权力资源的特殊优势,地方行为体能够凭借这一优势获得更多的"话事权",在地方知识和实践的基础上自主塑造本土化进程。

最后,关系性权力的运作能够促进合作网络化和规范社会化,进而实现人道主义援助本土化。关系性权力既不属于个体也不属于人格式物化的机构,但在实际运作中通常需要居于关系圈网中心的行为体稳定地经营和管理关系资源,从而不断优化权力的使用效果。居于中心位置意味着它与其他行为体之间的互动关系相对来说更加活跃和紧密,对于相关资源具有更大的影响力和控制力。[36]在人道主义实践中,居于中心位置的行为体拥有一定的自主性,能够谐和内外关系、整合分散的资源和统筹应对行动,通过协调和互惠机制将共同体的关系性权力"借用"给最需要帮助的成员。因此,关系性权力的运作是一个织网的过程,不仅将本土的各层次、各部门联结在一起,也会对外部伙伴产生压力或吸引力,促动其参与地方关系进程。这个过程与一定程度的制度化相结合形成了具有内生韧性的人道主义网络。合作网络化立足本土又包容开放,与自上而下的官僚系统不同的是,网络中的规则不是为了执行同一性,而是为了经营和维护合作关系。参与进来的伙伴越来越多,就会源源不断地带来权力资源,从而扩展和巩固合作网络,强化关系性权力的使用效果。此外,外部伙伴在网络化进程中也会潜移默化地受到地方知识的塑造。进程在社会化过程中起关键作用,维持进程就会延续建构身份的实践互动。[37]因此,规范社会化是关系性权力运作中的另一个关键机制,一方面共同体内部对本土人道主义实践和规范的认同不断深化;另一方面外部行为体在进入关系网络后获得了新的关系性身份和利益,对当地习俗、价值和标准的认识逐渐加深,最终接受当地规范并成为地方人道主义网络的一部分。

关系性是东盟政治与社会的重要特征。东盟把建设性协调和管理区域成员之间的复杂关系作为一种主要的治理方式。[38]东南亚是世界上最容易发生自然灾害的地区之一。在很长的一段时间内，该地区都依赖国际援助应对灾害引发的人道主义危机。然而近年来，东盟人道主义实践发生了引人瞩目的变化，主要表现为危机应对能力不断提高，在援助接收与分配中的话语权越来越大，在地方实践和背景知识的基础上主动塑造本土化进程，并促使国际行为体重新考虑其传统的人道主义角色。接下来，本章将采用过程追踪法梳理东盟人道主义实践的演进，详细考察东盟如何通过运作关系性权力协调各方力量、强化中心地位，构建和拓展人道主义网络，不断提高本土规范的内部认同和外部影响，自下而上地实现人道主义援助本土化。缅甸风灾、台风"海燕"和中苏拉威西地震是东盟灾害救援合作中最关键、最具标志性的三个节点。受灾最严重的缅甸、菲律宾和印度尼西亚虽然国内情况各异、应灾能力不同、对待国际援助的态度也不同，但在人道主义行动中都重视并依赖于地方关系实践，借重东盟层面的合作机制和规范来维护主权与安全。对这三个案例的考察能够验证上述关系性逻辑，拓展地方塑造国际实践的研究议程，丰富人道主义援助的经验研究。

三、缅甸风灾：信任困境、东盟协调与关系性权力

2008 年 5 月 2 日，特强气旋风暴"纳尔吉斯"横扫缅甸南部地区。这次风灾是缅甸历史上最具破坏性的自然灾害之一，导致超过 14 万人死亡或失踪，240 万人受灾，直接经济损失约为 41 亿美元。[39]此次风灾的严峻形势是前所未有的，缅甸很快意识到无力独自应对。5 月 5 日，缅甸政府向国际社会发出了援助请求，并明确表示只接受现金和物资援助。因此，当卡塔尔派遣的救援队和媒体抵达后，缅甸接收了随行物资，却拒绝相关人员的入境申请。缅甸外交部随后再次声明，对现金和应急援助表示欢迎，但尚未准备好接受外国搜救人员以及媒体进入灾区。[40]美国、法国和英国等西方国家的海军部队满载着援助物资抵达海岸后也同样被拒之门外。对此，国际社会援引"拒绝援助的禁忌"，谴责缅甸延误救援时机的行为。时任法国外长库什内甚至提议直接进行干预，无需征求军政府同意。[41]一时间，双方就援助准入和管理的问题陷入僵局。

这种僵局从根本上来说是缅甸和西方社会之间的信任困境。一直以来，西方国家都对缅甸军政府的信誉、能力和人权记录感到不满，因此不愿将援助物资

直接交由军政府分配,担心官员会趁机中饱私囊或者将其用于讨好选民。军政府对援助人员的入境限制更强化了它在西方国家心目中的负面形象。而缅甸的做法则是由它当时的两难处境决定的。一方面,此次风灾的破坏性极强,只有在国际社会的帮助下才能尽量减少伤亡与损失。另一方面,灾害发生的时间和地点都极为敏感。缅甸原定于5月10日就新宪法草案举行全民公投,这是军政府制定的七点民主路线图中的关键一步。此外,受灾较为严重的克伦邦是缅甸最大的反政府武装组织所在地。因此,缅甸政府既担心境外人员涌入后会对公投结果和政局产生难以预知的影响,也担心外部势力会趁机与反政府力量合谋,威胁政权稳定和国家安全。[42]

在危机的紧要关头,东盟积极从中斡旋,弥合了国际社会和缅甸之间的信任差距,及时推动国际援助力量进入缅甸灾区。时任东盟秘书长素林·比素万娴熟地运用长年外交工作积累的关系资源,一边游说缅甸政府接纳外国救援人员和专家,一边争取世界银行支持东盟随后实施的援助行动。[43]东盟提议向缅甸派遣东盟应急响应与评估小组(ASEAN Emergency Response and Assessment Team,ASEAN-ERAT,下文称"东盟评估小组"),帮助灾区评估灾情和援助需求,为接下来的决策和行动提供可靠依据。小组成员包括东盟秘书处、成员国政府官员、灾害管理专家和联合国人道主义事务协调厅(OCHA)的代表,且均为东盟成员国公民。这一人员上的特殊安排正是为了安抚缅甸,减轻其对援助力量介入的排斥。缅甸部分地接受了东盟的提议,但不允许东盟评估小组直接进入灾区,而是将其安置在联合国人口基金会仰光办事处。

5月19日举行的东盟外长特别会议是"东盟的决定性时刻"。[44]为了推动缅甸进一步"开放",东盟直接向其提出三个选项:第一,缅甸继续限制外部援助,国际社会将依据"保护的责任"直接介入;第二,缅甸单独与联合国打交道,由联合国主导援助进程;第三,东盟和缅甸共同面对国际社会,共同开展救援和重建工作。[45]东盟通过设置这三个选项迫使缅甸认真审视其关系处境和可能谋求的最大利益。缅甸是东盟的一分子,虽然东盟内部时有龃龉,但共享的背景知识、协商一致的传统和建立信任的措施使互信与合作成为成员间关系的主流。2007年签署的《东盟宪章》意味着十国未来的命运将在共同体框架下深度绑定。东盟成员间利益互涵、命运与共,不可能坐视当前僵局滑向更大的人道主义灾难,也不会允许域外力量借救灾之机扰动缅甸政局，进而威胁地区稳定和安全。对于缅甸而言，接过东盟伸出的"橄榄枝"是最符合关系理性的选择。缅甸既能凭借东盟的"背书"获得国际援助，也能够援引东盟的集体利益抵御援助政治化。

经过权衡，缅甸最终同意由东盟充当"保证人"，放宽了对救援人员的限制。东盟各国外长提议建立一个由东盟领导的协调机制，以促进国际援助的合理分配和救援人员的及时部署。为此，东盟各国选派两名代表组建了东盟人道主义工作队，由东盟秘书长担任主席，负责商定援助的优先事项，为行动安排提供建议。这是东盟成员国第一次在人道主义领域通过互惠机制汇聚起各自的力量，并将这一关系性权力交由东盟统一领导。为了便于执行工作队的任务，东盟又牵头成立了三方核心小组，成员包括缅甸、东盟和联合国各自派出的三名代表，由缅方担任主席。该小组成立后，大大简化了人员流动和物资交付的审批流程，监督援助分配和行动进展，帮助灾区获得了有效的人道主义援助。除了为缅甸搭建与外部合作的平台，东盟还在国际组织的复杂关系中构建平衡。联合国和世界银行在灾后重建的评估工作中提出了两种不同的方法。东盟则通过游说和协调促成了一个折中方案：在综合二者优势的基础上整合为一项联合评估行动，并吸纳东盟和其他相关方的专业知识和支持。[46]三方核心小组于6月采纳了这一方案，启动了"纳尔吉斯"灾后联合评估，东盟、联合国、世界银行、亚洲开发银行和国际红十字会等整个人道主义界都参与其中。[47]东盟通过关系平衡的策略，不仅为灾区重建拉来了优质"赞助"，还强化了自身无可替代的中心地位。

东盟缺乏应对巨灾的经验和专业能力，但它的"突出优势和相对实力是关系性权力，即东盟的关系网络和朋友圈"。[48]一方面，东盟成员之间的密切关系、长期积累的互信和协商合作的传统是形成关系性权力的基础；另一方面，东盟与世界主要大国和国际组织建立了稳定的伙伴关系，在朋友圈中赢得了良好的合作声誉，这是关系性权力潜力巨大的外部资源。正因如此，东盟才能在缅甸与国际社会的信任困境中及时发挥桥梁作用，而各方也都愿意卖东盟一个"面子"，使临时达成的行动方案在短时间内就能运作起来。当东盟人道主义工作队人手不足时，联合国开发计划署、世界银行和亚洲备灾中心（ADPC）同意向东盟借调专家和工作人员，这既体现了这些国际组织的善意和慷慨，也反映出它们对东盟的中心地位和协调作用的认可。"借用"的能力本身就是一种权力。[49]缅甸依托东盟的关系性权力变被动为主动,既获得了急需的外部援助,又确保了对援助进程的参与和把控,最终保全了"面子"。联合国负责人道主义事务的副秘书长约翰·霍姆斯表示,"'纳尔吉斯'向我们展示了一种新的人道主义伙伴关系模式,在联合国与政府有效合作的基础上,又增加了东盟的特殊地位和能力"。[50]

缅甸风灾后,东盟明显加快了能力建设和制度化的步伐。2009 年 12 月,《东盟灾害管理和应急反应协定》(ASEAN Agreement on Disaster Management and Emergency Response,AADMER)[51]获得各成员国批准生效。这是第一份具有法律约束力的灾害应对文件,确立了东盟人道主义任务的政策框架,提出应本着团结和伙伴关系的精神,通过缔约国的一致努力和紧密的地区和国际合作,共同应对灾害紧急情况。[52]《东盟灾害管理和应急反应协定》将受灾国请求原则作为实施援助的首要前提,强调受援国有权对其领土内的援助行动进行全面指导、管理、协调和监督。[53]该协定也是发展伙伴关系的基石,此后与东盟开展灾害管理合作的国家和国际组织都必须予以承认和支持。与自由人道主义原则相比,该协定最突出的特点是"以互惠团结的逻辑取代了慈善的逻辑",[54]否定了"国际的优越性"和"拒绝援助的禁忌",在法理上确认了各方关系的平等性、受灾国的主体性和东盟的中心性。因此,该协定的意义不在于通过制定规则和惩罚来保障合作,而是明确团结的决心和承诺,维护"东盟中心"原则和东盟共同体的利益。[55]在此基础上,东盟将互惠团结的逻辑制度化,于 2011 年成立了东盟灾害管理人道主义救援协调中心(ASEAN Coordination Centre for Humanitarian Assistance on Disaster Management,AHA Centre,下文称"东盟协调中心"),并要求缔约方指定一个国家联络点。东盟协调中心的主要任务是促进缔约方之间的内部合作,以及与联合国和国际组织之间的外部协调。与传统人道主义体系的"承包—分包"关系不同,东盟协调中心的"股东"和"客户"都是东盟成员国。[56]东盟协调中心从成员国那里获得授权,成为运作关系性权力的中心节点,通过协调各方力量确保人道主义行动产生有利于成员国的结果,从而避免了目标与行动不一致的问题。因此,它不仅是一个新成立的应急管理机构,更是代表了东盟力量和团结的更高理想。[57]在这一行动引擎的拉动下,各类具体机制和专业工具也相继确立,新的地区人道主义架构初见雏形。

四、从应对台风"海燕"到回应"本土化":
东盟中心与合作网络化

台风"海燕"是东盟人道主义实践的又一关键节点。2013 年 11 月 8 日,超级台风"海燕"在菲律宾东部登陆。"海燕"是有历史记录以来最强的台风之一,导致超 400 万人流离失所,6 000 余人不幸遇难,经济损失逾 8 亿美元。[58]这场巨灾突击检验了初具雏形的地区机制。台风登陆前两天,东盟协调中心便已派遣评估小组抵达马尼拉,根据监测情况与菲律宾国家减灾管理委员会商讨可能需要的支持。"海燕"登陆后迅速摧毁了莱特省塔克洛班市的大部分基础设施,一度导致通信瘫痪。幸运的是,东盟评估小组的专家携带的卫星通信设备及时帮助当地民防机构和马尼拉取得联系,为救援争取了宝贵时间。[59]随后,东盟评估小组又增派人手开展调研,并于台风登陆后 48 小时内向东盟协调中心提交了灾情评估报告。及时掌握关键的一手信息就能够掌握人道主义行动的主动权。救援期间,东盟协调中心作为信息枢纽,与东盟秘书处共同组织了行政简报会,及时向外界公布最新信息与援助需求。定期举行的行政简报会不仅加强了东盟成员间的行动协调,还成为与对话伙伴和国际组织沟通协作的重要渠道。东盟的应急响应不仅仅是执行任务,也包含着情感上的使命感,这是关于东盟大家庭的认同感。[60]东盟评估小组后来回忆道:"我们没有被当作外人,还被邀请去分享食物。但是我没有看到这些食物被提供给其他外国人。当地人与我们分享(食物)体现了他们是如何看待东盟的。"[61]这种"我们感"是东盟特有的优势,正因如此,团结一致作为关系性权力源才能有力地支持东盟协调中心在当地的人道主义行动。

然而,地区能力建设仅仅依靠内部团结和现有资源是远远不够的。台风"海燕"期间,东盟在信息资源整合方面发挥的作用要比实物援助和实地协调更加突出。事实上,当时的东盟机制和东盟协调中心还没有被设计来应对这样巨大而复杂的灾害。[62]因此,美国、英国和日本应菲律宾请求调集海上力量开展救援,部分东盟国家也通过双边渠道提供了援助。但这并不意味着东盟不再重要,更不意味着缅甸"风灾"中东盟的中心地位和作用是无法再现的特例。在这次行动中,多渠道援助的涌入和统一协调机制的缺位导致了协作水平低下和援助混乱等问题。例如,印度尼西亚和马来西亚以双边方式向菲律宾社会福利和发展部捐助物资,但这些物资在分配给灾区时却因协调不畅而极大延误。[63]一些救援人员反映,他们在抵达菲律宾后不知道应该到哪里去、怎么开展工作,如果能够设立一个中转区或联络点,方便救援人员及时获取信息,协助物资、设备和专家入境,那么这种混乱的情况是可以避免的。[64]对于菲律宾和地区其他国家来说,这个统合性的任务显然是交由东盟负责最为合适。这个地区的经验反复证明,在促进与成员国的积极合作方面,东盟相对于国际机构的重要性怎么强调都不为过。[65]

东盟想要成为地区人道主义事务的"单一窗口"就必须进一步强化其中心地位和关系性权力。在总结经验和教训之后,东盟提出应采取多面向、多领域和多部门的方法来改进作为一个集体的应对措施。[66]一方面,东盟内部需要提高灾害管理部门与卫生、财政、外交、军事等部门的协作水平,理顺相关部门下的机制和可用资源,形成网络式的地区待命安排机制;另一方面,东盟应借助伙伴关系建设和东盟地区论坛、东亚峰会和东盟防长扩大会议等地区机制,吸纳尽可能多的利益攸关方参与进来,挖掘更多可利用的关系资源。这两方面的努力相结合和一定程度的制度化将塑造一个以东盟为中心的开放的合作网络。2015年底发布的《东盟灾害管理愿景2025》提出,东盟秘书长应该在人道主义援助领域牵头协调三大支柱,对不同部门和层次之间如何运作进行重新概念化,通过以人为本和网络化的方式进一步提高灾害管理和应急响应的能力。[67]

在国际人道主义体系尝试向下变革的同时,东盟人道主义实践的自主性和本土色彩则越来越突出。2016年世界人道主义峰会期间,东盟发表了题为《国家领导力和区域伙伴关系塑造具有韧性的东盟》的联合声明。在这份声明中,东盟基于《东盟灾害管理和应急反应协定》和《东盟灾害管理愿景2025》,逐一回应了峰会《人道议程》中的五大核心责任,提出了东盟承诺和具有包容性的东盟方案。该声明确认了"同一个东盟,同一个响应"战略,以及由国家领导、区域支持的灾害应对模式,强调东盟在区域和全球对话中的桥梁作用,并提出进一步推动地区韧性的制度化。[68]2016年9月东盟发布了《东盟关于"同一个东盟,同一个响应:协力应对域内外灾害"的宣言》。"同一个东盟,同一个响应"是对人道主义援助本土化倡议的回应,是本土性与开放性的融合,是地方实践与国际实践的对接互补。它既彰显了东盟在应对区域内外灾害时的整体性和中心性,又承诺将更多的利益相关者纳入一个以东盟为中心的、开放包容的合作网络,从而"采取更快的行动(speed)、调动更多的资源(scale)和促进更强的团结(solidarity),提升集体应对的质量和效率"。[69]

"同一个东盟"框架下的网络化机制能够强化东盟的关系性权力,推动人道主义援助本土化。合作网络化主要包括两种方式:一是直接伙伴关系,即东盟协调中心直接与某一合作伙伴就具体目标开展合作;二是间接伙伴关系,即东盟协调中心在一个更广泛的、以东盟为中心的协议框架下,作为众多成员之一与其他伙伴开展合作。[70]东盟既可以通过网络延展获取更多的资源和支持,又能凭借中心优势协调各方、制定规则,把握人道主义议程的主导权。域外大国、国际组织和民间社会组织参与网络化进程的根本原因在于东盟关系性权力的促动。东盟协调中心的合作伙伴受访时坦言,如果没有东盟的统一协调,我们必须与每个成员国制定各自的程序和协议。这在发生大规模跨国灾难时会造成极大不便。东盟协调中心提供了一个宝贵的合作机制,使所有成员国能够在一个框架下协调灾害管理。这为我们与东盟成员国合作并向其提供直接服务开拓了新的可能性。[71]此外,网络化进程也塑造了合作伙伴的关系身份和利益。《东盟—联合国灾害管理联合战略行动计划(2016—2020)》指出,东盟成员国领导国内灾害管理和应对的决心日益增强,并在紧急情况下能够相互协作,这使得区域环境发生了显著变化。联合国和东盟之间的关系条件也因此发生变化,联合国不再是东盟的捐助方,而是共同努力的伙伴。[72]面对一个越来越自力更生的东盟,为了继续参与地区人道主义事务、避免逐渐被边缘化,东盟的合作伙伴选择接受其网络中心地位,并为地区能力建设提供了大量支持。例如,联合国承诺帮助建立地区风险融资和保险框架,世界粮食计划署同东盟协调中心就人道主义储备借用达成合作,澳大利亚、日本、美国、中国和国际红十字会等为东盟提供资金、技术支持和人力资源,东盟借助东盟地区论坛和东盟防长扩大会议等地区安全机制定期组织模拟救灾演习。合作伙伴的参与和支持事实上强化了东盟在人道主义议程中的领导地位。随着嵌入网络的程度不断加深,合作伙伴也潜移默化地被东盟的规范社会化。

为实现紧急情况下的"同一个响应"，东盟进一步细化了人道主义网络的制度安排。2017 年，东盟提出了东盟联合救灾计划，确定了地区待命安排的资源清单和各个人道主义模块所需的资源。东盟协调中心在调动东盟成员国、东盟各机构和合作伙伴的资产和能力方面发挥中心作用。东盟秘书长具备在高级别层面呼吁支持和沟通协调的政治影响力，被任命为东盟人道主义协调员，负责调动东盟各部门、各机制的资源，协调东盟对话伙伴和国际组织的帮助。为了进一步优化灾害现场的协调，东盟还决定设立东盟联合行动与协调中心，作为域内外各类援助实体的单一服务点，支持受灾国更好地发挥主导作用。当发生重大灾害时，"同一个响应"将通过三层协调机制实现，这三个层次分别是战略层面、操作层面和策略层面（详见表 7.1），东盟协调中心是这个机制的枢纽，由此确立了整个地区人道主义行动的单一窗口、单一权威和单一参与模式。

表 7.1　"同一个东盟，同一个响应"的三层协调机制

层次	战略层面 (Strategic Level)	操作层面 (Operational Level)	策略层面 (Tactical Level)
地点	印度尼西亚雅加达	受灾成员国首都	灾害现场
主要行为体	东盟秘书长 东盟协调中心紧急行动中心	国家灾害管理机构 东盟协调中心国内联络小组	国家灾害管理机构 东盟联合行动与协调中心
职责	二者就应对措施的目标、规模和资源调动做出战略决策，共同确定所需的援助。合作伙伴可主动提出援助意向	后者在前者的指导下，作为受灾国与雅加达总部间的纽带开展组织与协调工作。合作伙伴需与东盟商定的应对目标保持一致	作为实地协调平台，协助受灾国进行现场调度，接收和分配国际援助，促进与合作伙伴的协作

资料来源：作者根据东盟官方文件整理，参见 AHA Centre，"Operationalising One ASEAN One Response：Speed，Scale，Solidarity，"Jakarta，March 2018，pp.38—39。

五、中苏拉威西地震与新常态："国家主导、东盟支持与必要的国际化"规范

2018 年是东盟人道主义实践最重要的分水岭，这一年见证了该地区人道主义规范的根本性转变和本土化的具体成果。2018 年 9 月 28 日，印度尼西亚的

中苏拉威西省发生了里氏 7.4 级的大地震。此次地震及其引发的海啸和土壤液化夺去了 2 000 多人的生命,导致 20 万人流离失所,给灾区基础设施和农业部门造成的损失超过 6 亿美元。[73]虽然面临着繁重的救援任务,但是印度尼西亚政府对待国际援助的态度十分谨慎。印度尼西亚呼吁国际社会自 10 月 1 日起提供援助,但是明确要求人道主义伙伴先拟定书面援助方案,经审核符合人道主义需求后才准入境。这一规定显然是对自由人道主义规范的质疑和挑战。国际人道主义者一直将"国际的优越性"和"拒绝援助的禁忌"作为行动依据,以自己的标准判断当地的人道主义状况,并对拒绝援助的行为施以舆论压力。但是这种先入为主的假定并没有考虑到国际援助可能并不符合当地需求,甚至会制造新的麻烦。而印度尼西亚之所以如此坚决地限制外部直接干预主要是为了避免重蹈印度洋海啸的覆辙。

2004 年印度洋海啸发生后,大量涌入的国际援助相当于"第二波海啸"席卷了灾区。[74]据统计,参与救援的国际组织最多时达到 400 余个,但是除了联合国下属机构和国际红十字会之外,大多数国际组织此前并未在印度尼西亚开展工作。因此,这些不熟悉情况的国际组织不但没有发挥太大的作用,还给本就混乱的救援一线增加了额外的工作量。在此次行动中,外国军事人员和设施参与救援的规模也是空前的。美国海军"林肯"号航母以及日本海上自卫队登陆舰和驱逐舰驶抵灾区,多国动用军用直升机向灾区投放物资,并派遣由军事人员组成的搜救队或医疗队开展救援。面对这种情形,印度尼西亚不免担心外部势力会借机干预内政,尤其是政府军和反政府力量在灾区亚齐省的武装冲突。当灾情稳定后,印度尼西亚政府突然下达"逐客令",要求完成救援工作的外国军队在规定期限内离境。正是由于这次经历和教训,中苏拉威西地震发生后印度尼西亚政府才选择拒绝国际援助机构的直接干预。印度尼西亚国家灾害管理局向外界解释,允许外国人员在没有限制和明确管理的情况下进入灾区会给救援工作增加负担,因此要确保他们先与印度尼西亚政府或相关机构协调。[75]印度尼西亚对自由人道主义规范的挑战是援助本土化的重要表现。本土化意味着所有权,而终止或拒绝干预的能力是所有权的一个重要方面。[76]与印度洋海啸时期相比,印度尼西亚"采取了更加地方化、关系化和需求导向的方法",[77]它能够借助东盟的关系性权力表明自己的态度,婉拒没有节制的善意,主导灾害应对和援助进程。

中苏拉威西的人道主义行动是东盟协调中心第一次受成员国委托协调国际社会提供的所有援助。这既体现了印度尼西亚对"同一个东盟"的信心,也反映了国际人道主义界对东盟协调中心的认可。东盟协调中心以首都雅加达、东加里曼丹省的巴厘巴板和中苏拉威西省的帕卢为关键节点,积极调动关系网络资源,充分发挥三层协调机制的作用,既有效统筹了灾区的救援工作,也有力地支持了印度尼西亚的自主地位。在战略层面,东盟协调中心利用其枢纽优势整合灾情信息并组织协调会议,为人道主义行动的决策制定和资源调配提供信息支持。在灾害发生后的第一时间,东盟协调中心的紧急行动中心和印度尼西亚国家灾害管理局在雅加达共同主持了紧急通报和协调会议,向提出援助意愿的各国外交使团和国际组织详细地介绍了灾区情况。该协调会议自 10 月 2 日起于每天 14 时举行,向各方通报最新工作进展。此外,东盟协调中心还促成了派遣军事资产的各国国防部长的协调会议,会上各方均表示随时准备参与救援,并同意在此期间接受印度尼西亚国民军的指导。[78]这一表态充分体现了各国军方对印度尼西亚主权和东盟中心地位的尊重。

在 10 月 5 日的协调会议上,印度尼西亚进一步明确了国际援助的管理办法。国际社会应根据《区域待命安排和联合救灾与应急反应行动协调的标准行动程序》[79]制定的表格先向印度尼西亚外交部或东盟协调中心提交援助提议,其具体援助事项需要接受进一步审核。灾害发生后,印度尼西亚政府已将 20 多名未经许可进入灾区的非政府组织人员驱逐出境。东盟协调中心表示,当时他们所处理的大部分援助提议并不符合印度尼西亚的需求清单。一些国际非政府组织坚持捐赠自己拥有的东西,比如帮助恢复和重建的物资,但这些物品在应急阶段不仅没有用,还会给接收系统增加负担。[80]因此,审核援助提议的规定十分必要。接下来,通过审核的国际援助需要到统一的中转站进行入境登记和分配。印度尼西亚政府指定东加里曼丹省的巴厘巴板为中转站,建立了接待及离境中心。所有国际援助(救援队和救济物资)必须先抵达巴厘巴板的苏丹阿吉·穆罕默德·苏莱曼—希屏冈国际机场,由东盟协调中心协助印度尼西亚国家灾害管理局、卫生部和海关等部门办理入境相关事宜。

东盟协调中心的监督与审查角色原本是由国际援助机构扮演的,但是合作网络化进程早已逐渐地化解它们原本拥有的主导权,重塑其有关规则、标准和利益的理解，使其融为网络的一部分。美国国际开发署表示，其此前一直与当地和印度尼西亚外交部保持密切的合作关系，因此在中苏拉威西没有遭遇有关外国志愿者身份的困难，并随时准备服务于印度尼西亚提出的需求。[81]为了避免被排除在援助进程之外，国际组织主动调整了自己的定位和工作方式。联合国人道主义事务协调厅和国际红十字会与红新月会国际联合会向东盟协调中心派遣了熟悉印度尼西亚情况的联络官，以加强各方在操作层面的协调。[82]世界粮食计划署和世界卫生组织在印度尼西亚的团队也根据印度尼西亚的优先事项及时调整了提供支持的方向。[83]如此，各类工具和程序的互操作性和统一性明显提升，东盟协调中心、印度尼西亚和国际组织之间的协作也更加顺畅和高效。东盟协调中心在组织救援的同时还进一步拓展人道主义网络，与国际知名的物流公司敦豪集团(DHL)建立了合作关系，进一步提升了物流管理的专业性和有效性。东盟协调中心将私营部门等多元行为体吸纳进关系网络，不仅能够借助多样的比较优势，还能通过关系过程倡导东盟规范、塑造共同理解，这充分体现了操作层面的灵活务实和开放性。

在中苏拉威西省首府帕卢市，东盟协调中心、印度尼西亚外交部和国家灾害管理局共同组建了国际援助联合协调中心(Joint Coordination Centre for International Assistance，JOCCIA，下文称"联合协调中心")。联合协调中心由东盟评估小组直接领导，负责组织灾区需求评估，协助接收国际援助，并管理与当地对口单位的交接工作。为了便于统一调配国际援助物资，联合协调中心建立了临时物流管理系统，并在帕卢机场搭建了两个移动存储单元。[84]联合国灾害评估与协调队、无国界电讯组织(Télécoms Sans Frontières)和地图行动(Map Action)协助联合协调中心开展评估，为集群协调提供及时准确的信息支持。联合协调中心既是东盟团结的重要标志，也在策略层面调和了传统人道主义和地方主导模式之间的差距。[85]在帕卢，许多人道主义伙伴是第一次配合和采用《标准行动程序》(SASOP)，或是第一次派遣工作小组嵌入地方主导的合作进程，这是国际社会开始接受地方规范的重要表现。规范社会化进程不仅使国际人道主义者逐渐内化了东盟的标准与规范，还塑造了整个地区的人道主义规范结构。

很显然，由当地领导人道主义反应正在成为这个地区的一种重要规范。从缅甸风灾到台风"海燕"，再到中苏拉威西地震，东盟凭借关系性权力，通过合作网络化和规范社会化机制推动了人道主义援助的本土化,将地方重新带回危机管理的中心。更为重要的是,面对印度尼西亚对外部援助的限制,国际社会没有像缅甸风灾时一片哗然,而是尝试接受和适应这种"新常态"。[86]一些国际组织开始学习扮演新的角色,从原先主导议程与行动转变为提供必要的支持。例如,联合国人道主义事务协调厅的角色由东盟协调中心所取代,在动员集群方面仅发挥支持性作用;联合国人口基金会和联合国儿童基金会等国际组织只在各自领域内提供技术指导而非直接领导。这种规范认识的转变并不是在中苏拉威西突然发生的,而是国际人道主义者在卷入地区人道主义网络后被进程逐渐劝服和重塑的结果。在此之前,已经有部分国际组织主动将其工作本土化,它们不仅在当地建立了办事处,更建立了一种地方身份,因此它们在进入中苏拉威西的审核流程上没有遇到什么阻碍。[87]此外,一直以来较为棘手的人道主义融资问题在此次行动中也有了新进展。当地组织的受访者指出,峰会向地方直接提供更多资金的承诺并未实现,捐助方过高的合规要求是直接供资的主要障碍,导致了"叙述和现实之间的差距"。[88]为了进一步降低资金依赖,东盟开发了民间关系资源,创造了替代性方案,比如动员当地信仰网络和海外移民侨民,开辟新的融资渠道,绕开国际援助机构的条条框框。上述种种变化表明了这个地区援助本土化的趋势,即要求国际行为体让出位置,但不一定要完全退出。[89]

六、东盟人道主义援助本土化的启示与未来议程

东盟人道主义实践反映了全球人道主义行动中出现的一种"新常态",即原本自上而下、规则治理的普遍模式逐渐失灵,取而代之的将是更加多元、更为广泛、平等互利的伙伴关系网络。长期以来,国际组织与西方援助国习惯于"采用我们的方式"(do it our way),而不是先看看当地情况再"采用最好的方式"(do it the best way)。[90]2016 年之后,零敲碎打的改革措施不仅没有真正赋能地方,反而加强了国际人道主义者的优势,巩固了自上而下的制度结构,阻碍了峰会"重塑援助"的雄心壮志。[91]现实表明,危机管理首先是一项本土工作,国际行为体最多只能提供支持,很难实现成功的领导。[92]新冠肺炎疫情的全球大流行更加凸显了加强地方能力的重要性。在较大的国际组织与受影响群体的接触被阻断的情

况下,它们的作用必须从亲自援助转变为建设当地行动者的能力和分享信息与最佳经验。[93]因此,国际人道主义者应进一步改变以审查和监督为主的"远程控制"模式,减少繁琐的合规要求和中间环节,尊重地方背景知识与实践,与当地建立真正平等的、长期的伙伴关系。

东盟灾害救援合作是人道主义援助自下而上实现本土化的典范。但是在进一步提高本土化的有效性、包容性和公平性方面,东盟也还有许多工作要做。2021年10月发布的《东盟灾害韧性展望》提出,东盟完全有能力构筑一个容纳多部门多层次参与的人道主义网络,通过"国家主导、区域支持和必要的国际化"来打造一个具有韧性的、繁荣的地区,落实《仙台框架》和可持续发展目标,并促进全球人道主义体系的改革。[94]通过网络化的方式构筑地区韧性,不仅需要国家间在区域层面的协作,更需要次国家政府机构、相关社区、私营部门、工会和慈善机构的广泛参与和密切配合。东盟坦诚地指出,区域和国家能力在过去十年中稳步提升,可是这种进展并未有效地延伸至次国家层面。[95]这一差距对地方政府和当地人的参与形成了一定的结构性限制。[96]要建立一个真正由当地人领导的人道主义系统,就必须超越国家首都,更接近需要帮助的人。[97]

加强地方政府能力建设和扩大民间社会参与是下个阶段东盟人道主义实践的两项重要议程。除了在人道主义网络中明确地方政府的角色和责任,将权力和资源有效地转移到地方政府之外,东盟还可以借助人才培养计划和知识分享平台促进专业知识和成功经验的扩散,加强地方政府的响应和组织能力。民间社会组织是至关重要但经常被低估的人道主义者。它们处于灾害响应的最前沿,熟悉当地的习俗和需求,有着广泛的人脉网络,能够与社区建立强有力的联系。中苏拉威西地震发生后,当地的伊斯兰教团体、环保主义者和妇女组织等志愿者反应非常迅速,在政府和国际援助到达前就自发行动起来,率先填补了官方援助的空白。[98]未来东盟应加强与民间社会组织的联系,主动提供专业的人道主义工作培训,帮助其融入官方主导的应急响应,使其成为地区快速反应能力的重要来源。[99]需要明确的一点是,本土化不是国家中心主义的回归,而是国家管理的系统性努力和社会与文化资本之间融合的结果,其中的权力和责任需要在不同利益相关者之间分享。[100]

本章对东盟人道主义实践的讨论聚焦于自然灾害领域,但近年来东盟已经尝试将这方面的经验运用于应对人为危机/冲突,从而在维护地区稳定与和平方面发挥建设性作用。从 2017 年起,东盟协调中心已多次收到与人为紧急情况有关的援助请求。2021 年 4 月,东盟领导人缅甸问题特别会议达成五点共识,其中第四点是东盟将通过东盟协调中心向缅甸提供人道主义援助。虽然缅甸至今仍未真正落实五点共识并引发了外界对东盟能力的质疑,但在目前的僵局下,没有比东盟更为可靠的斡旋者,也没有比东盟渠道更具建设性的人道主义方案。此外,突然暴发的新冠肺炎疫情扰乱了全球公共卫生治理系统,但是东盟在应对自然灾害方面的经验为制定有效的区域公共卫生合作机制提供了重要参考。[101]东盟灾害救援合作是成员国能够不受其他战略利益或地缘政治冲突的影响而彼此紧密合作的少数关键领域之一。这对东盟未来的发展来说是个好兆头,表明它有能力以自己独特的方式采取团结和果断的行动,解决那些可能威胁到本地区安全的问题。[102]上述尝试和努力恰恰说明东盟的自主实践是具有韧性和潜力的,东盟能够凭借关系实践和信任互动适应愈发复杂的人道主义现实,在"一个东盟"框架下拓宽和加强地区安全合作。

七、结　语

无论传统人道主义者是否做好准备,至少在东南亚地区,权力转移的时间表不再由其决定。[103]从缅甸风灾到台风"海燕",再到中苏拉威西地震,东盟成员在共同应对灾害的过程中不断深化互信互助互惠,汇聚了地区共享的关系性权力。通过对关系性权力的娴熟运作,东盟建立了多元开放的人道主义网络,确立了"国家主导、区域支持和必要的国际化"规范,塑造了具有典型本土性的人道主义实践。对于国际行为体而言,需要考虑的问题不应是地方主导的本土化是否可行,而是如何以互补的方式支持高质量的本土化。平等的伙伴关系将是未来人道主义行动的一个决定性特征。

国际实践的本土化是为了更好地应对复杂挑战,不应依赖于普遍的标准化"套餐",而是要接受更适合的本土解决方案。这就需要真正重视地方主体地位和自主实践,理解地方自下而上塑造国际实践的机制,充分包容多样实践与多元叙事。只有充分包容地方性知识的体系才能成为全球性知识。[104]信任问题、地方知识与规范,这些曾被忽视的因素对于援助的有效性和合法性而言往往是至关重要的。国际人道主义体系只有抛开普遍主义的理想,贴近与正视不同的地方实践,理解与尊重不同的地方知识,才能实现有效的变革,才能真正超越地方和国际之间的二元对立。东盟已经从国际援助的受惠者逐渐转变为灾害应对经验和专业知识的贡献者。东盟的故事和实践有望成为世界范围内知识共享和创新交流的纽带,有助于重塑更加多元和平衡的全球人道主义体系。

本章聚焦于东盟对关系性权力的运作,但是关系实践和关系性权力并不是东盟特有的。从关系互动的角度重新审视权力概念大大丰富了权力研究议程,不仅能够为中小国家的自主实践提供启发,还可以为大国领导、权力兴衰和国际合作等研究开辟新的空间。当然,目前的关系性权力分析框架也存在局限性。本章强调关系性权力的产生和运作依赖于信任互动,如果行为体之间缺乏共同的背景知识或时常受到外部强权的干扰,那么维护关系和建立信任的进程可能会遭遇困难。关系性权力能否在更具不确定性和冲突性的地区或议题中产生和发挥作用? 这是一个值得进一步探讨的重要问题。

(原载《南洋问题研究》2023 年第 3 期)

注释

1. Imogen Wall and Kerren Hedlund, "Localisation and Locally-led Crisis Response: A Literature Review," Local to Global Protection, May 2016, p.11, https://www.local2global.info/wp-content/uploads/L2GP_SDC_Lit_Review_LocallyLed_June_2016_final.pdf.

2. 地方行为体包括国家和次国家行为体、地方当局、地方社区和地方公民社会组织。参见 AHA Centre, *ASEAN Risk Monitor and Disaster Management Review*(*ARMOR*), 3rd Edition, Jakarta, June 2022, p.75。

3. Oscar A. Gómez, "Localisation or Deglobalisation? East Asia and the Dismantling of Liberal Humanitarianism," *Third World Quarterly*, Vol.42, No.6, 2021, p.1349.

4. Michael Barnett and Peter Walker, "Regime Change for Humanitarian

Aid: How to Make Relief More Accountable," *Foreign Affairs*, Vol. 94, No.4, 2015, p.135.

5. UN General Assembly, *One Humanity*, *Shared Responsibility: Report of the Secretary-General for the World Humanitarian Summit*, New York, February 2, 2016, pp.38—39.

6. Ibid., p.57.

7. Inter-Agency Standing Committee, "The Grand Bargain—A Shared Commitment to Better Serve People in Need," Istanbul, May 23, 2016, p.14.

8. Larissa Fast and Christina Bennett, "From the Ground up: It's about Time for Local Humanitarian Action," Humanitarian Policy Group, London: ODI, May 2020, https://odi.org/en/publications/from-the-ground-up-its-about-time-for-local-humanitarian-action/.

9. Victoria Metcalfe-Hough et al., "The Grand Bargain in 2021: An Independent Review," HPG Commissioned Report, London: ODI, June 2022, p.6, https://odi.org/en/publications/the-grand-bargain-in-2021-an-independent-review/.

10. Oscar A. Gómez, "Localisation or Deglobalisation? East Asia and the Dismantling of Liberal Humanitarianism," *Third World Quarterly*, Vol.42, No.6, 2021, p.1349.

11. AHA Centre, *ASEAN Risk Monitor and Disaster Management Review* (*ARMOR*), 3rd Edition, Jakarta, June 2022, p.82.

12. "Charting the New Norm? Local Leadership in the First 100 Days of the Sulawesi Earthquake Response," Pujiono Centre and Humanitarian Advisory Group, March 2019, p.17, https://humanitarianadvisorygroup.org/wp-content/uploads/2020/12/HH_Sulawesi-Practice-Paper-4_FINAL_electronic_200319_v1.pdf.

13. Janaka Jayawickrama and Bushra Rehma, "Before Defining What is Local, Let's Build the Capacities of Humanitarian Agencies," Refugee Hosts, April 2018, https://refugeehosts.org/2018/04/10/before-defining-what-is-local-

lets-build-the-capacities-of-humanitarian-agencies/.

14. 魏玲:《本土实践与地区秩序:东盟、中国与印太构建》,载《南洋问题研究》2020 年第 2 期,第 5 页。

15. 奥利·雅各布·森丁、艾弗·诺伊曼:《依托权力:国际组织的某些实践是如何主导其他实践的》,见[加拿大]伊曼纽尔·阿德勒、文森特·波略特编:《国际实践》,秦亚青、孙吉胜、魏玲等译,上海:上海人民出版社 2015 年版,第253 页。

16. Michael Barnett and Peter Walker, "Regime Change for Humanitarian Aid: How to Make Relief More Accountable," *Foreign Affairs*, Vol. 94, No.4, 2015, p.131.

17. Imogen Wall and Kerren Hedlund, "Localisation and Locally-led Crisis Response: A Literature Review," Local to Global Protection, May 2016, p.4.

18. Ben Emmens and Maxine Clayton, "Localisation of Aid: Are INGOs Walking the Talk?" *Start Network*, October 2017, p.11, https://startnetwork. org/resource/localisation-aid-are-ingos-walking-talk; Steven A. Zyck and Hanna B. Krebs, "Localising Humanitarianism: Im-proving Effectiveness Through Inclusive Action," Humanitarian Policy Group, London: ODI, July 2015, https://odi. org/en/publications/localising-humanitarianism-improving-effectiveness-through-inclusive-action/.

19. Mary B. Anderson, Dayna Brown and Isabella Jean, *Time to Listen: Hearing People on the Receiving End of International Aid*, Cambridge, MA: CDA Collaborative Learning Projects, 2012.

20. Sabina Robillard, Kimberly Howe and Katja Rosenstock, "Localization Across Contexts: Lessons Learned from Four Case Studies," Feinstein International Center, Tufts University, July 2020, p.2, https://fic.tufts.edu/pub-lication-item/localization-across-contexts-lessons-learned-from-four-case-stud-ies/; Kimberly Howe and Elizabeth Stites, "Partners under Pressure: Humanitarian Action for The Syria Crisis," *Disasters*, Vol.43, No.1, 2019, pp.3—23.

21. Martin Vielajus and Jean Martial Charancle, "Localisation of Aid:

Lessons from Partnerships between French NGOs and Local Actors," Coordination SUD, March 2020, p.31, https://www.forus-international.org/en/pdf-detail/75866-.

22. Oscar A.Gómez, "Localisation or Deglobalisation? East Asia and the Dismantling of Liberal Humanitarianism," *Third World Quarterly*, Vol.42, No.6, 2021, pp.1347—1364.

23. Kilian Spandler, "Saving People or Saving Face? Four Narratives of Regional Humanitarian Order in Southeast Asia," *The Pacific Review*, Vol. 35, No.1, 2020, pp.172—201.

24. Alice Obrecht and Justin Armstrong, "Regionalism and Humanitarian Action in West Africa and Southeast Asia," Humanitarian Policy Group, London: ODI, November 2015, https://odi.org/en/publications/regionalism-and-humanitarian-action-in-west-africa-and-southeast-asia/.

25. Alistair D. B. Cook and Christopher Chen, "Disaster Governance and Prospects of Inter-Regional Partnership in the Asia-Pacific," *The Pacific Review*, Vol.35, No.3, 2020, pp.446—476.

26. 秦亚青:《世界政治的关系理论》,上海:上海人民出版社 2021 年版,第 161—185、424 页。

27. Yaqing Qin, "Rule, Rules, and Relations: Towards a Synthetic Approach to Governance," *The Chinese Journal of International Politics*, Vol.4, 2011, pp.126—127; Yaqing Qin, "A Relational Theory of World Politics," *International Studies Review*, Vol.18, No.1, 2016, p.43.

28. Yves Daccord, "The World Humanitarian Summit: A Game Changer or Business as Usual?" International Committee of the Red Cross, May 26, 2016, https://www.icrc.org/en/document/world-humanitarian-summit-game-changer-or-business-usual.

29. Kilian Spandler, "Saving People or Saving Face? Four Narratives of Regional Humanitarian Order in Southeast Asia," *The Pacific Review*, Vol. 35, No.1, 2020, pp.173—174.

30. Kimberly Howe and Elizabeth Stites, "Partners under Pressure: Humanitarian Action for The Syria Crisis," *Disasters*, Vol.43, No.1, 2019, pp.7—8.

31. Yves Daccord, "The World Humanitarian Summit: A Game Changer or Business as Usual?" International Committee of the Red Cross, May 26, 2016, https://www.icrc.org/en/document/world-humanitarian-summit-game-changer-or-business-usual.

32. 秦亚青:《世界政治的关系理论》,第 328—337 页。

33. 同上书,第 283、386 页。

34. Yaseen Ayobi et al., "Going Local: Achieving a More Appropriate and Fit-for-Purpose Humanitarian Ecosystem in the Pacific," Australian Red Cross, October 2017, p.6, https://humanitarianadvisorygroup.org/wp-content/uploads/2020/12/ARC-Localisation-report-Electronic-301017.pdf.

35. Chinmayee Mishra and Navaneeta Rath, "Social Solidarity During a Pandemic: Through and Beyond Durkheimian Lens," *Social Sciences & Humanities Open*, Vol.2, No.1, 2020, p.4.

36. 董贺:《关系与权力:网络视角下的东盟中心地位》,载《世界经济与政治》2017 年第 8 期,第 94 页。

37. 秦亚青、魏玲:《结构、进程与权力的社会化——中国与东亚地区合作》,载《世界经济与政治》2007 年第 3 期,第 10 页。

38. 秦亚青:《多边主义:比较区域治理研究的实践视角》,载《东亚评论》2022 年第 1 期,第 28 页。

39. ASEAN Secretariat, "A Bridge to Recovery: ASEAN's Response to Cyclone Nargis," Jakarta, July 2009, p.5.

40. Pavin Chachavalpongpun and Moe Thuzar, *Myanmar: Life After Nargis*, Singapore: Institute of Southeast Asian Studies, 2009, p.48.

41. Roberta Cohen, "The Burma Cyclone and the Responsibility to Protect," *Global Responsibility to Protect*, Vol.1, No.2, 2009, p.254.

42. Alan Collins, *Building a People-oriented Security Community the*

ASEAN Way，London：Routledge，2013，pp.138—139.

43. Pavin Chachavalpongpun and Moe Thuzar，*Myanmar：Life After Nargis*，p.50；Surin Pitsuwan，"From Baptism by Cyclone to a Nation's Fresh Start," *Bangkok Post*，February 17，2012，https://www.bangkokpost.com/opinion/opinion/280216/from-baptism-by-cyclone-to-a-nation-fresh-start.

44. Pavin Chachavalpongpun and Moe Thuzar，*Myanmar：Life After Nargis*，p.50.

45. Surin Pitsuwan，"From Baptism by Cyclone to A Nation's Fresh Start," *Bangkok Post*，February 17，2012，https://www.bangkokpost.com/opinion/opinion/280216/from-baptism-by-cyclone-to-a-nation-fresh-start.

46. Pavin Chachavalpongpun and Moe Thuzar，*Myanmar：Life After Nargis*，p.56.

47. William Sabandar，"Cyclone Nargis and ASEAN：A Window for More Meaningful Development Cooperation in Myanmar," in Nick Cheesman，Monique Skidmore and Trevor Wilson，eds.，*Ruling Myanmar：From Cyclone Nargis to National Elections*，Institute of Southeast Asian Studies，2010，p.200.

48. 魏玲:《关系平衡、东盟中心与地区秩序演进》,载《世界经济与政治》2017 年第 7 期,第 52 页。

49. 秦亚青:《世界政治的关系理论》,第 331 页。

50. Yves-Kim Creach and Lilianne Fan，"Myanmar：ASEAN's Role in the Cyclone Nargis Response：Implications, Lessons and Opportunities," Humanitarian Practice Network，London：ODI，January 2009，https://reliefweb.int/report/myanmar/myanmar-aseans-role-cyclone-nargis-response-implications-lessons-and-opportunities.

51. 在反思 2004 年印度洋海啸和响应《兵库行动框架》的背景下,东盟成员国于 2005 年 7 月签署了《东盟灾害管理和应急反应协定》,但该文件并未立即生效。

52. ASEAN Foreign Ministers，"ASEAN Agreement on Disaster Management and Emergency Response," Vientiane，July 26，2005，pp.5—6.

53. Ibid., p.6.

54. Oscar A. Gómez, "Localisation or Deglobalisation? East Asia and the Dismantling of Liberal Humanitarianism," *Third World Quarterly*, Vol. 42, No.6, 2021, p.1349.

55. Alistair D. B. Cook, "Humanitarian Diplomacy in ASEAN," *Asian Journal of Comparative Politics*, Vol.6, No.3, p.12; Lilianne Fan and Hanna B. Krebs, "Regional Organisations and Humanitarian Action: the Case of ASEAN," Humanitarian Policy Group, London: ODI, October 2014, p. 4, https://odi.org/en/publications/regional-organisations-and-humanitarian-action-the-case-of-asean/.

56. AHA Centre, *AHA Centre Partnership*, The AHA Centre Knowledge Management Series Book ♯2, 2016, p.8.

57. AHA Centre, *Dare to Dream Care to Share*, The AHA Centre Knowledge Management Series Book ♯1, 2016, p.41.

58. NDRRMC, "NDRRMC Update Sit Rep No.108 Effects of Typhoon 'Yolanda'(Haiyan)," Quezon City, Philippines, April 3, 2014, pp.1—2.

59. AHA Centre, *Dare to Dream Care to Share*, p.xiii.

60. Ibid., p.45.

61. AHA Centre, *ASEAN Emergency Response and Assessment Team (ASEAN-ERAT): Solidarity in Action*, The AHA Centre Knowledge Management Series Book ♯4, 2016, p.92.

62. AHA Centre, *Dare to Dream Care to Share*, p.48.

63. Lilianne Fan and Hanna B. Krebs, "Regional Organisations and Humanitarian Action: the Case of ASEAN," Humanitarian Policy Group, London: ODI, October 2014, p.12, https://odi.org/en/publications/regional-organisations-and-humanitarian-action-the-case-of-asean/.

64. ASEAN Secretariat, "Weathering the Perfect Storm: Lessons Learnt on the ASEAN's Response to the Aftermath of Typhoon Haiyan," Jakarta, October 2014, p.53.

65. Rebecca Barber, "Localising the Humanitarian Toolkit: Lessons from Recent Philippines Disasters," Save the Children Australia, August 2013, p.21, https://resourcecentre.savethechildren.net/pdf/localising_humanitarian_toolkit.pdf/.

66. ASEAN Secretariat, "Weathering the Perfect Storm: Lessons Learnt on the ASEAN's Response to the Aftermath of Typhoon Haiyan," Jakarta, October 2014, pp.8, 67.

67. ASEAN Secretariat, "ASEAN Vision 2025 on Disaster Management," Jakarta, December 2015, p.21.

68. ASEAN Secretariat, "Joint Statement of the Association of Southeast Asian Nations (ASEAN) for the World Humanitarian Summit, 'National Leadership & Regional Partnership for Resilient ASEAN'," Istanbul, May 23, 2016.

69. ASEAN Foreign Ministers, "ASEAN Declaration on One ASEAN, One Response: ASEAN Responding on Disasters as One in The Region and Outside The Region," Vientiane, September 6, 2016.

70. AHA Centre, *AHA Centre Partnership*, p.11.

71. Ibid., pp.5, 83.

72. ASEAN Secretariat and UN Secretariat, "ASEAN-UN Joint Strategic Plan of Action on Disaster Management 2016—2020," Phnom Penh, December 2015.

73. AHA Centre, "Annual Report 2018: Breaking New Ground," Jakarta, April 2019, p.30.

74. "Charting the New Norm? Local Leadership in the First 100 Days of the Sulawesi Earthquake Response," Pujiono Centre and Humanitarian Advisory Group, March 2019, p.6.

75. Ibid., p.7.

76. Oscar A. Gómez, "Localisation or Deglobalisation? East Asia and the Dismantling of Liberal Humanitarianism," *Third World Quarterly*, Vol.42,

No.6，2021，p.1351.

77. Angelo Paolo L. Trias and Alistair D. B. Cook，"Future Directions in Disaster Governance：Insights from the 2018 Central Sulawesi Earthquake and Tsunami Response," *International Journal of Disaster Risk Reduction*，Vol. 58，2021，p.4.

78. AHA Centre，"Situation Update No.7-M 7.4 Earthquake & Tsunami Sulawesi，Indonesia," Jakarta，October 5，2018.

79.《区域待命安排和联合救灾与应急响应行动协调的标准行动程序》(Standard Operating Procedure for Regional Standby Arrangements and Coordination of Joint Disaster Relief and Emergency Response Operations，SASOP，下文称"《标准行动程序》")确立了灾害管理和应急响应的指导原则和标准程序，包含灾害预防、评估与监测、应急响应、军事资产和能力的使用四个部分。

80. Angelo Paolo L. Trias and Alistair D. B. Cook，"Future Directions in Disaster Governance：Insights from the 2018 Central Sulawesi Earthquake and Tsunami Response," *International Journal of Disaster Risk Reduction*，Vol.58，2021，p.5.

81. "Indonesia Restricts Foreign Helpers in Central Sulawesi to 'Avoid More Work'," The Jakarta Post，October 11，2018，https://www.thejakarta-post. com/news/2018/10/11/indonesia-restricts-foreign-helpers-in-central-sula-wesi-to-avoid-more-work.html.

82. AHA Centre，*ASEAN Risk Monitor and Disaster Management Review*(ARMOR)，1st Edition，Jakarta，March 2019，p.163.

83. Angelo Paolo L. Trias and Alistair D. B. Cook，"Future Directions in Disaster Governance：Insights from the 2018 Central Sulawesi Earthquake and Tsunami Response," *International Journal of Disaster Risk Reduction*，Vol.58，2021，p.4.

84. AHA Centre，*ASEAN Risk Monitor and Disaster Management Review*(ARMOR)，1st Edition，Jakarta，March 2019，p.164.

85. "Best Practices to Support Locally Led Responses," Center for Excel-

lence in Disaster Management & Humanitarian Assistance，December 2022，p.12，https://www.cfe-dmha.org/LinkClick.aspx?fileticket=N3B4F48RK9w%3d&portalid=0.

86. Oscar A. Gómez, "Localisation or Deglobalisation? East Asia and the Dismantling of Liberal Humanitarianism," *Third World Quarterly*, Vol.42, No.6, 2021, p.1349.

87. Angelo Paolo L. Trias and Alistair D. B. Cook, "Future Directions in Disaster Governance: Insights from the 2018 Central Sulawesi Earthquake and Tsunami Response," *International Journal of Disaster Risk Reduction*, Vol.58, 2021, p.4.

88. "Charting the New Norm? Local Leadership in the First 100 Days of the Sulawesi Earthquake Response," Pujiono Centre and Humanitarian Advisory Group, March 2019, p.13.

89. Ibid., p.7.

90. Yaseen Ayobi et al., "Going Local: Achieving a More Appropriate and Fit-for-Purpose Humanitarian Ecosystem in the Pacific," Australian Red Cross, October 2017, p.8.

91. Yves Daccord, "The World Humanitarian Summit: A Game Changer or Business as Usual?" International Committee of the Red Cross, May 26, 2016, https://www.icrc.org/en/document/world-humanitarian-summit-game-changer-or-business-usual.

92. Oscar A. Gómez, "Localisation or Deglobalisation? East Asia and the Dismantling of Liberal Humanitarianism," *Third World Quarterly*, Vol.42, No.6, 2021, p.1348.

93. AHA Centre, *ASEAN Risk Monitor and Disaster Management Review(ARMOR)*, 3rd Edition, Jakarta, June 2022, p.76.

94. ASEAN Secretariat, *ASEAN Disaster Resilience Outlook: Preparing for a Future Beyond 2025*, Jakarta, October 2021, p.102.

95. Ibid., pp.80—81.

96. Angelo Paolo L. Trias and Alistair D. B. Cook, "Future Directions in Disaster Governance: Insights from the 2018 Central Sulawesi Earthquake and Tsunami Response," *International Journal of Disaster Risk Reduction*, Vol.58, 2021, p.10.

97. Alistair D. B. Cook, "Humanitarian Diplomacy in ASEAN," *Asian Journal of Comparative Politics*, Vol.6, No.3, p.26.

98. Ian Morse, "Behind Indonesia's Tsunami Response, A Patchwork Army of Volunteers," The New Humanitarian, November 5, 2018, https://www.thenewhumanitarian.org/news-feature/2018/11/05/behind-indonesia-s-tsunami-response-patchwork-army-volunteers.

99. Mely Caballero-Anthony, Alistair D. B. Cook and Christopher Chen, "Reimagining the Global Humanitarian System: Emerging Dynamics in the Asia-Pacific," *International Journal of Disaster Risk Reduction*, Vol. 56, 2021, p.7.

100. Kanjeng Pangeran Notonegoro, Said Faisal and Oliver Lacey-Hall, "Because Resilience Is Local: A Synthesis Report of the Indo-Pacific Regional Learning on COVID-19 and Its Impact on Disaster Risk Management and Resilience," SIAP SIAGA, May 2022.

101. Alistair D. B. Cook, "Humanitarian Diplomacy in ASEAN," *Asian Journal of Comparative Politics*, Vol.6, No.3, p.22.

102. Adam Leong Kok Wey, "Natural Disaster Management and the Future of ASEAN Cohesion," East Asia Forum, September 23, 2016, https://www.eastasiaforum.org/2016/09/23/natural-disaster-management-and-the-future-of-asean-cohesion/.

103. "Charting the New Norm? Local Leadership in the First 100 Days of the Sulawesi Earthquake Response," Pujiono Centre and Humanitarian Advisory Group, March 2019, p.14.

104. 秦亚青：《地方性知识与全球国际关系学：东亚合作的启示》，载《中国社会科学报》2018 年 6 月 14 日。

第八章 关系性权力、预防行为与权力转移

李奇前[*]

一、问题的提出

关于崛起国与守成国关系的悲观讨论,似乎主导着自《伯罗奔尼撒战争史》以来的理论与经验关怀。自人类历史进入 21 世纪以来,中美之间权力转移的进程逐渐加快,引发了社会各界对霸权战争及国际失序的担忧。但是,一些学者认为,国际社会事实上进入了大国无战争的时代。[1]与之相伴,国际社会出现许多重大变化。随着全球化进程的深入,不同国家、各个领域之间的互动复杂且多样,国际关系呈现复杂性特征。[2]以复杂性关系为基础,各国相互依赖程度不断加深,彼此影响的敏感性不断增强,由此形成的关系性权力不容忽视,仅考虑物质性权力或战争资源具有局限性。

自理论出发,以 A.F.K.奥根斯基(A. F. K. Organski)为代表的权力转移理论家认为,权力对比变化与大国战争密切相关。[3]权力转移理论着重讨论权力转移是否必然导致战争以及为何战争的问题,该理论始终关注崛起国与守成国之间物质权力[4]对比关系的变化以及崛起国对现状的满意程度,[5]以此判断大国关系与国际秩序演变。[6]在权力转移理论看来,中国是所谓"不满足"现

---

* 李奇前,中国社科院亚太与全球战略研究院助理研究员。

状的挑战国,势必挑起对守成国的战争。[7]中国的外交战略是以合作共赢引领新型国际关系和新型大国关系建设,致力于实现共商、共建、共享、共赢的全球治理,推动构建人类命运共同体,鲜有挑起霸权战争的可能。国际关系现实挑战着来自传统权力转移理论的逻辑认知。正如奥根斯基所说:"权力转移理论并非永恒的真理,而是随着时间的变化不断得到修正与发展的。《世界政治》(*World Politics*)一书包含很少的'法则',但包括大量的假说,其中有些可能是错误的,需要读者尽可能地修改和纠正。"[8]

基于理论不足与现实需要,本章尝试使用"关系性权力"的概念来丰富权力转移的理论内涵与外延,通过"预防行为"这一概念克服权力转移理论关于"崛起国因不满意现状挑起战争"的逻辑困境,并据此为中美权力转移的和平进程提供可能的路径思考。下文欲讨论的问题是:全球化深入发展的背景下,权力转移的主要表现为何? 霸权国与守成国在权力转移进程中如何进行互动? 是否必有一战? 本章认为,关系性权力而非物质权力的对比变化是自"全球转型"以来权力转移的主要表现形式。[9]面对权力转移,守成国因恐惧可能采取不同的打压崛起国的预防行为,崛起国对此采取差异化的反馈措施,由此影响权力转移的结果。[10]

二、既有研究述评

权力转移理论聚焦霸权更迭与战和互动,该理论将物质性权力对比变化与满意度作为影响崛起国与守成国战和关系的变量。既有研究多从自变量与因变量出发讨论权力转移问题,即关注物质性权力、满意度和权力转移的结果。

(一) 权力转移中的物质性权力

权力转移主要表现为国家物质性权力对比的变化。权力转移理论认为,大国权力对比的变化植根于国家内部的工业化进程,人口、经济和政治能力、地理、资源和民族士气是界定国家权力的重要指标。[11]据此进一步发展出人口、经济发展和政治能力三项指标作为衡量一国权力大小的工具。[12]诸多学者在讨论权力转移问题时均遵循物质主义的思路,分别使用国民生产总值(GNP)、国内生产总值(GDP)和国家能力综合指数(CINC)、国内剩余产品(Surplus Domestic Product，SDP)、相对军事权力(Relative Military Power)等来衡量国家权力大小。[13]理查德·内德·勒博(Richard Ned Lebow)等学者选用一国的 GDP 乘以该国的总人口来测量 1648—2000 年的国家权力大小。[14]金宇祥(Woosang Kim)认为，衡量国家的权力大小不能仅仅关注一国内部的权力资源，外部的联盟关系亦是国家权力的重要构成部分。[15]

权力转移理论注重考察以工业化进程为基础的物质性权力，对其他多样性权力关注不足。权力作为社会科学的核心概念，分类众多，无论何种理解均立足于权力的两种特性，即资源性和关系性。[16]权力的资源属性一般表现为客观物质性，是对权力主体所具有的资源的客观展示；权力的关系性是社会互动基础上形成的交互属性和交易特征。权力转移理论着重关注权力的资源属性，忽视了权力的关系属性。与此同时，权力转移理论对权力的外部来源关注不足。权力转移理论家致力于强调国家权力的内生性，渐趋忽视了国家外部权力的重要作用。金宇祥将联盟作为权力来源带入权力转移理论，从一定程度上弥补了前述不足。[17]但是，面对提倡"不结盟"的国家而言，如何测量国家的外部权力对金宇祥建构权力转移理论提出了现实挑战。金宇祥等学者忽视了联盟作为权力来源的关系性特征，本章认为，联盟关系实则是关系的一种表现形式，因此，应将其作为关系性权力的重要组成部分而非全部来进行讨论。

(二) 权力转移中的满意度

在权力转移理论看来，战争必然发生。国际体系并非呈现均势，而是一个等级体系，在权力金字塔中，霸权国凭借权力优势始终占据利益分配的有利位置，总是对现状持满意态度，而崛起国对现状的不满将导致战争爆发。[18]关于满意度大小的衡量存在诸多讨论，包括观测崛起国军事开支的增长率、主权借款人的资金成本(the cost of money for sovereign borrowers)等方面，难以达成一致认知。[19]关于持不满意态度主体的讨论，诸多学者认为，权力转移理论所强调的守成国始终满意的观点存在问题。权力大小与其在国际社会利益分配并不完全对等，霸权国也并不一定满足现状。[20]大国之间的战争有可能由衰落中的守成国家发动，亦有可能以预防性战争的形式爆发。[21]总之，崛起国和守成国均可能成为导致战争爆发的来源国,特别是守成国,亦可能采取预防行动应对他国崛起。

上述分析表明,权力转移理论对满意度的分歧十分明显且长期存在。权力转移过程中到底是哪些国家存在不满,这是一个难以形成一致性认知的问题。诸多学者打破了权力转移理论所强调的崛起国不满的壁垒,认为守成国会因既有利益分配和既有安排受到冲击而率先进行预防性战争,[22]这是对霸权战争的理性主义解释。但是,这似乎忽视了恐惧作为主观因素的存在。修昔底德(Thucydides)曾认为,斯巴达对雅典快速崛起的恐惧导致了双方的战争。[23]为消弭崛起国崛起带来的恐惧,除了预防性战争,守成国亦可采取制衡、竞争等预防行为,因为仅强调预防性战争难免陷入注定一战的窠臼。总之,难以测量且主体不确定的满意度概念,并不必然作为权力转移理论的逻辑基础。

(三) 权力转移的结果

传统权力转移理论认为崛起国与守成国必有一战,诸多学者遵从这一逻辑,[24]也有许多学者提出了新的见解。例如,有学者关注到权力转移理论对地理距离的忽视,提出地理距离影响权力转移及战争、和平关系。[25]还有学者将权力转移与体系演化、制度变革或前景理论结合,否定了战争必然爆发的论断。[26]另有学者以霸权互动为基础建构了权力转移的动态分析框架和互动关系螺旋理论,讨论崛起国与守成国的互动结果。[27]勒博认为,权力转移理论出现了因果倒置,权力转移是战争的结果而非原因。[28]权力转移理论的最新发展为崛起国与守成国和平互动提供了可能。

上述关于权力转移结果的讨论一定程度上回应了崛起国与守成国必有一战的认知,但是其论证逻辑仍存在不尽完善之处。上述发展多立足于"权力转移+"的路径下,涌现了如"权力转移+地理距离""权力转移+前景理论"等为代表的一批优秀理论框架。虽然发展的分析框架对权力转移理论进行了外部修正,但是,仍未完全处理前述亟待解决的问题,故权力转移理论的固有矛盾依旧存在。本章认为,权力转移理论对以国际制度为代表的非国家行为体关注不足。权力转移理论将国际组织、规范和原则作为国际秩序的组成部分进行观测,由此讨论国家满意度的问题。随着全球联系日益紧密,国际制度的作用日益提升,其逐渐成为国际关系研究难以绕开的主题。国际制度既可以成为国家权力的重要组成部分,亦是守成国采取预防行为的平台与工具。

本章认为,权力转移理论将权力化约为物质性权力,忽视了权力的关系属性;其以认知不一的"满意度"概念作为理论逻辑的关键,同样存在固有缺陷;满意度在权力转移理论中并不具有存在的必要性。本章试图在关系性权力和预防行为的基础上,搭建分析框架,尝试解决既有权力转移理论存在的问题。

三、关系性权力转移与大国战略互动

对权力讨论的不足是造成权力转移理论解释力困境的原因之一。关注关系性权力有助于打破物质性权力垄断权力转移理论的现实困境,更加契合全球化深入发展的现实。在此背景下的权力转移主要表现为关系性权力转移。关系性权力转移并不必然导致战争。在关系性权力转移的进程中,守成国可能采取多样化的预防行为,包括战争、制衡、竞争与合作。预防行为的选择一定程度主导了战争与和平议程的设置。在预防行为的基础上,崛起国给予认同反馈,并进一步塑造彼此的互动关系,最终实现对战争与和平的选择。

(一) 关系性权力的界定与测量

权力是国际关系学、政治学甚至是整个社会科学领域的核心概念和研究对象。随着国际关系领域"社会学转向"和"关系转向"的深入,关系性权力愈发重要。关系理论认为,世界是关系的世界,即关系具有本体论意义,关系性成为理解社会现象和行为的关键要素。[29]关系理论中的权力源自主体间的关系并作用于所有相关行为体。关系即权力,关系是权力运作的平台,亦对权力的运作具有重要影响。[30]有学者指出,在世界强联结时代,绝大多数国家均处于多维关系网络中,作为主要国际关系行为体的国家之间并非只有政治关系,复杂、多维的关系现实呼唤国家从关系理论的视角参与国际互动。[31]关系性权力在一定程度上打破了个体性权力的垄断优势,兼顾了不同行为体之间的社会性互动,这是对权力的动态理解。关系性权力融合了行为体的资源属性和沟通属性,并将权力关系由同一层面的行为主体拓展至不同层面,弱化了国际关系层次分析的壁垒。本章认为,19世纪的"全球转型"带来了全球现代性,并推动全球化深入发展,包括国际关系主体多元化和社会互动能力的增强,进一步提升了考察国际社会关系属性的必要性。[32]关系性权力有助于弥补权力转移理论中忽视权力的关系属性、难以应对强联结式时代的不足。[33]权力转移理论着重讨论了权力的物质性特征,而强大的物质性资源并不必然产生强大的社会性影响,故对关系性权力即关系的非物质属性的考察,在理论发展中非常必要。

欲对关系性权力进行讨论,首先需要对其进行测量。主流观点认为,在社会网络分析的路径下测量国家的关系性权力具有可行性与可信性。[34]社会网络分析认为,网络是不同的点相互连接构成的集合整体。[35]在国际关系中,国际关系行为体在国际社会互动中,通过建立多边或双边联系形成关系并综合不同领域的关系构成网络。[36]无论何种网络类型,均是由复杂多维的关系构成,国际关系行为体处于关系之中,并与关系共时、共在。从分析路向来看,社会网络分析包括关系取向和位置取向两种视角。关系取向关注关系的强度、密度和规模等;位置取向关注行为体间关系反映出的社会结构。[37]在社会网络分析中,中心性(centrality)是衡量节点间关系及网络结构的重要指标。中心性包括度中心性(degree centrality)、居间中心性(closeness centrality)和中介中心性(betweenness centrality)。[38]度中心性展示一个节点与其他节点联系渠道的多少,即关系的数量和规模;居间中心性展示的是网络中某一节点获取信息及资源的能力;中介中心性则主要展示某一节点相较于其他节点的位置信息。[39]使用其中一个或多个测度进行比较,就可以测量某一节点的位置和关系特征。[40]

关系理论认为关系即权力。权力的大小与一国关系圈网的大小及其中行为体的重要性有关,即关系的数量和规模以及关系的重要性直接影响关系性权力的大小。[41]对关系数量和规模的测量恰好与社会网络分析中的度中心性相匹配,即在社会结构中处于中心的行为体可能更加具有权力和影响力。[42]可以通过测量某一节点的度中心性来衡量某一行为体的关系性权力大小,度中心性数值越高,则关系数量越多,关系性权力越大。就度中心性测量而言,在拥有 g 个节点的无向图(undirected graph)中,行为人 i 的度中心性是 i 与其他 $g-1$ 个行为人的直接联系的总和。[43]可作如下表示：

$$C_D(N_i) = \sum_{j=1}^{g} x_{ij}(i \neq j)$$

上述测量方法受网络规模影响较大。为克服上述缺陷，斯坦利·沃瑟曼（Stanley Wasserman）和凯瑟琳·福斯特（Katherine Faust）提出，用行为人 i 的度中心性数值除以其他 $g-1$ 个行为人最大可能的连接数。[44]这也成为测量度中心性的标准化公式：

$$C_D'(N_i) = \frac{C_D(N_i)}{g-1}$$

社会网络中的关系性权力并非单一的存在，而是在不同领域、不同网络中存在差异化的测量标准。[45]度中心性测量数据亦来自不同的关系网络。本章拟通过二进制无向网络数据对国际关系行为体在经济、安全、外交三个领域的度中心性进行测量，从而观察其关系性权力。[46]在经济领域，贸易往来是当今世界各节点间联系最为紧密的关系网络。在存在贸易关系的国家中，以 A 国是否与 B 国存在贸易往来为指标，建构一国在世界范围内的经济关系网络；在安全领域，拟考察军事联盟关系，以 A 国和 B 国是否共处于同一正式联盟为指标，构建一国在世界范围内的安全关系网络；在外交领域，拟建构基于国家间关系的1-模网络和基于国家与政府间国际组织关系的2-模网络。外交领域的1-模网络以 A 国与 B 国是否相互派驻外交官为指标，2-模网络以 A 国是否加入政府间国际组织为指标（见表8.1）。

表 8.1　关系网络构建

关系网络	定义边
经济关系网络	A 国是否与 B 国存在贸易往来
安全关系网络	A 国与 B 国是否共处于同一正式联盟
外交关系网络	A 国是否与 B 国相互派驻外交官
	A 国是否加入政府间国际组织 C

资料来源：参见庞珣、权家运：《回归权力的关系语境——国家社会性权力的网络分析与测量》，载《世界政治与经济》2015 年第 6 期，第 45 页。

某一节点在不同领域的度中心性与关系性权力具有差异性，为方便观测，本章将对不同关系网络中度中心性进行加总平均处理,以此总体反映某一节点的关系性权力。关系性权力可以通过社会网络分析进行测量,用节点度中心性来反映关系性权力的大小。本章认为,度中心性越大,关系数量与密度越大,关系性权力越大。

(二) 关系性权力转移与守成国的预防行为

有学者曾指出,大国的成长逻辑实则是一种社会性成长。[47]基于社会性或关系性逻辑对权力转移进行思考具有必要性和可能性。本章认为,权力转移进程遵循关系性逻辑,适应关系理性。国家在国际社会施展的权力是不同国际关系行为体之间互动、联系的结果,在某种意义上,国家的权力与关系性权力契合度更高。国家的物质性权力是关系性权力的基础,物质性权力的增强为关系性权力提升带来了可能,但并不具有必然性。例如,清政府统治初期,其国家物质权力在世界横向排名中位居前列,但受到"闭关锁国"政策的影响,其在国际社会互动中可能并不具有优势,关系性权力排名亦可能并不理想。权力转移理论实则关注世界范围内横向权力对比,具有明显的国际性和关系性特征,其涉及的国家权力变迁需要进一步被界定为关系性权力的对比变化,即关系性权力转移。

关系性权力转移并不必然导致战争。关于权力转移理论对霸权战争的讨论遭受了诸多批评。[48]其中以戴尔·科普兰(Dale C. Copeland)的观点最具代表性,他规避了对满意度的分析,认为守成国对崛起国的恐惧促使其发动预防性战争维护既存利益。[49]勒博强调的战争多爆发于国家对恐惧的克服的观点,也为守成国因崛起国挑战率先采取预防行为提供了依据。[50]在关系性权力作用日益明显的背景下,在科技创新不断发展、全球联系日益增强的时代,战争作为一种政策选择的效用正在不断下降。[51]在大国无战争时代,守成国贸然发动预防性战争以应对崛起国挑战的动机可能略显不足。[52]虽然国家在消极互动中具有抢先行动的利益,但并非完全等同于预防性战争。[53]关系性权力转移区别于物质性权力转移。物质性权力转移立足于物质性权力资源,这些资源或可等同于战争资源,即为战争提供物质基础,以此为理论基点导致的悲观结果或许具有必然性。但是,关系性权力转移关注以社会性联结为基础的关系性权力,在承认物质性资源的基础上,更加突出非物质性(非战争)资源的重要地位。例如,国家与国际组织的关系可以作为关系性权力的来源之一,这种权力难以为战争选项提供资源基础。总之,守成国在权力转移的过程中存在采取预防行为以应对他国崛起的可能。

预防行为是指在面对崛起国挑战时,在权力转移完成之前,守成国采取行动以维护自身利益的行为。[54]守成国的预防行为包括战争、制衡、竞争和合作。在关系性权力转移的背景下,战争是在权力转移过程中,守成国通过先发制人的战争形式,阻止挑战国实现成功崛起的行为。[55]制衡是指在非对称型国际关系发生变迁的过程中,守成国对崛起国采取的打压和约束行为,包括硬制衡、有限硬制衡和软制衡等手段,以及权力制衡、制度制衡、身份制衡和地位制衡等内容。[56]竞争一般指在不确定环境中获取自身利益的行为与努力。[57]在关系性权力转移的过程中,竞争是指守成国与崛起国在公平基础上为争取自身利益所做的努力。合作行为是指由守成国主动发起并得到崛起国配合的、通过合作在一系列互动实践中进一步理解对方行为并以实现双边关系治理为主要目的的战略性行为,即守成国通过利益给予的方式实现对崛起国的"同化"。[58]预防行为的作用时间为关系性权力转移完成之前,实践主体为守成国,实践对象为崛起国,行为目的是维护守成国的既有地位与利益。

在关系性权力转移的背景下,崛起国与守成国关系性权力的趋近并不必然导致战争,而是存在制衡、竞争和合作等多种预防行为。除了守成国的预防行为,崛起国针对守成国预防行为给予的反馈亦对双方互动关系具有深刻影响。

(三) 崛起国反馈与大国战略互动

以关系性视角观之,国际社会的诸多行为结果均是国际关系行为体社会性互动的产物。关系性权力转移的结果受到崛起国与守成国互动行为的影响。在关系性权力转移的背景下,守成国有理由采取多样化的预防行为。崛起国可能给予守成国何种互动反馈深刻影响着彼此互动的结果。

认同反馈是国际关系行为体进行社会性互动的必要环节。基于反馈路向与认同程度的差异,秦亚青将认同反馈类型化为正向认同、负向认同和零向认同。[59]为方便讨论,本章遵循二分逻辑,将反馈形式划分为正向反馈和负向反馈。在关系性权力转移的背景下,崛起国的正向反馈即给予守成国预防行动以积极评价和良性互动;负向反馈即给予守成国预防行动以消极评价和恶性互动。关于守成国与崛起国的互动行为(见表8.2)。

表 8.2　崛起国反馈与大国互动

守成国预防行为 崛起国反馈	战争	制衡	竞争	合作
正向反馈	缓和战争	弱化制衡	弱化竞争	强化合作
负向反馈	升级战争	强化制衡	强化竞争	弱化合作

资料来源:作者自制。

当守成国的预防行为是战争时,若崛起国给予正向反馈,与守成国开展较为良性的互动,则彼此互动可能实现关系缓和,推动战争降级,反之则可能导致战争进一步升级。当守成国的预防行为为战争时,若崛起国给予正向反馈,彼此互动可能弱化制衡行为,反之可能强化制衡。当守成国的预防行为为竞争时,若崛起国给予正向反馈,彼此互动可能弱化竞争,反之可能强化竞争。当守成国的预防行为为合作时,若崛起国给予正向反馈,可能进一步增强守成国的合作动机,实现彼此合作的深化,反之可能弱化合作。因此,崛起国的反馈选择对崛起国与守成国的互动行为具有深刻的影响,并直接作用于关系性权力转移的结果。

权力转移实则是关系性权力转移,关系性权力转移反映了关系性权力的调整与变迁。关系性权力转移的表现与互动机制见图8.1。

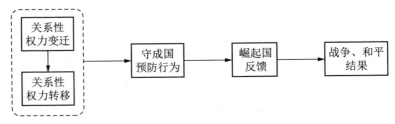

图 8.1　关系性权力转移逻辑示意

资料来源:作者自制。

如图 8.1 所示,关系性权力变迁导致权力转移,基于关系性权力转移的现实背景,守成国采取预防行为以维护自身的优势地位和既得利益。但是,这种预防行为并不必然塑造战争或和平的结果。换言之,权力转移是否必有一战的论断需要在守成国与崛起国的互动中实现。基于守成国的预防行为,崛起国可能做出两种认同反馈,即正向反馈和负向反馈。守成国的不同预防行为结合崛起国的差异性认同反馈,最终影响权力转移的结果,即战争抑或和平。关于崛起国与守成国的互动机制见图 8.2。

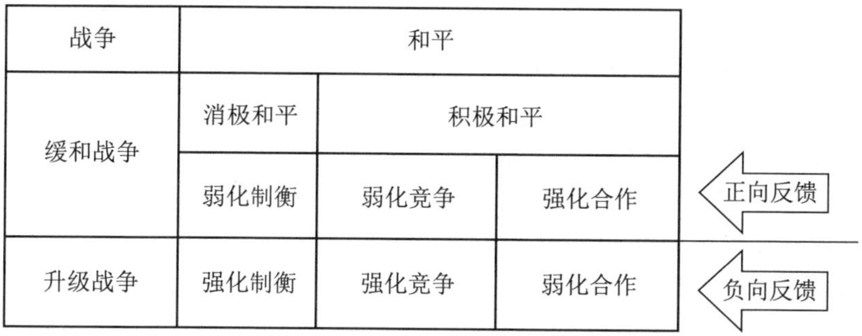

战争	和平		
缓和战争	消极和平	积极和平	
	弱化制衡	弱化竞争	强化合作
升级战争	强化制衡	强化竞争	弱化合作

⇐ 正向反馈

⇐ 负向反馈

图 8.2 权力转移互动与战争、和平结果

资料来源:作者自制。

关系性权力转移背景下的崛起国与守成国互动,存在和平与战争两种结果,且可能实现动态转化。由静态视角观之,若守成国发动预防性战争,无论崛起国给予何种反馈类型,结果均趋于战争。若守成国采取制衡、竞争和合作的行为,无论崛起国给予何种反馈,双方互动的天平均趋向于和平一端。基于制衡行为具有遏制与打压的动机,守成国与崛起国此时的和平选择多为势均力敌式的抗衡,故这种和平是一种被动的和平形式,即消极和平。在合作行为下的和平形式多表现为积极和平。竞争是一种公平谋求利益的互动行为,展现为中性特征,故本章将在此背景下的互动结果归为积极和平范畴。由动态视角观之,权力转移的和平与战争选择具有可变性。当崛起国给予守成国预防行为以正向反馈时,权力转移的结果存在由战争向和平转换的趋势。缓和战争可向制衡行为转换,弱化制衡有利于调整为竞争性互动,弱化竞争则有利于在广泛议题中寻求新的合作。当崛起国给予守成国预防行为以负向反馈时,两国的互动呈现紧张加剧的趋势，表现为积极和平向消极和平变迁，消极和平向战争转换的趋势。

关系性权力转移表现为关系性权力的调整和变迁。在关系性权力转移的背景下，崛起国与守成国的互动机制源自预防行为和认同反馈的作用，由此影响着权力转移进程中战争与和平的结果选择。

四、案例分析：对英德、英美和美苏权力转移的再探讨

（一）关于案例选择的说明

国际关系史塑造着理论、滋养着学科并关乎国际社会的现实与发展。在格雷厄姆·艾利森（Graham Allison）看来，过去五百年的国际关系演进，实则是对16 次权力转移进程的讨论，其中包括葡萄牙与西班牙、荷兰与英格兰、英国与德国、英国与美国以及美国与苏联等。[60] 本章拟选取英德、英美和美苏三个案例进行论证，主要出于以下三点考量。

第一，虽然权力转移贯穿整个国际关系发展的历史进程，但是，以 19 世纪"全球转型"为分界点，国际关系进入强联结时代，关系性权力取代物质性权力成为影响国际互动的新现实。本章选取自 19 世纪末期至 20 世纪 80 年代国际关系出现的三次典型的权力转移进行讨论，既包括英德权力转移的战争行为，亦包括英美、美苏权力转移的和平行为，具有较强的历时性和代表性。上述三次权力转移区别于之前的地区性权力转移，具有了真正的全球性意义。在全球联系日益增强、全球化趋势不可逆转的当下，对其进行讨论具有显著的现实价值和借鉴意义。

第二，权力转移理论对英德权力转移的冲突性解释力不足。权力转移理论认为，第一次世界大战是英德权力转移及德国对现状强烈不满的结果。但是，英德权力转移进程似乎并非如此。其一，从物质性权力来看，1910 年，德国的综合国力已经基本超越英国。1890 年，威廉二世解雇了俾斯麦，出台"世界政策"以表达对世界利益分割的不满。但是，为何直至 1914 年战争才最终爆发？其二，第一次世界大战并非德国对英国表达不满而直接与其爆发的战争，亦非英国面

对德国的崛起直接进行的预防性战争,甚至在 1914 年 7 月 9 日,英国外交部官员依然认为,"风暴很快会过去"。[61]总之,第一次世界大战的爆发与权力转移理论的逻辑存在出入。

第三,权力转移理论对英美和美苏权力转移的讨论亦存在不足。在英美权力转移的背景下,彼此关系出现了和解,即权力转移并未引发霸权战争。以委内瑞拉危机为例,美国对英国主导的现状存在明显不满,为何二者的互动结果超脱了权力转移理论的预期?学界多将美苏两国在权力转移中的和平互动归结为均势,将冷战和平终结的动力解释为国家内部变迁。由权力转移理论观之,既然美苏之间权力发生转移且苏联作为崛起国存在不满,美苏两国在四十余年的冷战中为何能够打破"必有一战"的理论陷阱?据此,下文就上述案例进行讨论并对分析框架进行检验。

(二) 关系性权力转移与第一次世界大战

在权力转移理论看来,德国的崛起与第一次世界大战的爆发为理论的合理性提供了重要论据。事实上,德国自第二次工业革命已然开始崛起,1888 年,威廉二世上台,推动德国走向世界事务的中心。就物质性权力而言,德国与英国发生了明显的权力转移。1890 年至 1913 年,德国在人口、钢铁产量、军队数量和电力、光学和化学等新兴工业领域均领先于英国。[62]早在 1910 年,德国就已经超越英国成为欧洲主要的经济体,可被视作完成了权力转移。[63]德国亦始终不满足于既有的利益分配。时任德国外交部部长伯恩哈德·冯·比洛(Bernhard von Bülow)曾明确表示:"我们也要谋求在阳光下的地盘。"[64]既存在物质性权力转移,亦有不满情绪,但英德却并未直接爆发战争。即使是 1914 年爆发了世界大战,亦非两国直接对彼此进行的战争规划。至 1913 年,德国军界存在两套军事方案:其一,攻击法国和俄国的施利芬计划;其二,只攻击俄国的计划。[65]两套方案的攻击目标均未指向作为守成国的英国。针对上述问题,关系性权力转移理论或可提供解释。

从关系性权力的视角观之,德国与英国自 1889 年起出现了权力差距缩小的趋势,但与物质性权力转移不同,至 1913 年,德国方才实现关系性权力的超越。在社会网络分析的框架下,为进一步观测英德两国关系性权力对比变化情况,本章拟选取 1889 年、1899 年、1909 年、1913 年和 1920 年作为时间节点,观察英德两国关系性权力的对比变化(见表 8.3)。

表 8.3 英德两国所处关系网络中的度中心性

时间	关系网络	英国			德国		
		节点度数	最大连接数	度中心性	节点度数	最大连接数	度中心性
1889 年	经济关系	32	37	0.86	21	37	0.57
	安全关系	4	37	0.11	5	37	0.14
	外交关系	29	37	0.78	28	37	0.76
		11	15	0.73	11	15	0.73
1899 年	经济关系	32	40	0.8	21	40	0.53
	安全关系	2	40	0.05	3	40	0.08
	外交关系	29	40	0.73	33	40	0.83
		15	20	0.75	15	20	0.75
1909 年	经济关系	34	44	0.77	32	44	0.73
	安全关系	5	44	0.11	3	44	0.07
	外交关系	36	44	0.82	32	44	0.73
		26	40	0.65	31	40	0.78
1913 年	经济关系	39	44	0.89	40	44	0.91
	安全关系	5	44	0.11	3	44	0.07
	外交关系	—	44	—	—	44	—
		29	41	0.71	31	41	0.76
1920 年	经济关系	46	58	0.79	48	58	0.83
	安全关系	2	58	0.03	0	58	0
	外交关系	33	58	0.57	13	58	0.22
		36	49	0.73	24	49	0.49

说明:之所以利用相关数据对两国度中心性(关系性权力)进行测量,是因为文章讨论的前提条件是关系性权力转移,即后续所有互动行为均是在关系性权力转移背景下做出的,故有必要对两国是否发生关系性权力转移及其起止时间进行明确讨论。对相关数据的分析也有助于对比关系性权力转移与物质性权力转移的异同

资料来源:作者根据战争相关指数(COW)数据库中的相关数据进行汇总、计算所得,参见 https://correlatesofwar.org/data-sets/。

本章以是否存在贸易往来、是否共处于同一正式联盟、是否相互派驻外交官和是否加入政府间国际组织为指标,旨在测量一国在国际关系网络中的度中心性,即关系性权力。关于节点度数和最大连接数的数据可由 COW 数据库提供的相关数据汇总得出。[66]根据前文所列公式,节点度数与最大连接数的比值即为该国在关系网络中的度中心性。节点度数源自对 COW 数据库中存在相应关系的数量统计,最大连接数即在相应时间条件下国际社会中存在的除本国以外的国家行为体数量。经测算,英国在 1889—1920 年各时间节点的平均度中心性(关系性权力)分别为 0.62、0.58、0.59、0.57、0.53。与之对应,德国在各时间节点的关系性权力为 0.55、0.55、0.58、0.58、0.39。二者关系性权力变迁见图 8.3。

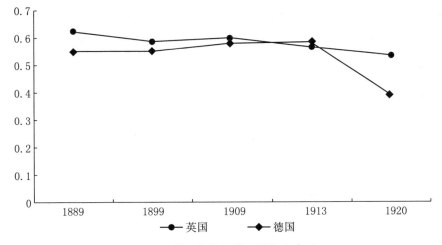

图 8.3　英国与德国关系性权力变迁

说明:图 8.3 所示数据是对表 8.3 所列经济关系网络、安全关系网络和外交关系网络中度中心性的三组数据取平均数所得的结果。
资料来源:作者自制。

如图 8.3 所示,英国与德国的关系性权力自 1889 年开始出现逐渐接近的趋势,至 1913 年,德国的关系性权力实现超越。与物质性权力在 1910 年实现超越不同,关系性权力具有相对滞后性。关系性权力是物质性权力在国际互动中的表现与呈现,物质性权力现实与其作用效果不同步,由此导致实际战争爆发于关系性权力发生变迁之后。上述结果表明英国与德国之间发生了关系性权力转移,并于 1913 年实现了转移。与既有权力转移理论预测不一,德国对既有国际安排的不满长期存在,直至第一次世界大战爆发,德国依然未直接挑起与英国的战争。这为关系性权力转移过程中的互动机制提供了例证。1890 年,德皇威廉二世曾宣称"方向不变,全速前进",并将德国的对外政策确定为"世界政策",强调"德国的利益遍布全球",对英国的"日不落"帝国提出了挑战。[67] 时任海军大臣阿尔弗雷德·冯·提尔皮茨(Alfred von Tirpitz)提议打造一支英国不敢挑战和难以摧毁的海军舰队,并尽可能发挥威慑效应,对英国进行威慑。[68] 虽然德国致力于挑战英国霸权,但其始终尽力避免与英国发生直接的战争。权力转移理论未能有效解释在权力转移过程中,不满意的崛起国尽量避免战争的这一行为。

在英德关系性权力转移进程中,英国的预防行为与德国的反馈主导了两国的互动行为。1889—1913 年,英德关系性权力差距迅速缩小并实现反超。对此,初期的英国以合作的预防行为应对。"世界政策"的出台将英国置于战略两难的境地,英国开始选择与德国合作的方式冲破外交困境。1898—1902 年,英国主动向德国伸出橄榄枝,试图进行结盟尝试。1898 年 3 月 25 日,时任英国财政大臣贝尔福(Arthur James Balfour)同德国驻英大使哈兹菲尔德(Hatzfeldt)会谈时暗示,两国存在结盟的可能性,同年 3 月 29 日,张伯伦向哈兹菲尔德直接提出英德结盟的主张。[69] 面对英国的主动合作,德国给予了负向认同反馈,导致两国关系降级。德国政府最终采纳了提尔皮茨的建议,认为英国的远东困境有利于为德国的海军建设提供良好的环境,故予以回绝。1900 年,以张伯伦为代表的英国国内力量再次希望与德国结盟,以应对远东地区的外交困境,此次德国态度略显积极,因此,两国于 1900 年 9 月签订了被称为"无用但无害"的《英德扬子协定》。事实上,该协定并未能使两国关系出现任何转变。1901 年,张伯伦在与德国外交官谈话中表示,"英国愿与德国结盟或加入三国同盟",并以加入法俄同盟相要挟。[70] 对此,德国再次给予负向反馈。如比洛给威廉二世的信中指出:"陛下认为英国不会与法俄达成和解且一定会迁就我们,这是十分正确的……英国的威胁不过是用以吓唬我们的魔影。"[71] 在英国关注的摩洛哥问题上,德国同样表现出无意与英国合作的意愿。在英国多次采取合作型预防行为的背景下,德国的负向反馈导致英德关系难以更进一步,甚至出现迅速降级恶化,促使英国采取制衡的预防行为。1900 年，德国《第二次海军扩军法案》的通过引起了英国的警惕，英国海军军部开始在北海部署舰队以平衡德国的海军力量。此外，为制衡德国，英国开始转向法国，尽力避免使德国与欧陆其他国家之间爆发战争，并先后与法、俄两国组成三边同盟，即《三国协约》。事实上，《英法协约》和《英俄协约》的达成，在一定程度上弥补了英国在安全关系网络中相较于德国落后的局面。面对英国与法俄的结盟，德国决策层给出的反馈是进行反击，即负向反馈的态度。威廉二世曾明确表示："欧洲的形势对我们更加不利了。"[72]经过两次摩洛哥危机，英国对德制衡意图愈发明显，德国却将其视为自身进一步挑战英国的机会，正如提尔皮茨所说："我们受到的屈辱越多，新海军议案得以通过的机会也就越大。"[73]英德两国的制衡性互动表明，两国关系存在由制衡升级为战争的可能。

关系性权力转移强调关系即权力的事实，为国家维护国际社会中的关系提供了解释路径。正如第一次世界大战的爆发，其并非英德两国针对彼此挑起的争霸战争，而是为了维护关系性权力进行的现实选择。及至 1910 年，时任美国总统西奥多·罗斯福访问德国时，威廉二世依然表示德国与英国之间爆发战争是"难以想象的"。[74]关系性权力视角将以联盟关系为基础的安全关系网络视为关系性权力的重要来源。在 20 世纪初期的德英互动中，四次巴尔干危机构成了第一次世界大战爆发的重要原因。在每一次危机中，德国均采取支持奥地利的政策，有效地维护了三国同盟的关系和信誉，保持了关系性权力的稳定。[75]1914 年，德国冒着与俄法开战的风险支持奥匈帝国，原因是防止盟友关系破裂。"七月危机"事件中，德国坚定支持自己的盟友，致使其对俄国及法国宣战，英国为维系其安全关系网络中的关系性权力，加入战争以维护盟友安全和既有利益是其最终选择，由此导致了第一次世界大战的爆发。总之，第一次世界大战是在英德关系性权力转移的背景下，英德两国制衡性互动及维护关系性权力的背景下爆发的。

（三）关系性权力转移与英美和解

英美两国的权力变迁是权力转移研究的经典案例，但是，既有研究存在两点困惑。其一，英美权力转移的开始及完成时间未形成一致性认知。艾利森认为，两国的权力转移发生于20世纪初期。[76]逄锐之认为,从物质性权力转移来看,国际能力综合指数显示,美国的国家能力于1888年达到英国国家能力的80%,并开始了权力转移进程,至1897年实现反超,权力转移就此完成。[77]也有学者认为,经过两次世界大战的洗礼,美国于20世纪上半叶成为世界霸主。[78]从关系性权力转移的视角观之,英国与美国的权力转移自19世纪末期开始,于20世纪30年代完成。其二,英美之间为何出现了和平的权力转移。"门罗主义"及"罗斯福推论"的提出表达了美国不满足于现状的诉求,但是,权力转移的和平进程与既有理论并不契合。本章认为,英美权力和平转移实则是英国选择合作的预防行为与美国采取正向反馈共同作用的结果。

关系性权力的基础是关系,关系实则是一种流动性的存在,本章拟选取1889年、1899年、1909年、1920年、1930年、1940年和1950年作为时间节点,观察英美关系性权力对比变化及关系性权力转移进程。[79]通过对经济、安全和外交关系网络的观测,英美两国度中心性即关系性权力的对比变化如表8.4所示。

表8.4　英美两国所处关系网络中的度中心性

时间	关系网络	英国			美国		
		节点度数	最大连接数	度中心性	节点度数	最大连接数	度中心性
1889年	经济关系	32	37	0.86	25	37	0.68
	安全关系	4	37	0.11	0	37	0
	外交关系	29	37	0.78	24	37	0.65
		11	15	0.73	8	15	0.53
1899年	经济关系	32	40	0.8	36	40	0.90
	安全关系	2	40	0.05	0	40	0
	外交关系	29	40	0.73	28	40	0.70
		15	20	0.75	10	20	0.50
1909年	经济关系	34	44	0.77	27	44	0.61
	安全关系	5	44	0.11	1	44	0.02
	外交关系	36	44	0.82	37	44	0.84
		26	40	0.65	23	40	0.58

（续表）

时间	关系网络	英国			美国		
		节点度数	最大连接数	度中心性	节点度数	最大连接数	度中心性
1920 年	经济关系	46	58	0.79	47	58	0.81
	安全关系	2	58	0.03	0	58	0
	外交关系	33	58	0.57	35	58	0.60
		36	49	0.73	23	49	0.47
1930 年	经济关系	51	63	0.81	44	63	0.70
	安全关系	7	63	0.11	3	63	0.05
	外交关系	44	63	0.70	45	63	0.71
		43	64	0.67	29	64	0.45
1940 年	经济关系	17	61	0.28	17	61	0.28
	安全关系	5	61	0.08	20	61	0.33
	外交关系	47	61	0.77	50	61	0.82
		34	55	0.62	34	55	0.62
1950 年	经济关系	65	73	0.89	65	73	0.89
	安全关系	17	73	0.23	29	73	0.40
	外交关系	66	73	0.90	67	73	0.92
		65	95	0.68	58	95	0.61

说明：表格中的外交关系网络数据，上面为 1-模网络数据，下面为 2-模网络数据展示。关于经济关系网络中贸易数据缺失的情况，本章统一默认为不存在贸易关系。

资料来源：作者根据战争相关指数（COW）数据库中的相关数据进行汇总、计算所得。

如前文所述，表 8.4 所示的英美两国在不同时期、不同关系网络中度中心性的变化，实际反映了两国关系性权力的变迁。对不同关系网络的度中心性取平均值，在 1889—1950 年间的各时间节点，英国的度中心性（关系性权力）分别为 0.62、0.58、0.59、0.53、0.57、0.44 和 0.68；美国的度中心性（关系性权力）分别为 0.47、0.53、0.51、0.47、0.48、0.51 和 0.71。因此，英美两国的关系性权力变化见图 8.4。

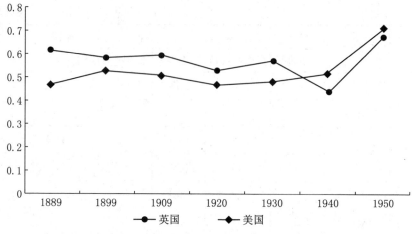

图 8.4 英国与美国的关系性权力变迁

说明:图 8.4 所示数据是对表 8.4 所列经济关系网络、安全关系网络和外交关系网络中度中心性的三组数据取平均数所得的结果。

资料来源:作者自制。

如图 8.4 所示,不同于物质性权力转移理论的分析,英国与美国的关系性权力自 1889 年开始快速接近,完成关系性权力转移发生于 20 世纪 30 年代。与英德关系性权力转移相似,英美两国在 19 世纪末实现了物质性权力转移,但是,物质性权力与其实际效能的发挥并不具有同步性。在某一时期内,关系性权力的变化可能落后于物质性权力的增长。[80] 国际社会作为关系性存在,欲讨论居于其中的国际关系行为体权力转移的问题,关系性权力可能更具说服力。本章认为,英国与美国的权力转移进程开始于 19 世纪末期,并于 20 世纪 30 年代最终完成。

在关系性权力转移的背景下,英美两国的良性互动是霸权战争没有爆发的重要原因。在关系性权力转移的视角下,在英美权力转移的进程中,英国可以采取战争、制衡、竞争和合作的预防行为。但英国实际上放弃了战争选项,而选择了竞争与合作行为。委内瑞拉危机是英美争霸过程中的关键节点。19 世纪 90 年代,英美两国关系性权力差距快速缩小。1895 年 7 月 20 日,时任美国国务卿奥尔尼(Richard Olney)向英国政府发出照会表示:"美国拥有对美洲大陆主导权,美国的仲裁方案是解决委内瑞拉危机的合法方案。"[81] 这表明,美国开始强势介入英国对美事务及委内瑞拉危机,是美国对现状不满挑战英国霸权的尝试。[82]

时任英国首相索尔兹伯里(Lord Salisbury)对此进行了答复,表示英国不能接受美国对"门罗主义"适用范围的认知及其国际法效力,并就美国对争议地区的安排与仲裁建议表示拒绝。[83]时任英属殖民大臣张伯伦随即下令英属圭亚那进入战备状态。[84]这表明英国最初并未放弃对美国发动预防性战争。但是,资源有限的现实难以支撑英国这一预防行为。肯尼斯·伯恩(Kenneth Bourne)认为,英国由于受到诸多挑战以致一度面临可用资源不足的困境。[85]19世纪后期,德国的"世界政策"与海军实力的增强给英国带来了更为明显的不安与挑战。与布尔人的关系紧张也给英帝国带来了明显的资源性负担。俄国作为陆上强国将其势力范围向印度推进给英国带来了极大的威胁。英国意识到,作为岛国资源匮乏的局限性难以支撑其对美一战。英国对美态度出现转折,开始采取竞争与合作的行为。

英国竞争与合作的预防行为及美国的正向反馈塑造了积极和平的权力转移态势。查尔斯·库普乾(Charles A. Kupchan)同样认识到,英美两国之间进行的制度化克制是两国实现和平的必要条件。[86]1896年1月11日,英国内阁会议后,索尔兹伯里表示不支持对美无条件妥协,但是愿意进行一定的让步,即同意对排除"已定居区域"的争议地区进行仲裁。[87]英国无意与美国进行对抗,但在相关核心利益中不放弃与美国进行竞争。张伯伦亦一改之前的强硬态度表示:"英国与美国之间爆发战争是荒谬的,非常期盼星条旗和米字旗可以在一起飘扬。"[88]1896年2月27日,英美两国在华盛顿就"已定居区域"问题举行谈判,进行利益竞争。美国对英国的竞争行为给予正向反馈,主要表现为奥尔尼认同索尔兹伯里关于将委内瑞拉边界争端置于英美总体仲裁谈判中考量的部分观点。在关系性权力转移的视角下,英国竞争预防行为加之美国的正向反馈有利于弱化两国的竞争,推动彼此竞争关系降级,助力实现合作。在两国良性互动下,1896年11月,英美双方达成协议,通过合作的方式结束了委内瑞拉危机。这也意味着美国彻底取代英国获得了美洲的主导地位。英国对美合作的预防行为不仅展现在处理委内瑞拉危机的问题上。1896年,美国《海军法案》通过,意图建造三艘新兴战列舰和十艘鱼雷快艇,英国对此给予积极评价。[89]英国采取了对美总体合作的预防行为,不谋求对美战争与制衡。正如时任英国国会议员在1896年写给西奥多·罗斯福的信中所说:"我们这一方只有友善,因为其他地区的事务使我们不堪重负。"[90]这一点同样反映在英美两国关于巴拿马运河问题的争论之中。早在 1850 年 4 月,英美两国曾签署关于巴拿马运河的《克莱顿—布尔沃条约》,该条约规定任何国家不得在运河区驻军或设防,运河应保持中立。美西战争结束后,美国与英国进行谈判谋求运河的控制权和独占权。对此,受到布尔战争的影响,英国在资源有限的背景下再次选择对美合作的预防行为。1901 年 11 月 18 日,英美签订《约翰·海—庞斯富特条约》,英国在每个重要议题上均对美国做出了让步和妥协,再次表明了英国与美国保持良好关系的决心。[91]英美两国走出了竞争、合作的预防行为与正向反馈相结合实现权力转移的积极和平路径。

　　勒博在《国家为何而战?》一书中认为,美国于 1917 年完成崛起,自此之后成为体系的主导国家。[92]本章认为,此时的美国并未完成权力转移。是何因素使人觉得它已成功崛起呢?究其原因,可能源于英国作为主导国采取的合作行为。"一战"后,英国虽然在关系性权力上依旧占据优势,但已经无法通过实际掌握的物质资源发挥国际影响力、维护主导国地位。英国的既有关系性权力构成其作为守成国的巨大成本支出。由此带来的调整如表 8.4 所示,1909—1920 年,英国在基于成本付出的安全关系网络和外交关系 1-模网络中的关系性权力出现大幅下降,而经济关系网络和 2-模外交关系网络中的关系性权力出现了提升。因为经济关系网络和 2-模外交关系网络带有较为明显的利益属性。英国的部分关系性权力此时已经成为其沉重的负担,其已无力承担领导国际社会的责任。此时英国同美国的合作已不是为防止美国崛起而采取的预防行为,而是试图鼓励美国承担领导责任以及维持"英美特殊关系"的策略选择。"一战"后,时任英国首相劳合·乔治(David Lloyd George)便担心"英日同盟"的存在会招致美国不满,时任英国外交大臣乔治·寇松(George Nathaniel Curzon)询问美国时任国务卿查尔斯·埃文斯·休斯(Charles Evans Hughes)是否同时接受"英日同盟"和"英美特殊关系"。[93]权衡之下,英国最终选择与美国合作而放弃与日本结盟。美国也未辜负英国的信任。面对欧陆局势的再次紧张,美国逐渐打破了三次《中立法案》的束缚,罗斯福总统以"隔离演说"为起点,转向拥抱英国与欧洲,并在此后宣布"保卫美国的最好方式,就是保卫英伦三岛的安全"。[94]英美两国的合作为美国在 20 世纪 30 年代完成权力转移提供了契机。

（四）美苏的关系性权力转移

关于美苏是否发生权力转移的既有认知存在两点问题。其一，美苏之间是否完成了权力转移。多数学者认为美苏之间发生并完成了权力转移。艾利森将美苏权力转移的时间框定在 20 世纪 40 年代至 20 世纪 80 年代。[95] 从物质性权力转移的视角观之，1960 年前后，苏联的国家能力综合指数趋近于美国的 80%，并于 1971 年实现反超。[96] 从关系性权力的视角来看，虽然美苏权力转移进程趋势性明显，但并未实际完成权力转移。其二，美苏关系性权力转移并未出现直接的冲突对抗，具有显著的和平特征，为何与既有权力转移理论的预测相悖。为讨论上述两个问题，本章拟选取 1950 年、1960 年、1970 年和 1980 年四个时间观测节点，观察美苏两国关系性权力的变化趋势，进一步明确关系性权力转移的进程与结果。美苏两国关系性权力对比如表 8.5 所示。

表 8.5　美苏两国所处关系网络中的度中心性

时间	关系网络	美国			苏联		
		节点度数	最大连接数	度中心性	节点度数	最大连接数	度中心性
1950 年	经济关系	65	73	0.89	26	73	0.36
	安全关系	29	73	0.40	11	73	0.15
	外交关系	67	73	0.92	30	73	0.41
		58	95	0.61	15	95	0.16
1960 年	经济关系	93	105	0.89	51	105	0.49
	安全关系	44	105	0.42	12	105	0.11
	外交关系	77	105	0.73	38	105	0.36
		60	136	0.44	32	136	0.24
1970 年	经济关系	121	132	0.92	92	132	0.70
	安全关系	42	132	0.32	14	132	0.11
	外交关系	99	132	0.75	79	132	0.14
		56	180	0.31	36	180	0.20

（续表）

时间	关系网络	美国			苏联		
		节点度数	最大连接数	度中心性	节点度数	最大连接数	度中心性
1980年	经济关系	145	154	0.94	102	154	0.66
	安全关系	48	154	0.31	20	154	0.13
	外交关系	116	154	0.75	102	154	0.66
		72	245	0.29	46	245	0.19

说明:表格中的外交关系网络数据,上面为1-模网络数据,下面为2-模网络数据展示。关于经济关系网络中贸易数据缺失的情况,本章默认为不存在贸易关系。

资料来源:作者根据COW数据库中的相关数据进行汇总、计算所得。

对表 8.5 显示的美苏两国度中心性数据进行平均处理可知,在 1950 年、1960 年、1970 年和 1980 年四个时间节点,美国的度中心性(关系性权力)分别为 0.71、0.62、0.58 和 0.57;苏联的度中心性(关系性权力)分别为 0.27、0.3、0.29 和 0.41。上述数据对比所反映的两国的关系性权力变化如图 8.5 所示。

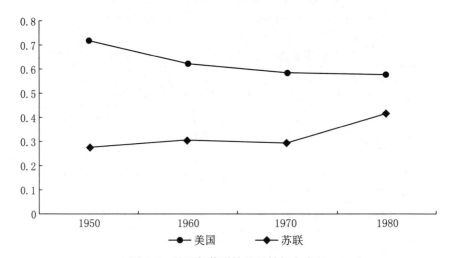

图 8.5　美国与苏联的关系性权力变迁

说明:图 8.5 所示数据是对表 8.5 所列经济关系网络、安全关系网络和外交关系网络中度中心性的三组数据取平均数所得的结果。

资料来源:作者自制。

可见,美苏两国并未实现关系性权力转移。如图 8.5 所示,20 世纪 50 年代至 20 世纪 80 年代,美国的关系性权力总体呈现相对衰落的趋势,而苏联的关系性权力逐渐增强。特别是 20 世纪 70 年代，其关系性权力呈现大幅提升的走势，一定程度上可归因于美国的全球收缩战略与苏联所持的全球进攻性姿态。美苏两国的关系性权力差距逐渐缩小，彼此权力对比的确出现优势转移的趋势，苏联作为崛起国并未实现超越，即美苏两国的关系性权力转移并未完成。与英德、英美关系性权力转移的案例类似，虽然苏联在物质性权力方面或可取得相对优势，但是，物质资源转化为关系性权力受到时间条件限制，具有明显的滞后性。只有在完成关系性权力转移，即在国际互动中取得主导性影响优势，关系性权力转移方可认定为最终完成，因为大国的崛起是物质性与社会性成长的统一。[97]

　　虽然权力转移并未实现，但关系性权力转移的趋势已成事实且以相对和平的方式演进。在此过程中，美国的预防行为和苏联的认同反馈，直接影响着和平与战争选择。第一阶段，美国对苏联的预防行为表现为合作。1945 年，关于美国是否应在"二战"后填补中欧出现的权力真空引发了激烈讨论。最终取得优势的观念是美国无意反对苏联在其西部边境地区所具有的主导地位，因此，美国在战后并未对苏联进行军事制衡。时任总统罗斯福在雅尔塔会议上承诺："在德国投降两年内美国军队将从欧洲大陆撤出。"[98] 1945 年 12 月，美国的美苏专家同样表示："基于两国的差异性，我们在处理双方关系时要有更大的耐心。"[99] 出于避免欧洲分裂以及对苏合作的考量，美国试图劝说苏联放弃东欧的势力范围并建议缔结解除德国武装的条约。苏联对此给予了负向反馈，让美国认识到苏联试图划分势力范围的进攻性动机与决心。负向反馈推动双方合作降级，美国开始逐渐接受欧洲被分裂的事实，调整对苏的预防行为。正如时任国务卿乔治·卡特莱特·马歇尔（George Catlett Marshall）所说："我们应制定政策拯救欧洲的均势。"[100] 第二阶段，美国对苏联采取竞争的预防行为。受到苏联负向反馈的影响，美苏关系出现降级，美国开始对苏进行竞争。最主要的表现莫过于美国致力于巩固其在德国的正当地位，即与苏联就欧洲的势力范围分割展开竞争。1946 年 3 月，乔治·凯南（George Frost Kennan）认为，美国应努力拯救在德国的非苏联占领区，以使势力范围划分更加合理。同年 9 月，时任国务卿伯恩斯（James F. Byrnes）表示，若其他国家军队不撤出，美军将留在德国。[101] 1948 年 3 月 14 日，凯南致信国务卿，提出了美国在亚洲战略安排的基本设想，表明了与苏联等国家争夺日本、菲律宾关键军事区域的必要性。[102] 苏联以强硬的态度回应了关于日本重新军事化的问题,正如斯大林所言:"莫斯科必须保证日本不受任何攻击,它才会保持安静。"[103]苏联反对美国采取任何将其排除在占领区之外的行为。美国的竞争行为加之苏联的负向反馈将两国的竞争关系进一步推向制衡。第三阶段,美国对苏联采取制衡的预防行为。1950 年 4 月 7 日,美国公布国家安全委员会的最新目标规划文件即 NSC-68 号文件。该文件表示美国欲维持自身优势需要遏制苏联的扩张和增长潜力,甚至并不排除预防性战争的选项。[104]对苏强硬遏制政策在此后美苏互动中得到了切实地贯彻和执行。这种遏制政策至 1961 年柏林危机被推至新的高潮。1961 年 6 月,肯尼迪与赫鲁晓夫举行会晤。赫鲁晓夫就柏林问题发出最后通牒,表示可能与民主德国单独缔结和约。[105]同年 7 月,时任总统肯尼迪宣布在欧洲进行军事集结以表明进一步遏制的决心。8 月 31 日,赫鲁晓夫对此予以负向反馈,并宣称柏林发生的冲突均可能升级为全面战争。[106]但是,这种对峙互动并未引发战争,原因是苏联一方在外交上率先采取行动,主动取消了最后通牒的时间限制,推动反馈评价由负向反馈向正向反馈转变。正是崛起国外交上的退让和正向反馈的表达,实现了 1961 年柏林危机和 1962 年古巴导弹危机的和平解决,推动双方的制衡关系进一步弱化至竞争状态,避免了制衡升级从而导致战争爆发。第四阶段,美国再次采取对苏合作的预防行为。1969 年 1 月,尼克松入主白宫后便指示亨利·基辛格(Henry Alfred Kissinger)制定缓和对苏关系的政策,其出发点并非放弃美国的领导地位,而是认为大国合作统治世界更具合理性。[107]以此为指导,尼克松积极推动对苏合作。例如,与勃列日涅夫举行峰会、建立伙伴关系等。对于美国的合作行为,苏联给予了正向反馈,表现在美苏两国领导人对彼此关系的合作性阐释,即"在核时代,只能以和平共处的原则处理双边关系"。[108]美苏两国的良性互动推动彼此合作进一步深化,双方同意在尊重主权和平等互利基础上发展双边关系,并签署了《反导条约》。[109]在美苏合作的基础上,1975 年 8 月,《赫尔辛基最后文件》正式签订,该文件一度成为冷战期间东西方合作关系的典范。[110]及至1981 年卡特离任,美国依旧秉持与苏联保持伙伴关系的战略。第五阶段,美国对苏联的制衡行为。1981 年,里根执政后,一改对苏缓和的姿态,再次回归至遏制战略家的思想,试图将苏联制度推至崩溃。[111]1982 年,里根政府公布的《国家安全战略报告》指出,要迫使"苏联承受其经济缺陷带来的后果"。[112]1983 年,里根宣布实施"星球大战计划"。他表明:"拯救生命无论如何都比伤害生命要好一些。"[113]毋庸置疑,里根政府的主要目的即通过全方位的制衡手段应对苏联的威胁。面对这种局势,苏联给予了正向反馈,推动了制衡关系的降级,促进合作形成。1985年,戈尔巴乔夫上台并积极推动苏联与西欧对话,他认为,"创造更大的公众支持度和社会认同"对于振兴苏联至关重要。[114]苏联开展了一系列行动,包括自阿富汗撤军和削减军费,并推动了苏联与美国以及西欧的广泛合作。有理由认为,即使苏联并未出现国内政治演变,短期内,美苏关系性权力转移的进程可能依旧缺乏走向战争的必然性。

五、结 论

权力转移是国际关系分析中不可回避的现实问题,凭借深厚的历史渊源和深刻的现实关切,权力转移理论成为分析崛起国与守成国的重要抓手。但是,权力转移理论仍存在固有的不足和缺陷。一是其注重物质权力,忽视权力的关系属性;二是关于守成国与崛起国战争的讨论,解释力稍显局限和不足。为了进一步增强权力转移理论的适用范围及解释力度,本章将关系性权力引入权力转移理论,认为权力转移实则是关系性权力转移,相较于物质性权力转移,关系性权力转移稍有滞后性。自"全球转型"以来,国际社会实则进入了以复杂互动和关系为特征的强联结时代。强联结时代与弱联结时代的权力特征见表8.6。

表8.6 不同时代的权力特征

时代特征	权力来源	权力属性	权力互动
弱联结时代	个体	物质性	战争
强联结时代	个体、关系	物质性、关系性	多元行为

资料来源:作者自制。

在弱联结时代,权力多源于行为体自身的发展,如汉斯·摩根索论及的包括人口、土地等权力资源。这种源自个体的权力多呈现物质性特征。基于权力的互动,多表现为争夺物质性资源的战争行为。在强联结时代,权力不仅源自个体的物质性权力,由于相互联系范围扩展以及程度加深,权力的关系属性日趋明显。关系本身即权力，故权力互动具有多元的可能性，这也为关系性权力转移的和平互动奠定基础。

在关系性权力转移的背景下，守成国并不必然选择进行预防性战争，制衡、竞争与合作的预防行为亦可供选择。崛起国在关系性互动的过程中亦可能给予正向反馈或负向反馈，进而塑造彼此的互动议程，实现对战争与和平的选择。战争并非权力转移的必然选项，和平亦可成为守成国与崛起国互动的主导性议程。

（原载《当代亚太》2023 年第 3 期）

注释

1. Tonny Brems Knudsen，"Power Transition and World Order：Three Rival Theories and the Dynamics of Change，" in Tonny Brems Knudsen and Cornelia Navari eds.，*Power Transition in the Anarchical Society：Rising Powers，Institutional Change and the New World Order*，Cham：Palgrave Macmillan，2022，p.31；杨原：《大国无战争时代霸权国与崛起国权力竞争的主要机制》，载《当代亚太》2011 年第 6 期，第 6—32 页。

2. 李奇前：《关系复杂性与联盟成员的战略行为选择》，载《世界经济与政治论坛》2022 年第 6 期，第 1—33 页。

3. 奥根斯基等人强调，人们理所当然地认为，核武器的存在使战争的绝对成本明显增加，当一国占据绝对核优势时彼此关系确实具有稳定性。但是，随着核对等的临近，这种既有的稳定将变得越来越脆弱。因此，恐怖的平衡是非常脆弱和不稳定的。参见 Jacek Kugle and A. F. K. Organski，"The Power Transition：A Retrospective and Prospective Evaluation，" in Manus I. Midlarsky ed.，*Handbook of War Studies*，Michigan：Michigan University Press，1989，pp.184—185。

4. 权力转移理论自 1958 年首次提出，始终将权力与满意度作为理论的核心变量，由此带来的问题亦逐渐显现。权力转移理论认为人口数量、技术经济生产能力及国家应用上述资源的能力共同构成了一国的物质权力。在应用过程中，权力转移理论学者多使用国内生产总值（GDP）、国民生产总值（GNP）或国家能力综合指数(CINC)对一国权力进行测量和界定。参见 A. F. K. Organski and Jacek Kugle, *The War Ledger*, Chicago：University of Chicago Press, 1980, p.8。

5. 根据奥根斯基的论述,处于金字塔顶端的霸权国在与权力较小的国家互动时获益,由此导致所有非霸权国家均会存在不满情绪进而引发战争。参见 John R. Oneal et al., "But Power and Wealth are Satisfying：A Reply to Lemke and Reed," *The Journal of Conflict Resolution*, Vol.42, No.4, 1998, pp.517—520。

6. A. F. K. Organski, *World Politics*, New York：Knopf, 1958; A. F. K. Organski and Jacek Kugle, *The War Ledger*.

7. Yves-Heng Lim, "How(Dis) Satisfied is China? A Power Transition Theory Perspective," *Journal of Contemporary China*, Vol.24, No.92, 2015, pp.280—297.

8. Ibid., pp.280—297.

9. 巴里·布赞和乔治·劳森认为,19 世纪是"全球转型"的世纪,亦是国际关系发展的关键节点。自此,国际关系的全球属性和联系更加明显。换言之,对国际关系的关系性特征的讨论愈发重要。参见[英]巴里·布赞、[英]乔治·劳森:《全球转型:历史、现代性与国际关系的形成》,崔顺姬译,上海:上海人民出版社 2021 年版。

10. 陈思德(Steve Chan)和戴尔·科普兰(Dale C. Copeland)等学者对守成国更易采取预防行为有过详细论述。但既有论述多关注预防性战争,对其他可能的预防行为关注不足。参见 Steve Chan, "Exploring Puzzles in Power-Transition Theory：Implications for Sino-American Relations," Security Studies, Vol.13, No.3, 2004, pp.103—141; Dale C. Copeland, *The Origins of Major War*, Ithaca：Cornell University Press, 2000。

11. 逄锐之:《权力转移、地理距离与大国战和关系》,载《世界经济与政治》2022 年第 9 期,第 35—73 页。

12. Jonathan M. DiCicco, "Power Transition Theory and the Essence of Revisionism," *Oxford Research Encyclopedia of Politics*, September 26, 2017,

https://doi.org/10.1093/acrefore/9780190228637.013.311.

13. Jonathan M. DiCicco and Jack S. Levy, "Power Shifts and Problem Shifts: The Evolution of the Power Transition Research Program," *Journal of Conflict Resolution*, Vol.43, No.6, 1999, pp.675—704; A. F. K. Organski and Jacek Kugler, The War Ledge, chap.1; Carsten Rauch, "Challenging the Power Consensus: GDP, CINC, and Power Transition Theory," *Security Studies*, Vol. 26, No.4, 2017, pp. 642—664; Charles J. Koch, "Testing the Power Transition Theory with Relative Military Power," *Journal of Strategic Security*, Vol.14, No.3, 2021, pp.86—111; SDP 关注的是一国与其人口需求相对应的供给能力。参见 Therese Anders et al., "Bread before Guns or Butter: Introducing Surplus Domestic Product(SDP)," *International Studies Quarterly*, Vol.64, No.2, 2020, pp.392—405。

14. Richard Ned Lebow and Benjamin Valentino, "Lost in Transition: A Critical Analysis of Power Transition Theory," *International Relations*, Vol.23, No.3, 2009, pp.389—410.

15. Woosang Kim, "Power Parity, Alliance, Dissatisfaction, and Wars in East Asia, 1860—1993," *The Journal of Conflict Resolution*, Vol.46, No.5, 2002, pp. 654—671; Woosang Kim, "Alliance Transitions and Great Power War," *American Journal of Political Science*, Vol.35, No.4, 1991, pp.833—850.

16. 邢悦等:《关系性权力与美国领导地位的兴衰》,载《外交评论》2022 年第 4 期,第 56—58 页。

17. Woosang Kim, "Power Parity, Alliance, Dissatisfaction, and Wars in East Asia, 1860—1993," pp.654—671.

18. Charles J. Koch, "Testing the Power Transition Theory with Relative Military Power," pp.86—111; A. F. K. Organski, *World Politics*, p.326.

19. Suzzana Werner and Jacek Kugler, "Power Transitions and Military Buildups: Resolving the Relationship between Arms Buildups and War," in Jacek Kugler and Douglas Lemke eds., *Parity and War: Evaluations and Ex-*

tensions of The War Ledger, Ann Arbor：University of Michigan Press，1996，p.191；Charles J. Koch，"Testing the Power Transition Theory with Relative Military Power," pp. 86—111；Choong-Nam Kang and Douglas M. Gibler，"An Assessment of the Validity of Empirical Measures of State Satisfaction with the Systemic Status Quo," *European Journal of International Relations*，Vol.19，No.4，2013，pp.695—719.

20. Jhon R. Oneal et al.，"But Power and Wealth Are Satisfying：A Reply to Lemke and Reed," pp.517—520.

21. Steve Chan，"Exploring Puzzles in Power-Transition Theory：Implications for Sino-American Relations," pp. 103—141；David Sobek and Jeremy Wells，"Dangerous Liaisons：Dyadic Power Transitions and the Risk of Militarized Disputes and Wars," *Canadian Journal of Political Science-revue Canadienne de Science Politique*，Vol.46，No.1，2013，pp.69—92；Jonathan M. DiCicco and Jack S. Levy，"Power Shifts and Problem Shifts：The Evolution of the Power Transition Research Program," pp.675—704.

22. Dale C. Copeland，*The Origins of Major War*.

23. ［古希腊］修昔底德：《伯罗奔尼撒战争史：详注修订本》，徐松岩译注，上海：上海人民出版社 2017 年版。

24. Henk Houweling and Jan G. Siccama，"Power Transitions as a Cause of War," *Journal of Conflict Resolution*，Vol.32，No.1，1988，pp.87—102.

25. 逄锐之：《权力转移、地理距离与大国战和关系》，第 35—73 页。

26. 漆海霞、孙兆瑞：《权力转移、体系演化与春秋时期的霸权更迭》，载《当代亚太》2022 年第 4 期，第 99—133 页；王国欣、刘建华：《崛起国与守成国的关系模式——前景理论对权力转移理论的修正》，载《国际论坛》2017 年第 5 期，第 58—65 页；罗小军：《"同舟共济"与适应性变革：经济增长、权力转移及中美关系》，载《当代亚太》2009 年第 4 期，第 31—55 页。

27. 唐探奇、兰江：《霸权合作还是霸权冲突？一种关系螺旋理论的解释》，载《战略决策研究》2022 年第 3 期，第 3—34 页。

28. Richard Ned Lebow and Benjamin Valentino，"Lost in Transition：A

Critical Analysis of Power Transition Theory," pp.389—410.

29. 秦亚青:《世界政治的关系理论》,上海:上海人民出版社 2021 年版,第 267 页。

30. 董贺:《关系与权力:网络视角下的东盟中心地位》,载《世界经济与政治》2017 年第 8 期,第 88—105 页。

31. 尚会鹏认为,世界进入了以世界网络化为特征的强联结时代,多元行为体及复杂议题相互联结、交织。参见尚会鹏:《从"国际政治"到"国际关系"——审视世界强联结时代的国际关系本体论》,载《世界经济与政治》2020 年第 2 期,第 24—43 页。

32. [英]巴里·布赞、[英]乔治·劳森:《全球转型:历史、现代性与国际关系的形成》,第 76—87 页。

33. 关系性权力并非特指社会性互动形成的权力,其既涉及物质性资源,亦包括非物质性因素,权力的资源属性是基础,非物质属性是结果。参见庞珣、权家运:《回归权力的关系语境——国家社会性权力的网络分析与测量》,载《世界经济与政治》2015 年第 6 期,第 43 页。

34. 参见 Phillip Bonacich, "Power and Centrality: A Family of Measures," *American Journal of Sociology*, Vol.92, No.5, 1987, pp.1170—1182; Hyung Min Kim, "Comparing Measures of National Power," *International Political Science Review*, Vol.31, No.4, 2010, pp.405—427;董贺:《关系与权力:网络视角下的东盟中心地位》,第 88—105 页;罗杭、李博轩:《国际结构分析与国家权力测量——基于大数据的网络分析》,载《世界经济与政治》2021 年第 6 期,第 48—82 页;余文全:《关系网络中的崛起国:编配者与领导力》,载《世界经济与政治》2022 年第 7 期,第 100—126 页。

35. 陈冲、刘丰:《国际关系的社会网络分析》,载《国际政治科学》2009 年第 4 期,第 92—111 页。

36. 董贺:《关系与权力:网络视角下的东盟中心地位》,第 93 页。

37. 陈冲、刘丰:《国际关系的社会网络分析》,第 96 页。

38. 董贺:《关系与权力:网络视角下的东盟中心地位》,第 96—97 页。

39. [美]戴维·诺克、杨松:《社会网络分析》,李兰译,上海:格致出版社、上海人民出版社 2017 年版,第 102—115 页。

40.［英］尼克·克罗斯利:《走向关系社会学》,刘军、孙晓娥译,上海:格致出版社、上海人民出版社 2018 年版,第 193 页。

41. 秦亚青:《世界政治的关系理论》,载《世界政治研究》2018 年第 2 辑,第42 页。

42.［英］约翰·斯科特、彼得·J.卡林顿编:《社会网络分析手册》,刘军等译,重庆:重庆大学出版社 2018 年版,第 501 页。尼克·克罗斯利(Nick Crossley)认为,使用一个中心性亦可反映某一节点的关系特征。囿于文章篇幅限制及分析简化的需要,本章将主要选择讨论度中心性,对居间中心性和中介中心性不再进行过多说明。参见尼克·克罗斯利:《走向关系社会学》,第 193 页。

43.［美］戴维·诺克、杨松:《社会网络分析》,第 103—105 页。

44. 同上书。

45. 董贺:《关系与权力:网络视角下的东盟中心地位》,第 88—105 页。

46. 参见庞珣、权家运:《回归权力的关系语境——国家社会性权力的网络分析与测量》,第 45 页;董贺:《关系与权力:网络视角下的东盟中心地位》,第88—105 页;罗杭、李博轩:《国际结构分析与国家权力测量——基于大数据的网络分析》,第 48—82 页。

47. 参见郭树勇:《大国成长的逻辑:西方大国崛起的国际政治社会学分析》,北京:北京大学出版社 2006 年版。

48. David Sobek and Jeremy Wells, "Dangerous Liaisons: Dyadic Power Transitions and the Risk of Militarized Disputes and Wars," pp.69—92; Jonathan M. DiCicco and Jack S. Levy, "Power Shifts and Problem Shifts: The Evolution of the Power Transition Research Program," *Journal of Conflict Resolution*, Vol.43, No.6, 1999, pp.675—704.

49. Dale C. Copeland, *The Origins of Major War*, pp.56—145.

50.［美］理查德·内德·勒博:《国家为何而战?:过去与未来的战争动机》,陈定定等译,上海:上海人民出版社 2016 年版。

51.［英］巴里·布赞、［英］乔治·劳森:《全球转型:历史、现代性与国际关系的形成》,第 220—245 页。

52. 杨原：《大国无战争时代霸权国与崛起国权力竞争的主要机制》，第 6—32 页。

53. ［美］斯蒂芬·范·埃弗拉：《战争的原因》，何曜译，上海：上海人民出版社 2007 年版，第 44—73 页。

54. David Sobek and Jeremy Wells, "Dangerous Liaisons: Dyadic Power Transitions and the Risk of Militarized Disputes and Wars," pp.69—92；刘毅：《关系逻辑与国家间互动新常态研究》，北京：北京时代华文书局 2017 年版，第 77—82 页。

55. ［美］迈克尔·多伊尔：《先发制人：国际冲突的先制与预防》，吴迪、高连兴译，北京：金城出版社 2019 年版。

56. ［美］斯蒂芬·G.布鲁克斯、威廉·C.沃尔福思：《失衡的世界：国际关系和美国首要地位的挑战》，潘妮妮译，上海：上海人民出版社 2019 年版，第 4—5 页；Kenneth N. Waltz, "The Stability of a Bipolar World," *Daedalus*, Vol.93, No.3, 1964, pp.881—909；Karl W. Deutsch and J. David Singer, "Multipolar Power Systems and International Stability," *World Politics*, Vol.16, No.3, 1963, pp.390—406；He Kai, "Institutional Balancing and International Relations Theory: Economic Interdependence and Balance of Power Strategies in Southeast Asia," *European Journal of International Relations*, Vol.14, No.3, 2008, pp.489—518；［加］T. V. 保罗：《软制衡：从帝国到全球化时代》，刘丰译，上海：上海人民出版社 2020 年版，第 24 页。

57. ［美］布兰特利·沃马克：《非对称与国际关系》，李晓燕、薛晓芃译，上海：上海人民出版社 2020 年版，第 124 页。

58. 莫盛凯：《权力转移与预防性合作》，载《世界经济与政治》2015 年第 2 期，第 26 页。

59. 秦亚青：《国家身份、战略文化和安全利益——关于中国与国际社会关系的三个假设》，载《世界经济与政治》2003 年第 1 期，第 10—15 页。

60. ［美］格雷厄姆·艾利森：《注定一战：中美能避免修昔底德陷阱吗?》，陈定定、傅强译，上海：上海人民出版社 2019 年版，第 70 页。

61. Martin Gilbert, *Churchil: A Life*, London: Heinemann, 1991,

pp.261—264.

62. 保罗·肯尼迪：《大国的兴衰》，蒋葆英等译，北京：中国经济出版社 1989年版，第 263—264 页。

63. ［美］格雷厄姆·艾利森：《注定一战：中美能避免修昔底德陷阱吗?》，第96 页。

64. Christopher Clark，*The Sleepwalkers*：*How Europe Went to War in 1914*，New York：Harpercollins，2012，p.151.

65. ［美］戴尔·科普兰：《大战的起源》，黄福武、张立改译，北京：社会科学文献出版社 2017 年版，第 105 页。

66. 在数据获取方面，根据"战争相关指数"（COW）数据库所列国际体系中的国家数量和国际组织数量的相关数据，确定一国在关系网络中的最大连接数，根据 COW 数据库中所列双边贸易数据、正式联盟数据、外交关系数据和国际组织数据，可得节点度数。参见 https://correlatesof war.org/data-sets/。

67. Norman Rich，*Great Power Diplomacy*：*1814—1914*，New York：McGraw-Hill Education，1992，p.372.

68. Norman Rich，*Great Power Diplomacy*：*1814—1914*，pp.371—374.

69. 徐弃郁：《脆弱的崛起：大战略与德意志帝国的命运》，北京：新华出版社 2011 年版，第 202 页。

70. 同上书，第 205—206 页。

71. 转引自徐弃郁：《脆弱的崛起：大战略与德意志帝国的命运》，第 206 页。

72. 徐弃郁：《脆弱的崛起：大战略与德意志帝国的命运》，第 230 页。

73. Norman Rich, Great Power Diplomacy：1814—1914, p.420.

74. ［美］格雷厄姆·艾利森：《注定一战：中美能避免修昔底德陷阱吗?》，第99 页。

75. ［美］戴尔·科普兰：《大战的起源》，第 115 页。

76. ［美］格雷厄姆·艾利森：《注定一战：中美能避免修昔底德陷阱吗?》，第70 页。

77. 逄锐之：《权力转移、地理距离与大国战和关系》，第 35—73 页。

78. 门洪华：《构建中国大战略：国家实力、战略观念与国际制度》，北京：北京大学出版社 2017 年版,第 5 页。

79. 之所以确定这些时间节点,是因为本章试图考察既有研究涉及的英美权力转移的全过程,故选择自 19 世纪 90 年代至"二战"结束的时间节点,基本确定以十年为单位来对英美权力转移的过程进行描绘,其中,由于数据库数据的时间限制,1909 年至 1920 年间隔 11 年。

80. 庞珣、权家运:《回归权力的关系语境——国家社会性权力的网络分析与测量》,第 39—64 页。

81. "Mr. Bayard to Mr. Olney," *FRUS*, 1895, pp.545—562.

82. 韩召颖、袁伟华:《权力转移进程中的国家意志制衡——以 1895 年英美解决委内瑞拉危机为例》,载《中国社会科学》2014 年第 9 期,第 189 页。

83. "Lord Salisbury to Sir Julian Pauncefote," *FRUS*, 1895, pp.567—576.

84. 韩召颖、袁伟华:《权力转移进程中的国家意志制衡——以 1895 年英美解决委内瑞拉危机为例》,第 195 页。

85. Kenneth Bourne, *Britain and the Balance of Power in North America*, *1815—1908*, Berkeley: University of California Press, 1967, p.340.

86. [美]查尔斯·库普乾:《化敌为友:持久和平之道》,宋伟等译,北京:北京大学出版社 2017 年版,第 93—100 页。

87. Robert A. Humphreys, "Presidential Address: Anglo-American Rivalries and the Venezuela Crisis of 1895," *Transactions of the Royal Historical Society*, Vol.17, 1967, pp.131—164.

88. Harry C. Allen, *Great Britain and the United States: A History of Anglo-American Relations 1783—1952*, London: Odhams Press, 1954, pp.556—557.

89. 王黎:《美国外交:理念、权力与秩序——从英国殖民地迈向世界强国》,北京:世界知识出版社 2019 年版,第 171 页。

90. [美]查尔斯·库普乾:《化敌为友:持久和平之道》,第 93—100 页。

91. Norman Rich, *Great Power Diplomacy: 1814—1914*, pp.361—362.

92. [美]理查德·内德·勒博:《国家为何而战?:过去与未来的战争动机》,第 106 页。

93. Harry C. Allen, *Great Britain and the United States：A History of Anglo-American Relations 1783—1952*，1954，pp.736—737.

94. 王黎:《美国外交:理念、权力与秩序——从英国殖民地迈向世界强国》,第 280—287 页。

95. 〔美〕格雷厄姆·艾利森:《注定一战:中美能避免修昔底德陷阱吗?》,第 70 页。

96. 逄锐之:《权力转移、地理距离与大国战和关系》,第 65 页。

97. 郭树勇:《大国成长的逻辑:西方大国崛起的国际政治社会学分析》。

98. 〔美〕约翰·刘易斯·加迪斯:《长和平:冷战史考察》,潘亚玲译,上海:上海人民出版社 2019 年版,第 61 页。

99. 同上书,第 62 页。

100. 同上书,第 68 页。

101. James F. Byrnes, "Restatement of Policy on Germany," U.S. Embassy in Germany, September 6，1946，https：//usa. usembassy. de/etexts/ga4-460906.htm.

102. "The Director of the Policy Planning Staff(Kennan) to the Secretary of State," *FRUS*，1948，pp.532—538.

103. 〔美〕戴尔·科普兰:《大战的起源》,第 274 页。

104. "NSC-68, 1950," FRUS, https://history. state. gov/milestones/1945-1952/NSC68.

105. 〔美〕戴尔·科普兰:《大战的起源》,第 295—296 页。

106. Michael R. Beschloss, *The Crisis Years*，New York：Harper Collins，1992，pp.334—335.

107. 〔美〕韩德:《美利坚独步天下:美国是如何获得和动用它的世界优势的》,马荣久等译,牛军校,上海:上海人民出版社 2011 年版,第 257 页。

108. "Memorandum of Conversation," *FRUS*，1972，pp.1129—1139.

109. Ibid.

110. 〔美〕沃伊切克·马斯特尼、朱立群编:《冷战的遗产:对安全、合作与冲突的透视》,聂文娟、樊超译,北京:社会科学文献出版社 2015 年版,第 191 页。

111. [美]约翰·刘易斯·加迪斯:《遏制战略:冷战时期美国国家安全政策评析》,时殷弘译,北京:商务印书馆 2019 年版,第 350 页。

112. 同上书,第 352 页。

113. [美]韩德:《美利坚独步天下:美国是如何获得和动用它的世界优势的》,第 271 页。

114. [美]约翰·刘易斯·加迪斯:《遏制战略:冷战时期美国国家安全政策评析》,第 359 页。

第九章　关系性权力与亚太海洋安全合作"东盟中心地位"构建

田诗慧　郑先武[*]

自成立以来,东盟实现了从"亚洲巴尔干"到共同体的飞跃,成功维护了东南亚乃至东亚的和平与安全,这被视为其 55 年历史中的主要成就。这一成就有助于推进东盟区域一体化,并且在更广泛的亚太地区建立以东盟为中心的区域制度网络。东盟依托以不干涉内政和协商一致原则为核心的"东盟方式",保持了其成员国间的团结。小国集团的形式使得东盟能够突破大国环绕的困境,联合中小国家的力量介入亚太海洋事务,其与大国合作的东盟地区论坛、东盟防长扩大会议、东盟海事扩大论坛等机制相继建立,共同构成以东盟为中心的、辐射整个亚太的海洋安全合作架构。"东盟中心"区域架构在一定程度上突破了美国对亚太海域的霸权,促使美国接受平等、互惠的海洋安全合作关系。在物质实力和影响力都弱于中美大国的前提下,东盟是如何构建"东盟中心地位"的呢? 其背后的构建逻辑是什么? 本章拟借鉴社会网络理论和世界政治的关系理论,分析东盟如何掌控和管理区域制度架构内的海洋安全关系;同时,以关系性权力为理论视角,探究亚太海洋安全合作的非霸权模式。

---

* 田诗慧,南京大学国际关系研究院、中国南海研究协同创新中心博士研究生;郑先武,南京大学国际关系研究院教授。

一、东盟中心地位:构建的不同逻辑

"东盟中心地位"既包括区域一体化的内部中心地位,又指代东盟建立亚太关系网络的外部中心地位。该术语最早是指东盟在外部问题上的合作,特别是在泛亚洲经济和政治架构中的领导。1995 年 8 月,东盟地区论坛在概念文件中将东盟确定为"主要驱动力",导致了后来广为引用的说法——东盟占据了区域合作的"驾驶席"(driver)。[1]此后,关于东盟的称谓变为"驱动者""领导者"和"制度枢纽"等。[2]2007 年 11 月,第 13 届东盟首脑会议签署的《东盟宪章》正式确立了"东盟中心地位"(ASEAN Centrality)这一术语,并将其视为目标和对外行动的指导原则。[3]2015 年 11 月,第 27 届东盟峰会发表了《东盟政治安全共同体蓝图(2025)》,提出建设外向型共同体的目标,"坚持和加强东盟在不断演变的区域架构中的中心地位,并基于东盟的国际问题平台在全球发挥建设性作用"。[4]2022 年 11 月,《东盟领导人纪念东盟成立 55 周年声明》进一步强调,"坚持'东盟中心地位'是推动东盟与外部伙伴进行实质性对话与合作的主要动力"。[5]不仅如此,"东盟中心地位"在很大程度上也是东盟内部架构的一部分。2011 年 5 月第 18 届东盟首脑会议期间,东盟领导人强调该集团需要保持在区域一体化建设中的中心地位,这将成为东盟共同体的基石。[6]虽然"东盟中心地位"在东盟的官方文件中不断被强调,但目前这一概念的具体含义并不明晰,国内外学者从多个理论视角阐释了其内涵和构建过程。

一是区域主义视角,将东盟而不是全球和区域大国作为区域主义的驱动力,即东盟引领了东亚区域合作的建设。东盟不仅为区域内协商合作搭建了制度框架,还达成开展区域间多边合作的"统一战线"。[7]区域主义视角往往与东盟作为领导者联系在一起。陈思诚(See Seng Tan)将"东盟中心地位"定义为区域领导者或驱动者、区域召集者、区域制度枢纽或关键节点、区域发展动力和区域代理人。[8]理查德·斯塔布斯(Richard Stubbs)强调东盟在东亚区域合作机制建设中的领导力。东盟通过企业家型和智力型领导为区域决策建立思想基础,使区域机制按照东盟规范运作,确保其在特定问题上的领导作用。[9]

二是社会网络视角,通过量化国家间关系网络证明东盟在东亚区域合作机制中的地位。安妮-玛丽·斯劳特(Anne-Marie Slaughter)指出,在网络化的世界中,掌握权力的关键是能够管理和协调联系网络以解决共同问题的中心地位。[10]梅里·卡瓦列罗-安东尼(Mely Caballero-Anthony)结合社会网络理论认为,"东盟中心地位"是东盟在其建立的制度网络中的结构性地位以及桥接不同网络的节点地位。[11]董贺使用中心性指标量化证明了东盟在东亚区域合作制度和互动层面占据中心地位,但政治、安全、经济等领域的中心性水平并不一致。他认为,"东盟中心地位"更多地体现在提供合作平台、推动合作议程以及在主体间发挥桥接作用等方面。[12]

三是制度主义视角,将东盟视为亚洲区域合作制度的中心。东盟发起并主导建立了东盟地区论坛、东亚峰会等在内的机制和平台,作为"制度中心"和"功能中心"为相关国家共同处理区域事务提供了交流平台。[13]吴翠玲(Evelyn Goh)进一步强调东盟将区域机制视为"软制衡工具",借助权力相互制约的制度体系实现对大国的规范性约束,尤其是《东南亚友好合作条约》和合作安全规范对大国的监管。[14]

四是关系理论视角,认为东盟中心地位是"关系平衡"制度化的结果。魏玲提出,东盟通过关系性权力政治实践、关系网络化和情感关系过程等三个机制将"关系平衡"制度化为"东盟中心地位"。[15]部分学者探讨了东盟的关系性实践,凸显了关系对于东盟地位的意义。如李·琼斯(Lee Jones)提出,东盟影响大国关系的能力源于大国间的关系、大国与东盟的关系、东盟国家间关系、区域议程或议题与成员国主要社会政治集团利益的关系等因素。[16]还有一些研究虽未提及关系理论,但也探讨了东盟在与大国的互动关系中掌握主导权的过程。比如,聂文娟认为,东盟通过论坛多边化、依据法理化和行为准则化谨慎推进东盟的政治目标和议程行事。[17]

此外,"东盟中心地位"是否能够存续及其面临的现实挑战也是学界研究的重要内容。不少学者认为,美国出台的"印太战略"及相关的小多边安全合作机制进一步加剧了中美之间的战略竞争,在很大程度上压缩了东盟在此区域引领合作的行动空间。吴琳提出,中美制度间制衡和制度内竞争的升级以不同方式、在不同程度上弱化了"东盟中心地位"。一些学者探讨了东盟内部不足对东盟中心性长久存续带来的破坏性影响。东盟的不团结和内部分化、部分国家政局动荡直接削弱了东盟作为整体的行动力。[18]何斌（Benjamin Ho）认为，过分夸大"东盟中心地位"的作用是存在风险的，亚太大国不允许区域合作制度涉及其核心安全利益。尽管东盟仍是判断和综合大国意愿建立区域安全秩序的最佳选择，但其地位受到"大国竞合"传统的影响与挑战。[19]还有不少学者认为，东盟正在通过调整东盟方式、证明其对中美的效用等方式来重构区域安全架构中的"东盟中心地位"。[20]

综上所述，已有研究以不同理论视角解读"东盟中心地位"的构建过程和存续条件，为本章的研究提供了前提和基础，但也存在一些问题尚未得到解决。第一，既有研究主要从总体上、机制上，而没有从特定合作领域分析"东盟中心地位"的构建过程。第二，着重于关系和关系性权力本身，可进一步探究强弱关系、强弱关系性权力及其逻辑关系。一般认为，关系强弱是按物质实力决定的，但弱关系未必就意味着弱关系性权力。东盟利用其构建的区域关系网络掌控了强关系性权力，创建了区域合作中不可忽视的中心地位。

二、关系性权力：定义、特征与强弱关系逻辑

近年来，国际政治研究出现了"关系转向"，将"关系"作为中国对世界政治理论化贡献的核心。[21]关系性权力（relational power）是关系思维下的权力概念，存在于国家间互动的关系过程中。[22]本部分将从关系性权力的定义、特征与强弱关系标准进行分析。

（一）关系性权力的定义及特征

关系社会学的开创者皮耶尔保罗·多纳蒂（Pierpaolo Donati）认为，"太初即关系"（the beginning is the relation），也就是说，关系在社会运行和人类发展中扮演着重要角色。[23]他的同事穆斯塔法·埃米尔拜耳（Mustafa Emirbayer）将关系诠释为单位之间的连接、复合交错的时空网络，以及社会交往的过程。[24]过程关系主义代表帕特里克·杰克逊和丹尼尔·内克松将关系视为实体之间的联系，强调关系是先于一切实体的存在，未对关系做出明确的定义。世界政治的关系理论汲取中国传统儒家文化的影响，认为关系从根本上是关涉人的关系，包括

人际关系和人与社会环境的关系。行为体在时空范围内所有关系的总和形成关系环境,二者相互构建、相互加强。[25]这些理论以关系主义为核心,本质特征是关系本位,以关系为导向。源于关系的权力被归纳为关系性权力。

本体论决定了我们概念化和实践权力的方式。[26]西方主流国际关系理论范式对权力的认知基于笛卡尔/牛顿本体论,假定一个由离散的、自成体系的部分(如主权国家)组成的机械世界。对权力的核心假定是实体本体论,即权力通过物质或观念资源发挥影响力。[27]世界政治的关系理论将权力的本体假定从实体重新定位为关系,即权力源于主体间关系,用关系性来分析、解释国家间关系,并赋予其以价值,将关系看成权力问题形成的先决条件及可能的解决之道。社会网络理论用关系来定义权力,将其定义为社会行为体在一个或多个关系网络中所占据地位的产物。[28]国家间关系呈现敌人、竞争对手、对话伙伴、盟友和共同体成员等多种形态,全球、区域(次区域)和国家(次国家)等多个层次。多元化、多形态、多层次的关系编织成国际社会繁杂交织的关系圈和关系网络。国际政治的本质是由权力关系塑造的。[29]正确构建和管理关系可以降低权力的复杂性,创造互惠条件。

世界政治的关系理论提出权力的关系性实质,即关系为权力运作提供平台,关系可以放大或制约权力,关系本身就是权力资源。[30]"关系性权力"专门指权力源于关系,并通过关系加以使用的权力形态,其从权力的双层内涵解构关系性权力:就权力资源而言,关系即权力;就影响力而言,权力是管理关系的能力。[31]也就是说,关系性权力从两个层面来管理关系(权力)资源。一方面,管理关系本身,使其从敌人、竞争对手、对话伙伴逐步转向共同体成员和盟友。维护与发展关系有助于为行为体创造最优的行动和关系场域。[32]另一方面,管理关系平台,创建和维持有序的关系圈或关系网络。行为体能够获取其参与的关系圈或关系网络结构资源,包括信任、规范和网络等。[33]关系网络过程塑造行为体身份、偏好和利益,并对行为体行动产生赋能和制约两种作用。[34]由此,本章将关系性权力定义为行为体互动过程中掌控与管理关系资源以构建或改造权力关系的能力。

关系性权力的核心在于互动,互动过程中产生信任、认同等情绪以达成解决问题或促进利益的最终目的。信任是指对善意行为的期望,[35]认同是对他者的肯定、认可和接受。这些情绪是互动关系可持续的关键因素。互动的目标不是促进行为的合法性,而是通过互动关系中的一系列客观行为,使关系主体可以不断地制定并评估他们"是否达到既定目标"以及"是否满足他国期望",从而提高关系主体间的信任度。

关系性权力具有如下几个重要的特征。第一,主体间性。权力主体在国际政治领域主要指代国家行为体,集中体现为一国政府及其最高领导人同他国的互动。主体间性产生于自我意识对他者的依赖,同时也产生于关系主体的行为和角色认同对他者的依赖。[36]第二,平等性。关系主体的平等性鼓励交往的连续性,引起双方的情感依恋,并在道德上带有义务感。[37]第三,可交换性。关系的实质是利益交换。在规则不完善、竞争不充分、信息不完全的条件下,关系会发生作用。[38]关系性权力主体间的交往,通过互惠互利来表达。大国获得的利益是增强他们作为资源掌控者和规则制定者的大国地位,处于弱势地位的国家取得的好处是安全保证和资源支持。第四,可分享性。关系性权力可以在行为体间的互动关系中共存。任何行为个体都不可能单独拥有关系性权力。[39]权力是一种启动和推动交互赋能过程的力量,参与权力博弈的主体通过参与而增强自身能力。[40]总之,关系性权力是以共享和交换为特征的双向关系,是主体间正向交往的体现。

(二) 强弱关系与关系性权力的逻辑

国际关系依据不同的角度和标准,可以分为不同的类型。本章在此集中关注国家间关系程度的高低强弱,即强关系和弱关系。一国无论拥有强关系还是弱关系,都可以通过相应的努力拓展和深化关系(关系网),进而提升本国的关系性权力。

1. 强关系、弱关系

强弱关系概念最早由美国社会学家马克·格兰诺维特(Mark Granovetter)提出。他基于互动频率、情感密度、亲密程度和互惠交换的强弱将人际关系分为强关系和弱关系。强关系以认同为导向,指相互熟识、互动频繁的亲友关系;弱关系则以利益为导向,指仅相识、交往不频繁的关系。通过弱关系的拓展,可以传递更多有价值的异质信息;而强关系中存在大量重复冗余的信息。因此,弱关系比强关系更有价值。[41]中国关系社会学创立者边燕杰提出了强关系力量假设。

他以儒家文化背景下华人社会联系的情况证明，"强关系意味着更高程度的信任，弱关系意味着不太信任和缺乏义务"。[42]

在国际关系研究中，国家间关系的强弱基于国家的物质实力、利益和身份认同。强关系是国家间高水平的合作关系，处于群体内部，多表现为盟友，背后交织着高浓度的情感认同和利益认知。弱关系指代的关系水平较低，表现为较低层级的伙伴关系。在关系网络中，并不是某种单一的关系在起作用。弱关系的拓展有助于信息和资源的交互和流动，建立在弱关系基础上的社会关系网络的影响力更加广泛。[43]强关系的扩展范围有限，但可以起到同质性扩散和情感传递的作用，在关系网络中嵌入情感要素。强关系下成员间信任程度高，互惠动机和条件更强。

国家间强弱关系的判断以亲密程度、互惠程度和结构密度为参考标准（见图9.2）。[44]第一，亲密程度是国家间互动频率及其持续时长的情感结果，评级和划分依据各国外交政策不同而呈现差异。第二，互惠程度是国家间互惠关系的收益程度。互惠是指大致对等价值的交换，其中每一方的行为都取决于另一方此前的行为，以德报德、以怨报怨。[45]互惠资源包括有形和无形的资源，即物质和情感（服从、尊敬与合法性）资源。第三，结构密度是指关系的运行背景，包括制度网络的密度、规范和文化相似程度以及相互依赖程度等，需要行为体综合多重背景因素来考量。强关系代表国家间的亲密程度、互惠程度或结构密度远高于平均水平，弱关系则相反。在国际关系领域，国家联盟是最显著的强关系，而伙伴关系需区分强弱，战略伙伴关系明显强于对话伙伴关系，建交关系可直接归结为弱关系。

关系性权力源于国家间的强弱关系。不同关系主体所掌握的关系性权力呈现差异（见图9.1）。依据强、弱关系两类主体，以及强、弱关系性权力两种状态，可以划分为以下四种类型：(1)强关系掌控强权力，如当前美国与其盟友的关系；(2)弱关系掌控强权力，如东盟与中日韩关系；(3)弱关系拥有弱权力，如非洲国家乍得与中国仅是建交关系，与东盟国家尚未建交；(4)强关系拥有弱权力，仅限于非全球化时代，典型案例为闭关锁国时期的中国。前两个类型比较重要，强弱关系主体均可通过一定的方式在互动过程中掌握强关系性权力，进而在区域或全球政治中发挥影响力。

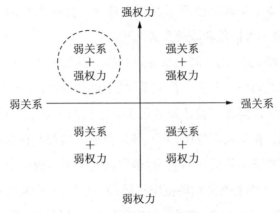

图 9.1　不同关系主体掌握的权力

说明：该图中的权力是指关系性权力，强弱的衡量标准依据行为体在关系网络中的位置及其联结方式，采用中心性指标测量。

资料来源：作者自制。

2. 强关系与关系性权力

关系性权力蕴含于关系之中，关系愈强，则关系性权力愈强。关系可以凝聚权力，强关系可以为权力主体汇聚力量。罗伯特·基欧汉提出，在相互依赖关系中，依赖性较小的行为体脆弱程度低，具有施加于依赖性较大的行为体的权力。[46]而关系性权力是主体间并存的，依赖性较大的一方也拥有关系性权力，即如果它与第三方发生冲突，关系中的另一方可能会依据脆弱性程度差异给予适当援助，以维持关系。以绵亘已久的巴以问题为例。面对巴勒斯坦与以色列的悬殊实力，埃及等阿拉伯国家因同巴勒斯坦的历史、文化和宗教等强关系联结而坚定站队巴方。强关系带来更多的信任与认同，联结的合作和给予的援助更加确定有力。关系成为一种权力资源，是依赖性较大的一方讨价还价的权力来源。通过关系，一方可以借用另一方的资源来增强自身并施用于他者。

行为体拥有强关系可以提升其关系性权力，主要体现在两个方面：其一，关系即权力，强关系本身就是行为体的权力资源，关系性权力随之增加；其二，强关系可以增加信任、提高合作意愿，甚至形成共有身份和认知，进而增强行为体管控关系资源的能力（如图 9.2）。关系越强，国家间认知和信任程度越高，合作意愿及其表现越突出。由于具有强烈的合作共识或处于共同的硬性制度约束中，强关系下的国家之间在信息交流、分享和传递上效率更高，获取共同利益的可能性更大。小圈子内往往更容易建立强关系,或者说"小多边"和双边相对于"大多边"合作更易分享利益、强化关系。

强关系是国家隐性的权力资源,在缓解国际冲突和推动国际合作时常常起到比硬制度更好的效果。植根于共同价值观和利益的盟友关系甚至能起到保障安全的作用。因此,提升国家间关系水平、深化善意和信任认知,是国家实现自身利益最大化的理性判断。

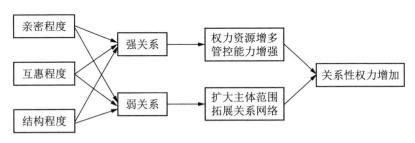

图 9.2　强弱关系与关系性权力逻辑图

资料来源:作者自制。

3. 弱关系与关系性权力

拥有弱关系的行为主体可以通过增强和利用其网络节点地位来提高其关系性权力。在国际关系中,网络通常被视为促进集体行动、发挥影响力或作为国际治理手段的组织模式。[47]具体而言,关系网络是一种组织形式,是由流动的、开放的关系构成的,包括网络节点、网络化过程和网络结构。[48]网络分析将关系主体视为节点(nodes),关注节点之间的联结(links)所定义的关系。处于边缘地位的节点可以作为网络中间人(network brokers),连接网络结构中的各个节点转化为关系权力。一旦该节点成为桥梁或者中间人,它可以通过高水平的中心性获取影响力,因为它可以为规模较大的网络提供唯一的联结。[49]由于节点相互之间的关联作用,关系网络变成一种权力资源。

网络关系中的分布具有两个结构性特征:节点的中心性和内聚的子群(sub-groups)。中心性是衡量某一节点与其他节点以及整个网络结构之间关系的指标。[50]中心性的测量指标包括程度中心性、接近中心性和中介中心性,用于量化节点在网络中的位置和重要性。此外,测量中心性的指标还包括加权中心度、信息中心度和流介数,用于计算关系网络的集中程度(即其他节点对单个节点的依赖程度)。子群指代网络中足够紧密,或结构相似的小群体,其中每个节点都与其他节点拥有超过一定限度的关系,即上文所讲的强关系。[51]

行为体拥有弱关系未必就意味着拥有弱关系性权力。行为体可以通过着重扩大主体范围、拓展关系网络来提高中心性水平,增加其关系性权力(见图 9.2)。前者是指将关系主体范围从中央政府延伸至部级、地方政府、非国家行为体等,如不同领域的部长级合作机制的建构。后者是指扩大关系的数量、层次和领域。已有的关系网络会扩展、衍生出其他关系,并因为这种关系而获得其他关系领域的权力。如非传统安全合作的关系进展对传统安全合作领域的外溢效应。

在更广泛的关系网络占据中心地位的国家往往比那些在边缘地位或者弱关系的国家获得更丰富的物质和观念资源。弱关系(网络)的扩展,也会增加关系网络中附加的信息和资源价值。因此,扩大全球伙伴关系网是弱国获取关系资源和关系性权力,进而提升区域和全球影响力的有效路径。

三、东盟中心地位的构建:关系性权力工具

下文将关系性权力作为一种分析工具,探讨东盟塑造区域关系网络中心地位的具体路径,探究非西方视角下区域中心地位建构背后的关系性逻辑。

(一) 东盟的关系性权力

东盟中心地位是在东盟掌握强关系性权力的条件下所塑造的区域共同意识。东盟之所以能成为"奇迹",主要得益于其灵活性和折中主义,主要表现是特别注重管理和维护成员国之间的合作关系。[52]东盟将全球大国、区域大国、中等强国、小国和弱国凝聚在区域,定期举行对话协商,由此建立和维护"一个复杂而普遍的关系网络"。区域关系网络是由这些国家无限的关系交换实践产生的,并受到相互义务和保证的约束。由于东盟的中立和务实,它作为关系网络的中心地位为所有利益攸关方所接受。

东盟的关系性权力是指东盟在区域交往中掌控与管理关系资源以实现自身利益。这里的关系资源是指东盟同伙伴国间的伙伴关系、东盟建构的区域制度

网络(关系平台)和东盟规范(行为准则)。通过这些资源,处于弱势地位的东盟国家在区域结构中占据中心地位,避免被排除在区域体系之外。而大国则借此达到遏制对手的目的,防止区域领导权落入敌对国家之手。反之,大国若想加入"东盟中心"区域架构,防止在区域体系中被边缘化,也必须达到东盟的制度规则和规范要求。

将关系性权力视为一种分析工具,有助于我们理解和分析东盟中心地位背后的关系性逻辑。东盟的关系性权力正是来自它在关系网络结构中所占据的"中心位置"。作为权力资源的中心位置不是无缘无故生成的,[53]它体现了东盟的行为规则。这种规则是制度,是规范,是限制,更是利益。

其一,区域制度、规范等要素对关系网络产生了建构、生产和再生产的重要作用。处于中心地位的东盟能够建立反映自身偏好和规范特征的制度网络。制度降低了行为体互动过程中的不确定性和遵约行为的交易成本。规范能够约束行为体的互动行为,并规范他们之间的关系。东盟规范的扩散推动了大国对"东盟中心"区域架构的认同和支持。

其二,东盟采取正反两种手段激励大国参与。一方面,协调利益关系。东盟必须兼顾平衡各方的利益需求,同时利用大国的道德义务争取情感和资源上的支持。另一方面,制衡约束关系。在中美竞争态势下,东盟国家斡旋于中美日势力之间,和各方保持合作,不轻易站队。但在具体问题或领域,东盟的表态受到各方密切关注。关于东盟更倾向于和哪方阵营更进一步或者更近一步,是否愿意选边站,中美表现出强烈关切和战略焦虑。东盟借此实施"推拉"技巧,在互惠激励与制衡压力之间实现微妙的动态平衡。

一旦行为规则发生变动,东盟占据的中心节点位置也会发生变化,甚至可能不复存在。

(二) 东盟中心地位的构建路径

下文将阐述东盟是如何通过关系性权力工具塑造东盟中心地位的(见图9.3)。

东盟中心地位的实质内涵可以概括为"一个中心,三个维度"。"一个中心"是指以东盟为中心的区域合作制度框架,包括"东盟＋"、东盟防长扩大会议、东盟海事扩大论坛、区域全面经济伙伴关系协定等区域间机制的中心。"三个维度"分别体现于:一是制衡关系,即维持大国在该区域的权力制衡,[54]且由东盟掌握区域合作机制的主导权和议程设置权;二是利益关系,即东盟成员国及对话伙伴国间基于发展与安全诉求的利益互惠关系;三是区域规范,强调非正式、基于共识、不干涉内政以及尊重舒适度的东盟方式。

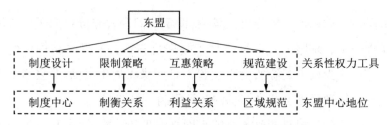

图9.3   东盟构建中心地位的动态关系过程

资料来源:作者自制。

综合来说,东盟中心地位这一概念隐含的主题是,东盟有能力制定和影响本组织及其成员、对话伙伴在区域关系网络内的决定。关系性权力是东盟凝聚、掌控和管理关系资源的工具,为东盟建立中心地位的实践提供权力资源和推动力。这里的关系资源包括关系自身和关系网络两类。关系和关系网络是处于弱势地位的行为体获取行动能力的重要途径。

东盟通过关系性权力工具创建或改造关系及关系网络,形成四种实践路径构建中心地位,即制度设计、限制策略、互惠策略和规范建设。于东盟而言,这四种路径既是权力资源的积累,也是塑造和维系同他国权力关系的手段,具体如下。

第一,制度设计是确定东盟关系圈的基础。行为体将复杂交错的关系圈固定为中心化的制度网络,以弱制度和圈层化设计凝聚和管理关系。一方面,强关系背后是弱制度的支撑,即未设置明确惩罚程序的非正式制度体系。弱制度是行为体在权力博弈压力下协调利益和认知差异达成有限平衡的结果,兼顾各行为体偏好,实现关系和谐。[55]另一方面,制度圈层化设计既符合关系圈的形态,体现出关系的亲疏远近,又能够加强圈层认同,凸显核心关系圈的影响力。

"东盟中心"区域架构是一种圈层化制度网络,既产生推动合作的积极动力,又不以硬性规定约束参与者。首先,东盟把建设性协调和管理区域成员之间的复杂关系作为一种主要的治理方式。[56]东盟将区域大国和利益攸关方纳入以自身为中心节点的多层关系圈——东盟国家处于核心关系圈,呈现紧密的内在凝聚力;中日韩等周边国家组成区域内生性关系圈,由于东亚国家存在相似的儒家文化传承、反殖民历史体验和共建东亚共同体的努力,内生性关系圈呈现情感关系维系特征;外延性关系圈可拓展至印、澳、美等更多国家,突出利益纠葛。其次,为形成长久稳定的合作关系,东盟的弱制度设计将对外关系固定下来,并随着关系的深化不断建立新的制度,逐步形成"东盟中心"区域架构。从互动层次看,既有跨大洲和跨大洋的洲际或陆间双区域和跨区域机制,次区域间的双区域和跨区域机制,亦有东盟与某一特定国家的准区域间合作机制。从互动领域来看,既有总体的合作机制和综合安全机制,又有防务、经济、贸易、金融、能源、环境、海上安全等不同领域的专门合作机制。从制度形态来看,既有各类政府间和非政府间会议机制,更有各类正式多边协议和正式、非正式的多边机制。[57]东盟在亚太地区建立的多层次、多领域和多形态的"网格状"弱制度框架中占据中心地位,使得中美等伙伴国能够在东盟主导的机制中建设性解决区域问题。最后,区域制度对其参与者并没有强制约束力,遵循非正式会晤和协商一致原则。议程设置是东盟创立或修改区域制度的关键路径,是东盟得以表达自我偏好和维护自身利益的重要手段。东盟在区域合作制度中的议程设置能力,包括是否能够影响区域内合作议题的重要程度的排序以及对区域环境的认知,并通过对话使成员国和伙伴国对东盟设置的议程形成共识。然而,这种议程设置能力受到大国权力的制约,需权衡各方意志进行调整。

第二,东盟的限制策略是为了约束和制衡大国间的安全关系,以获取关系圈中独立自主的角色地位。限制策略意指采用限制行为体行为的策略改变关系的性质,使其从敌对转向友谊,从冲突转向合作。其一,追随、制衡、威慑、强制和战争是几种重要的建构和改造互动关系的强制措施。其中,前四种是行为体通过展示施加剥夺和阻碍的能力,或者交换对某种资源、行动和事件的控制权以构建和改造互动关系。[58]战争是改变关系的极端形式,使用武力手段胁迫战败国服从,甚至可以通过推翻既有政权、扶植关系更为亲近的政权来制造更为亲密的权力关系。其二,软制衡或对冲则是通过接触和平衡手段限制客体行为、改变互动关系的软性措施。T. V. 保罗(T. V. Paul)将软制衡定义为

"依靠非正式联合、国际制度和经济制裁等手段来约束具有威胁的大国"。[59]采取软制衡战略的弱权力往往建立有限的外交协约或制度以制衡强权力，旨在促使强权力从敌对状态回归正常的友好状态。

东盟最核心的限制策略是软制衡，采用两种方式进行。一是采取小国联合方式，以内部紧密的联盟关系联合制衡环绕在东南亚地区的多方势力。在此过程中，东盟的关系性权力调动物质或规范性资源以调整与伙伴国的关系，并嵌入东盟中心性原则，避免被边缘化。例如，"东盟中心"区域架构内系列会议的地点都在成员国内，且由东盟轮值主席国主持。轮值主席国拥有议题设置的最高权力，其他国家只有谏言权。定期担任主席的特权使东盟对大国介入该区域的条件产生非同寻常的影响力。原本不被接受的规范措辞，成为大国纷纷认可的共识性术语，如不干涉原则和东盟中心性。[60]

二是制衡和调节与大国间的关系，以不选边站队作为筹码，用有限的关系资源与各方交易，获取更多利益，进而强化东盟中心地位。正如阿米塔夫·阿查亚（Amitav Acharya）所说，东盟正在追求"双重约束"，有意识地将中美纳入区域相互依存与制度中，既涉及促使中国采取和缓的措施，又希望阻止美国采取遏制战略（以失败告终）。[61]虽然中美俄等主要大国认为东盟的领导作用无效，甚至想取而代之，但它们还是接受了东盟中心地位，考虑到它对区域合作所施加的极低的主权成本以及对竞争对手占据领导地位的恐惧，小国主导是最佳选择。东盟借此构筑联结各大国势力的关系网络，持续凝聚、改善或维系关系资源以维护其中心地位。

第三，互惠利益关系是东盟关系圈持续发展的根源。国家间履行互惠策略是以合作对合作的过程。对等收益需求或利他主义动机促进彼此互惠的意愿和行为。连续互惠可以有效促进长期合作，造就源自共同经验的信任。[62]互惠背后表达了关系主体的情感价值，道德和情感成为推动互惠的因素。罗伯特·基欧汉提出，国际互惠包含积极互惠和消极互惠。[63]积极互惠是合作关系的成果，其互惠程度随着行为体的亲密程度、关系强弱等条件的不同而发生变化。为了提高互惠程度，行为体往往采取激励、说服、建议和协商一致等方式，利益刺激他国参与到互惠过程中，同时致力于推进行为体间的关系升级，以获取最大化的互惠资源。在关系世界中，互惠促进关系的和谐，进而为行为体获得最大程度的利益创造条件。

东盟依靠其外交和政治技巧获取来自国际社会的支持,是积极互惠的典型。正是这种互惠合作策略维系了大国和东盟长久的利益关系。在东盟关系圈中,互惠关系是不太均衡的。东盟作为区域中的弱权力,利用大国道德上的义务感加强其对自身的投资,获取更多利益。大国通过给予帮助来培养它们同东盟的特殊关系,以此作为获得较高声誉和相关利益的手段。该区域的大国尊重和坚持东盟中心地位,前提是它们能够确保东盟将为所有国家提供服务,而不是偏袒任何一个被认为是竞争对手的国家。作为区域的统一行动者,东盟利用说服和协商一致手段处理与域外国家的关系,达成管理或解决区域事务的基础共识。

在互惠关系中,双方的摇摆和不确定性是阻碍互惠程度提高和连续互惠的重要因素。东盟和伙伴国之间的试探和博弈造成这种互惠的基础并不牢固。互惠关系形成、维持和深化的主要基础是互动。通过高频度、深层次的互动增加互信,不仅能够拉近关系距离,还可以加深关系性权力的效力。为推进关系深化,东盟既以情感为纽带,又带有工具性目的,推动建立战略伙伴关系、扩大合作机制等深层次外交关系。

第四,规范建设为东盟关系圈有序运行提供了基本的道德准则。规范对区域互动行为具有约束、塑造和协调等作用。通过建立规范来减少互动关系的不确定性,可以指导或制约国家行为。[64]网络化过程是关系流动和生长的过程,也是规范传播、进化和社会化的过程。[65]规范的创建框定了关系网络的道德和有序,可以引导建立总体和谐的关系环境。

由于大国往往在区域间合作中扮演支配性角色,东盟为避免由西方掌控规范主导权,着力在区域内形成一套为各方所认可和接受的规范体系,包括带有东盟特性的决策程序(即东盟方式)和区域规范(即东盟规范)。区域规范在行为体彼此攻讦又寻求妥协的互动进程中融入区域机制和条约中。东盟规范和东盟方式成为东盟主导的区域合作机制均需要遵循的准则,加深东盟的规范权力和关系性权力,从而达到维持"东盟中心"区域架构的目的。

东盟依靠其特色规范,在外交关系中发挥小国道德优势,进而占据区域互动过程中的"中心地位"。地位至少取决于两个变量,包括传统意义上的强制性权力和道德权威。小国获得地位,要么发展了物质能力,要么享有高水平道德权威。[66]东盟的地位追求不是通过竞争或冲突来实现的，而是通过道德行为。小国常常希望通过成为强国旁边的"好国家"来获得某些领域的道德认可，提高在该领域的吸引力并寻求相关战略地位。[67]东盟在调解区域矛盾、推进区域合作进程中试图扮演道德权威，成为区域冲突的"和事佬"，目的是抵制大国的话语霸权，建构区域规范主导权。协商一致是讨论区域问题的基础，所有成员国都力图避免僵硬的谈判过程，而努力在求同存异中达成最后的妥协。这反映了东盟的首选策略是管理问题而非解决问题。[68]

四、东盟的关系性权力实践：亚太海洋安全合作

20 世纪 90 年代以来，东盟开始推动南海合作关系，在保持和加强东南亚海洋安全合作的同时，逐步扩大在亚太地区的海洋合作范围。东盟在相关的海洋安全合作制度中，获得了掌控和管理制度规范（或关系资源）的中心地位。但由于区域局势和东盟自身的弱点，"东盟中心"区域架构存在一定的局限性和脆弱性。

（一）东盟主导的海洋安全合作进程

1992 年 7 月，中国和越南卷入万安滩附近的石油勘探争端时，东盟首次介入南海问题，就南海问题发表了《东盟南海宣言》，表明了海洋安全问题涉及东盟的整体利益。[69]但早期区域内的海洋安全合作实践更多表现为东盟国家从属或服务于美国和日本的海洋战略。部分成员国在美日的援助下提升海事行动能力，与美日开展联合军演、打击海盗行动。[70]

在东盟的努力下，东南亚海洋安全合作从早期美日占主导地位、部分国家开展的次区域范围内的合作，逐步转变为以东盟为中心、辐射亚太的区域合作。

1. 区域海洋安全合作初期

2003 年 10 月，《东盟第二协约宣言》确立了区域海洋安全合作的意义，并提出建立一套区域性的、综合全面的合作方式解决海事问题。[71]海洋安全不再仅仅被视为国家安全问题，而是东盟安全的一部分。东盟不断利用和扩大现有的海上合作行动，深化区域海洋安全合作关系，以应对海域内的安全威胁。

但直至 2009 年,东盟发起的海洋安全合作机制仅局限于次区域层面和单一议题,特别是困扰已久的海盗问题。2003 年 6 月 19 日,东盟地区论坛通过《打击海盗和其他海上威胁的声明》,提出打击海盗和恐怖主义的区域合作目标。[72] 2004 年 7 月 20 日,印度尼西亚、马来西亚和新加坡发起以打击海盗为目标的马六甲巡航行动(MALSINDO)。次年 9 月,三国与空军实力更强的邻国泰国共同启动"空中之眼"(EiS)联合空中巡逻行动。2006 年 4 月,马六甲海峡巡逻机制(MSP)正式成立,并设立信息交换集团(IEG),旨在增强共享态势感知并促进响应协调。两年后,泰国正式加入。[73]

21 世纪初,东盟地区论坛试图从"清谈馆"转变为更具实践性的机制。2007 年 1 月,22 个成员在新加坡樟宜海军基地举行了首次海上安全岸上演习,以增强海事安全部门之间的协作程度。但是这种转变未能持续,由外交机构组成的东盟地区论坛缺乏足够的行动和实践能力。自 2010 年起,东盟与伙伴国依托东盟防长扩大会议,深化军事与安全的务实合作,有效提升实践成果。

2. 区域海洋安全合作制度化时期

相对于早期区域海洋安全合作,2009 年以后,东盟更重视区域海洋合作关系的专门化和制度化。2009 年 3 月,《东盟政治安全共同体蓝图》(APSC)首次提出推动区域层级的海洋合作。作为蓝图规定的重要行动路线之一,2010 年 7 月,东盟创建了以海洋问题为核心的东盟海事论坛(AMF)。日本提议将论坛扩大化,面向对话伙伴国。东盟对此做出积极回应,但强调必须在扩大的论坛中保持其中心地位。[74] 2012 年 10 月,第一届东盟海事扩大论坛在菲律宾召开,旨在鼓励让东亚峰会的参与国就海事问题进行对话。[75]蓝图发布后,东盟防长扩大会议加强了海洋安全合作实践,不仅于 2011 年 7 月成立了海事安全工作组(EWG on MS),还于 2013 年 9 月在澳大利亚进行了海上安全实兵演习。

由于涉及成员国过多、议题过于泛化、机制僵化,东盟地区论坛逐渐显露出执行力的不足,无法彰显东盟在区域合作实践中的主导作用。因此,其在海洋安全合作中的作用有所下降。而东盟海事扩大论坛和东盟防长扩大会议则集中在海事安全议题,各国海事和安全职能部门介入其中,表现出更强的东盟中心性。

这些合作机制都是以协商共识的方式和关系的极简化为基础的。在多边对话中厘清关键议题领域并达成统一意见,在小圈子范围内更容易实现。双边(东盟+1)或小多边合作成为东盟制度的发展方向。鉴于以中美为代表的大国竞争急剧升温,东盟倾向通过"东盟+1"机制降低协调关系的难度。成员国内部进行的马六甲海峡巡逻机制、苏禄—苏拉威西海三国海上巡逻(TMP)等三边或四边安全合作机制,反映了东盟内部小圈子的共同安全利益关切。

3. "东盟中心"的区域海洋安全合作制度架构

东盟逐步确立在区域海洋安全合作制度架构的中心地位,为亚太各国参与海洋安全合作提供了功能性平台,主要包括以下机制。

第一,涉及多领域的安全合作机制,如东盟地区论坛。东盟地区论坛是海洋安全合作制度化的先行者之一,合作成效颇为显著。一是建立会间会机制。2009 年 3 月,东盟地区论坛首次举行海事安全闭会期间会议(ISM on MS),旨在促进成员国对话,并激励成员国制定具体有效的措施,将海事安全对话变成实际的合作实践。会议每三年公布海事安全工作计划,列出海洋合作的议题或优先领域,包括信息共享计划、建立信任措施、能力建设和加强海事执法机构等。[76]二是就海上合作问题进行磋商。自 2003 年 3 月至今,东盟地区论坛每年多次召开海洋安全相关研讨会和专题会,如海上风险管控与安全合作研讨会、亚太地区海洋灾害管理研讨会、渡运安全研讨会等,旨在促进专业知识经验分享及能力建设。[77]

第二,海洋安全合作的核心机制,如东盟海事论坛、东盟海事扩大论坛、东盟防长会议和东盟防长扩大会议。东盟海事论坛和东盟海事扩大论坛倾向过程导向,对话和议程设置优先于实践行为。在各方对威胁认知和对海洋安全合作的偏好不同的条件下,它们提供了可以讨论分歧寻找共同利益的平台,允许各国以最舒适的速度和方式取得合作进展。[78]截至 2022 年,已举行了 12 届东盟海事论坛和 10 届东盟海事扩大论坛,各方就海洋法、海洋环境保护、海上联通、航行安全等议题交换了意见。而东盟防长扩大会议则倾向结果导向,成立了更具可操作性的专家工作组,包括海事安全工作组,使其能够快速制定有重点、以任务为导向的合作计划。东盟防长扩大会议侧重于开展海洋安全相关的防务实践,组织了海洋安全桌面演习(TTX)、实兵演习(FTX)和反恐联合演习。[79]在其努力下,海洋安全合作达成了前所未有的范围和深度,例如,2016 年 5 月在新加坡举行的海上安全与反恐联合演习涉及 18 个成员的 3 500 名军人、18 艘舰艇、25 架军机和 40 支特

表 9.1　东盟主导的海洋安全合作机制

名　称	行为主体性质	合作对象	功能与目的	合作领域
东盟地区论坛（ARF）	政府间	中、日、韩、朝、印尼、俄、美、欧盟、澳、新西兰、蒙、加拿大、孟加拉国、巴基斯坦、巴布亚新几内亚、斯里兰卡	安全保障冲突管理	亚太地区政治和安全问题
"东盟＋3"	政府间	中、日、韩	安全保障冲突管理	经济、社会、文化，以及打击跨国犯罪，能源安全，生物多样性，气候变化等非传统安全问题
东亚峰会（EAS）	政府间	中、日、韩、印尼、新西兰、美、俄	安全保障冲突管理	能源、金融、教育、公共卫生、灾害管理、互联互通
东盟外长会议（AMM）	政府间	—	冲突管理	政治、安全、经济、社会、文化等各领域，涉及海洋法、海洋治理、人员搜救
东盟与中日韩打击跨国犯罪问题部长级会议（AMMTC＋3）	政府间	中、日、韩	安全保障冲突管理	致力于打击非法贩运毒品、贩卖人口、洗钱、军火走私、海盗和恐怖主义等跨国犯罪问题
东盟海事论坛（AMF）	政府间	—	安全保障冲突管理	海洋安全、航行安全、搜救、信息共享、部门互访
东盟海事扩大论坛（EAMF）	一轨半	中、日、韩、印尼、澳、新西兰、美、俄	安全保障冲突管理	海洋安全、搜救、互联互通、海洋环境保护、生态旅游和渔业制度
东盟防长会议（ADMM）	政府间	—	安全保障	海洋安全、国防、人道主义援助、急救行动
东盟防长扩大会议（ADMM Plus）	政府间	中、日、韩、印尼、澳、新西兰、美、俄	安全保障	海洋安全、反恐、人道主义援助和灾害管理、急救行动和军事医学

资料来源：Angel Damayanti, "Indo-Pacific Maritime Cooperation: ASEAN Mechanisms on Security Towards Global Maritime Governance," *Global & Strategies*, Vol.13, No.1, 2019, pp.8—11。

种小组。[80]

第三,"东盟＋"机制下的海洋安全合作议题,如"东盟＋1"、"东盟＋3"、东亚峰会。"东盟＋"机制已成为东盟和伙伴国合作的主要渠道,涉及政治、经济、社会等各领域,其中海洋安全成为重要议题。首先,"东盟＋1"为东南亚国家提升海事安全能力提供援助平台。2011年11月第十四次中国—东盟领导人会议上,中国宣布投入30亿元人民币设立中国—东盟海上合作基金,开拓双方海上务实合作。[81]2014年以来,日本大量提供政府官方开发援助(ODA)帮助菲律宾、马来西亚和印尼等国家建立海岸警卫队。[82]其次,"东盟＋3"为东盟联合中日韩力量维护区域海洋安全提供了对话合作平台。例如,东盟与中日韩打击跨国犯罪问题部长级会议依照《东盟＋3合作工作计划》,积极开展预防和打击海盗和恐怖主义联合行动,打造执法合作新模式。最后,海洋安全合作已成为东亚峰会的重要议题。一方面,峰会期间多次就海上安全问题进行讨论,特别是每年必提及南海问题。2017年11月,第十二届东亚峰会正式将海洋合作纳入新的合作领域。另一方面,定期举办海上安全合作会议作为伙伴国关于海上安全问题自由对话的平台。

东盟试图通过这些机制来推动海洋领域的功能性合作,确保自身处于制度架构的中心地位。2019年6月,《东盟印太展望》将海洋安全作为区域合作的优先领域,并强调东盟在印太区域合作中发挥中心性和战略性作用。[83]这一计划得到相关国家的普遍支持,美国、中国、日本等亚太大国都在各自的官方声明中表示重视并愿意加入东盟主导的海洋安全合作机制。[84]

(二) 海洋安全合作机制的运行及成效

东盟主导的海洋安全合作机制涵盖区域间(跨区域)、区域、次区域多个层次,包括政府间和一轨半机制,安全保障和冲突管理两大功能,[85]涉及传统和非传统安全领域的合作(见表9.1)。若想加入这些机制,亚太各国须遵循东盟方式和制度规范,须确保东盟担任主席、设置议程以及保持协商一致的决策原则。这在大国主导的强权政治中,是颠覆性的抉择。正是由于受到东盟关系性权力的限制,大国让出了区域决策的主导权和议程设置权。

第一,"东盟中心"区域架构是在共同利益关系的基础上开展的,但只限于非大国核心利益的安全领域。

东南亚国家间的关系互动受到区域安全问题的影响,多集中于加强安全合作,以维护区域和平与稳定。以海洋安全合作为例。合作成果主要表现在功能性非传统安全领域,包括海盗、海上恐怖主义、跨国犯罪、非法捕捞以及海上灾害事故等问题,以及通过军事演习或联合防务合作促进海上航道安全。在全球化背景下,东南亚海域对中国、美国和英国等域外国家的航运和贸易路线具有重要的战略价值,区域海洋安全合作关系扩展到域外国家。

域外国家之所以愿意与东盟合作,参与其建立的区域机制,最主要的原因是互惠利益的驱动。域外国家密切关注东南亚海域面临的非传统安全威胁,以确保航行自由和安全。在中美竞争的战略环境下,各方力量呈现"选边站"或"作壁上观"的态势,未能形成解决区域安全问题的合力,中美也未能掌握区域安全机制构建和规则制定的主导权。东盟网络化的合作制度能够使各国建立最直接的合作关系,合理介入区域安全治理,以实现利益最大化和风险最小化。借助东盟的关系网络,参与各方多元的利益取向得以表达和协调,极大满足其利益需求。而东盟谨慎地避免触及大国的核心利益,重点解决海域非传统安全问题。

其一,东盟主导的区域和跨区域性海洋机制大多是围绕综合性海洋议题开展的,侧重于海洋安全、航行安全和渔业管理,以此作为获得大国信任的一种方式。[86]此外,这些机制还讨论了海洋法、信息共享、当局互访、海事能力建设、基础设施和设备升级、海洋科学研究、海洋环境保护、生态旅游、救灾以及改善港口安全等议题。[87]合作的成果多围绕反海盗、海上恐怖主义和打击非法捕鱼等低敏感安全议题,包括相关议题的多个协约、宣言、声明、合作倡议和援助项目,以及具有实践性质的桌面演习、实地演习等。作为区域全面讨论海洋问题的唯一平台,东盟海事扩大论坛以讨论和促进海洋安全合作为主。虽然未形成实践成果,但其在培养互信、"冻结"领土和权益争端,尤其是在拉住美国和日本等域外大国加大对东盟本土投入上显然发挥了比议题本身更重要的作用。[88]中国、美国、日本、澳大利亚、韩国等全球或区域大国为东盟海事扩大论坛项目方案提供了援助资金,并主动将这些项目与东亚峰会或东盟地区论坛下已经开展的项目联系起来。2022年12月,第十届东盟海事扩大论坛在菲律宾马尼拉召开,会议讨论了《联合国海洋法公约》的执行问题以及非法、不报告和无节制捕鱼的管理问题。与会者强调,东盟海事扩大论坛在促进对话、增进了解、发展多边主义以及加强外部合作以应对新出现的海洋问题方面发挥了重要作用。[89]东盟优先解决非传统安全议题的做法为各方加强合作创造出和谐舒适的氛围,进而对传统安全问题的外交磋商产生良好的"功能性"外溢效果。

其二,为确保航行安全、增加信任关系,防务合作成为海洋安全合作机制的重点突破领域。东盟防长会议及其扩大会议被认为是区域联合防务和处理非传统安全问题最成功的机制。2011年,该机制设立了专注于海上安全务实合作的海事安全工作组,涉及包括中美在内的8个伙伴国。机制的突破在于将全球和区域大国纳入东盟主导的防务合作中,最引人瞩目的成就是东盟先后于2018年10月与中国、2019年9月与美国、2021年12月与俄罗斯首次举行的海上联合演习。[90]这些演习可以被视为东盟在海洋安全合作领域推进与大国的防务关系、维护区域稳定的努力。东盟与美俄的演习地点均设在东南亚海域内,侧面显示了美俄维护区域海洋安全、强化东盟影响力的倾向。东盟能够分别与中美俄开展防务合作,表明该组织重新获得海洋安全合作关系的主动权。东盟成员国试图在"东盟+1"层面重新定义其与亚太大国的安全互动,以证明东盟中心地位的持续相关性。[91]换言之,"东盟+1"日益成为"东盟中心"区域框架的核心。

其三,东盟成员国与域外国家共同主持海洋安全合作会议,既能够拉拢大国弥补自身资源不足的劣势,维持"东盟中心"区域架构,也有利于商讨和满足各自的利益关切,形成互惠局面。东盟地区论坛闭会期间会议是由东盟国家和非东盟国家共同主持的,它们还负责落实并更新论坛工作计划。在泰国、美国和斯里兰卡共同主持的《东盟地区论坛海上安全工作计划(2022—2026)》中,所涉及的优先领域包括信息共享及其实践、基于国际海洋法建立信任措施、加强海事执法机构能力建设与合作。[92]东盟地区论坛的海洋安全合作以举办研讨会分享信息经验、提供技能培训为重点,相关实践活动仅两次,即2007年1月海洋安全岸上演习以及2019年6月渔业犯罪问题研讨会和桌面演习。此外,东盟防长扩大工作组会议同样由一个东盟国家和一个非东盟国家组成轮值联合主席,以确保东盟始终处于机制的权力中心。东盟成员国长期充当主要会议的东道主,这意味着它们部分掌握了规则制定权和议程设置权。

其四,鉴于南海复杂的利益纷争,东盟及其主导的一系列多边对话平台成为南海争端各方彼此了解和增强互信的重要渠道。东盟所提供的缓冲使其既能促进争端方展开与保持对话，又能为南海局势降温。[93]如 2012 年 7 月东盟外长会议未发表《联合公报》事件，起因于南海主权声索国和非声索国围绕是否将南海问题列入《联合公报》爆发冲突。为维护东盟统一，印尼外长展开穿梭外交，促使东盟外长达成了"东盟关于南海问题的六点原则"，由此凸显了东盟作为区域冲突"和事佬"的角色。[94]2015 年 11 月 4 日，第三次东盟防长扩大会议因是否在会议声明中提及南海争端产生矛盾，未能发表联合声明。[95]为保持南海和平共识，在 22 日的东亚峰会上，东盟启动与这些国家的全面海洋合作，共同发表了《关于加强区域海事合作的联合声明》。[96]声明确认了东盟及其主导机制在维护该区域特别是海洋和平、稳定和安全方面的中心作用，这也印证了东盟和亚太大国都需要实现建立以东盟为主要推动力的区域海洋战略伙伴关系与合作。[97]

第二，"东盟中心"区域架构一定程度上克服了美国主导亚太区域秩序的霸权属性，促使大国接受平等、互惠、合作的互动关系。

区域合作能起到调整大国关系的作用，东盟主导的海洋安全合作进程成为塑造区域海洋秩序的一种力量。与霸权主导的正式而僵化的海上安全合作框架相比，东盟发起的松散、非正式、灵活、兼顾各方利益的区域架构更受东亚国家的欢迎和支持。鉴于美国向亚太地区提供区域公共产品与服务时带有明显的偏向性（美国的盟国）、目的性（维护美国霸权需要）、选择性（与美友好国家及盟国）与局部性（未涵盖全区域和所有国家），而中国因为复杂的地缘政治干扰，区域安全合作倡议与努力成果有限。[98]东盟构建的覆盖全区域且对外开放、符合全球规范倡议的海洋安全合作制度架构，在东亚甚至亚太起到了中心性作用。

东盟地区论坛成立之际，美国拒绝接受区域迅速发展的多边安全合作，以推动美国在东南亚的军事联盟体系为主，开展"卡拉特""肩并肩""金色眼镜蛇""对抗虎"等一系列联合军演。与之相反，中国重视并支持东盟倡导的区域合作机制，积极参与"东盟＋1""东盟＋3"和东亚峰会。中国的支持是推动"东盟中心地位"这一概念和目标走向国际舞台的重要原因。作为域外国家，中国第一个加入《东南亚友好合作条约》，第一个明确支持"东盟中心地位"，第一个同东盟建立全面战略伙伴关系。[99]客观上，中国的崛起引起区域格局的变化，为东盟创造了政策作用的空间。主观上，中国力挺东盟的态度加大了"东盟中心地位"的国际关注度和区域影响力。

　　由于中美战略竞争以及部分东盟国家不信任美国,美国对东亚的干预被视作一种威胁。例如,2004 年 3 月,美国曾提出在马六甲海峡实施"区域海事安全倡议"(RMSI),却因印度尼西亚和马来西亚对美驻军的担忧而未能实施。因此,美国若想低成本介入东亚事务,须借助东盟打造的区域合作平台。2009 年,美国宣布重返亚太政策,而后加入原本不愿意加入的《东南亚友好合作条约》,做出"不干涉内政"的承诺,防止被排除在东亚和亚太进程外。导致美国政府立场变化最关键的因素是东盟的关系性权力。[100] 东盟主导的区域合作议程在关系网络中不断丰富和细化,从综合性议题领域拓展至海洋安全领域,形成围绕海洋安全合作的互动关系及其制度化网络。区域合作机制呈现路径依赖性、相关性和联动性,因此,海洋安全合作机制建立在既有经验基础上。在此条件下,东盟通过不同层次、不同领域的关系网络中心节点和桥梁地位增强其关系性权力,成为各方争相借重的力量。[101]

　　东盟的关系性权力迫使美国支持和促进以东盟为中心的海洋安全合作进程,成为区域多边合作平台发展的催化剂。首先,为了维持在东亚的合法存在,美国先后加入东亚峰会(2010 年)、东盟防长扩大会议(2010 年)和东盟海事扩大论坛(2012 年)等东盟主导的海洋安全机制,并推动跨区域的合作进程。2012 年 10 月,美国主动提议将东盟海事论坛的扩大会议"机制化"。2015 年 5 月,时任美国国防部部长阿什顿·卡特(Ashton B. Carter)在香格里拉对话会议期间提出东南亚海上安全倡议(MSI),计划为东南亚国家加强海上军事力量提供 4.25 亿美元。[102] 2012 年美国提出泰国湾行动计划(GOTI),后于 2019 年 8 月将其扩大为东南亚海事执法倡议(SEAMLEI),旨在加强东南亚国家间的海上执法合作和信息共享。其次,美国在东盟框架下举办了一系列培训、研讨会及其他旨在维护海上安全的活动。例如美国提议并主持了东盟海事扩大论坛框架下的海员培训计划(EAST),参与主持东盟地区论坛海事安全闭会期间会议。[103] 2022 年 8 月美国—东盟部长级会议期间,美国国务卿安东尼·布林肯(Antony Blinken)强调了与东盟非传统领域的合作及相关公共产品的提供,并且将海上安全纳入双方的合作领域。[104] 最后,虽然"印太战略"下的美国主张建立奥库斯(AUKUS)、美日印澳四边机制(QUAD)、七国集团(G7)、蓝色太平洋伙伴

(PBP)等小多边安全合作机制,但在区域层次的海洋安全合作上,美国未能脱离东盟构建的制度范围。2020 年 9 月公布的《东盟—美国行动计划(2021—2025)》表明,美国希望通过东盟相关合作机制解决区域面临的海上安全挑战。[105]2022 年 5 月,拜登在美国—东盟领导人峰会上宣布为东盟提供 6 000 万美元资金援助用于应对海上安全威胁,并增派美国海岸警卫队人员、舰艇和常驻专员。[106]东盟主导的、多元化的区域合作进程符合美国的利益,且不需要美国付出过多的制度成本,促使美国接受相关机制的影响和约束。

第三,东盟利用区域海洋安全合作制度平台构建了区域海事行为规则和规范,为参与各方认可和接受。

东盟借助东盟地区论坛、东盟外长会议、中国—东盟领导人会议、部长级会议等一系列双边和多边机制讨论南海行为规范,推进区域海洋规则"东盟化"的倾向。一方面,从《南海各方行为宣言》的签署到南海行为准则的磋商,离不开东盟的协调和坚持及其创建的区域合作平台。另一方面,东盟着重扩大海域关系圈,推动南海问题的多边化和国际化。

"南海行为准则"(COC,以下简称"准则")的提出和发展是东盟为解决南海主权争议、规制主权争议国行为的管理机制。为稳定南海局势,东盟致力于打造一份具备法律约束力的南海行为准则,这是冷战结束至今东盟在南海问题上的原则性目标。自 1995 年中菲美济礁事件后,东盟就开始推进与中国关于"准则"的磋商,然而,谈判进展缓慢。[107]2002 年 11 月,为打破僵局,东盟与中国签署了替代性的、不具有约束力的《南海各方行为宣言》,为区域国家管控冲突、建立互信和推动合作提供了行为规则和相关合作机制。2009 年 7 月,美国首次提出"重返亚太"战略并介入南海问题,区域问题升级为跨区域竞争热点。为维护中心作用,东盟开始积极推动"准则"的重启和深入。自 2011 年 7 月东盟在外长会议上提议重启"准则"谈判至 2013 年 9 月磋商正式重启的两年内,中国外交部多次表示,愿同东盟国家在条件成熟时探讨制订"准则"。[108]东盟成员国则在东盟首脑会议、东盟外长会议、中国—东盟高官会和联合工作组会议等双边、多边场合持续与中国沟通"准则"草案的起草情况,传达了其启动"准则"磋商的强烈意愿。[109]2012 年 7 月,东盟外长共同签署了"东盟关于南海问题的六点原则",重申尽快达成"准则"。中国对此回应称"对商谈准则持开放态度"。[110]经过东盟多次力推后，2013 年 9 月东盟和中国正式启动"准则"第二轮谈判。在长达四年的高密度协商之后，2017 年 8 月，第 50 届东盟外长会上达成"准则"框架，并于次年 8 月形成单一磋商文本。当前正处于文本草案的第二轮审读。"准则"已成为处理南海争端的共同政策，也是中国和东盟达成共识的唯一争端管理机制。准则协商过程充分体现了东盟在区域规则制定方面的关系性权力。东盟通过关系互动将中国拉入由其主导的准则创建进程。"准则"对于规范南海秩序的重要性，是被南海相关各方一致认可的。[111]

东盟规范和东盟方式是东盟规制区域国家海上行为建设的基本道德准则，对于各方的互动行为具有约束和协调作用。东盟规范作为区域各方互动交往中的行为标准，不仅规定和指导国家行为（常规性影响），也界定和构成集体认同（构成性影响）。[112]例如，东盟对南海争端的回应是根据东盟规范制定的。这主要体现在历届外长会议的联合公报和东盟峰会的主席声明中，以不同的外交语言强调"有关各方应以和平方式解决争端，而东盟应设法避免冲突升级、推进准则磋商"。大国在与东盟签署条约和宣言、发表声明的过程中，接受了东盟规范的约束力。中国于 2003 年加入《东南亚友好合作条约》，美国后于 2009 年加入。2011 年 11 月，东亚峰会成员国共同签署了《东亚峰会互利关系原则宣言》。这不仅有助于中美与东盟间的交往合规化，还促使中美在东南亚海域的行为接受规范约束。

（三）局限性

东盟在区域和区域间互动中不断扩大海洋安全机制的合作成果。然而，以东盟为中心的海洋安全合作机制存在一定的脆弱性和局限性，无法应对来自海上的传统安全挑战和大国政治博弈，具体如下。

第一，强弱关系都离不开利益的联结。关系性权力发挥作用的前提是为参与者带来收益，形成互惠。当涉及参与者核心利益甚至发生冲突时，东盟的关系性权力无法对参与者的行为产生任何决定性作用。例如，区域内领海主权争端涉及中国和部分东盟国家的核心利益，因此主要依靠主权争议国双边的谈判协商。东盟试图通过区域机制介入南海问题，但仅限于通过发表公开声明、建立行为规范、促进对话协商等方式谨慎地倡导"和平解决争端"，宣扬共同利益,避免激怒中国。

第二,东盟依靠倡导性的关系性权力发挥作用,而不是强制性手段,因此区域决策的约束力和有效性受到限制。东盟坚持不干涉、非正式性、基于对话的合作形式和基于协商共识、一致同意的决策方式导致了复杂的决策过程。区域组织以其最不愿同意的成员国的速度推进合作,以最低的共同标准执行决策。长时间审议和协商使得区域决策效率低下,有时甚至不会做出任何决定。区域海洋安全合作机制呈现重过程、轻结果的特征。合作成果多为高级别政治承诺、信息共享倡议和能力建设。

第三,在不对称互动关系中,弱权方面临"被束缚"和"被抛弃"的关系困境。[113]东盟的关系性权力存在脆弱性,只能在特定条件下(尤其是大国支持)发挥作用。东盟占据区域中心地位和领导作用的前提条件在于大国竞争造成的区域领导权真空。虽然掌握关系性权力优势,但东盟对于合作关系的依赖程度远高于大国。东盟无法承受关系失衡和关系终结的风险,一旦关系发生变动,"东盟中心地位"将不复存在。

第四,缺乏物质实力支撑的关系性权力像一盘散沙,难以形成区域合力。作为小国的松散联合体,东盟的综合实力和集体行动能力受到限制。对内,东盟未能在其成员国之间建立起对其能力的信任,菲律宾等个别成员国也越来越倾向于让外部行为者参与区域事务。对外,东盟既无法改变中国在南海问题上的做法,也无力阻止美国在南海的自由航行,未能对东南亚海域日益加剧的地缘政治不安全采取有效行动。

五、结　语

国际海洋安全秩序正在由美国主导、其盟国参与的霸权格局向多强格局转变。[114]东南亚是世界上最重要的海域之一,日益成为大国竞争的焦点。海洋安全一直是东盟的主要关切,既包括解决区域面临的海上安全威胁,又要在大国战略竞争中保持中心地位和区域主导权。东盟关注的是如何在不过度依赖大国的情况下驾驭与其日益密切的关系,对此做出的回应是将大国制度性地纳入"东盟中心"的区域海洋安全合作架构中。关系性权力视角为我们理解东盟在这一领域"反领导"大国的行为提供了新的思路。

关系性权力是东盟构建中心地位的必要工具,是东盟相较于大国的优势权力资源。东盟和亚太大国间的伙伴关系、制度网络及行为规范是其在区域海洋安全合作中的关系性权力优势,支撑了东盟为各国所接受的中心地位。面对区域日趋激烈的大国竞争,东盟不得不加大对这些优势资源的投入,以维护被强权冲击下岌岌可危的区域主导权和中心地位。

"印太战略"出台后,拜登政府对东南亚的重视程度明显提升。2022年2月公布的《印太战略报告》表明,美国正在优化和重建在"印太"地区的盟伴关系网络。11月18日,美国宣布与东盟关系升级为全面战略伙伴关系。但美国的诚意并不真切,宣称2023年将向东南亚十国提供8.5亿美元的经济援助,相较于对乌克兰的400亿美元援助显得微不足道。[115]此外,美国构建以奥库斯、美日印澳四边机制、七国集团、蓝色太平洋伙伴为代表的小多边安全机制,事实上挤压和冲击了东盟的中心地位,引发东盟国家的不满。

东盟中心地位面临来自内部缅甸问题和外部中美竞争加剧的挑战。东盟发起大规模海上演习、调整从亚太到"印太"的区域架构的覆盖范围、不允许缅甸军方代表参与东盟会议等行径,意在重构区域架构中的东盟中心地位。大国竞争背景下,东盟需要平衡中美两个阵营的利益,因此更重视小圈子(特别是双边)互动的作用。双边互动过程中彼此认知更明晰,利益更易聚集;同时可以避免直面阵营或利益冲突,无须选边站队。"东盟＋1"成为"东盟中心"区域架构未来发展的方向,而中国—东盟合作是其中重要的一环。

东盟的实践证明了关系网络背后的权力作用,特别是在区域制度架构中的主导权和议程设置权。中国应该更加重视对区域关系及制度的主动塑造。首先,构建伙伴关系。习近平总书记在党的二十大报告中提出,"中国坚持在和平共处五项原则基础上同各国发展友好合作,推动构建新型国际关系,深化拓展平等、开放、合作的全球伙伴关系"。[116]在元首外交引领下,中国同110多个国家和地区组织形成了以发展中国家为重点,各有侧重、相互补充的伙伴关系网络。[117]具体到海洋领域,应主动推动中国发起的海洋机制与区域现有机制的联动,建设开放包容的全球蓝色伙伴关系。其次,塑造利益关系。以"全球发展倡议"和"全球安全倡议"为引领,抓住伙伴国的利益痛点,合作推进东亚海域的可持续性发展和安全。通过发展与安全的良性互动,为处理海洋问题提供更多新途径和新契机。再次,对话规则建设。建设基于国际法和中国规范的南海秩序,特别是在"南海行为准则"的磋商中注入中国规则。最后,打牢实力基础。建设海洋强国,为关系性权力提供物质资源基础,关键在于建设世界一流海军、加强海上执法能力,形成维护海洋安全的有效合力。

(原载《当代亚太》2022 年第 6 期)

注释

1. "1995 The ASEAN Regional Forum:A Concept Pape," ARF, August 1, 1995, https://cil.nus.edu.sg/wp-content/uploads/2019/02/1995-THE-ASEAN-REGIONAL-FORUM-A-CONCEPT-PAPER.pdf.

2. Amitav Acharya, "The Myth of ASEAN Centrality?" *Contemporary Southeast Asia*, Vol.39, No.2, 2017, p.273.

3. "The ASEAN Charter," ASEAN Secretariat, Article 1—2, January 2008, https://asean.org/wp-content/uploads/images/archive/publications/ASEAN-Charter.pdf.

4. "ASEAN Political-Security Community Blueprint 2025," ASEAN Secretariat, 2015, pp. 19—20, https://www.asean.org/wp-content/uploads/2015/12/ASEAN-2025-Forging-Ahead-Together-final.pdf.

5. "ASEAN Leaders' Statement on the 55th Anniversary of ASEAN," Cambodia, November 11, 2022, p.5, https://asean.org/wp-content/uploads/2022/11/03-ASEAN-Leaders-Statement-on-the-55th-Anniversary-of-ASEAN_.pdf.

6. Mely Caballero-Anthony, "Understanding ASEAN's Centrality:Bases and Prospects in an Evolving Regional Architecture," *The Pacific Review*, Vol.27, No.4, 2014, p.573.

7. Yevgeny Kanaev, "The Driver's Seat Phenomenon," *International Affairs*(*Special Issue*), 2010, pp.29—36; Ralf Emmers and See Seng Tan,

"The ASEAN Regional Forum and Preventive Diplomacy: A Review Essay", in Ralf Emmers ed., *ASEAN and Institutionalization of East Asia*, London: Routledge, 2012, p.95.

8. See Seng Tan, "Rethinking ASEAN Centrality in the Regional Governance of East Asia," *The Singapore Economic Review*, Vol.63, No.1, 2018, pp.1—20.

9. Richard Stubbs, "ASEAN's Leadership in East Asian Region-Building: A Strength in Weakness," *The Pacific Review*, Vol. 27, No. 4, 2014, pp.523—541.

10. Anne-Marie Slaughter, "America's Edge: Power in the Networked Century," *Foreign Affairs*, Vol.88, No.1, 2009, p.99.

11. Mely Caballero-Anthony, "Understanding ASEAN's Centrality: Bases and Prospects in an Evolving Regional Architecture," pp.563—584.

12. 董贺:《关系与权力:网络视角下的东盟中心地位》,载《世界经济与政治》2017 年第 8 期,第 88—105 页;董贺:《东盟的中心地位:一个网络视角的分析》,载《世界经济与政治》2019 年第 7 期,第 77—105 页。

13. 王玉主:《RCEP 倡议与东盟中心地位》,载《国际问题研究》2013 年第 5 期,第 46—59 页;Frassminggi Kamasa, "ASEAN Centrality in Asian Regional Architecture," *Indonesian Journal of International Studies*, Vol.1, No.1, 2014, pp.63—78。

14. Evelyn Goh, "Institutions and the Great Power Bargain in East Asia: ASEAN's Limited 'Brokerage' Role," *International Relations of the Asia-Pacific*, Vol.11, No.3, 2011, pp.373—401.

15. 魏玲:《关系平衡、东盟中心与地区秩序演进》,载《世界经济与政治》2017 年第 7 期,第 38—64 页。

16. 韩志立:《关系主义理论视角下的东盟共同体建设》,载《国际论坛》2021 年第 2 期,第 142—154 页。Lee Jones, "Still in the 'Driver's Seat', But for How Long? ASEAN's Capacity for Leadership in East Asian International Relations," *Journal of Current Southeast Asian Affairs*, Vol. 29, No. 3, 2010,

pp.95—113.

17. 聂文娟：《东盟如何在南海问题上"反领导"了中国？——一种弱者的实践策略分析》，载《当代亚太》2013 年第 4 期，第 85—106 页。

18. 韦宗友：《印太视角下的"东盟中心地位"及美国—东盟关系挑战》，载《南洋问题研究》2019 年第 3 期，第 1—11 页；吴琳：《中美制度竞争对东盟中心地位的冲击——以东盟地区论坛（ARF）为例》，载《外交评论》2021 年第 5 期，第 88—117 页；周士新：《美英澳安全伙伴关系削弱东盟中心地位的战略行为分析》，载《亚太安全与海洋研究》2022 年第 3 期，第 64—83 页。

19. Benjamin Ho, "ASEAN's Centrality in a Rising Asia," *The RSIS working paper series*, No.249, 2012, pp.19—21; Benjamin Ho, "The Future of ASEAN Centrality in the Asia-Pacific Regional Architecture," *Yale Journal of International Affairs*, Vol.11, No.79, 2016, pp.79—86.

20. See Seng Tan, "Consigned to Hedge：Southeast Asia and America's 'Free and Open Indo-Pacific' Strategy," *International Affairs*, Vol.96, No.1, 2020，pp.131—148; Mely Caballero-Anthony, "The ASEAN Way and the Changing Security Environment：Navigating Challenges to Informality and Centrality," *International Politics*, June 11, 2022.

21. 季玲：《"论关系转向"的本体论自觉》，载《世界经济与政治》2019 年第 1 期，第 78—97 页；Astrid H. M. Nordin and Graham M. Smith, "Reintroducing Friendship to International Relations：Relational Ontologies from China to the West," *International Relations of the Asia-Pacific*, Vol. 18, No. 3, 2018, pp.369—396; Emilian Kavalski, *The Guanxi of Relational International Theory*, London：Routledge, 2017。

22. 苏珊·斯特兰奇（Susan Strange）提出的"联系性权力"和本章的"关系性权力"在英文中都是 relational power，但含义不同，前者意指"甲靠权力使乙去做他本来不愿意做的事"。参见［英］苏珊·斯特兰奇：《国家与市场（第三版）》，杨宇光译，上海：上海人民出版社 2019 年版，第 29 页。

23. "太初"是模仿《新约·约翰福音》的论断，强调关系的地位。参见喻国明、张珂嘉：《论作为关系表达的传播内容范式》，载《武汉大学学报（哲学社会科学版)》2020 年第 4 期,第 73 页;[意]皮耶尔保罗·多纳蒂:《关系社会学——社会科学研究的新范式》,刘军译,上海:上海人民出版社 2018 年版,第 32 页。

24. 秦亚青:《世界政治的关系理论》,上海:上海人民出版社 2021 年版,第 146 页;Mustafa Emirbayer, "Manifesto for a Relational Sociology," *American Journal of Sociology*, Vol.103, No.2, 1997, p.294。

25. 秦亚青:《世界政治的关系理论》,第 151—165 页。

26. Margaret Stout and Jeannine Love, "Relational Process Ontology：A Grounding for Global Governance," *Administration & Society*, Vol.47, No.4, 2015, pp.448—449.

27. Chengxin Pan, "Toward a New Relational Ontology in Global Politics：China's Rise as Holographic Transition," *International Relations of the Asia-Pacific*, Vol.18, No.3, p.339.

28. David Knoke, *Political Networks：The Structural Perspective*, Cambridge：Cambridge University Press, 1990, p.9.

29. [美]亚历山大·温特:《国际政治的社会理论》,秦亚青译,上海:上海人民出版社 2008 年版,第 98 页。

30. 秦亚青:《关系本位与过程建构:将中国理念植入国际关系理论》,载《中国社会科学》2009 年第 3 期,第 69—86 页。

31. 秦亚青:《世界政治的关系理论》,第 327 页。

32. 魏玲:《关系平衡、东盟中心与地区秩序演进》,第 48 页。

33. 同上。

34. 魏玲、杨嘉宜:《规则、关系与地区安全治理——以大湄公河次区域公共卫生协作治理为例》,载《国际安全研究》2022 年第 1 期,第 33 页。

35. Klaus Knorr, *Power and Wealth：The Political Economic of International Power*, New York：Basic Books, 1973, p.8.

36. 李继宏:《强弱之外——关系概念的再思考》,载《社会学研究》2003 年第 3 期,第 47 页。

37. Jack Barbalet, "Guanxi, Tie Strength and Network Attributes," *American Behavioral Scientist*, Vol.59, No.8, 2015, p.1040.

38. 李继宏:《强弱之外——关系概念的再思考》,第 44 页。

39. Stefano Guzzini, "On the Measure of Power and the Power of Measure in International Relations," *DIIS Working Paper*, January 2009, p.7.

40. 秦亚青:《世界政治的关系理论》,第 307、359 页。

41. Mark Granovetter, "The Strength of Weak Ties," *American Journal of Sociology*, Vol.78, No.6, 1973, p.78.

42. Bian Yanjie and Soon Ang, "Guanxi Networks and Job Mobility in China and Singapore," *Social Forces*, Vol.75, No.3, 1997, p.981; Bian Yanjie, "Bringing Strong Ties Back in Indirect Ties, Network Bridges and Job Searches in China," *American Sociological Review*, Vol.62, No.3, 1997, pp.366—385.

43. 董贺:《东盟的中心地位:一个网络视角的分析》,第 93 页。

44. 继格兰诺维特之后,社会网络学派判断强弱关系涉及的因素包括关系时长、接触频率、互惠义务、相互信任、亲密程度、社交距离、感情强度、关系质量、结构等。参见李继宏:《强弱之外——关系概念的再思考》,第 42—50 页;冯娇、姚忠:《基于强弱关系理论的社会化商务购买意愿影响因素研究》,载《管理评论》2015 年第 12 期,第 99—109 页;Peter Marsden and Karen Campbell, "Measuring Tie Strength," *Social Forces*, Vol.63, No.2, 1984, pp.483—501; Lin Nan, "Social Network and Status Attainment Annual," *Review of Sociology*, Vol.25, 1999, pp.467—487。

45. Robert Keohane, "Reciprocity in International Relations," *International Organization*, Vol.40, No.1, 1986, pp.7—15.

46. [美]罗伯特·基欧汉、约瑟夫·奈:《权力与相互依赖(第四版)》,门洪华译,北京:北京大学出版社 2012 年版,第 12—15 页。

47. Emilie M. Hafner-Burton et al., "Network Analysis for International Relations," *International Organization*, Vol.63, No.3, 2009, p.560.

48. 魏玲:《关系、网络与合作实践:清谈如何产生效力》,载《世界经济与政治》2016 年第 10 期,第 47 页。

49. Emilie M. Hafner-Burton et al., "Network Analysis for International

Relations," pp.571—572.

50. 董贺:《东盟的中心地位:一个网络视角的分析》,第 83 页。

51. Emilie M. Hafner-Burton et al., "Network Analysis for International Relations," pp.556—557.

52. 秦亚青:《多边主义:比较区域治理研究的实践视角》,载《东亚评论》第 36 辑,世界知识出版社 2022 年版,第 27 页。

53. 参见徐勇:《"关系权":关系与权力的双重视角——源于实证调查的政治社会学分析》,第 34 页。

54. Ralf Emmers, "The Influence of the Balance of Power Factor within the ASEAN Regional Forum," *Contemporary Southeast Asia*, Vol.23, No.2, 2001, pp.275—291;吴琳:《中美制度竞争对东盟中心地位的冲击——以东盟地区论坛(ARF)为例》,第 90 页。

55. 齐尚才:《全球治理中的弱制度设计:从〈气候变化框架公约〉到〈巴黎协定〉》,外交学院 2019 年博士学位论文,第 33—34 页。

56. 秦亚青:《多边主义:比较区域治理研究的实践视角》,第 29 页。

57. 郑先武:《区域间主义治理模式》,北京:社会科学文献出版社 2014 年版,第 360 页。

58. 马骏:《国际关系中的"权力"问题——关系性权力观的视角》,载《国际政治研究》2007 年第 4 期,第 153 页。

59. [加拿大]T. V. 保罗:《软制衡:从帝国到全球化时代》,刘丰译,上海:上海人民出版社 2020 年版,第 1 页。

60. Aaron Connelly, "The Often-Overlooked Meaning of 'ASEAN Centrality'," June 9, 2022, https://www.iiss.org/blogs/analysis/2022/06/the-often-overlooked-meaning-of-asean-centrality.

61. Amitav Acharya, "Will Asia's Past be Its Future," *International Security*, Vol.28, No.3, 2003/2004, p.153.

62. 宫笠俐、叶笑晗:《"海洋命运共同体"视域下的东亚海洋安全信任机制构建》,载《东北亚论坛》2021 年第 5 期,第 99 页。

63. [美]罗伯特·基欧汉:《霸权之后:世界政治经济中的合作与纷争》,苏长和、信强、何曜译,上海:上海人民出版社 2006 年版,第 125—128 页。

64. Martha Finnemore and Kathryn Sikkink, "International Norm Dynamics and Political Change," *International Organization*, Vol.52, No.4, 1998, p.891.

65. 魏玲:《关系、网络与合作实践:清谈如何产生效力》,第 47 页。

66. Benjamin de Carvalho et al., "Rising Powers and the Future of Peacekeeping and Peacebuilding," NOREF Report, November 2013, p.268, https://www.files.ethz.ch/isn/175234/f194e6326ee12f80c3705117b151ef78.pdf.

67. William C. Wohlforth et al., "Moral Authority and Status in International Relations: Good States and the Social Dimension of Status Seeking," *Review of International Studies*, Vol.44, No.3, 2018, p.9.

68. David M. Jones and Mark Smith, "Making Process, Not Progress: ASEAN and the Evolving East Asian Regional Order," *International Security*, Vol.32, No.1, 2007, pp.168—178.

69. "1992 ASEAN Declaration on the South China Sea," Philippines, July 22, 1992, https://cil.nus.edu.sg/wp-content/uploads/2017/07/1992-ASEAN-Declaration-on-the-South-China-Sea.pdf.

70. 周玉渊:《东南亚地区海事安全合作的国际化:东盟海事论坛的角色》,载《外交评论》2014 年第 6 期,第 145—150 页。

71. "Declaration of ASEAN Concord II(Bali Concord II)," ASEAN, October 7, 2003, https://asean.org/declaration-of-asean-concord-ii-bali-concord-ii/.

72. "ARF Statement on Cooperation Against Piracy and Other Threats to Maritime Security," ARF, June 18, 2003, https://asean.org/arf-statement-on-cooperation-against-piracy-and-other-threats-to-security/.

73. "Fact Sheet: The Malacca Straits Patrol," MINDEF Singapore, April 21, 2015, https://www.mindef.gov.sg/web/portal/mindef/news-and-events/latest-releases/article-detail/2016/april/201 6apr21-news-releases-00134/.

74. 周玉渊:《东南亚地区海事安全合作的国际化:东盟海事论坛的角色》,第 151 页。

75. "Chairman's Statement，1st Expanded ASEAN Maritime Forum Manila," ASEAN，October 9，2012，https://asean.org/chairmans-statement-1st-expanded-asean-maritime-forum-manila/.

76. "ASEAN Regional Forum Work Plan for Maritime Security 2018—2020," ARF，January 2019，https://aseanregionalforum.asean.org/wp-content/uploads/2019/01/ARF-Maritime-Security-Work-Plan-2018-2020.pdf.

77. "ASEAN Regional Forum List of Track I activities(By Inter-Sessional Year from 1994—2022)," ARF，https://aseanregionalforum.asean.org/wp-content/uploads/2022/10/List-of-ARF-Track-I-Activities-by-Inter-Sessional-Year-as-of-September-2022.pdf.

78. IGBD Agastia，"Maritime Security Cooperation within the ASEAN Institutional Framework," *Journal of ASEAN Studies*，Vol.9，No.1，2021，p.33.

79. "Past Meetings and Events(2006—2021)," ADMM，https://admm.asean.org/index.php/events/past-meetings-and-events.html.

80.《东盟主办的海上安全与反恐联合演习在新加坡继续进行》,新华社，2016 年 5 月 10 日，http://www.xinhuanet.com//world/2016-05/10/c_128973014_2.htm。

81.《温家宝在第十四次中国—东盟领导人会议上的讲话(全文)》,中国外交部,2011 年 11 月 18 日,http://new.fmprc.gov.cn/ziliao_674904/zt_674979/ywzt_675099/2011nzt_675363/wjbdyldrhy_675425/201111/t20111118_7956644.shtml。

82. Corey Wallace，"Leaving(Northeast) Asia? Japan's Southern Strategy," *International Affairs*，Vol.94，No.4，2018，pp.886—891.

83. "ASEAN Outlook on the Indo-Pacific," ASEAN，June 23，2019，pp.1—3，https://asean.org/asean2020/wp-content/uploads/2021/01/ASEAN-Outlook-on-the-Indo-Pacific_FINAL_2206201 9.pdf.

84.《中国支持东盟中心地位的立场文件》,中国外交部,2022 年 8 月 4 日，https://www.fmprc.gov.cn/web/wjb_673085/zzjg_673183/yzs_673193/xwlb_

673195/202208/t20220804_10734026. shtml；"US's Support for the ASEAN Outlook on the Indo-Pacific," U. S. Department of State, August 4，2021, https://www. state. gov/u-s-support-for-the-asean-outlook-on-the-indo-pacific/；"Chairman's Statement of the 24th ASEAN-Japan Summit," ASEAN, October 27，2021，https://asean. org/wp-content/uploads/2021/10/73.-FINAL-Chairmans-Statement-of-the-24th-ASEAN-Japan-Summit-27-Oct-2021-1. pdf。

85. 参见李峰：《印度尼西亚与南海海上安全机制建设》，载《东南亚研究》2015 年第 3 期，第 53 页。

86. Sereffina Siahaan et al.，"Strengthening ASEAN Centrality within the Indo-Pacific Region," 2020，p.264.

87. Angel Damayanti，"Indo-Pacific Maritime Cooperation：ASEAN Mechanisms on Security Towards Global Maritime Governance," *Global & Strategis*，p.11.

88. 周玉渊：《东南亚地区海事安全合作的国际化：东盟海事论坛的角色》，第 153 页。

89. "Vietnam Stresses Importance of ASEAN's Centrality in Maritime Co-operation," Vietnam, December 7，2022，https://en. vietnamplus. vn/vietnam-stresses-importance-of-aseans-centrality-in-maritime-cooperation/245160. vnp.

90. "Past Meetings and Events（2006—2021），" ADMM, https://admm. asean. org/index. php/events/past-meetings-and-events. html.

91. See Seng Tan，"Consigned to Hedge：Southeast Asia and America's 'Free and Open Indo-Pacific' Strategy"，p.147.

92. "ASEAN Regional Forum Work-Plan for Maritime Security 2022—2026," ARF, August 4，2022，p. 6，https://aseanregionalforum. asean. org/wp-content/uploads/2022/08/3.-ARF-Workplan-on-Maritime-Security. pdf.

93. 葛红亮：《新变局：演进中的东南亚与中国—东盟关系》，北京：中国发展出版社 2017 年版，第 260 页。

94. Marty Natalegawa, Does ASEAN Matter? *A View from Within*, Singapore：*ISEAS-Yusof Ishak Institute*，2018，p.132.

95. Yeganeh Torbati et al., "ASEAN Defense Chiefs Fail to Agree on South China Sea Statement," Reuters, November 4, 2015, https://www.reuters.com/article/us-asean-malaysia-statement-idUK KCN0ST07G20151104.

96. "EAS Joint Statement on Enhancing Regional Maritime Cooperation," The ASEAN Secretariat, November 22, 2015, https://eastasiasummit.asean.org/storage/eas_statements_file/5VFxLheAdhx3IC5HOnofK0uWOPg2SfR4gdUFWyoT.pdf.

97. Angel Damayanti, "Regional Maritime Cooperation in Maintaining Maritime Security and Stability: A Test Case for ASEAN Unity and Centrality," *Journal of ASEAN Studies*, Vol.5, No.2, 2017, p.129.

98. 张良福：《南海地区公共安全产品与服务领域合作战略初探》，载《亚太安全与海洋研究》2016 年第 2 期，第 56 页。

99. 王毅：《中方支持东盟在区域合作中的中心地位》，国际在线，2016 年 7 月 25 日，https://news.cri.cn/20160725/5784cdcd-9429-183c-fa8b-b06467e572ed.html。

100. 魏玲：《关系平衡、东盟中心与地区秩序演进》，第 55 页。

101. 同上。

102. "IISS Shangri-La Dialogue: A Regional Security Architecture Where Everyone Rises," U.S. Department of Defense, May 30, 2015, https://www.defense.gov/News/Speeches/Speech/Article/606676/iiss-shangri-la-dialogue-a-regional-security-architecture-where-everyone-rises/.

103. "U.S.-ASEAN Summit in Vientiane, Laos," USAID, 2021, https://2017-2020.usaid.gov/asia-regional/fact-sheets/us-asean-summit-vientiane-laos.

104. "Secretary Antony J. Blinken and Indonesian Foreign Minister Marsudi Before the ASEAN-U.S. Ministerial Meeting," U.S. Department of State, August 4, 2022, https://www.state.gov/secretary-antony-j-blinken-and-indonesian-foreign-minister-retno-marsudi-before-the-asean-u-s-ministerial-meeting/.

105. "Plan of Action to Implement the ASEAN-United States Strategic

Partnership（2021—2025），" ASEAN，September 10，2020，para. 1—4，https：//asean. org/asean2020/wp-content/uploads/2021/03/15.-ASEAN-US-Plan-of-Action-2021-2025-Final.pdf.

106. "Fact Sheet：U.S.-ASEAN Special Summit in Washington，DC，" The White House，May 12，2022，https：//www. whitehouse. gov/briefing-room/statements-releases/2022/05/12/fact-sheet-u-s-asean-special-summit-in-wash-ington-dc/.

107. 张明亮：《原则下的妥协：东盟与"南海行为准则"谈判》，载《东南亚研究》2018 年第 3 期，第 58、65—66 页。

108. 钟声：《解决南海问题需要实实在在做些什么》，载《人民日报》2012 年 1 月 13 日，第 3 版；《外交部：愿同东盟国家条件成熟时制订南海行为准则》，中国新闻网，2012 年 7 月 9 日，https：//www. chinanews. com. cn/gn/2012/07-09/4019696.shtml。

109. 贺嘉洁：《东盟的规范性影响力及其在南海问题中的作用》，载《世界经济与政治》2021 年第 7 期，第 137—138 页。

110.《中方：对同东盟国家商谈南海行为准则持开放态度》，中国新闻网，2012 年 7 月 20 日，https：//www. chinanews. com. cn/gn/2012/07-20/4048346.shtml。

111. Le Hu，"Examining ASEAN's Effectiveness in Managing South China Sea Disputes，" The Pacific Review，June 29，2021，p.9，https：//www. tandfonline.com/doi/pdf/10.1080/09512748.2021.1934519.

112. ［加拿大］阿米塔夫·阿查亚：《建构东盟安全共同体：东盟与地区秩序》，王正毅、冯怀信译，上海：上海人民出版社 2004 年版，第 33 页。

113. 刘乐：《关系的负面效应与身份间消极互动》，载《世界经济与政治》2018 年第 3 期，第 145—146 页。

114. 张良福：《国际海洋秩序的主导因素：规则还是实力？》，载《世界知识》2019 年第 23 期，第 16 页。

115. Mark F. Cancian，"What Does ＄40 Billion in Aid to Ukraine Buy？" May 23，2022，https：//www. csis. org/analysis/what-does-40-billion-aid-ukraine-

buy.

116.《习近平：高举中国特色社会主义伟大旗帜　为全面建设社会主义现代化国家而团结奋斗——在中国共产党第二十次全国代表大会上的报告》，中国政府网，2022 年 10 月 25 日，http://www.gov.cn/xinwen/2022-10/25/content_5721685.htm。

117. 张丹萍：《元首外交构建中国全球伙伴关系网——国际舆论评党的十八大以来中国元首外交》，习近平外交思想和新时代中国外交网站，2022 年 10 月 13 日，http://cn.chinadiplomacy.org.cn/2022-10/13/content_78463727.shtml。

第十章　国际规范政治传播的关系类型学分析

袁琮蕊 *

国际规范是国际关系理论探讨的重要概念之一。学者们对"规范"的界定虽各有侧重,但普遍都将其视为具有给定身份的行为体从事适当行为的基本准则。[1]国际规范的研究是随着建构主义理论的兴起而兴起的。总体而言,学者们的研究重点经历了从探讨规范的重要性到规范传播的转变这一过程,但目前尚未就规范传播的路径、影响规范传播的因素等问题达成一致。本章认为,进一步深化对规范传播的研究具有理论和现实的双重意义。就理论而言,深化对规范的研究有利于丰富建构主义理论的研究议程,增强人们对规范的传播、进化、退化等问题的理解。就现实而言,当前国际竞争的重要表现之一便是国际规范的竞争,这一点在中美之间表现得尤为突出。中国一方面需要深度融入国际社会,因而应选择性地接受一部分国际规范,另一方面也需要将自身的理念和规范向外传播,以扩大自身的对外影响力。但如何更好地适应国际规范的要求,将自身的理念融入国际规范之中并推动规范被其他国家所接受,则是当前我们应该重点思考的问题。对此,本章试图运用关系理论来解释关系类型对规范传播成效所产生的决定性作用。

---

*　袁琮蕊,陕西师范大学国家安全学院讲师。

一、文献回顾：对国际规范政治传播的既有考察

当前学界对国际规范政治传播的探讨主要集中在两个方面：一是对不同层面上的规范传播情况加以分析和研究；二是对影响规范传播的因素进行探究和考察。

（一）对不同层面上规范传播的考察

在考察不同层面上的规范传播状况时，学者们最初关注的是国际体系层面上的规范传播，即规范的提倡者如何使自己倡导的规范在更大程度上被接受，并在这一过程中还对规范的传播机制进行了探讨。在这里，规范的传播者一般为国际组织，而接受者则主要为主权国家，即国际组织如何"教"主权国家遵守相应的规范。玛莎·芬尼莫尔（Martha Finnemore）探讨了规范的兴起、扩散和内化这一完整的规范"生命周期"，重点研究了规范由国际组织传递给国家的过程，并分别以国际红十字会、联合国教科文组织以及世界银行主动传授相应的规范作为研究案例，论证了国际组织传授规范、规范建构国家身份并塑造国家利益的过程，[2]并在此基础上研究了国际体系层面上规范的传播情况。江忆恩（Alastair Iain Johnston）通过考察中国与国际制度之间的关系以及改革开放后中国对国际规范的接受情况之后，提出了模仿（mimicking）、说服（persuasion）和社会影响（social influence）三种国际规范的社会化机制。他认为，正是通过这三种社会化机制，国际社会才得以将国家社会化。换句话说，这便是国际规范传播的途径。[3]切克尔（Jeffrey T. Checkel）同样具体研究了国际体系层面上国际规范的传播情况，提出了国际规范社会化的三种不同机制，即奖惩、角色扮演和规范劝服。[4]国家接受规范正是在这些机制的作用下完成的。

研究地区层面规范传播的主要代表是阿米塔·阿查亚。他注意到了国际体系层面规范传播的研究会面临这样一个问题：在同样的教学主体和同样的教学机制背景下，就一个地区而言，为什么一些规范相比于另一些规范更容易被接受？他以"共同安全规范"和"人道主义干涉规范"在东盟的传播情况为研究案例，对这一现象进行了探讨，发现前者很快被东盟各国所接受，而后者则没有被

接受。阿查亚由此提出,规范的传播与规范是否与既有的地区文化结构相契合密切相关。[5]

此外,学者们还对行为体层面的规范传播进行了探讨,即规范如何由一个确定的主体传授给一个确定的客体。[6]潘忠岐在探讨欧盟和中国在国际规范内部和外部两个维度上都存在差异的基础上,研究了欧盟向中国传播人权规范的情况。他认为,正是由于中国和欧盟在关于人权、主权等国内规范方面存在较大的差别,欧盟对中国的规范传播效果因而并不理想。[7]黄超集中研究了规范传播的方法,通过分析和总结人道主义化框定、支持性规范联系和情感化宣传三种推进国际规范传播的有效战略,主要探讨了"说服战略"在规范传播中的重要作用。[8]其他一些学者也开始有意识地探讨中国如何重塑并向外传播国际规范。袁正清等学者指出,规范传播的结果不仅仅有接受规范和拒绝规范两种,在很多情况下国家对国际社会的规范只是"部分接受",与此同时,国家还会将这一规范与自身既有的规范加以融合进而形成一个新的规范并向外传播,中国对国际人权规范的部分接受并改造便体现了这一点。[9]

本章认为,当前这种对不同层次上规范传播的研究忽视了"关系"的重要作用,即没有将规范的传播纳入一个大的关系网中进行考察。由此产生的问题在于:对不同层次上规范传播情况的探讨在本质上都属于对规范传授者与规范接受者之间关系的探讨,而这二者之间的关系有时体现为某一特定主体向某一特定客体的规范传播,有时则体现为"一对多"或"多对一"的格局:前者如探讨国际组织如何将规范传授给多个国家;后者如探讨某些国家对某一规范的接受情况。然而,"规范"体现的是一种主体间性关系,[10]而对这种二者之间规范传播的探讨有时将不可避免地滑入到主体性的范畴之内。但是,仅仅在主体性范畴内研究规范传播势必会导致考虑因素的欠缺。不仅如此,这种探讨还忽视了规范竞争者存在的情况,因为在某一具体领域中,存在的规范往往不止一种,而这些规范之间通常都会形成一种竞争的关系。[11]例如,国际组织或主权国家通过"说服"的方式使自身倡导的规范被接受,必然要与其他国家或国际组织倡导的规范展开竞争。因此,仅仅在二者之间研究规范传播势必导致其解释力不足的结果。

(二) 对影响国际规范传播因素的考察

对于规范传播的另一研究重点主要集中在对影响规范传播因素的考察方

面。当今学界认为，影响规范传播的因素大致可归纳为四种：权力、文化、国内制度和国家利益。

首先，现实主义学者强调权力在规范传播中的重要作用。他们认为，规范是权力的体现，一国接受新的国际规范主要是大国运用权力"强迫"的结果，大国可以采用诸如"奖励"或"惩罚"等措施强迫小国接受其自身倡导的规范。[12]约翰·伊肯伯里(John Ikenberry)和查尔斯·库普乾(Charles A. Kupchan)就指出，霸权国拥有权力优势，更容易将其国内规范推广到全世界。[13]因此，如果国际规范存在的权力（霸权）基础消失，相应的国际规范也将逐渐消亡。[14]

其次，建构主义学者强调了文化因素在规范传播中的重要作用。他们认为新的国际规范是否与规范接受者既有的文化或规范结构相契合，是决定该规范能否顺利传播的关键因素。阿查亚在研究规范在地区层面的传播时指出，规范与地区的文化结构是否契合，决定了一个规范能否在该地区顺利传播。正因为如此，"共同安全规范"能够被东盟顺利接受，而"人道主义干涉规范"则始终遭到东盟的排斥。[15]切克尔同样将"文化匹配"视为影响规范传播的主要因素。他将规范与文化的匹配程度分为"＋""0"和"－"三种："＋"表示国际规范和国内规范完全一致；"0"表示国内规范对国际规范的传播没有明显的障碍；"－"则表示国际规范和国内规范之间不存在一致性。正是由于规范与文化的匹配程度不同，欧盟的规范在东欧各国中的传播程度因而存在明显的差别。[16]艾谢·卡亚(Ayse Kaya)指出，欧洲所倡导的"新主权"规范之所以未被中国接受，主要原因在于这一规范与中国秉持的"传统主权观"相冲突。[17]

第三，在探讨一国的国内制度对规范传播的影响因素上，学者们普遍认为，国内制度——主要表现为政府与社会之间的强弱关系——关系到规范能否顺利传播。切克尔不仅强调文化匹配程度影响规范传播，同时也肯定了一国的国内制度对规范传播的影响。他指出，国际规范在欧盟范围内的扩散之所以不尽相同，究其原因，乃是欧盟成员国国内特定的政治制度、官僚结构、组织结构以及身份因素的影响所致。[18]林民旺和朱立群则根据国家与社会间关系的强弱将国家分为"国家主导型"和"社会主导型"两类，并进一步指出，相比于"国家主导型"国家，"社会主导型"国家更有利于传播的开展和实现，虽然这一观点并不绝对。[19]

第四，学者们还对国家利益影响规范传播情况进行了考察，认为国家接受新的规范不仅是外力强迫或者自身文化的作用,客观的利益因素同样不可忽视。克拉斯纳(Stephen Krasner)认为,当国际规范含糊不清时,国家可能为满足其预想的利益而采纳国际规范。[20]斯蒂芬·哈格德(Stephen Haggard)和罗伯特·考夫曼(Robert Kaufman)认为,在经济建设取得成功的条件下,民主的规范更容易在国内巩固和进一步传播。[21]弗兰克·席梅尔芬宁(Frank Schimmelfennig)在研究欧盟规范在东欧的传播时指出,获得物质利益是东欧国家遵守欧盟人权规范的重要原因。[22]康晓同样指出,如果接受某一国际规范被认为更有助于获得重要的国内物质利益(不论是在经济领域还是在安全领域),这一规范会更有可能在国内得以传播。[23]

本章认为,学者们对既有影响规范传播因素的考察存在两个主要问题。

第一个问题是既有规范研究成果仍然存在未将规范传播置于关系网中进行考察的弊端。现实主义学者强调的权力因素和建构主义学者强调的文化因素,同样体现为一种规范的传授者与接受者二者之间的关系,无论这种关系体现为权力关系还是文化关系都是如此,因为无论是现实主义理论强调的权力因素还是建构主义理论强调的文化因素,都隐含着某种"被动"含义,即都忽视了规范接受者的主观价值判断。而要综合考察规范接受者自身的价值判断则需要引入"不可或缺之第三者",而且还要使之能够放在关系网中进行考察,因为二者的关系不可避免地要受到"第三方"因素的影响。正如秦亚青所指出的那样,任何社会人做出决定和采取行动的基本依据都是"关系",是依其此时此地所处的关系网络中的位置以及这一位置与关系网络中其他行为体的相对关系来判断情势和进行决策的。[24]

未能将规范传播置于关系网中进行考察所导致的结果,便是过于强调规范传播者对规范接受者的作用,相对忽视了规范接受者自身的能动性。现实主义学者强调大国或霸权国强迫其他国家接受规范,但事实上,权力既可以被强加,也可以被主动选择,因为一国存在着因需要他国的权力而接受该国所倡导的规范的可能性。根据罗伯特·达尔(Robert A. Dahl)对权力所下的经典定义,A对B享有权力的范围在于A可以迫使B去做一些它本不愿去做的事情。[25]而规范事实上具有同样的效果,因为规范包括了"应然"和共同价值评判的实质。也正因为如此,规范才可以使人们认为其采取的行动是正当的和恰当的,[26]由此影响行为体的行为。福柯也指出:权力制造知识,因为权力和知识是直接相互连带的;不相应地建构一种知识领域就不可能产生权力关系,不同时预设和建构权力关系就不会有任何知识。[27]而规范正是知识的体现,因此,如果一个国家需要某一大国的权力,便可能会接受该大国所倡导的规范。在文化方面同样如此,一国是否接受某一规范,主要取决于该规范与自身的文化结构和规范结构是否契合。如果一国的统治精英意识到自身的文化已不符合国家利益和自身的统治利益,便完全可能改弦更张,接受一套新的文化和规范。亚历山大·温特将"模仿"——即对成功者的学习——视为获得自己身份与利益的主要手段和渠道。[28]芬尼莫尔则指出,国际组织传播规范时,"说服重要大国"是重要一步,因为"有些国家被普遍认为是成功的国家,是大家学习的典范。这类国家所倡导的规范就具有显要性,容易得到传播"。[29]这些都体现了国家对规范的主动选择性。

第二个问题是权力和文化之外的其他因素如"国内制度"和"国家利益"等在解释规范传播时存在解释力不足的弊端。就"国内制度"而言,学者们认为,新的规范在"社会主导型"的国家中要比在"国家主导型"的国家中传播得更为容易一些。但事实上这一结论存在很大的问题。就现实而言,"国家主导型"的中国对"共同但有区别的责任"这一全球气候治理的规范的接受程度远好于"社会主导型"的美国,类似的案例数不胜数。在这一问题上,就连这一观点的倡导者都承认了种种例外情况存在的可能性,例如林民旺和朱立群就指出,如果某种国际规范为国家主导型国家的政治精英所接受,那么该规范在国内社会传播的速度将比在社会主导型国家更快一些。[30]与此同时,"国家利益"因素则存在过于宽泛的弊端。尽管一国行为的根本原因归根结底都是自身利益的需要,但国家利益包括了经济、政治、安全、文化等方方面面,既包括客观存在的部分,又包括主体建构的内容,因此,在解释一国为何接受规范时,我们需要对国家利益进行进一步的具体分析才能克服这一弊端。

二、理论模型:关系类型决定规范传播成效

任何一国的行为归根结底都是在关系的影响下做出的选择。因此,一国是否接受某一规范以及接受程度如何,其决定因素的根源同样都在关系之内。那

么,哪些因素会影响行为体的行为,哪些因素又会影响行为体之间的关系? 只有厘清了这些因素,我们才能对关系类型进行有意义的划分。

(一) 关系网的产生与关系类型

本章认为,决定规范传播最主要的原因在于规范接受者和传播者之间的关系类型。但是,要确定关系类型,就必须将规范的传播者、接受者和必要的"第三者"纳入同一个关系网中进行考察。在此方面,秦亚青教授提出的"关系理论"为我们提供了一个很好的解释和分析框架。秦亚青批判了温特的"初始相遇"假设,认为行为体从一开始便置身于关系网络之中,其自身的身份由此得以确定,行为体的行动也是由关系和基于关系互动而形成的身份来决定。因此,在考察规范的传播时,我们应将规范的倡导者、规范的接受者以及必要的"第三者"都纳入同一个关系网之中,并对它们之间的关系进行考察。在此基础上,秦亚青进一步认为,决定一个体系特征的是这个体系中行为体个体之间的关系类型而不是行为体个体的自身特征。[31]然而,秦亚青虽指出"关系类型"决定了行为体的行为,但并未进一步分析如何划分关系类型以及关系类型如何影响行为体的行为。本章引入"关系类型"的概念,并在此基础上提出解决这一问题的核心机制:关系类型决定规范传播。

由于行为体之间的关系只有在互动中才能产生,因此要划分关系类型,我们就必须首先考察行为体之间的互动情况。巴里·布赞和理查德·利特尔将行为体之间的互动分为政治互动、军事互动、经济互动和社会文化互动。[32]然而,无论是政治、军事抑或经济互动,其体现的无疑都是行为体之间的权力关系,三种互动的根本目的都在于增加其自身的权力;而文化方面的互动尽管同样有权力方面的因素存在,但将行为体之间的文化互动完全等同于权力互动是不合适的,因为文化可以上升为共有观念,从而构建认同与合法性。[33]因此,布赞和利特尔所指出的行为体之间的四种类型的互动,大体上可以被简化为权力方面的互动和文化方面的互动。这也符合行为体行动的逻辑。詹姆斯·马奇(James G. March)和约翰·奥尔森(Johan P. Olson)认为,行为体的行动主要受两种逻辑支配,即结果性逻辑和适当性逻辑:前者强调个体理性对行为体行为的作用;后者强调行为体的行为是否符合规范的要求。[34]因此,行为体之间的权力互动和文化互动具有不可通约性,这也是我们在考察行为体之间的关系类型时应主要关注的两种类型的互动。

(二) 关系类型与规范传播

无论是互动还是关系,其所体现的都是行为体之间一种双向的过程,因此,过于强调某一行为体对另一行为体的单向影响显然不合逻辑。但正如上文所指出的那样,当前学界对影响规范传播因素的考察都过于强调规范传播者对规范接受者的单向影响,无论是权力上的强迫还是文化上的相似都是如此。鉴于此,考虑到规范接受者的主动性,为更好地对关系进行考察,我们需要在这里引入"需求度"的概念。就规范接受者的需求度而言,它主要呈现出两个维度,即权力需求度和文化需求度。置于同一关系网中的行为体之间的关系类型是在相互间的互动中形成的。在此,笔者以文化和权力两个维度来划分关系类型。既有概念"文化相似度"和"权力控制度"都能分别在现实主义和建构主义中找到对应的解释,这里不再赘述。引入权力和文化需求度的主要目的就是以权力需求度来补充现实主义的权力控制度,以文化需求度来补足建构主义的文化相似度,因为权力和文化这两重维度具有内在的相关性,笔者认为在这里刻意区别权力、文化关系类型是不必要的,因为我们对权力、文化两个维度分别进行了四种程度的描述。例如,权力维度的四种表现为:一是既体现控制度又体现需求度(全方位);二是只体现控制度不体现需求度;三是只体现需求度不体现控制度;四是两者都不体现(无)。文化维度的四种表现为:一是既体现需求度又体现相似度(全方位);二是只体现相似度不体现需求度;三是只体现需求度不体现相似度;四是既不体现需求度也不体现相似度(无)。这里要说明的是:第一,在权力维度上控制度体现为被传播者与传播者的一种被动关系,文化维度上相似度体现为同样的被动关系,而两个维度的需求度都体现为一种主动关系。第二,一个维度体现出全面性时(既包括全方位也包括无),另一个维度的主/被动性将决定整体关系的主/被动性。第三,权力的控制度和文化的需求度不可能在逻辑上同时出现,当被传播者对传播者有文化需求时就表明被传播者对传播者有认同,但是当传播者对被传播者仅有权力上的控制而被传播者对传播者没有权力需求时,两者之间只能是敌对关系。因此,这种逻辑关系不可能出现。第四,同样地,权力的需求度与文化的相似度也不可能在逻辑上同时出现,如果传播者在权力上不能对被传播者产生控制,并且被传播者在文化上对传播者也没有需求,那么被传播者没有必要与传播者保持文化上的相似性,因为文化和规范在某种程度上包含了权力的内容。最后,当在权力或文化任一维度上同样包含控制度/需求度或相似度/需求度时,考虑到个体是一个具有能动性的行为体,因此此时需求度应占据主要方面。据此,我们可以总结出如下四种关系类型(见表 10.1)。

表 10.1　四种关系类型

关系类型	表现形式
全方位关系类型	权力需求度＋权力控制度＋文化相似度＋文化需求度
主动型关系类型	权力需求度＋文化相似度＋文化需求度 权力需求度＋文化需求度 权力控制度＋权力需求度＋文化需求度 权力需求度＋权力控制度 文化相似度＋文化需求度 文化需求度 权力需求度
被动型关系类型	权力控制度＋权力需求度＋文化相似度 权力控制度＋文化相似度 权力控制度＋文化相似度＋文化需求度 权力控制度 文化相似度
无确定关系类型	上述现象皆不存在

资料来源:作者自制。

根据表 10.1 总结出的关系类型,我们不难发现在主动型关系类型中是以需求度占主导地位,而被动型关系类型中则是以相似度或控制度占主导地位。因此,我们可以说在全方位关系类型和主动型关系类型中,规范被传播者是以实现自身的需求为主而接受某一规范;而在被动型关系类型中,规范被传播者接受某一规范并非出于自身的需要。

(三) 理论假设与案例选择

由于规范传播的关键在于规范的内化,因此从本质上说,接受某一规范是国家主动选择而非外力强迫的结果。而在关系网中,一国的利益和行为必然要受关系的影响,但在不同的关系类型下,国家的利益和行为必然有所不同。因此,本章做出以下两个假设:

假设一:在规范传播中,全方位关系类型＞主动型关系类型＞被动型关系类型＞无确定关系类型;

假设二:在主动型关系类型中,主动型特点越明显,规范传播效果越佳。

为验证以上假设,我们需要对规范传播的情况进行具体考察。本章认为,规范传播的结果按照接受者对规范接受程度的高低可以分为三种情况:一是规范没有内化;二是规范内化但不稳定(或规范部分内化);三是规范内化且稳定。据此,我们可以得出这样的结论:在规范传播中,当规范传播者与接受者之间关系为全方位关系时,那么规范接受者就会内化和稳定规范(全面接受规范);当规范传播者与接受者之间关系为主动型关系时,规范接受者就会在内化规范的同时表现得不够稳定(或只是部分内化了规范);当规范传播者与接受者之间关系为被动型关系时,规范接受者根本就没有内化规范(全面拒绝规范)。因此,关系类型会影响规范的传播:在全方位关系类型中,规范传播最好,表现为稳定的内化;在主动型关系类型中,规范传播次于全方位关系类型,表现为不那么稳定的内化(或部分内化);在被动型关系类型中,规范传播又次于主动型关系类型,表现为规范并没有被内化。

三、案例检验

本章拟选择三个案例,对关系类型影响规范传播的假设加以验证:第一个案例主要考察朝鲜王朝对明清[35]两代所倡导的"华夏中心规范"的接受情况;第二个案例主要考察 2012—2019 年间菲律宾对中国所倡导的"南海规范"的接受情况;第三个案例主要考察 1972—2020 年间美国对"一个中国"规范的接受情况。在考察规范接受情况的同时,本章还将进一步考察两国间关系类型,并分析关系类型对规范接受情况的影响。之所以选择以上三个案例,是因为它们在验证关系类型对规范传播的影响方面具有独特优势。首先,中国明清两个朝代与同期的朝鲜王朝在制度、文化方面具有很高的相似度,但朝鲜王朝对明清两朝所倡导的"华夏中心规范"的接受程度发生了明显变化,表明制度、文化的接近与否并不是影响规范传播的主要原因。其次,菲律宾和美国对中国所倡导规范的接受程度,都经历了一个明显的变化过程。再次,以上规范都由中国倡导并向外传播,这对于当前中国融入国际体系过程中倡导自身规范具有重要借鉴意义。最后,上述三个案例时间跨度长,从现代国际体系形成之前一直持续到今天,从而能够进一步加强结论的说服力。

(一) 中国明清两个朝代与同期朝鲜关系及"华夏中心规范"向朝鲜的传播

"华夏中心"是古代中国中原王朝始终秉持的一个核心理念。中原王朝认为自身拥有最为发达的文化,是"华"的代表,而周边政权都是"蛮夷",因此,中原王朝理应成为周边国家和政权的最高统治者。"华夏中心规范"便是在这一理念基础上形成的,中原王朝则希望这一规范被周边国家和政权所接受,借此构建一套"华夷秩序",而这种华夷秩序主要包括了三部分,即文化上的"华夷关系"、政治上的"宗藩关系"和经济上的"朝贡关系"。

1. 明清时期朝鲜对"华夏中心规范"的接受情况

明清两代建立后都以"华夏正统"自居,并致力于构建以自身为中心的华夷秩序。朱元璋曾指出:"朕即位之初,遣使往谕交趾、占城、高丽;诸国咸来朝贡,奉表称臣。"[36] 清王朝虽以异族身份入主中原,但始终将自身视为"华夏"和"中国"的代表。顺治皇帝指出:"朕诞膺天命,抚定中华。"[37] 康熙帝也表示:"自古得天下之正,莫如我朝。"[38] 因此,明清王朝皆积极向外传播"华夏中心规范"。

有明一代,朝鲜王朝对"华夏中心规范"接受程度相当高。朝鲜始终奉行对明"事大"政策,"谨当始终如一,益殚事上之诚"。[39] 在宗藩关系方面,李成桂废黜高丽国王王瑶并亲自登上王位后请求明朝册封,明太祖为其选定了"朝鲜"的国名。[40] 此后朝鲜"年号法度,一遵大明"。[41] 明朝建文帝时期对朝鲜太宗进行册封,是其对朝鲜国王册封的开始。朝鲜国王或世子要获得真正的名义,都必须经明朝册封。在朝贡关系方面,朝鲜王朝遵守明王朝的相关要求,"贡献岁辄四、五至焉"。[42] 在华夷关系方面,朝鲜不仅奉明为"中华"的代表,更在此基础上发展出了一种"小中华"意识。朝鲜认为自身"教化大行,男有烈士之风,女有贞正之俗,史称小中华"，[43]以表明朝鲜相对于明以外其他政权而言始终都是"华"的代表。这些都反映出朝鲜对"华夏中心规范"接受的程度之高。

然而，清王朝建立后，朝鲜对清王朝所倡导的"华夏中心规范"接受程度明显较低。首先，在宗藩关系方面，朝鲜虽表面奉清正朔，但始终暗中使用崇祯年号，依旧追思大明故国。[44]1704年明亡60周年，朝鲜肃宗举行隆重的仪式祭祀崇祯和神宗皇帝。肃宗还特意为祭祀明神宗而筑"大报坛"，"大报字出于《礼记》郊特牲，亦是郊天之义，而兼有报德之意"。[45]这种祭祀活动直到李朝末年都在进行。[46]其次，在朝贡关系上，朝鲜方面虽表面上遵守清王朝的朝贡制度，但其对向清朝贡一事则称为"燕行"，相比于对明朝贡的称谓"朝天"显然弱化了许多，明显反映出了朝鲜的不甘与无奈。最后，在华夷关系方面，朝鲜王朝所编的《大义录》指出："华夷自有界限，夷变为华，三代以下，惟我朝鲜，而得中华所未办之大义，独保其衣冠文物，则天将以我国为积阴之硕果、地底之微阳。"[47]由此可见，朝鲜不再视中原王朝为"华"，反而认为自身是"华"的代表，而清王朝则为"蛮夷"。因此，清代"华夏中心规范"向朝鲜的传播状况并不理想。

2. 朝鲜与明王朝：全方位关系类型下的规范传播

为何明清时期"华夏中心规范"向朝鲜的传播效果差异如此之大？这需要从朝鲜与明清两朝的关系类型中加以考量。事实上，朝鲜与明王朝之间形成了全方位关系类型，这是"华夏中心规范"传播效果的最重要原因。

首先，就朝鲜与明王朝的文化关系而言，两国文化的相似性与朝鲜对明王朝的需求同时存在。在文化相似度方面，儒学特别是程朱理学在朝鲜半岛的传播使得明王朝与朝鲜具有相当高的文化相似性。元朝时期程朱理学传入朝鲜半岛，此后理学在朝鲜半岛影响力迅速扩大，很多上层官僚都接受了理学，以至于李成桂建立朝鲜王朝后将理学定为官学。因此，当时的两国在文化上具有高度的相似性。

在需求度方面，朝鲜在文化上对明王朝具有强烈的需求。这种需求主要体现在两个方面：一方面，朝鲜希望利用程朱理学和儒家伦理纲常巩固国内秩序。高丽后期政局混乱、王权虚弱。面对这一局面，朝鲜王朝希望通过崇儒以强化王权，并改良政治。质正官赵宪出访明朝回国也极力主张引进明王朝的制度和文化："宪谛视中朝文物之盛，意欲施措于东方；及其返也，草疏两章、切于时务者八条、关于根本者十六条；皆先引中期制度。"[48]为此，朝鲜积极从明王朝引进文化。另一方面，朝鲜也有意识地利用程朱理学和正统观念提升自身的地位，这主要体现在朝鲜将自身视为"小中华"方面，同时还有意识地将女真各部、琉球等纳入以自身为本位的"华夷秩序"中。[49]这些想法和做法无疑都反映了朝鲜对明王朝的文化需求。

其次，就两国的权力关系而言，明王朝对朝鲜具有较高的权力控制度。朝鲜尽管与明王朝建立了朝贡—宗藩关系，但在一些具体问题上，如女真、表笺等问题上，仍时有摩擦。[50]李成桂虽对明太祖"以兵甲众多……胁我以动兵"不满，但仍认为应"卑辞谨事之"。[51]这一切都表明，明王朝对朝鲜的威慑和控制力是构成两国关系的重要内容。从朝鲜方面来看，朝鲜对明王朝也存在着权力上的需求。例如，丰臣秀吉统一日本后，日本开始成为朝鲜的主要威胁。1592 年，丰臣秀吉率军进攻朝鲜。朝鲜军队一触即溃。朝鲜国王李昖向明王朝告急求救。明神宗派军队入朝作战，最终取得了战争的胜利。朝鲜王朝对此十分感激，称其为"再造藩邦"之恩。这场战争结束后不久，后金在中国东北地区兴起，再次对朝鲜构成威胁，因而朝鲜对明王朝权力的需求度仍然很高，并相信明王朝能够为其提供安全保障。

由此可见，在权力方面，既存在朝鲜对明王朝的需求度，又存在明王朝对朝鲜的控制度；在文化方面，既存在二者的相似度，又存在朝鲜对明王朝的需求度。因此，朝鲜与明王朝之间形成了全方位关系类型，"华夏中心规范"在此背景下的传播效果自然最佳。

3. 朝鲜与清王朝：被动型关系类型下的规范传播

朝鲜对以清王朝为本位的"华夏中心规范"接受程度较低，其原因在于朝鲜与清王朝关系属于被动型关系类型，因而其规范传播效果不佳。

首先，在文化方面，朝鲜对清王朝的文化需求较明朝大大降低。此时，理学已成为朝鲜的官方意识形态。正统与道统、君臣纲常等内容正是理学的核心元素。清王朝通过"以下犯上"推翻明王朝，以异族身份入主中原，这种做法在朝鲜王朝看来是大逆不道的行为。正如朝鲜朝臣指出的那样："虽当危亡之日，三纲五常之伦，不可以不明，以为维持纪纲之地。若以'不得已'三字为谋国之道，助逆而犯顺，则殿下将何以立辞于祖宗，而成教于臣民？"[52]由此可见，在朝鲜方面看来,接受清王朝的"华夏中心规范"对"维持纲纪"极为有害。在这种情况下,朝鲜方面"几乎全面封锁了对中国文化的引进"。[53]

其次,朝鲜在权力方面同样缺乏对清王朝的需求。清王朝统一中国后,除了清王朝之外,在东亚地区已不存在能够对朝鲜构成紧迫威胁的外部政权。在日本,德川幕府由于实施锁国政策而对朝鲜的威胁大为降低。在这种情况下,朝鲜王朝无需借助清王朝的权力来维护自身安全,因而主动发展与清维持友好关系的动力也大大降低。

然而,朝鲜尽管对以清王朝为本位的"华夏中心规范"接受程度较低,但毕竟在表面上仍奉清正朔,按制度规定向清维持朝贡,所有对清王朝的鄙视和对明王朝的怀念都在暗中进行。因此,尽管朝鲜对"华夏中心规范"接受程度较低,但并没有完全拒绝。在这方面,清王朝对朝鲜在权力方面的控制和威慑发挥了很大的作用。

事实上,朝鲜与清王朝之间宗藩—朝贡关系的建立便是武力较量的结果。1627年,皇太极发动了第一次对朝战争,迫使朝鲜在明朝与后金之间保持中立。1636年,皇太极再次派大军征伐朝鲜,朝鲜最终"力屈而服",[54]开始奉清正朔,向清称臣纳贡,并"绝明国之来往"。清军入关后,朝鲜采取了更加小心谨慎的姿态。肃宗时期,清王朝内部爆发了"三藩之乱",肃宗一度希望联合三藩与台湾郑氏集团共同"反清复明",但朝野上下对此并不赞成。领议政许积指出:"清国虽疲,制我则有余。以数万兵侵轶我疆域,则将何以待之。"[55]事实上,朝鲜方面普遍认为贸然反清可能招致大祸,"壬辰之恩、丙子之辱,岂不日夜感泣切齿哉? 为其时势之不适,吁亦惜矣"。[56]因此,清王朝强大的实力对朝鲜形成了足够的威慑,迫使朝鲜在表面上遵从"华夏中心规范",但事实上朝鲜对这一规范并未真心接受。

明王朝时期,朝鲜与明之间形成了全方位关系类型,这使得明王朝向朝鲜的规范传播的效果极佳;清王朝时期,由于朝鲜王朝在权力和文化方面不再存在对清王朝的需求度,两国间的关系类型转为被动型关系类型,因而清王朝向朝鲜的规范传播效果大打折扣。这表明全方位关系类型最有利于规范的传播,而被动型关系类型对规范的传播相对不利。

（二）中菲关系及南海规范向菲律宾的传播（2012—2019 年）

南海问题争端是中国与东南亚部分国家间存在的主要争端。为寻求南海问题的公正解决并维护国家间友好合作关系，中国提出了处理南海问题的一系列准则，进而形成了具有自身特色的南海规范，其内容主要包括以下三个方面：一是采用和平谈判方式解决南海争端，维护地区和平稳定的大局；二是采取争端当事国双边谈判的方式，反对域外势力插手南海问题；三是不使南海问题影响双边关系，在南海问题之外广泛开展交流与合作。[57]

1. 菲律宾对南海规范的接受情况

菲律宾对中国所倡导的南海规范的接受程度经历了一个从低到较高的过程。在阿基诺三世（Benigno Aquino III）当政时期，菲律宾对中国南海规范的接受程度很低。例如，菲律宾当局当时公然挑起了黄岩岛争端，恶化了地区局势。众所周知，黄岩岛是中国固有领土，但 2012 年 4 月菲律宾出动军舰抓捕正在黄岩岛海域内正常作业的中国渔民，当中国海监船前往营救时与菲律宾军舰形成对峙局面，由此引发了中菲黄岩岛危机，南海局势骤然升温。此后，菲律宾当局又数次向仁爱礁派遣军队，引发中菲在仁爱礁的冲突和对峙。2013 年，菲律宾单方面就南海问题提出了国际仲裁。与此同时，菲律宾当局多次拒绝在南海问题上与中国举行双边磋商。[58]南海紧张局势持续升温。

在南海问题上，菲律宾极力引进域外势力以遏制和对抗中国，其主要做法是大力加强与美国的合作，推动美国插手南海地区事务。一方面，菲律宾不断强化与美国的军事合作，例如：2012 年，菲美两国建立了由外长和防长参加的"2＋2"高层对话机制；2014 年，菲律宾与美国签署了《加强防务合作协议》，并向美国提供多处国内军事基地。菲律宾当局的这一系列做法无疑是为加强其在南海问题上与中国对抗的力量。[59]另一方面，菲律宾多次强调在南海问题上的"美国责任论"，欢迎美国"重返亚太"。菲律宾当局曾表示，美国的"回家"满足了菲律宾提升军事力量、维护其南海主张的需求。[60]

在中国与东盟关系问题上，菲律宾还企图绑架东盟立场，借此共同向中国施压。在 2012 年东盟外长会议上，菲律宾执意要将黄岩岛争端写入联合公报，导致这一会议首次未能发表联合公报。[61]由此可见，这一时期菲律宾单方面挑起和加剧南海争端,拒绝与中国开展双边谈判,推动南海问题国际化,并且还引进域外势力,表明其对中国政府所倡导的南海规范接受程度非常低。

然而,2016年杜特尔特(Rodrigo Duterte)上台后,菲律宾政府对中国所倡导的南海规范的接受程度开始明显提高,因而对南海问题开始保持克制态度。杜特尔特当选总统后便开始有意淡化南海仲裁案的意义,要求菲律宾政府官员对仲裁案"不嘲笑、不炫耀",在其后与中国驻菲大使的会谈中,也明确表示在国际场合不会提及此事。[62] 在美菲关系方面,杜特尔特多次表示,在南海问题上不会过度依赖与美国的军事同盟以维护自身安全,不仅取消了与美国的部分联合军事演习,而且还表示愿意就南海问题与中国开展双边谈判。最后,菲律宾积极同中国展开各方面的合作,不断深化双边关系。2016年10月,杜特尔特率领庞大的代表团访问中国,并表示愿意加强双边交往,尤其是要加强在经贸、投资、农业、科技、防灾减灾、禁毒等方面的合作。[63] 由此可见,杜特尔特上台后,菲律宾对中国南海规范的接受程度有了明显提升。

2. 无确定关系类型下的规范传播(2012—2015年)

菲律宾政府为何对中国南海规范的接受程度经历了一个由低到高的转变过程?阿基诺三世当政时期菲律宾政府为何对这一规范的接受程度那么低?本章认为,我们需要依据两国的关系类型来加以考量和判断。

首先,在两国的权力关系方面,中国对菲律宾缺乏控制度,无法利用影响强迫菲律宾接受这一规范。"二战"后,主权平等原则已成为国际法的基本原则,而中国在改革开放前后始终都奉行和平外交政策,始终都反对霸权主义和强权政治,进入21世纪后,中国政府更是多次重申这一政策和原则。2005年9月,胡锦涛在出席联合国成立60周年首脑会议期间发表的演讲中指出,中国将坚定不移地走和平发展道路,坚定不移地奉行独立自主的和平外交政策。[64] 习近平后来也指出,中国走和平发展道路是思想自信和实践自觉的有机统一,要在与世界各国良性互动、互利共赢中开拓前进。[65] 因此,在各国主权平等特别是中国奉行和平外交政策的情况下,中国对菲律宾缺乏权力控制度。

此外,菲律宾也缺乏对中国的权力需求。进入21世纪后,中国的综合国力迅速上升,这让与中国邻近且与中国存在南海争端的菲律宾日益感到不安。菲律宾政府将中国日益增长的权力视为"威胁"。同时,菲律宾对中国缺乏权力需求也与美国有关。菲律宾在历史上曾经是美国的殖民地,并且在 20 世纪 50 年代与美国建立了军事同盟,因而习惯于将美国视为盟友,并依赖美国的权力来维护自身安全。正因为如此,美国"重返亚太",不断插手南海事务,这更进一步对菲律宾的相关政策产生了影响,使其更加坚信中国不断增大的权力就是对菲律宾安全的"威胁"而非保障。

其次,在文化关系方面,菲律宾不仅与中国缺乏相似度,而且也缺乏需求度。中国所倡导的南海规范体现了中国的和平外交理念和互利共赢的发展观,中国进一步提出构建人类命运共同体的理念。然而,在菲律宾当局看来,能否控制南海地区丰富的石油、天然气以及渔业资源,对菲律宾经济发展至关重要。但随着中国的发展和中菲实力差距不断扩大,"搁置争议"的做法将使菲律宾越来越难以在南海争端中获得实惠,菲律宾甚至认为南海将会渐渐落入中国的"控制"之中。为此,有菲律宾参议员建议将保卫南海专属经济区上升到国家安全的高度。[66]因此,菲律宾希望把握住"时间窗口",力图在南海问题上造成既成事实。这便是菲律宾主动挑起南海争端的重要原因。

由此可见,阿基诺三世当政时期菲律宾与中国之间的关系属于无确定关系类型,其结果是,中国南海规范对菲律宾的传播效果很不理想。

3. 主动型关系类型下的规范传播(2016—2019 年)

2016 年杜特尔特上台后,菲律宾与中国的关系类型发生了显著变化。本章认为,这是菲律宾与中国、美国等国在同一关系网中互动的结果。

在权力方面,菲律宾对中国的经济权力需求明显提升。首先,菲律宾需要借助中国方面的力量来发展自身经济。此前,中菲关系因南海争端而恶化,中国对菲投资和双边贸易连续几年遭遇负增长,菲律宾的经济发展因而受到严重影响。[67]杜特尔特上台后为发展国内经济,希望大力加强与中国的经济合作,并参与到中国的"一带一路"建设中来。[68]这使得菲律宾在经济权力方面对中国的需求明显增加。

其次,在反恐、禁毒等问题上,菲律宾也需要借重中国的力量。杜特尔特上台后在国内发动了一场规模空前的禁毒战争,但这一政策遭到了西方国家的严厉批评,认为这是侵犯人权之举。西方国家甚至还威胁将菲律宾开除出人权理事会。在被西方国家一致反对的情况下,争取中国等国的支持对菲律宾而言就显得至关重要。中国政府也公开表示，理解和支持菲律宾"优先打击毒品犯罪的政策"。[69] 此外，打击恐怖主义和分裂势力也是杜特尔特上台后的重要任务，而一个和平稳定的周边环境无疑是解决上述问题的前提。因此，菲律宾不仅需要中国发挥维护地区和平与稳定的作用，同时还希望在禁毒、反恐等问题上加强与中国的合作。这进一步加强了菲律宾对中国在政治权力方面的需求。

最后，美国方面的因素也同样不可忽视。此前，菲律宾始终将美国视为盟友，但美国的一系列做法使得菲律宾大失所望，导致其对美国的身份认知也逐渐发生改变。在中菲黄岩岛对峙期间，美国面对菲律宾政府的多次请求，始终未对菲政府给予明确支持。[70] 南海仲裁案后，美国政府也多次表示在这一问题上不持立场。[71] 在这种情况下，菲律宾政府意识到全面倒向美国不利于维护自身的安全和利益，而中国在南海问题上的克制以及"亲诚惠容"的周边政策的贯彻实施，使得它产生了依靠中国维护自身安全的需求和可能。

菲律宾对中国在文化方面的需求也同步得到提升。此前，菲律宾政府担心中国会随着实力的上升而在南海问题上实施"霸权主义"政策，因而采取先发制人的行动，意图在中国完全崛起前造成既成事实。但中国采取的实际行动使菲律宾政府意识到，采用冒险政策并不利于维护自身的安全和利益。中国对菲律宾在黄岩岛的冒险政策和行为给予了坚决还击，对于"南海仲裁案"也多次表明了"不接受、不参与、不承认"的基本立场。[72] 这使得菲律宾难以捞到任何实惠。与此同时，中国贯彻"亲诚惠容"的周边政策，落实"一带一路"倡议，使周边国家共享中国发展的果实，从而展现了中国的和平诚意和负责任的大国形象。这更使菲律宾政府意识到，与中国合作而非对抗才是维护自身利益的最佳途径。因此，菲律宾希望中国能继续保持和平、合作的战略文化，并使自己能够加入与中国的合作中来。在这种情况下，菲律宾对中国的文化需求大大增加。

在2012—2016年间，菲律宾与中国之间不存在确定的关系类型，这导致菲律宾对中国所倡导的南海规范接受程度很低。但随着双边及多边互动的不断发展，尤其是在2016年杜特尔特上台后，菲律宾在权力和文化两方面对中国的需求都明显增加，两国间关系因而进入主动型关系类型，菲律宾对中国南海规范的接受程度开始明显提高。这表明，主动型关系类型较有利于规范的传播。

（三）中美关系及"一个中国"规范向美国的传播情况（1979—2020年）

"一个中国"规范是中华人民共和国成立后向外传播的一个重要规范,其基本内容是世界上只有一个中国,台湾是中国不可分割的一部分,中华人民共和国政府是中国唯一合法政府。因此,其他国家不得与台湾建交及发展任何官方关系,不得支持台湾加入任何主权国家才能加入的国际组织。

1.美国对"一个中国"规范的接受情况

1979年中美建交后,美国对"一个中国"规范的接受程度经历了一个逐步下降的过程。2017年特朗普上台前,美国对"一个中国"规范的接受程度相对较高。1978年12月,中美两国签订《建交公报》,美国宣布承认台湾是中国不可分割的一部分,中华人民共和国政府是中国唯一合法政府。在此范围内,美国将同台湾人民保持文化、商务和其他非官方关系。这意味着美国完全接受了"一个中国"规范。然而,1979年3月美国国会又通过了"与台湾关系法",企图利用台湾问题来牵制中国。这意味着美国只是有条件地接受了"一个中国"规范。此后,美国一直延续了这一模式。里根（Ronald Reagan）上台后一度扬言要继续与台湾发展实质性的关系,同时还要向台湾出售大量武器,导致中美关系一度紧张。但其后里根政府主动修复中美关系,双方发表了《"八·一七"联合公报》,美国政府重申无意执行"两个中国"或"一中一台"政策,承诺逐步减少其对台湾的武器出售数量,并经过一段时间后彻底解决这一问题。1995年夏,美国政府批准台湾地区领导人李登辉入境美国访问并发表演讲,引起中国政府和人民的强烈抗议。但克林顿（Bill Clinton）在与江泽民会晤后承诺,美方将继续恪守中美三个联合公报,承认只有一个中国,中华人民共和国政府是中国唯一合法政府,美方不希望台湾问题成为两国分歧的来源。[73]因此,在特朗普（Donald Trump）上台之前,美国尽管在台湾问题上不时有出格行为,但整体上对"一个中国"规范有着较高的接受程度。

然而,特朗普胜选后美国对"一个中国"规范的接受度发生了显著变化。一是特朗普在胜选后不久便与台湾地区领导人蔡英文通了电话,并表示一切议题都可在谈判之列。二是特朗普上台后美国出台了一系列相关法案来加强其与台湾之间的军事合作,通过提升双方之间的实质性关系来挑战"一个中国"规范。例如:2018 年,特朗普签署了"台湾旅行法",鼓励双方所有层级的官员开展互访,并逐步提升双方人员往来和交流的层级;[74] 2019 年,美国会两院通过了"台湾保证法",将台湾视为美国"印太战略"的重要合作伙伴,要求美国对台军售"常态化"。[75] 三是美国大力加强对台湾的国际支持。2018 年,萨尔瓦多、多米尼加和巴拿马三国相继与台湾"断交",美国政府对此极为不满,宣布召回美国驻三国大使或临时代办,以此向三国及其他计划与台湾"断交"的"邦交国"施压;[76] 2020年 3 月,美国会两院通过了"台北法案",要求美国政府协助台湾拓展"国际空间",维护既有的所谓"邦交国"数量,协助台湾发展与其他国家之间非正式的伙伴关系,并积极协助台湾加入国际组织;[77] 美国还借新冠肺炎疫情暴发之机公然支持台湾加入世界卫生组织。[78] 这一切都表明 2017 年后美国对"一个中国"规范的接受程度明显降低。

2. 主动型关系类型下的规范传播(1979—2016 年)

美国对"一个中国"规范的接受程度为何会经历一个不断下降的过程? 为何美国会在 1979 年中美建交到 2016 年特朗普上台之前这一段时间内对这一规范的接受程度较高? 这需要从两国的关系类型中寻找原因。本章认为,这一时期的中美关系事实上已经属于主动型关系类型,这是使得"一个中国"规范对美国传播效果较好的主要原因。

众所周知,这一时期美国在权力方面对中国存在明显的需求,这是由美国与中国及"第三方"在同一个国际关系网络中的互动决定的。冷战时期,这种权力的需求主要体现为其遏制苏联的需要。在美苏两极对峙的格局下,美国积极拉拢中国以增强其遏制苏联的力量,尤其在 20 世纪 70 年代美苏缓和失败后美国对中国的这种权力需求更加强烈。美国国家安全事务助理布热津斯基(Zbigniew Brzezinski)多次建议卡特(Jimmy Carter)总统迅速与中国建交,认为这对于美国与苏联的全球竞争是有利的。[79] 卡特也认为中国能够在维持国际均势方面发挥重要作用。[80] 正是出于这种考量,美国在台湾问题上接受了中国政府提出的"断交、撤军、废约"的要求,正式与中华人民共和国建立了外交关系。

此后,正是由于这种主动型关系的存在,美国始终未抛弃"一个中国"规范。里根上台后开始实施"双轨"政策,主要表现在其向台湾进行军售方面。但此时的中苏关系已经出现缓和趋势,[81]美国担心中苏和解将影响美国的战略地位,[82]因而在台湾问题上不得不明确重申要接受"一个中国"规范。

冷战结束初期,尽管苏联这一威胁不复存在,但非传统安全威胁的兴起使美国对中国权力的需求并未显著降低。随着全球化的发展,恐怖主义、核扩散、金融危机等一系列全球性问题不断凸显起来,这些问题单靠一个国家的力量难以有效应对。在这种情况下,美国需要中国在全球治理中承担更多的责任,特别是在打击恐怖主义和应对朝鲜核问题等方面要发挥作用。美国国内类似的呼声随着中国国力的不断增大而与日俱增:[83]2005年,美国副国务卿佐利克(Robert B. Zoellick)提出了中美属于"利益攸关方"(stakeholder)的观点,主张美国应该对中国采取务实的立场;[84]奥巴马执政时期的常务副国务卿詹姆斯·斯坦伯格(James B. Steinberg)认为中美处于"战略再保障"(strategic reassurance)的关系状态,美国应与中国建立互信。[85]这些都体现了美国对中国权力的需求。

因此,从中美建交到2016年,美国始终存在对中国的权力需求。此时,尽管因社会制度、意识形态的对立而使得中美在文化上并无相似度,美国对中国文化也并无需求,加之美国国家实力远超中国,中国也不存在通过权力控制美国的可能性,但正是美国对中国存在权力上的需求而导致中美关系进入主动型关系类型范畴,从而使得美国对"一个中国"规范有着较高的接受程度。

3. 无确定关系类型下的规范传播(2017—2020年)

2017年特朗普上台后,美国对"一个中国"规范的接受程度明显下降,其原因在于此时中美关系类型发生了变化,此前中美间存在的主动型关系类型因美国在权力上对中国的需求明显下降而逐步消解。

一方面,中国日益增长的国家实力不仅让美国感到越来越大的压力,而且还使其日益将中国的权力视为"威胁"而非机遇。在2000年,中国国内生产总值仅相当于美国国内生产总值的11%;到2016年时,这一数字已超过60%。[86]与此同时,中国的外交开始强调有所作为,而且注重顶层设计,这使得美国更加担忧中国将挑战美国主导的国际秩序。在此情况下,美国将中国筹建亚投行的行为视为是在现有金融体系之外要"另起炉灶",[87]将"一带一路"倡议视为中国是在谋求建立对自身有利的地缘战略秩序,旨在削弱美国的世界霸权和国际影响力。[88]

　　这种对中美间权力转移以及中国将"挑战"现有国际秩序的担忧促使美国的对华政策发生转变。因此，特朗普上台后，美国放弃了对华"接触"政策，竞争与遏制的色彩在其对华政策中不断明显起来。2017年底至2018年初，美国先后出台了《国家安全战略报告》等三份战略文件，不仅将中国定性为美国的"战略竞争对手"，而且还认为中国是"修正主义国家"，是对美国国家安全的"威胁"，因此要求美国必须同中国展开战略竞争。[89]在美国已将中国的权力增长视为对其"威胁"的背景下，美国对中国的权力需求度自然会大幅降低。

　　另一方面，特朗普上台后美国国家战略的转变也导致美国在权力方面对中国需求不断降低。特朗普强调"美国优先"和"美国至上"的理念，同时将国内事务放在首位。特朗普激烈抨击此前美国政府承担了过多的国际责任，结果使自身力量明显损耗，而其他国家则在美国提供公共物品的情况下心安理得地"搭便车"，这种做法不能再继续下去了。为此，他要抛弃美国过去的做法，要让美国走一条"美国主义而不是全球主义"的道路。[90]因此，在特朗普治下，美国参与全球治理和为国际社会提供公共物品的意愿不断下降。在这种情况下，美国与中国合作应对全球性问题的需求也明显降低，这意味着美国对中国的权力需求度也同步下降。

　　在中美间文化持续对立、美国对中国依然缺乏文化需求且中国相对美国仍然处于权力劣势的情况下，美国对中国权力需求的显著弱化使得中美两国间存在的主动型关系类型在相当程度上消解，此时中美关系开始进入无确定关系类型的范畴，这是导致2017年后美国对"一个中国"规范接受程度明显降低的最重要原因。

　　中美建交以来美国对"一个中国"规范接受程度不断下降的变化历程表明，主动型关系类型更加有利于规范的传播。但相比较而言，2016年后菲律宾对南海规范的接受程度显然高于2017年前美国对"一个中国"规范的接受程度（美国虽在一定时期内接受了"一个中国"规范，但其间屡次利用台湾问题做小动作），其原因在于，菲律宾与中国的主动型关系中包含权力与文化的双重需求，而美国对中国则只有权力的需求，因而中菲之间的主动型关系特点更加明显。由此可见，主动型关系越明显，其对规范传播越有利。

四、结　语

国际规范是利益和权力的重要载体,规范之间的竞争已成为国际竞争的重要内容。本章旨在研究关系类型对规范传播的重要作用。通过案例验证了最初的假设,即国家间关系类型对于规范传播具有决定性影响。当国家间关系属于全方位关系类型时,规范传播情况最好;当国家间关系属于主动型关系类型时,规范传播情况较好,而且主动型特点越明显,其规范传播效果越佳;当国家间关系属于被动型关系类型时,规范传播情况相对不佳。当国家间无确定关系类型时,规范传播效果最差,规范几乎不传播。此外,本章还希望在政策建议和学理启示两个方面进行进一步的探讨。在政策建议方面,随着中国国家实力和地位的日益上升,如何向国际社会发出中国声音,让其他国家接受中国倡导的国际规范,是中国在新时代面临的一个重要课题。在当今国际体系之下,主权国家已成为国际体系最重要的行为体,主权原则被世界各国广泛接受。传统华夷秩序下的权力控制在今天已变得不合时宜,也不符合新中国一直倡导的和平外交的理念。因此,为增强我国所倡导规范的影响力,我们应努力与其他国家构建主动型关系,即在相互尊重主权的基础上,不断提升其他国家对我国在权力及文化上的需求度:一是加强自身建设,努力向国际社会提供更多的"中国智慧",增强"中国模式"和中国文化的普适性;二是在适度的情况下努力向国际社会提供安全上的公共物品;三是提升自身被需求的程度,扩大自身被需求的范围。只有这样,才能促使中国所倡导的国际规范被更多国家所接受。在学理启示方面,本章探讨了单一概念层面上的关系类型,主要是分析了整体意义上的关系类型对规范传播所发挥的重要作用。但是,随着国家间互动日益频繁,国家日益处于纷繁复杂的关系网中,导致国家权力来源多元化、文化理念多层化的趋势更加显著。因此,由权力及文化关系所决定的国家间关系类型在实践上抑或在学理探讨中都不可避免地会出现关系类型之间叠加或者对冲的情况,即"复合关系类型"。在这种情况下,规范传播最终由何种关系类型决定,"复合关系类型"内部又是如何排列关系类型主次顺序的?这些问题值得我们进一步探究。

(原载《国际观察》2021年第1期)

注释

1. [美]玛莎·芬尼莫尔、[美]凯瑟琳·斯金克:《国际规范的动力与政治变革》,载[美]彼得·卡赞斯坦、罗伯特·基欧汉、斯蒂芬·克拉斯纳著,《世界政治理论的探索与争鸣》,秦亚青等译,上海:上海人民出版社 2006 年版,第 299 页; Peter J. Katzenstein, "Introduction: Alternative Perspectives on National Security," in Peter J. Katzenstein, ed., *The Culture of National Security: Norms and Identity in World Politics*, New York: Columbia University Press, 1996, p.5.; Martha Finnemore, *National Interests in International Society*, Ithaca, New York: Cornell University Press, 1996, p.22。

2. [美]玛莎·芬尼莫尔:《国际社会中的国家利益》,袁正清译,杭州:浙江人民出版社 2001 年版;Martha Finnemore and Kathryn Sikkink, "International Norm Dynamics and Political Change," *International Organization*, Vol.52, No.4, 1998, pp.887—917。

3. Alastair Iain Johnston, *Social States: China in International Institutions, 1980—2000*, Princeton: Princeton University Press, 2008.

4. Jeffrey T. Checkel, "International Institutions and Socialization in Europe: Introduction and Framework," *International Organization*, Vol.159, No.14, 2005, pp.801—822.

5. Amitav Acharya, "How Ideas Spread: Whose Norms Matter? Norm Localization and Institutional Change in Asia Regionalism," *International Organization*, Vol.58, No.2, Spring 2004, pp.239—275; Amitav Acharya, *Whose Ideas Matter: Agency and Power in Asian Regionalism*, Ithaca: Cornell University Press, 2009.

6. 参见 Ann Kent, "States Monitoring States: The United States, Australia and China's Human Rights, 1990—2001," *Human Rights Quarterly*, Vol.23, No.3, 2001, pp.583—624; Ryan Goodman and Derek Jinks, "How to Influence States: Socialization and International Human Rights Law," *Duke Law Journal*, Vol.54, No.3, 2004, pp.621—703。

7. 参见潘忠岐:《国内规范、国际规范与中欧规范互动》,载《欧洲研究》2017年第 1 期,第 1836 页。

8. 黄超:《说服战略与国际规范传播》,载《世界经济与政治》2010 年第 9 期,第 72—87 页。

9. 袁正清、李志永、主父笑飞:《中国与国际人权规范重塑》,载《中国社会科学》2016 年第 7 期,第 189—203 页。

10. [美]玛莎·芬尼莫尔:《国际社会中的国家利益》,袁正清译,第 29 页;高尚涛:《规范的含义与作用分析》,载《国际政治研究》2006 年第 4 期,第 144—157页;John Gerard Ruggie, "What Makes the World Hang Together? Neo-Utilitarianism and the Social Constructivist Challenge," *International Organization*, Vol.52, No.4, 1998, pp.869—870。

11. 潘亚玲:《国际规范更替的逻辑与中国应对》,载《世界经济与政治》2014年第 4 期,第 122—135 页;陈拯:《建构主义国际规范演进研究述评》,载《国际政治研究》2015 年第 1 期,第 135—153 页。

12. Judith Kelley, "International Actors on the Domestic Scene: Membership Conditionality and Socialization by International Institutions," *International Organization*, Vol.58, No.3, 2004, pp.425—452; Kowert Paul and Jeffrey Legro, "Norms Identity and Their Limits: A Theoretical Reprise," in Peter Katzenstein, ed., *the Culture of National Security Norms and Entity in World Politics*, New York: Columbia University Press, 1996, p.491.

13. John Ikenberry and Charles A. Kupchan, "Socialization and Hegemonic Power," *International Organization*, Vol.44, No.3, 1990, pp.283—315.

14. 林民旺、朱立群:《国际规范的国内化:国内结构的影响及传播机制》,载《当代亚太》2011 年第 1 期,第 135—160 页。

15. Amitav Acharya, "How Ideas Spread: Whose Norms Matter? Norm Localization and Institutional Change in Asia Regionalism", pp.239—275; Amitav Acharya, *Whose Ideas Matter: Agency and Power in Asian Regionalism*, 2009.

16. Jeffrey T. Checkel, "Norms, Institutions, and National Identity in

Contemporary Europe," *International Studies Quarterly*, Vol.43, No.4, 1999, pp.83—114.

17. Ayse Kaya, "The EU's China Problem: A Battle over Norms," *International Politics*, Vol.51, No.2, 2014, pp.214—233.

18. Jeffrey Checkel, "International Institutions and Socialization in Europe," *International Organization*, pp.801—826.

19. 林民旺、朱立群:《国际规范的国内化:国内结构的影响及传播机制》,第135—160 页。

20. Stephen Krasner, *Sovereignty: Organized Hypocrisy*, Princeton: Princeton University Press, 1999, p.89.

21. Stephen Haggard and Robert Kaufman, *The Political Economy of Democratic Transitions*, Princeton: Princeton University Press, 1995, p.8.

22. Frank Schimmelfennig, *The EU, NATO and the Integration of Europe: Rules and Rhetoric*, Cambridge: Cambridge University Press, 2003.

23. 康晓:《利益认知与国际规范的国内化》,载《世界经济与政治》2010 年第1 期,第 66—83 页。

24. 秦亚青:《国际政治的关系理论》,载《世界经济与政治》2015 年第 2 期,第 4—10 页。

25. Robert A. Dahl, "The Concept of Power," *Behavioral Science*, Vol.2, No.3, 1957, pp.202—203.

26. [美]彼得·卡赞斯坦等编:《世界政治理论的探索与争鸣》,秦亚青等译,上海:上海人民出版社 2006 年版,第 300 页。

27. [法]米歇尔·福柯:《规训与惩罚》,刘北成、杨远婴译,北京:三联书店2015 年版,第 29 页。

28. [美]亚历山大·温特:《国际政治的社会理论》,秦亚青译,上海:上海人民出版社 2000 年版,第 410 页。

29. [美]玛莎·芬尼莫尔、凯瑟琳·斯金克:《国际规范的动力与政治变革》,[美]彼得·卡赞斯坦等编:《世界政治中的探索与争鸣》,秦亚青等译,第312—313 页。

30. 林民旺、朱立群:《国际规范的国内化:国内结构的影响及传播机制》,第135—160 页。

31. 秦亚青:《国际政治的关系理论》,第 4—10 页。

32. [英]巴里·布赞、理查德·利特尔:《世界历史中的国际体系》,刘德斌主译,北京:高等教育出版社 2003 年版,第 80 页。

33. 秦亚青:《国际关系理论:反思与重构》,北京:北京大学出版社 2012 年版,第 25 页。

34. James G. March and Johan P. Olson, "The Institutional Dynamics of International Political Orders," *International Organization*, Vol.52, No.4, 1998, pp.943—969.

35. 本章对清代的研究范围只限于对 1840 年之前的研究,此后中朝两国都先后受到西方主权规范和条约体系影响,"华夏中心规范"受到冲击,因而不在本章的考察范围之内。

36.《明太祖实录》卷五三。

37.《清实录》卷一五。

38.《清实录》卷二七五。

39.《李朝太祖实录》卷一。

40. 同上。

41. 崔溥:《飘海录——中国行记》,北京:社会科学文献出版社 1992 年版,第68 页。

42.《明史》卷三二〇。

43.《李朝成宗实录》卷二十。

44. 如乾隆年间朝鲜大儒朴趾源在《热河日记》中写道:"皇明,吾上国也……何为上国? 曰中华也,吾先王列朝之所受命也。"参见朴趾源:《热河日记》,上海:上海书店出版社 1997 年版,第 187 页。

45.《李朝肃宗实录》卷三十九。

46. 蒋菲菲、王小甫等:《中韩关系史》,北京:社会科学文献出版社 1998 年版,第 326 页。

47. 孙卫国:《大明旗号与小中华意识——朝鲜王朝尊周思明问题研究》,北京:商务印书馆 2007 年版,第 46 页。

48.《李朝宣祖实录》卷二十七。

49. 具体可参见孙卫国:《大明旗号与小中华意识——朝鲜王朝尊周思明问题研究》。

50. 关于女真问题:朝鲜积极招抚辽东地区的女真部落,试图进一步向北发展。明王朝对朝鲜的这一行为十分愤怒,多次对朝鲜严厉责问,要求朝鲜将招抚的女真人送还,否则将派兵东讨。在明朝的压力下,朝鲜被迫送回了一批女真人,明王朝方才允许朝鲜继续朝贡。关于表笺问题:明太祖数次认为朝鲜在朝贡时所上的表笺中有"轻侮之辞",因而对朝鲜严加指责。

51.《李朝太祖实录》卷一。

52. 转引自魏志江:《中韩关系史研究》,广州:中山大学出版社 2006 年版,第212 页。

53. 姜万吉:《韩国近代史》,北京:东方出版社 1993 年版,第 63 页。

54. 朴趾源:《热河日记》,上海:上海书店出版社 1997 年版,第 187 页。

55.《李朝肃宗实录》卷一。

56. 同上。

57. 相关表述可参见《胡锦涛在中国共产党第十七次全国代表大会上的报告》,人民网,http://cpc.people.com.cn/GB/64093/67507/6429855.html;《中国的和平发展》,中国政府网,http://www.gov.cn/zhengce/2011-09/06/content_2615782.htm;《中华人民共和国外交部关于坚持通过双边谈判解决中国和菲律宾在南海有关争议的声明》,http://www.fmprc.gov.cn/nanhai/chn/snhwtlcwj/t1370477.htm;《中华人民共和国外交部关于应菲律宾共和国请求建立的"南海仲裁案"仲裁庭所作仲裁的声明》,http://www.fmprc.gov.cn/nanhai/chn/snhwtlcwj/t1379490.htm。登录时间:2020 年 10 月 2 日。

58. Pia Lee-Brago, "Bilateral Talks with China on Sea Row Impossible-DFA," The Philippine Star, July 16, 2013, http://www.philstar.com/head-lines/2013/07/16/975461/bilateral-talks-china-sea-row-impossible-dfa. 登录时间:2020 年 10 月 2 日。

59. Joseph Santolan, "Manila Responds to South China Sea Ruling," July

15, 2016, https://www.wsws.org/en/articles/2016/07/15/phil-j15.html, 登录时间:2020 年 10 月 2 日。

60.《菲律宾称不会在主权上让步 欢迎美加强亚太存在》,凤凰网,http://news.ifeng.com/mil/1/detail_2012_10/05/18056674_0.shtml,登录时间:2020 年 10 月 2 日。

61.《东盟外长会在争吵中结束 首次未发联合公报》,中国新闻网,http://www.chinanews.com/gj/2012/07-15/4032977.shtml,登录时间:2020 年 10 月 3 日。

62. 参见雷墨:《如何看待菲律宾外交转向》,载《南风窗》2016 年第 22 期。

63.《习近平同菲律宾总统杜特尔特举行会谈》,新华网,http://www.xinhuanet.com//world/2016-10/20/c_1119756457.htm,登录时间:2020 年 10 月 3 日。

64. 胡锦涛:《努力建设持久和平、共同繁荣的世界——在联合国成立 60 周年首脑会议上的讲话》,载《人民日报》2006 年 9 月 16 日。

65.《习近平谈治国理政》,北京:外文出版社 2014 年版,第 249 页。

66. "PH to Lose P200 M A Day in Fish Catch If China Puts Up 'No Fishing' Sign in WPH", July 9, 2015, https://www.senate.gov.ph/press_release/2015/0709_recto1.asp, 登录时间:2020 年 10 月 6 日。

67. "New Dawn for Philippine-China Relations?" http://www.al-jazeera.com/indepth/opinion/2016/06/Dawn-Philippine-China-Relations-Duterte-160604101429033.html, 登录时间:2020 年 10 月 10 日。

68.《菲律宾企业家:菲将从"一带一路"合作中获益》,http://cn.chinadaily.com.cn/2016-03/09/content_23797555.htm,登录时间:2020 年 10 月 10 日。

69.《外交部:理解和支持菲新政府优先打击毒品犯罪的政策》,中国网,http://news.china.com.cn/world/2016-08/25/content_39166659.htm,登录时间:2020 年 10 月 10 日。

70. "Remarks with Secretary of Defense Leon Panetta, Philippines Foreign Secretary Albert Del Rosario, and Philippines Defense Secretary Voltaire Gazmin after Their Meeting," *Washington DC*, April 30, 2012, https://2009-

2017. state. gov/secretary/20092013clinton/rm/2012/04/188982. htm,登录时间:2020 年 10 月 10 日。

71. "Wang Yi Meets with Secretary of State John Kerry of US," July 26,2016, https://www.fmprc.gov.cn/mfa_eng/zxxx_662805/t1384980. shtml,登录时间:2020 年 10 月 11 日。

72. 具体可参见《习近平会见欧洲理事会主席图斯克和欧盟委员会主席容克》,新华网, http://www. xinhuanet. com//world/2016-07/12/c_1119207979. htm;《李克强分别会见越南总理阮春福和拉脱维亚总统韦约尼斯》,新华网, http://politics.people.com.cn/n1/2016/0715/c1024-28555470.html;《菲律宾南海仲裁案:一场披着法律外衣的政治闹剧》,新华网, http://www.xinhuanet.com/ world/nhzca/,登录时间:2020 年 10 月 11 日。

73. 钱其琛:《外交十记》,北京:世界知识出版社 2003 年版,第 314 页。

74. "H. R. 535 - Taiwan Travel Act," https://www.congress.gov/bill/ 115th-congress/house-bill/535/text,登录时间:2020 年 10 月 11 日。

75. Taiwan Assurance Act of 2019 (House of Representatives Bill No.2002), US Congress website, https://www.congress.gov/bill/116th-congress/house-bill/2002/text?q=％7B％22search％3A％5B％22Taiwan＋Assurance＋Act＋of＋2019％22％5D％7D&r=1&s=1,登录时间:2020 年 10 月 11 日。

76. "US Recalls Top Diplomats from Dominican Republic, El Salvador, and Panama over Taiwan," https://edition. cnn. com/2018/09/07/politics/us-diplomats-taiwan/index.html,登录时间:2020 年 10 月 16 日。

77. *Taiwan Allies International Protection and Enhancement Initiative (TAIPEI) Act of 2019*, US Congress website, https://www.congress.gov/ bill/116th-congress/senate-bill/1678/text,登录时间:2020 年 10 月 16 日。

78. Draft Proposal Would Bring Taiwan to the Table at WHO, in Bid to Push Back at China Influence, https://www. foxnews. com/politics/draft-proposal-would-bring-taiwan-to-the-table-at-who-in-bid-to-push-back-at-china-influence,登录时间:2020 年 10 月 16 日。

79. ［美］兹比格涅夫·布热津斯基：《实力与原则——1977—1981 年国家安全顾问回忆录》，邱应觉等译，北京：世界知识出版社 1985 年版，第 228—231 页。

80. *Memorandum of Conversation*，*Carter Library*，*National Security Affairs*，*Staff Material*，*Office*，*Outside the System File*，Box 46，China：Brzezinski，May，1978，Trip：5/25/78-6/78.

81. 1982 年 3 月勃列日涅夫发表塔什干讲话，表示愿意与中国就改善双边关系展开对话，中国领导人对此给予积极回应，中苏关系开始出现解冻趋势。

82. 相关内容可参见"NIO Monthly Warning Assessment，" March 31，1982，pp.2—3，Digital National Security Archive，Item Number：CI02209；"Prospect for Sino-Soviet Rapprochement，" May 1982，p.5，*Digital National Security Archive*，Item Number：CI02211。

83. Stewart Patrick，"Global Governance Reform：An American View to US Leadership，" Policy Analysis Brief，February（2010），http：//www.stanleyfoundation.org/publications/pab/PatrickPAB210.pdf，登录时间：2020 年 10 月 16 日。

84. Robert Zoellick，"Whither China：From Membership to Responsibility?" September 21，2005，http：//2001-2009.state.gov/s/d/former/zoellick/rem/53682.htm，登录时间：2020 年 10 月 16 日。

85. James Steinberg and Michael O'Hanlon，Strategic Reassurance and Resolve：US-China Relations in the Twenty-First Century，2014，登录时间：2020 年 10 月 18 日。

86. 相关数字源于世界银行网站：https：//data.worldbank.org/，登录时间：2020 年 10 月 18 日。

87.《堵不住的亚投行，美国反对的理由》，http：//news.xinhuanet.com/fortune/2015-03/23/c_127609513.htm，登陆时间：2020 年 10 月 18 日。

88. Thomas P. Cavanna，"What Does China's Belt and Road Initiative Mean for US Grand Strategy?" *The Diplomat*，June 5，2018.

89. The White House，The National Security Strategy of the United States of America，December 2017，https：//www.whitehouse.gov/wp-content/uploads/

2017/12/NSS-Final-12-18-2017-0905. pdf；Department of Defense of the United States，"Summary of National Defense Strategy Report of the United States of America," January 2008，https：//www. defense. gov/Portals/1/Documents/pubs/2018-National-Defense-Strategy-Summary. pdf，登录时间：2020 年 10 月 18 日。

90. Donald J. Trump，Address Accepting the Presidential Nomination at the Republican National Convention in Cleveland，Ohio，July 21，2016，http：//www. presidency. ucsb. edu/ws/？pid＝117935，登录时间：2020 年 10 月 18 日。

第十一章 关系变化与规范反馈
——以中美对东南亚无核武器区建设的态度变迁为例

贺嘉洁*

一、引　言

随着规范社会化相关理论和实证探讨的深入,学者们对于行为体接受并遵循某一规范的行为逻辑有了较为全面的理解,但仍有一些问题尚未得到解决。例如,为什么在没有外部冲击、偏好和认同也没有发生明显变化的情况下,一国对同一规范的态度却在不断调整?为什么有些规范不完全符合一国的地缘政治利益或者与它们的既有实践和身份认知存在冲突,但该国依然愿意就此与规范倡导者展开对话?结果性逻辑、适当性逻辑和争论性逻辑都未能很好地回答这些问题。我们有必要从规范倡导者和规范对象国互动的关系情境切入进行考察。

本章关注的核心问题是规范倡导者与规范对象国之间的关系变迁如何影响后者对于规范的反馈,即关系性逻辑在规范社会化过程中的作用机制。根据世界政治的关系理论,本章从关系的情感联结程度和地缘政治价值两个维度考察两者间关系的变化。关系的情感联结程度的增加让规范对象国对规范倡导者产生信任,进而促使它为维持亲密关系而在规范相关的分歧上做出妥协或对话的

---

* 贺嘉洁,复旦大学国际关系与公共事务学院讲师。

努力;关系的地缘政治价值的提升则让规范对象国具有了在以倡导者为中心的关系网中赢得比较关系优势的动力,并将为此协助规范倡导者推动规范的进程。两个维度关系的升级都让规范对象国对规范的态度趋于积极,规范倡导者也可以通过对关系过程的经营来影响规范的社会化进程。

在《东南亚无核武器区条约》(SEANWFZ)生效后的近 30 年时间里,尽管中国、法国、俄罗斯、英国和美国五个核武器国家(简称"五核国")对核武器作用的认知和各自的核实践都没有实质性改变,但它们在《东南亚无核武器区条约》议定书问题上的态度却发生了微妙调整。其中,中国先是有条件地接受议定书,2004 年后表态愿意无保留地接受,2019 年以来更是日益成为东盟倡议的积极推动者;美国最初拒绝对话,2010 年后开始参与谈判却又摇摆不定,2022 年以来明确表示愿意支持东南亚无核武器区的建设。关系性逻辑能够清楚地解释中美两国对东盟无核化规范的态度变迁以及东盟在其中的施动性。

本章的第二部分是对既有文献的梳理和评价。第三部分将在此基础上构建一个关系性逻辑下规范对象国对规范做出反馈的分析框架,并以该框架解释中美两国对东盟无核化规范态度的变迁。其中,第四部分探讨东盟在无核化规范建构和扩散过程中的施动性,第五部分和第六部分重点分析中美两国对于东盟无核化规范的态度变迁及背后的关系性逻辑。最后是对全章的小结。

二、既有研究述评

如前所述,本章旨在从关系性逻辑切入,探讨关系在规范社会化过程中的作用机制。这一问题既涉及行为体社会行动逻辑的争论,也是基于既有关系理论的延伸,因此有必要对相关文献进行简要的梳理。

(一) 关于行为体社会行动逻辑的探讨

既有研究指出,行为体的社会行动逻辑包括结果性逻辑、适当性逻辑、争论性逻辑和关系性逻辑四种。其中,结果性逻辑本身不考虑规范但有可能被用于规范的考量,适当性逻辑多被用于解释既有规范的接受和内化,争论性逻辑和关系性逻辑则为规范的发展和重塑提供了理论基础。[1]

主流建构主义学者认为，行为体按照规范行事是因为规范符合它们的身份和对角色的预期，进而基于适当性逻辑实现了规范的内化。[2]但也有学者认为，行为体接受规范约束并不完全是因为适当性逻辑，也有结果性逻辑的考虑，即这么做不仅适当（规范理性）而且能带来好处（工具理性）。[3]因此，社会化也被视为一个渐进的过程，以工具理性的计算为起点，经由行为体有意识的角色扮演（conscious role playing）或者理所当然（taken-for-grantedness），进而实现在规范理性指导下的行动。[4]在实证研究中，结果性逻辑和适当性逻辑相互补充，解释了行为体为什么会遵守特定规范以及在不同规范之间所做的选择。[5]但这两种行为逻辑背后都有一个隐含的假设，即规范对象国对于规范态度的变化受外部环境影响，如倡导者的传授和游说或者规范本身的普及，但是它们忽视了规范对象国的反社会化倾向和实践自主性，无法解释当外部影响微弱时，为什么规范对象国对于规范的态度依然发生了变化。[6]

争论性逻辑的提出是对结果性逻辑和适当性逻辑的重要补充，弥补了后两者忽视规范对象国在与规范倡导者互动过程中所表现出的实践自主性这一不足。争论性逻辑的支持者强调，规范扩散并非倡导者单向推动的规范进程，而是互动中的行为体（包括倡导者和对象国）通过辩论和阐释明确规范的价值和意义，进而达成符合逻辑的共识。[7]在这个过程中，权力和社会等级退居幕后，小行为体因此得以在规范的进程中发挥更大的能动性。[8]争论性逻辑之所以成立，是因为规范互动的双方有着"共同的生活世界"，可以在外交场合或国际公共领域参与争论并认可彼此有着相同的权利。[9]然而，怎样紧密的联系和互动才足以构成"共同的生活世界"以及其他领域的国际机制如何为特定议题上的争辩创造条件却始终是相关研究有所意识但又含糊其词的地方。[10]如在核裁军问题上，无核武器国家与有核国家之间缺少共同认知且存在显著的权力差异，因此原本并没有多少可供争论的空间。双方如何就此展开互动并推动争论性逻辑发挥作用是既有研究尚未回答的一个问题。

近年来，国际政治研究经历了"关系转向"，关系性逻辑是其中的核心假设。[11]相较于上述三种逻辑对个体理性（包括工具理性和规范理性）的强调，关系性逻辑突破了实体本体论，坚持以关系本体为优先。[12]换言之，"行动者采取何种行动在很大程度上是由自我—他者的特定关系和自我关系总体圈网所决定的"。

行动者的利益、意愿和偏好固然是行动的原因，但它们并非一成不变，而是"随着关系性质的变化而变化"。[13] 关系本体的引入不仅补充了结果性逻辑和适当性逻辑所忽视的行为体在规范过程中的实践自主性，而且通过对关系变化的分析回答了如何构建"共同的生活世界"这一争论性逻辑没有充分解释的问题，对于理解规范反馈问题有着很大的启发性。

遗憾的是，尽管关系性逻辑的提出引发了学界的广泛讨论，但相关的理论和实证研究却集中于由其所引申出来的新课题（特别是它在构建区域性社会关系网络过程中所发挥的作用），[14] 而鲜有涉及它在行为体规范反馈中的影响。换言之，目前对关系性逻辑的研究尚未与此前提出的三种逻辑形成有效的对话。

（二）关于关系理论的实证研究

本章意在补充关系性逻辑在规范行为中的作用机理。既有的关系理论及相关的实证研究是本章理论探讨的重要出发点，为更好地理解关系本体的实践意义提供了参考。总的来说，目前关于关系理论的讨论集中于关系性权力的形成及其作用方式两个主题。

首先，就关系性权力的形成机制而言，学者们认为，权力产生于关系网络中节点间物质、信息和意图传递的过程。处于更中心地位或关键连接地位的国家相对其他节点国家有着更大的关系性权力。[15] 有学者从社会网络的角度指出，行为体可以通过成为规模较大网络中的桥梁或中介，为网络中的其他行为体提供联结甚至是唯一联结来获取关系性权力。[16] 同时，关系的强弱与关系性的强弱并不完全正相关。对于一些拥有弱关系的行为体来说，它们也可以依靠扩大主体范围和拓展关系网络等方式提高中心性水平，从而获得更大的关系性权力。[17] 东盟就是通过在东亚构建各类合作框架同地区大国建立了多领域、多层次的关系，从而在中介中心性、接近中心性和程度中心性等维度上都成为区域内中心性最强的行为体。[18] 凭借这一关系中心地位，东盟得以在地区合作中主动管理和调节各类关系，并扮演了"诚实的中间人"角色来协助对接不同的地区合作方案与机制。[19]

其次，既有研究指出，大国和小国运用关系性权力的方式不同。大国往往把关系作为权力资源，通过竞争关系网络（特别是安全关系网络）中的优势地位和独家联系以巩固和补充自身的物质能力和影响力。[20]如在中美战略博弈中,美国通过维持甚至强化军事同盟关系并将中国排除在所谓"基于规则的地区安全体系"的制度制定进程外来遏制中国的发展。[21]也有学者把关系性权力的维持视作大国领导地位的标志。[22]

不同于大国,小行为体往往把关系性权力视作工具,通过调整关系网络维护自身安全,并借助在网络中的中心和主导地位对其他行为体进行规范约束。如东盟把地区大国纳入关系网络后,积极维护关系的亲疏均衡和关系环境最优,不仅增进了自己的权利,而且将关系网络制度化为东盟中心的体系。[23]东盟还凭借自身的网络中心地位,用清谈来构筑、发展和维护关系网络,并通过频繁的互动、建设性对话和共同制定规则等方式对地区大国进行社会化,潜移默化地塑造它们的地区行为。[24]20世纪90年代,东盟邀请中国加入东盟地区论坛就是出于这一目的。[25]但是,也有学者对东盟的关系性权力及其作用提出了质疑,认为东盟在事关地区经济与战略发展的重大问题上仅仅扮演了"旁观者"的角色。[26]

关系理论的实证案例加深了我们对于规范过程中关系性逻辑的理解,特别是大国对于建构、维持、巩固关系的认知和利益以及小行为体在关系互动中所能发挥的能动作用,但依然存在一些不足。首先,如前所述,学者们虽然深入讨论了关系性权力的形成和作用方式,却较少研究关系本体如何在规范社会化过程中干预对象国对工具性和适当性的权衡,而这恰恰是建构主义国际关系理论的核心关切。其次,既有研究集中于关照网络中心点行为体如何通过对网络的控制和维系来推动社会化进程(即它们的能动性),却较少关心其中的节点国家如何认识和界定中心点行为体的关系性权力,并对其在规范层面上做出回应。节点国家的反馈体现了关系性权力的实际影响,对它的考察具有现实意义。

本章尝试弥补上述研究的不足,探讨关系性逻辑在规范社会化过程中的作用机制,即规范对象国如何依据关系的变化调整偏好,进而对规范做出不一样的反馈。这并不意味着其他逻辑不发挥作用,而只是强调"行动首先是由关系选择的"。[27]

三、行为体回应规范约束的关系性逻辑

如前所述,规范社会化进程有规范倡导者的施动性和规范对象国对规范的

反馈两个面向。既有的建构主义文献已经就前者做了较为充分的阐述,[28] 对于后者的研究则集中于行为体在选择了部分接受规范之后如何对其进行本土化。[29] 然而,本土化只是行为体面对外来规范时的一种回应方式。在现实中,行为体在本土化(即部分接受)之外还有其他可能的选择。[30] 本章主要探讨规范对象国对规范的反馈及其背后的逻辑,而规范倡导者的施动性(包括对规范社会化目标的设定以及规范过程中对关系的调节和管控)仅作为理论和实证分析的背景。

结合世界政治的关系理论,本章认为,单纯的个体理性(包括工具理性和规范理性)无法解释规范对象国在自身利益和认知没有发生显著改变的情况下对规范态度的变化。只有将个体理性拓展为关系理性并考察规范倡导者与规范对象国之间关系的发展,才能理解后者出于维持关系的需要而对规范价值所做的权衡与适应,即它们在规范社会化过程中的实践自主性。

(一) 规范倡导者对社会化目标的设定:类型学分析

在推动规范社会化的过程中,规范倡导者基于自身实力和规范性质对其合法性覆盖的地域范围和遵约方式有不同的预期,形成了社会化目标的不同分类(见表 11.1)。一方面,就规范影响的地域范围而言,有的规范倡导者由于自身影响力的局限而仅寻求规范能在其设定的有限地理范围内产生合法性并约束对象国的行为(即规范的区域合法性),而有些倡导者雄心勃勃,要求对象国在任何情境下(不论所涉区域)都要遵守规范(即规范的全球合法性)。另一方面,规范倡导者对规范对象国遵守规范的程度也有不同的期待。有些倡导者只寻求对象国能基于理性考量而选择遵守规范并付诸实践,另一些则从更长的时间维度出发,期望对象国能在互动过程中重塑自己的偏好,并通过学习和说服等活动逐步内化它所倡议的规范,进而不再把遵约之外的其他行为视作合理的选项。[31] 尽管其中都包含了规范理性的假设,但只有在规范内化中,沟通行动理性(争论性逻辑)才会发挥更大的作用——行动者需要在争论中辨识规范的价值,并最终达成规范信服。而在做出遵守规范的选择时(意味着它还有不遵守的选项),行为体可能仅仅因为害怕遭到社会性制裁才做出符合角色预期的选择,但它本身并不一定喜欢这一角色。[32] 如秦亚青所说,选择遵守规范和内化规范是社会化的两个发展阶段,前者为后者奠定了基础。[33]在现实中,基于选择所做的规范遵守承诺往往有一些外在的衡量标准,如签署或加入相关的条约、公约或协定,而在做出选择之后是否进一步内化规范,一般只能根据规范对象国在不同情境下的实践一致性做出判断。[34]

表 11.1　规范社会化目标的类型学分析

		规范影响范围	
		区域合法性	全球合法性
规范遵守程度	选择	类型 I:如地区性无核武器区、《东南亚友好合作条约》和《南海行为准则》(谈判中)等	类型 II:如《不扩散核武器条约》、核技术和材料的出口管制、非法麻醉品管制等
	内化	类型 III:如东盟方式、不结盟、作为规范性力量的欧盟等	类型 IV:如全球安全倡议、全球发展倡议、全球文明倡议、不干涉内政等

资料来源:笔者自制。

囿于篇幅,本章仅探讨表 11.1 中的类型 I,即规范倡导者寻求规范对象国能在一定区域范围内做出遵守规范约束的选择。这是因为它是四种规范社会化类型中倡导者与对象国以及不同规范对象国之间关系最为简单(限定在区域范围内)且规范结果有明确衡量标准(是否签署规范相关的文本)的一种形式,便于理论的抽象和实证的检验。但不管是就规范影响范围还是影响方式而言,不同类型社会化目标的区别主要在于规范对象国社会化程度(即地理范围和阶段)的差异,因此同样的逻辑也适用于对其他三种情况的分析,但需要在此基础上就更为复杂的行为体关系互动情境和其中沟通行动理性的作用机制做进一步延伸。

(二) 规范对象国在限定范围内选择遵约的行为选项

选择在特定区域遵守规范是规范倡导者对规范对象国社会化结果的预期。但是,从规范对象国第一次接触规范到最终做出遵守或不遵守规范的选择这一过程来看,它对规范的态度有着更具体的反馈及变化模式,即不同程度地接受或拒绝规范。

就接受规范而言,依据规范对象国接受程度由弱及强可以分为有条件接受、无保留接受以及主动推动规范的扩散和升级三种反馈模式。有条件接受是指规范对象国由于并不完全认同倡导者所支持的规范而对其中的部分内容有所保留,但它依然尊重倡导者的意愿并在保留条件之外接受相应的规范约束。无保留接受是指规范对象国不附加任何条件地接受倡导者所支持规范的约束。主动推动规范扩散和升级则较无保留接受更进一步。这时候对象国加入了倡导者的队伍,一方面推动规范约束范围的扩大和程度的加深,另一方面敦促更多国家接受该规范。从某种程度上来说,此时规范对象国已经从出于工具理性做出遵约选择开始转向认同并内化这一规范。

就拒绝规范而言,依据规范对象国拒绝程度由弱及强可分为谈判条件、摇摆与拖延以及抵制沟通三类。其中,谈判条件是指在某种压力的驱动下,规范对象国与规范倡导者围绕规范约束的具体内容进行谈判,但谈判的结果并不确定。若谈判成功,规范对象国有可能转向有条件地接受规范;若谈判失败,则可能抵制规范甚至选择相反的规范。摇摆与拖延是指规范对象国虽然认为规范倡导者的规范约束对自身不利,但又出于种种原因而不便断然拒绝与后者在这一问题上的接触。因此,它会通过不断变化的政策和各种借口来推迟规范约束的生效,从而获得回旋空间。但这只是一种短期政策,随着时间的推移,规范对象国最终将不得不在谈判条件和抵制沟通之间做出选择。抵制沟通则是指规范对象国明确表示接受规范约束既不符合自己的利益也不适当,因此无法与规范倡导者就此进行对话。

由此,在规范对象国接受与拒绝规范约束之间形成了一个积极性由强及弱渐进变化的行为光谱。其中的一端引导规范对象国做出遵守规范的选择,另一端则驱使其无视甚至选择与倡议规范相悖的其他规范(如图11.1)。

接受			拒绝		
主动推动规范的扩散和升级	无保留接受	有条件接受	谈判条件	摇摆与拖延	抵制沟通

遵守规范　　　　　　　　　　行为体的选择　　　　　　　　　不遵守规范

图11.1　规范社会化过程中行为体对规范的行为选项

资料来源:笔者自制。

（三）规范进程中的关系性逻辑

秦亚青认为,"人的行动基于关系。行动者深嵌于复杂的关系圈网,关系网既影响到行动者的行为,也建构行动者身份。进而,行动者也会利用关系圈网实现自己的利益目标"。[35]这就意味着行为体在采取实际行动之前需要先对各种有意义的关系做出权衡,而工具理性和规范理性只有在关系明确后才能发挥作用。[36]

关系性逻辑有助于我们理解国家行为体在面对外部规范约束时的态度变化。这是因为围绕规范的互动是规范倡导者与规范对象国以及不同规范对象国之间的社会关系。脱离了关系及其动态调整的本质,行为体面对外部规范时的选择和态度变化就无法得到解释。[37]

为便于阐述,本章假设了一个如图 11.2 所示的关系环境。其中,E 为规范 N 的倡导者,关系者 T_1 和 T_2 分别是规范 N 致力于影响的主要对象国。T_1 和 T_2 既是以 E 为核心的关系圈的成员,同时各自也与其他关系者(X_n 或 Y_n)形成了另外的关系圈。本文关注的是 E 和 T_1 之间的规范社会化进程,但它并不是孤立的,而是发生在由 E、T_1、T_2 以及其他关系者共同构成的关系环境中。后者是规范社会化进程中的本体性要素。

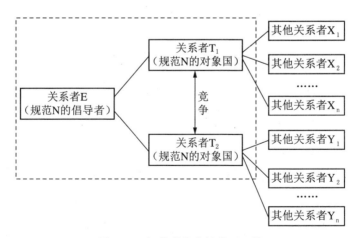

图 11.2　规范进程中的关系环境

资料来源:笔者自制。

根据世界政治的关系理论,关系可以用情感联结程度(关系是否在情感层面具有亲近性)和地缘政治价值(关系是否在地缘政治层面重要)两个维度的指标来衡量。现实中,两个指标并不具有直接相关性,即关系的情感联结程度高不一定意味着其地缘政治价值就高(或者低),反之亦然。在评估关系的性质时需要统合两个指标并根据时空情境做出判断(如图 11.3)。

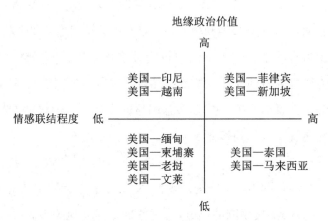

图 11.3 关系的情感联结程度与地缘政治价值:
以"印太战略"下美国与东南亚国家的双边关系为例

资料来源:笔者依据相关资料制作,参见 David Shambaugh, "U.S.-China Rivalry in Southeast Asia: Power Shift or Competitive Coexistence?" *International Security*,Vol.42,No.4,2018,pp. 100—103; The White House, "Indo-Pacific Strategy of the United States," https://www. whitehouse. gov/wp-content/uploads/2022/02/U. S.-Indo-Pacific-Strategy. pdf,登录时间:2023 年 3 月 11 日。

作为互信的生产机制,关系的情感联结程度以关系者之间制度性联系的数量和层级为判断依据。关系双方合作领域的拓宽和合作层级的上升往往意味着情感联结程度的提升,而情感联结程度的提升又促进了关系者之间的信任,使它们更容易(因而也更频繁地)达成一致。[38]在关系圈中,盟友间的情感联结程度最高,地区组织成员间的情感联结程度高于非成员,伙伴关系中一般伙伴关系、全面合作伙伴关系、战略伙伴关系和全面战略伙伴关系的情感联结程度为递增状态。[39]

关系的地缘政治价值则由地缘的相近性、行为体自身的实力以及权力竞争格局的影响等因素共同决定。由于空间距离为常量,行为体实力在一定时间内也较为稳定,因此现实中关系的地缘政治价值的起伏往往同其中一个关系者与第三方竞争形势的变化有关。如冷战后期,中美关系对美国的地缘政治价值随着美苏对抗的加剧而上升。在图 11.2 中,随着 T_1 与 T_2 之间竞争的加剧,对 T_1 来说,它与 E 关系的地缘政治价值随之提升,进而刺激 T_1 产生在以 E 为中心的关系圈中赢得相对 E 与 T_2 更亲近关系(即关系上的比较竞争优势)的动力。[40] 这是因为与 E 更亲近的关系能够在 T_1 与 T_2 的竞争中转化为 T_1 的声望和社会资本(T_1 在关系网中有着更多"朋友"和支持者),从而为其赢得有利的国际地位。[41] 需要注意的是,虽然情感联结程度和地缘政治价值这两个指标存在差异,但后者的介入会影响前者的作用,在特定情况下甚至成为行为体采取行动的决定性指标。[42] 由于关系圈环境处于动态调整的进程中,其中关系者之间关系的情感联结程度和地缘政治价值也在不断发生变化。[43]

　　关系理论假定,行为体的利益和身份由关系所塑造。[44]对关系的情感联结程度和地缘政治价值的权衡是行动者决策之前的基本考量,而行动者对规范所做的反馈是它们基于关系权衡的自主性实践(如图 11.4 和图 11.5)。[45]在规

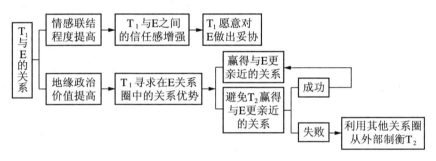

图 11.4　关系性逻辑发挥作用的机制

资料来源:笔者自制。

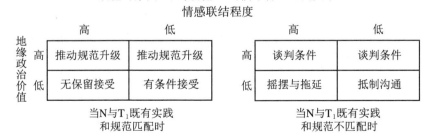

规范对象国 T_1 与规范 N 的倡导者 E 之间关系

图 11.5　关系性逻辑与规范对象国的规范反馈

资料来源:笔者自制。

范进程中，规范对象国的自主性实践对规范进程形成了主动的影响。同时规范倡导者也可以通过对关系亲疏均衡的管控反作用于或约束对象国的选择。[46]

具体来看，当 E 与 T_1 的关系既缺少情感联结上的亲近度也不具备地缘政治上的重要性时，双方的关系性联系较低，理性逻辑主导 T_1 对 E 所倡议规范 N 的态度，其中的考量包括 N 与 T_1 的既有实践是否匹配以及与其他规范是否存在冲突。[47]如果 T_1 既有的国际实践和遵循的国际规范与 N 相一致，那么它对于 N 的认同感就更强，接受 N 的约束所面临的国内政治阻力也会较小。但是，考虑到遵约是一种长期承诺，而权力政治格局变动的不确定性会使得 T_1 的承诺虽然未必损害它的当下利益，却有可能限制其在未来特定时刻的行动自由，因此 T_1 有可能（但不必然）在接受 N 的约束时做出一定的保留或限制，以规避未来不确定的风险。而如果 T_1 既有的国际实践与 N 有着明确偏差或者 N 被认为与其他规范存在冲突，同时 E 与 T_1 之间又没有明显的关系牵绊，那么接受 N 的约束会给 T_1 带来较大的国内政治成本。这时候，T_1 会直接拒绝与 E 就 N 的约束进行沟通，并且无须顾忌由此给双边关系带来的负面影响。

当 E 与 T_1 关系的情感联结程度和地缘政治价值发生变化时，T_1 决策时的理性逻辑就会受到关系性逻辑的干扰，前者后退并服从于关系性逻辑的考量。一方面，T_1 对 N 的态度同 T_1 与 E 关系的情感联结程度形成了相互建构的关系，即更亲近的情感互动让 T_1 对 E 产生信任进而对 N 抱有更积极的态度，而 T_1 的积极态度反过来又进一步增强了 T_1 与 E 之间关系的情感联结程度。这意味着如果 T_1 既有的国际实践与 N 匹配，那么随着 E 与 T_1 之间情感联结程度的提升（假定地缘政治价值不变），后者逐渐积累了对 E 所倡议规范 N 的信任，并出于维持亲密关系的考量选择放下此前因未来的不确定性而对 N 持有的保留意见。即使 T_1 既有的国际实践或者其认同的其他国际规范与 N 有所偏差，它也很难拒绝 E 就 N 与之展开沟通和对话的请求，尽管在这一过程中它可能还是会出于理性的考虑而摇摆和拖延。T_1 的善意也使其与 E 的情感联结得到了巩固。

另一方面，当 E 关系圈中的另一个行为体 T_2 与 T_1 形成了某种程度的地缘政治竞争，这时候与 E 的关系对 T_1（对 T_2 亦是如此）就有了更高的地缘政治价值。如前所述，它因此也需要在以 E 为核心的关系圈内获得相对于 T_2 的关系优势。如果 T_1 认同规范 N,它有可能采取更激进的措施推动规范 N 影响力的扩大和升级以赢得 E 的好感,并借此给 T_2 施加压力,推动其同样接受 N 的约束。若 T_1 成功说服或影响了 T_2 接受 N,它就将因为协助 E 达成使命而强化了 E 对它的正面认知;即使 T_1 没有对 T_2 的规范行为产生影响,它也因为对 E 的支持而获得了 E 的信任。如果 T_1 本身并不认同规范 N,它可能会做出妥协,与 E 展开更有实质性的谈判,以避免 T_2 将 N 作为削弱自己在关系圈中地位的工具。但是,谈判结果有一定的不确定性。若谈成,则 T_1 会有保留地接受 N 的约束,并留在以 E 为中心的关系圈中继续与 T_2 进行关系竞争;若谈判破裂,则 T_1 有可能退出 E 的关系圈,并借助其他关系圈(由 T_1 和 X_1、X_2、X_3 等盟友组成的关系圈)从外部与 T_2 展开关系竞争。[48]这时,T_1 除需要做出规范选择外,还面临一定程度的"亲缘困境",即在以 E 为核心的关系圈与由 T_1 和 X_1、X_2、X_3 等盟友共同组成的关系圈之间做出选择。同样的逻辑也适用于 T_2。

需要指出的是,由于关系的地缘政治价值对行为的影响比关系的情感联结程度更为显著,因此 T_1 在情感联结程度较高、地缘政治价值较高条件下的选择也适用于情感联结程度较低但地缘政治价值较高的情境。

在关系性逻辑的作用下,规范倡导者 E 也可以通过对关系圈的经营来影响规范的进程(即除了设定社会化目标外,规范倡导者施动性的另一个层面),包括对 E 与 T_1 关系、E 与 T_2 关系的推进和 T_1 与 T_2 之间关系的平衡。一方面,为了规范的有效扩散,E 可以在不同层面和不同领域与 T_1、T_2 建立起制度性联系,从而构建某种在情感联结上更加亲近的关系以说服后者对规范抱有更积极的态度;另一方面,它也可以通过对规范谈判过程与进度进行适度的控制,进而在 T_1 与 T_2 之间维持一定的关系平衡并创造同辈竞争的环境。这将推动 T_1 和 T_2 重新评估各自与 E 关系的地缘政治价值并影响它们对规范态度的调整。相较于规范对象国既有的国际实践和规范认知的相对固定性,国家间互动关系的变化往往发生在相对较短的时间内。

下文将援引这一关系性逻辑的框架解释中美两国对东盟无核化规范的态度变迁。关系性逻辑在这个案例中之所以重要有两方面原因:首先,核武器及其扩散属于传统意义上的高政治议题。大国在该议题上不仅偏好明确而且有着绝对主导权。东盟作为小行为体的能动性主要表现在对关系过程的控制和经营上。其次，在现实中，中美两国与东盟围绕《东南亚无核武器区条约》议定书的谈判进程伴随着它们各自与东盟关系的调整和升级。在关系本体的指引下，关系性因素是两国态度变迁中需要优先考虑的变量。

四、东盟在东南亚无核武器区建设中的施动性

虽然东盟成员国既无发展核武器的意图也缺乏相应的能力，但它所处的地理位置却存在核扩散风险。这是因为不仅世界上五个合法拥核国家都在这一地区有战略利益，而且与之毗邻的南亚和东北亚地区都有国家非法拥核的先例。因此，建立地区性无核武器区对于东盟而言具有重大现实意义。

根据普遍的国际实践，地区性无核武器区建设包括缔约国的权利和义务两部分。其中，无核武器区条约规定了缔约国的义务，特别是它们不制造、引进、运输、部署核武器以及不进行核武器试验的承诺；条约议定书则明确了条约缔约国所享受的权利，主要是免受核武器威胁和袭击的权利，但这需要有核国家的承认和履约。[49]1995 年 12 月，当时的东盟七国与尚未加入东盟的缅甸、老挝、柬埔寨共同签订了《东南亚无核武器区条约》。条约于 1997 年 3 月生效，标志着东南亚无核武器区正式成立。[50]随后，东盟防扩散工作的重点转向保障条约的落实并谋求与五核国签署条约议定书，从而使东南亚无核武器区的地位得到国际承认和保证。[51]

东盟在东南亚无核武器区建设中的施动性主要表现在两方面。第一，东盟对国际地区无核化规范（见表 11.2）做了适应于本土情况和战略需求的解读和延伸，并致力于推动有核国家在东盟所设定的有限地域范围内遵守其规范，即签署《东南亚无核武器区条约》议定书并在实践中依据议定书规定行事。与其他地区相比，东盟的无核化规范对有核国家的地区核行为有着两点更具实质性的约束。首先，《东南亚无核武器区条约》规定的东南亚无核武器区除成员国的领土和领海外，还包括沿海国家的大陆架及专属经济区。[52]这不仅扩大了无核武器区的地理范围，还涵盖了部分地区国家与中国尚存在海洋管辖权争议的地区，而这恰恰又是近年来中美战略竞争的重点区域。东盟虽然明确表示这样做只是为了保护大陆架和专属经济区海域免受有核国家倾倒放射性废料所带来的环境影响，并

非要利用《东南亚无核武器区条约》推进地区国家的主权主张,但这一规定限制了相关大国在争议区域的战略部署,如果能被接受就将使建设无核武器区的意义得到最大程度的保证。[53]其次,《东南亚无核武器区条约》议定书中规定的消极安全保证的范围也突破了其他无核武器区条约。多数无核武器区条约仅要求五核国向条约缔约国提供消极安全保证,《东南亚无核武器区条约》议定书则规定它们不能对签署国(东盟成员国)和区域(包括成员国的领土、大陆架和专属经济区)内的任何设施使用或威胁使用核武器。[54]这就意味着有核国家除了要承诺不把无核武器的东南亚国家作为核威胁或打击的对象外,也不能针对条约管辖范围内其他国家(包括拥核国家)所部署的军事设施进行核威胁或核打击,即使这些威胁或打击并不是从区域内发出的。换言之,在条约有效的区域范围内,五核国要向所有国家和行为体提供消极安全保证。[55]这一条款体现了东盟对于大国将本地区作为地缘政治竞争场域的担忧,也是它为了避免地区安全秩序因大国核威慑和对峙政策而遭到破坏所做的努力。尽管这增加了规范社会化进程的难度,但却是东盟推动建立无核武器区背后的核心安全关切。

表 11.2　世界上已生效的无核武器区条约

生效时间	条约	区域	类型	被禁止的核(武器)行为					
				生产	试验	储存/部署	运输	废弃	和平核爆炸
1961 年	《南极条约》	南纬 60 度以南	公域		✓	✓		✓	✓
1967 年	《外空条约》	全球	公域		✓	✓			
1968 年	《拉丁美洲禁止核武器条约》	成员领土及领海	地区	✓	✓	✓			
1971 年	《海底武器控制条约》	12 海里以外海底	公域			✓			
1986 年	《南太平洋无核区条约》	成员领土及领海	地区	✓	✓	✓		✓	✓
1997 年	《东南亚无核武器区条约》	成员领土、大陆架及专属经济区	地区	✓	✓	✓		✓	✓
2009 年	《非洲无核武器区条约》	成员领土	地区	✓	✓	✓		✓	✓
2009 年	《中亚无核武器区条约》	成员领土	地区	✓	✓	✓		✓	✓

资料来源:Elizabeth Mendenhall, "Nuclear-Weapon-Free Zones and Contemporary Arms Control," *Strategic Studies Quarterly*, Vol.14, No.4, 2020, p.125。

第二,东盟的施动性还表现在对规范扩散过程中的关系平衡进行调节和管控。尽管近30年来,东盟一直在积极地与五核国进行谈判,并且事实上说服了中国接受东盟的无核化规范,但它却从未真正开放议定书的签署。这主要出于三方面考量。首先,如果先行与部分有核国家签署议定书,那么这些缔约核国家在条约覆盖区域内的非核设施依然有可能成为其他核国家核打击的目标,东盟通过建立无核武器区维护战略稳定的意义将大打折扣。其次,东盟与先行缔约国家之间协商一致达成的议定书文本有可能成为它与其他核国家谈判的基础文本。如果后者对其中的内容有所顾虑,双方将很难达成妥协,东盟也会失去在推动签署议定书过程中的灵活性。最后,东盟需要维持与大国间关系的亲疏平衡,避免因率先与某一个国家签署议定书而给其他相关国家留下选边站的印象。因为一旦被认为选边站,东盟对大国的重要性将不复存在,也会失去在规范扩散过程中的影响力。[56]基于此,东盟致力于推动核国家尽早签署议定书,但没有在所有核国家达成一致前开放议定书的签署。

那么中美作为利益攸关的地区国家和核大国对东盟无核化规范的反馈在近30年间经历了怎样的变化? 其背后的驱动因素又是什么? 这将在后文进行讨论。

五、关系性逻辑与中国在东南亚无核武器区建设中的态度变迁

近30年来,中国对《东南亚无核武器区条约》及议定书的态度经历了三个阶段:(1)1995—2003年"有所保留";(2)2004—2018年"不做任何保留";(3)2019年以来积极支持东盟无核武器区向无核武器及其他大规模杀伤性武器区升级。与此同时,中国与东盟的关系经历了从建立全面对话伙伴关系(1996年)到战略伙伴关系(2003年)再到全面战略伙伴关系(2021年)的发展进程,东盟在中国外交中的地位也随着中美博弈加剧而得到进一步重视和肯定。本章认为,影响中国对东盟无核化规范态度变迁的核心因素正是双方关系的变化即关系性逻辑(见表11.3)。

表 11.3　关系变化与中国对《东南亚无核武器区条约》议定书态度的调整

三个阶段	中国与东盟的关系	中国对《东南亚无核武器区条约》议定书态度的调整
第 一 阶 段（1995—2003年）：尊重但有所保留	情感联结程度和地缘政治价值都不高	1995年，尊重并支持东盟建立东南亚无核武器区的努力，但与东盟在无核武器区所应涵盖的地理范围上存在分歧 1999年，愿意签署议定书，但对东盟界定大陆架和专属经济区的标准有所保留
第 二 阶 段（2004—2018年）：无保留地接受	情感联结程度上升，地缘政治价值的变化不显著	2004年，与东盟就议定书所涉问题达成原则一致，期待议定书早日开放签署 2005年，与东盟就议定书所涉问题达成一致，愿在有关各方就案文达成一致后尽早签署议定书 2015年，愿早日签署，不做任何保留
第 三 阶 段（2019 年至今）：推动规范升级扩散	情感联结程度进一步上升，地缘政治价值突出	2019年五核国北京会议后，协调推动五核国与东盟重启围绕议定书的对话 2021年，支持东盟将无核武器区拓展为无核武器及其他大规模杀伤性武器区

资料来源：笔者自制。

（一）第一阶段（1995—2003 年）：尊重《东南亚无核武器区条约》及议定书但有所保留

　　1995 年 12 月，东盟签署《东南亚无核武器区条约》。中国随后表示支持东南亚国家在本地区建立无核区的努力，并愿在不损害各国领土主权和海洋权益的条件下与有关国家谋求早日解决未决的问题，以使包括中国在内的有关各方能尽早签署《东南亚无核武器区条约》议定书。[57]这说明中国与东盟就无核武器区所涉及的地理范围存在一定的分歧。1996 年，中国与东盟正式建立全面对话伙伴关系。但总的来说，1995—2003 年双方关系的情感联结程度不高、地缘政治价值有所不足，因此中国有保留接受东盟无核化规范的态度并没有受到太多关系性因素的影响，主要还是基于对规范本身的评估以及对未来不确定性的考量。

　　首先，东盟的无核化规范与中国的核实践立场比较接近。中国一直奉行自卫防御的核战略，早在完成第一次核试验后当天就向世界宣布，"中国进行核试验,发展核武器,是被迫而为";"是为了打破核大国的核垄断,要消灭核武器"。[58] 中国作为核国家,不会为了利用这种优势对付任何无核国家。

实践中,中国在拥有核武器后并没有寻求建立大规模核力量,反而一直限制自身核武器对国际及区域秩序的影响。中国领导人始终坚持核武器不应在国家安全战略中扮演过多角色,也无须突出其在常规战争中的作用。[59] 中国还郑重承诺,"在任何时候、任何情况下,都不会首先使用核武器",[60] 也不在任何情况下对无核国家和无核区使用和威胁使用核武器。[61] 可见,接受东盟的无核化规范对中国来说并没有原则性障碍。

其次,从规范的适当性来说,一方面,《东南亚无核武器区条约》所体现的"合作安全"理念与中国 1996 年提出的"通过对话增进信任,通过合作促进安全"的新安全观不谋而合。[62] 通过签署有约束力的《东南亚无核武器区条约》,东盟国家从法律层面做出了放弃发展核武器以及与核大国或盟友进行"核共享"的明确承诺。这不仅意味着它们不再把彼此作为对手和威胁,而且确保了各自在处理对外关系(特别是与核国家关系)时的独立性,从而避免了将地区再次拖入不必要的或者与域外盟友相关的冲突。[63] 中国的新安全观所寻求建立的也正是这样一个对话而非对抗的地区安全框架。[64]

另一方面,《东南亚无核武器区条约》规定的争端解决机制以区域问题区域解决为基础,也是中国认同并愿意接受的。不同于其他无核区协定(如《拉丁美洲禁止核武器条约》)往往将诉诸国际法庭的司法仲裁作为主要的争端解决机制,《东南亚无核武器区条约》强调如果签约国对条约的解读有分歧,应该先寻求通过政治对话来解决争端;当出现遵约争议时,由条约的行政委员会派出事实调查团进行调查取证是唯一的冲突解决方式。[65] 由于诉诸司法途径会将区域问题国际化并被政治议程所操弄,而通过对话和区域内合作的方式处理争议可以最大程度地确保东盟方式在其中发挥作用。这与中国所强调的"自我克制,并以冷静和建设性的方式处理有关分歧"原则高度一致。[66]

然而,尽管有充分的理由支持《东南亚无核武器区条约》议定书的签署,但该条约的管辖范围包含中国与部分东盟国家有主权和管辖权争议的海域,其中涉及的主权风险成为中国在决定以何种方式签署议定书时的主要顾虑。为缓解中国的顾虑,1999 年 4 月的东盟高官会提出了《东南亚无核武器区条约》议定书修正案,其中写入"条约或议定书无意于改变既有的领土界线"。[67]但在与东盟缺少紧密联系且互信不足的情况下,中国依然对接受东盟无核化规范的长期地缘政治风险——特别是对未来中国地区战略部署的影响——充满不安。作为对《东南亚无核武器区条约》议定书修正案的回应,1999 年 7 月,中国外交部表示愿意签署《东南亚无核武器区条约》议定书,但对东盟界定大陆架和专属经济区的标准仍有所保留。[68]同时,中国多次承诺将与东盟就中国加入议定书保持磋商。[69]

(二) 第二阶段(2004—2018 年):无保留地接受东盟无核化规范

中国与东盟的双边关系在 2002—2003 年取得了重大突破。2002 年,中国成为第一个与东盟商谈建立自由贸易区的国家,并签署了《南海各方行为宣言》,有力维护了南海局势的稳定。2003 年,中国率先签署了《东南亚友好合作条约》,并正式与东盟建立了战略伙伴关系。[70]同时,双方也开始商议将共同参与的东盟 10＋3 机制进一步升级。

这一系列关系的发展特别是战略伙伴关系的建立标志着中国与东盟关系的情感联结程度较前一时期有了很大提升(但地缘政治价值的变化尚不显著)。正如关系理论所说,更亲密的情感联结关系往往意味着更大的合作空间。[71]也正是在这一时期,中国与东盟围绕《东南亚无核武器区条约》议定书的文本进行了密集的磋商和谈判,并最终在 2004—2005 年就遗留问题达成一致。

2004 年 4 月,中国裁军大使胡小笛在 2005 年《不扩散核武器条约》(NPT)审议大会第三次筹备会上向联合国通报,表示中国"已与东盟就《东南亚无核武器区条约》议定书所涉相关问题达成原则一致。中国期待着东盟尽快与其他四核国就议定书遗留问题达成一致,以使议定书早日开放供签署"。[72]2005 年 5 月,中国大使在 NPT 审议大会上的发言不再强调原则一致,而是直接明确表示"中国已与东盟就《东南亚无核武器区条约》及议定书达成一致"。[73]同年 9 月发布的《中国的军控、裁军与防扩散努力》白皮书也确认中国支持东盟国家建立无核武器区的努力,愿在有关各方就案文达成一致后尽早签署议定书。[74]关系性逻辑在这一过程中占据了主导:中国对于无核武器区地理范围所持有的顾虑因双方互信和共识的加深及制度化沟通渠道的建立得到一定程度的缓解;[75]同时,为了维持与东盟的亲密关系,中国表示愿意遵守东盟的规范和规则。[76]从这一时期开始，中国明确承诺将无保留地接受东盟无核化规范的约束。

然而，随着中国地区影响力的上升，东南亚国家开始寻求维持关系平衡。一方面，东盟积极扩大关系网络的参与者范围，将印度和澳大利亚等国作为新的关系节点；另一方面，东盟也极力争取美国对地区事务的关注，试图通过美国的地区存在制衡中国的影响力。2009 年奥巴马政府上台后，美国不仅提出了"无核世界"倡议，而且开始将战略重心转向亚太地区。在无核化问题上，东盟希望得到美国的支持，因此坚持在与所有有核国家达成一致后再开放议定书的签署。

尽管东盟维持关系平衡的努力客观上限制了中国的影响力，但随着自身日益深嵌于东盟中心的网络体系，中国对东盟中心的体系产生了一定的依赖和认同，不仅将自己视作体系的利益攸关方，而且希望能在其中发挥建设性作用。[77]2009 年后，中国与部分东盟国家之间围绕南海问题一度关系紧张。这也使得中国需要在南海以外的议题上缓和与东盟的关系（从而维持总体上较高的情感联结程度），并表示不会因南海问题上的主张而影响对《东南亚无核武器区条约》及议定书的支持。

2011 年 11 月，五核国和东盟在印度尼西亚巴厘岛就《东南亚无核武器区条约》议定书问题举行磋商。在中国和印度尼西亚的推动与协调下，各方就解决议定书所有遗留问题达成了一致。[78]但 2012 年，美、英、俄、法四国在议定书临签署前又提出了保留意见，导致东盟内部无法就保留意见问题达成一致，议定书文本未能如期开放签署。[79]中国与东盟原定要签署的关于议定书的谅解备忘录也被迫延期。[80]在这样的背景下，2015 年中国代表团在《不扩散核武器条约》第九次审议大会上重申："中国支持东盟国家建立东南亚无核武器区的努力，已与东盟国家解决相关议定书所有未决问题，愿早日签署，不做任何保留。"[81]

虽然中国在这一时期一再明确美、英、俄、法四国的保留声明不影响中国在东南亚无核武器区建设中的立场，[82]但由于其他四国的保留意见以及东盟对无核武器区建设进程的控制，议定书一直没有开放签署。

（三）第三阶段（2019 年至今）：推动东盟无核化规范的升级和扩散

2019 年以来，美国"印太战略"框架下的美日印澳四方安全对话机制

(QUAD)进一步实体化和制度化,不仅给中国施加了很大的战略压力,而且使东盟中心的合作机制开始扮演维持地区战略稳定的"平衡者"角色。这一"平衡"包括制度和规范两个层面:中国希望东盟主导的多边机制能够削弱以美国为首的小多边机制在地区安全事务中的影响力;同时,开放包容、合作共赢的东盟规范也能在地区安全秩序建构中压倒"党同伐异"、排他对抗的美国话语。[83]对中国来说,如今的东盟不仅是同舟共济的兄弟,[84]更是命运与共的全面战略伙伴。[85]中国与东盟关系的地缘政治价值达到了前所未有的高度。

随着关系的地缘政治价值的提升,中国致力于将自身与东盟的关系打造成东盟对话伙伴关系中最具活力、最富成果的一对。[86]为此,在东南亚无核武器区建设问题上,中国从东盟的友好配合者升级为积极支持者和推动者,以提升东盟无核化规范的合法性和有效性,同时避免其他力量的地区核行为挑战东盟规范的影响力。通过协助推进东盟所倡议的规范议程,中国不仅可以赢得东盟的信任(因而也是更高的情感联结程度),也能凭借关系优势制衡对手抛开东盟规范、任意实行霸权主义和强权政治的行为,进而强化了与东盟关系的价值。[87]

具体来看,在新的关系结构下,中国开始在五核国层面积极推进东南亚无核化议程,并支持东盟的核不扩散规范向核武器之外的其他大规模杀伤性武器不扩散规范升级。2019年初,中断了两年的五核国会议于北京重启。[88]会上,中国表示愿意协调五核国立场并与东盟就《东南亚无核武器区条约》及议定书进一步磋商。[89]此后,中国不仅代表五核国与东盟国家多次沟通以寻求重启围绕议定书的多边对话,并与其他四个有核国家探讨就核战略与核政策、减少核风险、"禁产条约"及和平利用核能问题进行合作的可能性,而且积极支持东盟将东南亚无核武器区升级为无核武器及其他大规模杀伤性武器区。[90]在2021年11月的中国—东盟建立对话关系30周年纪念峰会上,中国强调将"维护东南亚作为无核武器及其他大规模杀伤性武器地区的努力",并再次表示愿尽早签署议定书。[91]

2021年9月,美国、英国和澳大利亚以推动三方技术共享并帮助澳大利亚获得核动力潜艇为由建立三边安全伙伴关系(AUKUS)。这一机制不仅削弱了东盟建设无核武器区的努力,而且有可能开创危险的先例,鼓励地区无核武器国家与美国进行核共享合作。面对这一新形势,中国在多种场合频繁表示愿意推动《东南亚无核武器区条约》议定书早日签署,并支持东盟将无核武器区升级为无核武器及其他大规模杀伤性武器区。[92]2022 年 8 月召开的东盟地区论坛外长会还发表了中国倡议的关于重申维护东南亚无核武器区的声明,以支持地区国家的防扩散努力。[93]对于中国来说,促成无核武器区的升级及议定书的尽早生效除了能使中国在不扩散问题上获得东盟的信任和好感外,也能使美英等国的地区核行为在法律层面受到东盟规范的约束,进而对业已成形的 AUKUS 以及未来美国与其他盟友可能的核共享协议构成某种程度的制衡。[94]这又进一步增强了东盟倡议的无核化规范的影响力。

东盟推动的不扩散议程也是全球核裁军的一部分,通过支持这一进程回击 AUKUS 也使中国的反制和批评赢得了世界范围内更广泛的理解和声援。自 2021 年 11 月以来,国际原子能机构理事会连续四次以协商一致方式决定增设单独正式议题,专门讨论美英澳核潜艇合作所涉核材料转让及其保障监督等影响《不扩散核武器条约》各方面的问题。[95]这一政府间进程的延续反映了各国对 AUKUS 的严重关切,也反过来强化了中国支持东盟无核化规范的重要性。

六、关系性逻辑与美国在东南亚无核武器区建设中的态度变迁

尽管五核国与东盟围绕《东南亚无核武器区条约》议定书的谈判内容并未披露,但多方的信息和分析都认为美国是议定书文本的主要反对者。[96]这并不意味着美国的态度一成不变。事实上,在过去的近 30 年,美国对东盟无核化规范的态度也经历了三个阶段:从最初拒绝与东盟就《东南亚无核武器区条约》议定书进行对话,到 2010 年以来参与相关谈判却又立场摇摆,再到 2022 年后表现出认可东盟建立无核武器区的意义并愿意与其进一步磋商的态度。这背后诚然有美国国内政治变化(如不同总统对于地区事务的关注)的因素,但也同美国与东盟关系的调整密不可分。关系性逻辑在这里同样发挥了重要作用(见表 11.4)。

表 11.4 关系变化与美国对《东南亚无核武器区条约》议定书态度的调整

三个阶段	美国与东盟的关系	美国对《东南亚无核武器区条约》议定书态度的调整
第 一 阶 段（1995—2009年）：抵制	情感联结程度和地缘政治价值都不高	1997 年，认为《东南亚无核武器区条约》有可能制造一个"不幸的先例"，不会签署议定书。 2001—2009 年，未就《东南亚无核武器区条约》及议定书与东盟进行磋商和谈判。
第 二 阶 段（2010—2021年）：摇摆与拖延	情感联结程度有限上升，地缘政治价值低于地区盟伴体系	2010 年，准备好与东盟就《东南亚无核武器区条约》议定书问题进行磋商。 2011 年，同意在 2012 年签署议定书。 2012 年，对议定书条款提出保留意见。 2013 年，与东盟谈判了一份新的议定书，解决了双方的关键分歧。 2015 年，继续随时准备协助解决剩余的关切问题。 2019 年，愿意在中国的协调下重启与东盟就《东南亚无核武器区条约》议定书的谈判。
第 三 阶 段（2022 年至今）：酝酿调整	情感联结程度与前一阶段基本持平，但地缘政治价值有所上升	2022 年，首次在双边场合（美国—东盟特别峰会）表示支持东南亚无核武器区建设以及《东南亚无核武器区条约》和《东盟宪章》的相应规定。

资料来源：笔者自制。

（一）第一阶段（1995—2009 年）：抵制与东盟就《东南亚无核武器区条约》及议定书进行沟通

冷战结束后，伴随着苏联的解体，将东盟与美国联系到一起的反共纽带不复存在。欧洲、中东和东北亚成了美国的战略重心，"东盟不再被美国视为宝贵的地缘政治资产"。[97] 在这一大背景下，虽然东盟早期推动东南亚无核武器区建设曾得到美国的积极回应，但是在《东南亚无核武器区条约》签订前美国改变了主意，不愿意继续支持东盟的努力。[98] 1997 年，《东南亚无核武器区条约》正式生效，美国随即表示不会签署议定书，因为条约所要求的缔约国向区域外国家提供消极安全保证的条款以及无核武器区包含东盟国家专属经济区这一地理范围不符合其利益。[99]

由于当时与东盟的关系对美国来说既不具有明显的情感联结也缺少地缘政治价值，因此美国对《东南亚无核武器区条约》及议定书的态度在很大程度上取决于其对东盟无核化规范本身的结果性与适当性的判断。首先,从结果性角度出发,美国认为《东南亚无核武器区条约》及议定书所要求的全面消极安全保证与美国长期在亚太地区实施的核威慑和延伸威慑战略实践存在矛盾,前者会削弱后者的有效性。[100]美国的多份《核态势评估》都曾强调,"美国核政策和核战略最高的优先考虑是威慑潜在敌人不发动任何规模的核袭击"。[101]"美国有正式和延伸的核威慑承诺,为欧洲、亚洲和太平洋的盟国提供担保",[102]因而担心如果议定书生效,美国就无法对其他实质拥核国家(特别是俄罗斯、中国、印度和朝鲜等国)构成有效威慑。同时,它也想保留在地区范围内对不扩散"记录不良"的国家(如缅甸)使用核武器的权利。[103]

其次,美国质疑《东南亚无核武器区条约》对其在南海海域的"航行自由"形成了约束,因此从规范层面对该条约也有着"实质性顾虑"。[104]尽管东盟一再强调《东南亚无核武器区条约》符合《联合国海洋法公约》,并在其文本的第2(2)条明确了"本条约不损害任何国家在1982年《联合国海洋法公约》条文下所享有的权利及对这些权利的行使",[105]但美国坚持认为,沿海国家对于专属经济区和大陆架只有资源开发的权利,而不能对这些水域进行政治管制,包括限制其他国家在这里的核活动。[106]此外,美国还以《东南亚无核武器区条约》第7条所规定的"沿岸国家在被告知的前提下,可以在不受无害通过权、群岛航道通行或穿越权影响的地区,自行决定是否允许外国船只和飞行器访问"为依据,认定该条约会限制核国家的航行自由权。[107]因为在实践中美国出于安全考虑一般会对其军用船只或飞行器是否携带核装置保持模糊,很少明确告知沿岸国核武器的(不)存在。美国将《东南亚无核武器区条约》的规定视为"在政治上不方便"并会带来"潜在的麻烦"。[108]1997年,时任美国总统军备控制、防扩散和裁军事务特别代表托马斯·格雷厄姆(Thomas Graham)在接受采访时指出,《东南亚无核武器区条约》有可能制造一个"不幸的先例"以削弱美国对《联合国海洋法公约》的解读。[109]美国甚至强硬地提出,除非东盟删除"不适宜"的条款或者允许美国对相关条款做出自己的解释,否则它不会签署议定书。[110]

由于并不重视与东盟的关系,也无须顾虑消极对待《东南亚无核武器区条约》会破坏双方关系的情感联结,因此美国从地区战略利益和优先坚持的"航行自由"规范出发,认为东盟的无核化规范既缺乏工具性价值也不适当。基于此,在很长一段时间内,美国并没有就《东南亚无核武器区条约》议定书与东盟进行对话。这一态度直到美国调整了与东盟的关系后方才有所改变。

(二) 第二阶段(2010—2021 年):摇摆与拖延

2009 年奥巴马政府上台为美国重塑与东盟的关系提供了契机。自称美国"首位太平洋总统"的奥巴马上任伊始就着手将外交战略的重点从中东逐步转向东南亚。2009 年 7 月,美国签署《东南亚友好合作条约》。2009 年 11 月,首届美国—东盟领导人会议召开,奥巴马成为第一位与东盟所有国家领导人同时会面的美国总统。[111] 2010 年,美国在东盟设立了外交使团并派驻大使,并于次年向东盟派出了第一位常驻大使;[112]美国国防部部长还参加了首届东盟防长扩大会议,开始与地区国家的国防部部长建立机制化的互动渠道。

随着美国加入并逐渐深嵌于东盟中心的关系网络,双方关系的情感联结程度有所上升,它们围绕《东南亚无核武器区条约》议定书的谈判也开始有了进展。在 2010 年 5 月召开的第八次《核不扩散条约》审议大会上,时任国务卿希拉里·克林顿(Hillary R. Clinton)宣布美国已经准备好与东盟国家就《东南亚无核武器区条约》议定书问题进行磋商,以期尽快达成一致。[113]东盟随后在 2010 年 9 月召开的第二次东盟—美国峰会上对美国的这一决定表示欢迎。[114] 2011 年 8 月,在印度尼西亚的推动下,包括美国在内的五核国的代表与东盟国家官员就《东南亚无核武器区条约》举行了第一次磋商。虽然这次磋商因条约地理范围的分歧而未能取得实质性成果,但在同年 11 月召开的东盟峰会上,东盟国家宣布已与五核国解决了相关分歧。[115]美国也同意在 2012 年签署议定书。[116]当时美国对东盟无核化规范的认知相比前一时期并没有显著变化。有分析因此认为,美国之所以在这个时候愿意签署《东南亚无核武器区条约》议定书并不是因为要支持东南亚无核化进程本身,而在于"它需要维持与东盟更亲密的关系"。[117]

然而,就在各方翘首期待议定书能在 2012 年 7 月召开的第 45 届东盟外长会议上最终签署时,东盟却在会议召开前突然宣布,由于除中国外的四个核大国仍然对议定书条款有所保留,因此议定书不能如期签署。[118]东盟同时宣布,《东南亚无核武器区条约》委员会将在讨论和审议相关文本和四国的保留意见后于 2012 年 11 月做出决定。[119]但是,东盟内部最终未能就四国的保留意见达成一致，议定书也没有在当年年底的东盟峰会上签署。[120]

据东盟外交官回忆，尽管当时美、俄、英、法四国都提出了保留，但对东盟来说最具争议的保留意见来自俄罗斯。俄罗斯声明，如果其单方面认定东盟国家允许外国携带核武器的船只和飞行器进入或通过相关水域和空域，将退出议定书。[121]印度尼西亚考虑到当时的国际环境，希望东盟国家接受俄罗斯的保留声明。[122]但新加坡抵制了这一建议，并指出俄罗斯的保留有可能影响美国的海军船只和飞行器在地区内的部署和通行，因而不能被接受。[123]东盟内部的这一分歧最终使得议定书开放签署的日程再次被推迟。[124]值得注意的是，尽管美国并不是这次事件的始作俑者，但新加坡的强硬态度恰恰是在维护美国的权益。与此同时，美国官员则向东盟非正式地表示，只要俄罗斯撤回其保留意见，美国就不反对签署议定书。[125]在这里，美国一方面通过地区战略伙伴新加坡之口表达了自己的诉求，从而推迟了议定书的签署进程；另一方面又以非正式方式向东盟释放了善意，维持了与东盟的友好关系。

尽管自2011年"亚太再平衡"战略提出以来，美国开始加入并深嵌于东盟的关系网络，但是和同期中国与东盟的密切关系相比（中国在2003年与东盟建立战略伙伴关系），美国与东盟关系的情感联结程度相对较低（美国直到2015年才与东盟建立战略伙伴关系，并且与东盟的制度性联系比中国少）。[126]更重要的是，美国还有地区盟伴体系（由它在地区内的条约盟国和新加坡、印度等"志同道合伙伴"所组成的"多层次、有针对性"的联合阵线）作为其地区战略支柱。[127]因此，对美国来说，东盟中心制度体系的地缘政治价值有限。

《东南亚无核武器区条约》议定书的签署不会直接限制美国的这些权利，但新加坡担忧，俄罗斯提出的保留意见一旦被接受，那么《东南亚无核武器区条约》事实上会影响美国对于地区盟伴的安全承诺的可信度，也会因此削弱其盟伴体系。考虑到后者对美国的地缘政治价值高于东盟，因此美国签署议定书的动力有限。

事实也是如此。2013年以后，美国虽然与东盟就议定书问题保持沟通，并多次表示随时准备与东盟解决剩余问题，但又在"关键分歧"得到解决后提出新的"关切问题"，导致议定书的开放签署一再被推迟。[128]2013年4月，美国国务院发布了一份关于核裁军和安全保证的声明，其中透露美国已经与东盟谈判了一份新的《东南亚无核武器区条约》议定书,解决了关键分歧,并期待这份新的议定书能早日签署。[129]在2014年的东盟地区论坛和第69次联合国大会第一委员会一般性辩论中,美国一再承诺将与东盟就议定书的签署保持合作。[130]然而,在2015年4月发布的《美国遵守2010年〈不扩散核武器条约〉审议大会最终文件第5、20、21项行动的报告》中,美国却突然强调将"继续随时准备协助解决剩余的关切问题"。[131]五核国在同年举行的《不扩散核武器条约》审议大会上也确认,它们与东盟之间仍然存在一些突出的问题有待解决。[132]这就意味着美国与东盟在议定书问题上又有了新的分歧。

在特朗普政府时期,美国在核问题上的主要聚焦点是朝鲜核问题和伊朗核问题,对于有可能规范和约束其自身核行为的《东南亚无核武器区条约》议定书则较少提及。尽管如此,在2019年1月的五核国北京会议上,包括美国在内的其他四国都表示愿意在中国的协调下重启与东盟就《东南亚无核武器区条约》议定书的谈判。[133]与2009年之前的抵制沟通相比,此时已深嵌于东盟关系网络中的美国对《东南亚无核武器区条约》的态度显然更为友好,但也正因为它的摇摆和拖延,议定书的谈判迟迟难以取得突破。

(三)第三阶段(2022年至今):"亲缘困境"下的调整?

近年来,随着中美战略博弈加剧,东盟日益成为美国与中国竞争亚太地区影响力的场域。一方面,与东盟的关系在美国总体战略部署中的地缘政治价值较此前有所上升,[134]它因此也对阻止中国在与东盟关系中获得明显优势而有了更大的动力。另一方面,地区盟伴体系依然是美国地区战略的支柱,是它在该地区要维护的核心利益。2021年10月中国与东盟建立全面战略伙伴关系后,美国开始陷入某种程度的"亲缘困境":它既想通过对东盟释放更大的善意来影响中国与东盟的关系,同时又要确保对地区盟友的安全承诺不会因遵循东盟规范而有所削弱。

在这样的背景下,2022年以来美国国内就是否应该签署《东南亚无核武器区条约》议定书出现了不同的声音。有学者提出,美国应该在与东盟的谈判中表现出更大的灵活性,从而反制中国在地区事务中的影响力,并阻止中国将《东南亚无核武器区条约》作为制衡美国的"外交武器"。[135]

现实中,美国对《东南亚无核武器区条约》的态度也进行了一些微妙的调整。2021年12月,美国与其他四个核大国一道,在五核国巴黎会议的联合声明中承认推动五核国与东盟就《东南亚无核武器区条约》议定书文本进行磋商具有重要性。[136]在2022年5月召开的第二次美国—东盟特别峰会上,美国也在与东盟的双边场合(此前美国的表态多是在联合国或多边军控谈判辩论中)明确表示支持东南亚无核武器区建设以及《东南亚无核武器区条约》和《东盟宪章》的相应规定。[137]2016年召开的首次美国—东盟特别峰会则完全没有提及东南亚无核武器区及相关议题。[138]同时,在2022年10月发布的《核态势评估》中,美国第一次提出"将继续推动阻止核扩散的政治和技术措施,包括通过加强战略贸易管制和支持无核武器区建设"。[139]

由于面临"亲缘困境",美国政策调整的走向存在不确定性。对它来说,签署《东南亚无核武器区条约》议定书虽然能够拉拢东盟并抵消中国由于对议定书的积极态度而在与东盟关系中赢得的优势,但对地区盟友的安全承诺和对竞争国家的核威慑始终是美国的首要目标。当美国最终"不得已"要在东盟和地区盟友中选择其一合作时,后者仍然是其优先考虑。[140]随着中美地区战略博弈局势的发展,美国何时会认定这一"不得已"时刻的到来以及在此之前它能否与东盟就《东南亚无核武器区条约》议定书达成有保留接受的协议就成为决定议定书命运的关键:如果在"不得已"时刻到来之前双方未能就议定书文本达成有保留接受的协议,那么美国就有可能突破东盟规范约束,并通过与地区盟友的核共享以增加其核威慑能力。

七、结　论

本章探讨了在规范社会化过程中规范对象国对外部规范约束的反馈模式。本章认为,关系性逻辑——规范倡导者与规范对象国之间关系的情感联结程度和地缘政治价值——在后者的决策中居于本体优先的地位。当两者的关系在情感联结程度和地缘政治价值上都较低时,规范对象国对规范的态度取决于它从工具理性和规范理性出发的权衡,即外部规范与它既有实践和其他国际规范之间的匹配程度。随着关系的情感联结程度上升,规范对象国可能出于对规范倡导者的信任而放下之前的顾虑或者为了维持与规范倡导者之间的亲密关系而对规范的态度更加开放。关系的地缘政治价值则推动规范对象国为了在规范倡导者的关系圈中赢得相比竞争对手更具优势的地位而重视规范的价值，进而对规范采取更为积极的举措以巩固和加强关系纽带。1995 年至今中美两国对东南亚无核武器区建设的态度变迁就符合这一逻辑。

有学者指出，既有的规范研究由于片面强调"体系（单向）社会化国家"而忽视了规范对象国的实践自主性。[141] 对规范互动过程中关系性逻辑的揭示则弥补了这一漏洞，有助于我们更好地理解规范过程的社会属性和规范对象国的自主性。本章证明了国家对于规范的态度除取决于规范本身的结果性和适当性外，还与规范倡导者和规范对象国之间的社会性互动密切相关。它们之间关系的情感联结程度以及这一关系对后者来说的地缘政治价值都会影响规范对象国在规范问题上的开放性和灵活度。进而，对这一关系过程的关注也解释了在没有外部冲击的情况下，行为体对于规范的认知和所做出的决策为什么会发生变化。[142]

此外，关系性逻辑的存在也为在权力关系中处于低位的小行为体利用关系网络推进自身的规范议程提供了可能性。后者可以通过对关系的经营来影响规范议程的活跃性和有效性。这一点对小行为体如何在日趋激烈的大国地缘政治竞争中塑造国际体系的观念结构颇有启发意义。

如前所述，本章讨论的是规范扩散过程中社会化程度最低的一种形式，即在特定区域范围内行为体做出接受规范约束的选择。现实中，规范约束的范围可以拓展到全球及任何情境，在社会化阶段上也可由做出遵守规范的选择深入到内化规范。这既要求规范倡导者在规范进程中表现出更大的能动性以充分经营并运用关系性权力，也要求规范对象国在接受规范的约束和内化规范过程中平衡更为复杂的关系圈网互动和竞争。本章的讨论为分析其他三种情境（区域范围内的规范内化、全球范围内的规范选择及全球范围内的规范内化）下行为体接受规范约束的机制奠定了基础。

（原载《世界经济与政治》2023 年第 9 期）

注释

1. 袁正清等:《中国与国际人权规范重塑》,载《中国社会科学》2016 年第 7 期,第 192—193 页。

2. James G. March and Johan P. Olsen, "The Institutional Dynamics of International Political Orders," *International Organization*, Vol. 52, No. 4, 1998, p. 951.

3. Martha Finnemore and Kathryn Sikkink, "International Norm Dynamics and Political Change," *International Organization*, Vol. 52, No. 4, 1998, p. 911.

4. Jeffrey T. Checkel, "International Institutions and Socialization in Europe: Introduction and Framework," *International Organization*, Vol. 59, No. 4, 2005, p. 804.

5. 相关研究参见[美]玛莎·芬尼莫尔:《国际社会中的国家利益》,袁正清译,上海:上海人民出版社 2012 年版;Alastair Iain Johnston, *Social States: China in International Institutions, 1980—2000*, Princeton: Princeton University Press, 2008; Amitav Acharya, *Whose Ideas Matter? Agency and Power in Asian Regionalism*, Ithaca: Cornell University Press, 2009, pp. 31—68;刘建伟:《中国核不扩散政策和行为变化———一种规范合法性的解读》,载《当代亚太》2011 年第 4 期,第 128—143 页。

6. 陈拯:《建构主义国际规范演进研究述评》,载《国际政治研究》2015 年第 1 期,第 142 页。

7. Jeffrey T. Checkel, "Why Comply? Social Learning and European Identity Change," *International Organization*, Vol. 55, No. 3, 2001, p. 562; Thomas Risse, "'Let's Argue!': Communicative Action in World Politics," *International Organization*, Vol. 54, No. 1, 2000, p. 7.

8. Thomas Risse, "'Let's Argue!': Communicative Action in World Politics," pp. 18—19; Alice D. Ba, "Who Is Socializing Whom? Complex Engagement in Sino-ASEAN Relations," *The Pacific Review*, Vol. 19, No. 2, 2006, p. 166.

9. Thomas Risse，"'Let's Argue!'：Communicative Action in World Politics," pp.10—11.

10. Nicole Deitelhoff and Harald Müller，"Theoretical Paradise：Empirically Lost? Arguing with Habermas," *Review of International Studies*，Vol.31，No.1，2005，pp.172—173.

11. 季玲：《论"关系转向"的本体论自觉》，载《世界经济与政治》2019 年第 1 期，第 79 页。

12. 秦亚青：《关系与过程：中国国际关系理论的文化建构》，上海：上海人民出版社 2012 年版，第 112 页。

13. 秦亚青：《世界政治的关系理论》，上海：上海人民出版社 2021 年版，第 268 页。

14. 田诗慧、郑先武：《关系性权力与亚太海洋安全合作："东盟中心地位"构建》，载《当代亚太》2022 年第 6 期，第 99—133 页；董贺：《关系与权力：网络视角下的东盟中心地位》，载《世界经济与政治》2017 年第 8 期，第 88—105 页；魏玲：《关系平衡、东盟中心与地区秩序演进》，载《世界经济与政治》2017 年第 7 期，第 38—64 页。

15. 董柞壮：《影响力制衡：主导国应对崛起国的关系性逻辑》，载《世界经济与政治》2021 年第 8 期，第 114 页。

16. Emilie M. Hafner-Burton，et al.，"Network Analysis for International Relations," *International Organization*，Vol.63，No.3，2009，pp.571—572.

17. 田诗慧、郑先武：《关系性权力与亚太海洋安全合作："东盟中心地位"构建》，载《当代亚太》2022 年第 6 期，第 110 页。

18. Mely Caballero-Anthony，"Understanding ASEAN's Centrality：Bases and Prospects in an Evolving Regional Architecture," *The Pacific Review*，Vol.27，No.4，2014，pp.563—584；董贺：《关系与权力：网络视角下的东盟中心地位》，载《世界经济与政治》2017 年第 8 期，第 88—105 页。

19. 张洁：《东盟中心主义重构与中国—东盟关系的发展》，载《国际问题研究》2021 年第 3 期，第 127 页。

20. 董柞壮：《影响力制衡：主导国应对崛起国的关系性逻辑》，载《世界经济与政治》2017 年第 7 期,第 115—116 页。

21. 徐进:《中美战略竞争与未来国际秩序的转换》,载《世界经济与政治》2019 年第 12 期,第 29 页。

22. 邢悦等:《关系性权力与美国领导地位的兴衰》,载《外交评论》2022 年第 4 期,第 66 页。

23. 魏玲:《关系平衡、东盟中心与地区秩序演进》,载《世界经济与政治》2017 年第 7 期,第 38—64 页。

24. Amitav Acharya, "Asian Regional Institutions and the Possibilities for Socializing the Behavior of States," ADB Working Paper Series on Regional Economic Integration, No.182, 2011.

25. Rosemary Foot, "China in the ASEAN Regional Forum: Organizational Processes and Domestic Modes of Thought," *Asian Survey*, Vol.38, No.5, 1998, pp.425—440.

26. Herman Joseph S. Kraft, "Great Power Dynamics and the Waning of ASEAN Centrality in Regional Security," *Asian Politics & Policy*, Vol.9, No.4, 2017, pp.597—612;参见 Seng Tan, "Rethinking 'ASEAN Centrality' in the Regional Governance of East Asia," *The Singapore Economic Review*, Vol.62, No.3, 2018, pp.721—740。

27. 秦亚青:《世界政治的关系理论》,第 268 页。

28. 相关文献主要包括[美]玛莎·芬尼莫尔:《国际社会中的国家利益》;[美]玛莎·芬尼莫尔:《干涉的目的:武力使用信念的变化》,袁正清、李欣译,上海:上海人民出版社 2018 年版,第 24—53 页;Jeffrey T. Checkel, "International Institutions and Socialization in Europe: Introduction and Framework," pp.801—826; Emanuel Adler and Michael Barnett, "A Framework for the Study of Security Communities," in Emanuel Adler and Michael Barnett, eds., *Security Communities*, Cambridge: Cambridge University Press, 1998, pp.41—45;刘春荣:《小国的规范倡导:丹麦的绿色外交实践》,载《国际政治研究》2022 年第 3 期,第 142—160 页;赵洋:《规范倡导与危机应对:世界卫生组织在全球卫生治理中的效用》,载《国际论坛》2022 年第 3 期,第 72—94 页;吴文

成:《组织文化与国际官僚组织的规范倡导》,载《世界经济与政治》2013 年第 11
期,第 96—118 页;黄超:《框定战略与"保护的责任"规范扩散的动力》,载《世界
经济与政治》2012 年第 9 期,第 58—72 页;黄超:《说服战略与国际规范传播》,
载《世界经济与政治》2010 年第 9 期,第 72—87 页。

29. Amitav Acharya, "How Ideas Spread: Whose Norms Matter? Norm
Localization and Institutional Change in Asia Regionalism," *International
Organization*, Vol. 58, No. 2, 2004, pp. 239—275; Amitav Acharya, *Whose
Ideas Matter? Agency and Power in Asian Regionalism*, 2009.

30. 在规范本土化发生之前,行为体首先要对外来规范的价值做出一个更
根本的判断和回应,是接受甚至主动推广规范、部分(有保留地)接受规范、谈判
更有利的规则还是不愿意接受但又不想断然拒绝以至于全盘拒绝规范等。本土
化事实上是在行为体做出部分(有保留地)接受规范的选择之后所采取的进一步
行动。既有文献对于行为体面对外来规范时的第一步反馈缺少研究。

31. Jeffrey T. Checkel, "Why Comply? Social Learning and European
Identity Change," p. 556; Martha Finnemore and Kathryn Sikkink, "Interna-
tional Norm Dynamics and Political Change," p. 913.

32. Jeffrey T. Checkel, "International Institutions and Socialization in Eu-
rope: Introduction and Framework," p. 804.

33. 秦亚青:《世界政治的关系理论》,第 258 页。

34. Jeffrey T. Checkel, "Why Comply? Social Learning and European
Identity Change," p. 566.

35. 秦亚青:《世界政治的关系理论》,第 296 页。

36. 秦亚青:《世界政治的关系理论》,第 297 页。

37. Emilie M. Hafner-Burton, et al., "Network Analysis for International
Relations," p. 561.

38. Pierre Bourdieu, *The Logic of Practice*, Stanford: Stanford University
Press, 1990, p. 115.

39. 秦亚青:《世界政治的关系理论》,第 274—275 页。

40. 夏立平:《当代国际关系中的三角关系:超越均势理念》,载《世界经济与

政治》2002 年第 2 期,第 18 页;秦亚青:《世界政治的关系理论》,第 285 页。

41. Lowell Dittmer, "The Strategic Triangle Theoretical Analysis," *World Politics*, Vol.33, No.4, 1981, pp.489—490.

42. 秦亚青:《世界政治的关系理论》,第 275 页。

43. 韩志立:《关系网络的竞争:"印太"战略对东盟中心地位的挑战》,载《外交评论》2019 年第 2 期,第 92 页。

44. 魏玲:《关系平衡、东盟中心与地区秩序演进》,载《世界经济与政治》2017 年第 7 期,第 48 页。

45. 秦亚青:《世界政治的关系理论》,第 297 页。

46. 魏玲:《关系平衡、东盟中心与地区秩序演进》,载《世界经济与政治》2017 年第 7 期,第 46 页。

47. Thomas Risse-Kappen, "Ideas Do Not Flow Freely: Transnational Co-alitions, Domestic Structures, and the End of the Cold War," *International Organization*, Vol.48, No.2, 1994, pp.184—214; Jeffrey T. Checkel, "Norms, Institutions, and National Identity in Contemporary Europe," *International Studies Quarterly*, Vol.43, No.1, 1999, pp.83—114; Amitav Acharya, *Whose Ideas Matter: Agency and Power in Asian Regionalism*, p.19.

48. Emilie M. Hafner-Burton, et al., "Network Analysis for International Relations," p.572; Miles Kahler, "Networked Politics: Agency, Power, and Governance," in Miles Kahler, ed., *Networked Politics: Agency, Power, and Governance*, Ithaca: Cornell University Press, 2009, p.13.

49. 程晓勇:《无核世界构想及其区域性实践——基于东南亚无核区的分析》,载《太平洋学报》2014 年第 5 期,第 49 页。

50. 刘津瑞、卢光盛:《五核国声明后的东南亚无核区展望》,载《世界知识》2022 年第 5 期,第 31 页。

51. 程晓勇:《无核世界构想及其区域性实践——基于东南亚无核区的分析》,载《太平洋学报》2014 年第 5 期,第 47—48 页。

52. ASEAN, "Treaty on the Southeast Asia Nuclear Weapon-Free Zone," https://asean. org/treaty-on-the-southeast-asia-nuclear-weapon-free-zone/,登

录时间:2023 年 3 月 10 日。

53. M. C. Abad，"A Nuclear Weapon-Free Southeast Asia and Its Continuing Strategic Significance," *Contemporary Southeast Asia*，Vol. 27，No. 2，2005，pp.181—182.

54. ASEAN，"Protocol to the Treaty on the Southeast Asia Nuclear Weapon-Free Zone," https://asean. org/protocol-to-the-treaty-on-the-southeast-asia-nuclear-weapon-free-zone/,登录时间:2023 年 1 月 10 日。

55. Amitav Acharya and J. D. Kenneth Boutin，"The Southeast Asia Nuclear Weapon-Free Zone Treaty," *Security Dialogue*，Vol.29，No.2，1998，pp.225—226.

56. Catharin Dalpino，"ASEAN Centrality Under Siege," *Comparative Connections*，Vol.21，Issue 2，2019，p.47.

57. 参见《我大使在联合国裁军委员会指出建立无核武区有利和平》,载《人民日报》1998 年 4 月 10 日。

58.《中华人民共和国政府声明》,http://www. gov. cn/gongbao/shuju/1964/gwyb196414.pdf,登录时间:2023 年 1 月 5 日。

59. 中共中央文献研究室编:《毛泽东文集》(第八卷),北京:人民出版社 1999 年版,第 404 页。

60.《中华人民共和国政府声明》,http://www. gov. cn/gongbao/shuju/1964/gwyb196414.pdf,登录时间:2023 年 1 月 5 日。

61.《核裁军》,https://www. fmprc. gov. cn/chn/pds/ziliao/tytj/t119261. htm,登录时间:2023 年 1 月 5 日。

62.《中国关于新安全观的立场文件》,https://www.mfa.gov.cn/web/ziliao_674904/tytj_674911/zcwj_674915/200208/t20020806_9868841. shtml,登录时间:2023 年 3 月 15 日。

63. M. C. Abad，"A Nuclear Weapon-Free Southeast Asia and Its Continuing Strategic Significance," p.179.

64.《中国关于新安全观的立场文件》,https://www.mfa.gov.cn/web/ziliao_674904/tytj_674911/zcwj_674915/200208/t20020806_9868841. shtml,登录时

间:2023 年 3 月 15 日。

65. ASEAN, "Treaty on the Southeast Asia Nuclear Weapon-Free Zone," https://asean. org/treaty-on-the-southeast-asia-nuclear-weapon-free-zone/，登录时间:2023 年 3 月 10 日。

66.《中华人民共和国与东盟国家首脑会晤联合声明——面向二十一世纪的中国—东盟合作》，https://www.mfa.gov.cn/web/zyxw/199712/t19971216_269856.shtml,登录时间:2023 年 3 月 16 日。

67. Bilveer Singh, "ASEAN, the Southeast Asia Nuclear-Weapon-Free Zone and the Challenges of Denuclearisation in Southeast Asia," Canberra Papers on Strategy and Defense, No.138, 2000, pp.50—51.

68. ASEAN, "Address by Foreign Minister Tang Jiaxuan at China-ASEAN Dialogue Singapore," https://asean.org/address-by-foreign-minister-tang-jiaxuan-at-china-asean-dialogue-singapore-27-july-1999/，登录时间:2023 年 3 月 10 日; ASEAN, "Statement by H. E. Datuk Seri Syed Hamid Albar Minister of Foreign Affairs of Malaysia, as Country Coordinator for the ASEAN-China Dialogue ASEAN Post-Ministerial Conferences(PMC) PMC 10+1 Session with the People's Republic of China 27 July 1999, Singapore," https://asean.org/statement-by-h-e-datuk-seri-syed-hamid-albar-minister-of-foreign-affairs-of-malaysia-as-country-coordinator-for-the-asean-china-dialogue-asean-post-ministerial-conferences-pmc-pmc-101-session-wit/，登录时间:2023 年 3 月 10 日。

69.《〈中华人民共和国与东盟国家领导人联合宣言〉——面向和平与繁荣的战略伙伴关系》，https://www.mfa.gov.cn/nanhai/chn/zcfg/200310/t20031010_8523443.htm,登录时间:2023 年 3 月 15 日。

70.《外交部副部长罗照辉谈中国—东盟关系:辉煌 30 年,未来更可期》，https://www.fmprc.gov.cn/web/wjbxw_673019/t1859697.shtml,登录时间:2023 年 1 月 5 日。

71. 秦亚青:《世界政治的关系理论》,第 273 页。

72.《中国代表胡小笛大使在〈不扩散核武器条约〉2005 年审议大会第三次筹备会上关于无核武器区问题的专题发言》，http://un.china-mission.gov.cn/

zgylhg/cjyjk/npt/200404/t20040429_8355489. htm，登录时间：2023 年 3 月 5 日。

73.《胡小笛大使在〈不扩散核武器条约〉2005 年审议大会第一主要委员会上关于无核武器国家安全保证问题的发言》，http://un. china-mission. gov. cn/zgylhg/cjyjk/npt/200505/t20050525_8355534. htm，登录时间：2023 年 3 月 5 日。

74. 中华人民共和国国务院新闻办公室：《中国的军控、裁军与防扩散努力》，http://www. gov. cn/zhengce/2005-09/13/content_2615754. htm，登录时间：2023 年 3 月 5 日。

75.《落实〈南海各方行为宣言〉指导方针》，https://www. mfa. gov. cn/web/wjb_673085/zzjg_673183/yzs_673193/dqzz_673197/nanhai_673325/201108/t20110812_7491672. shtml，登录时间：2023 年 3 月 16 日。

76. Kei Koga, *Managing Great Power Politics：ASEAN，Institutional Strategy，and the South China Sea*, Singapore：Palgrave Macmillan, 2022, p.192.

77. 魏玲：《关系平衡、东盟中心与地区秩序演进》，载《世界经济与政治》2017 年第 7 期，第 52 页。

78.《外交部发言人刘为民就〈东南亚无核武器区条约〉议定书问题答记者问》，https://www. fmprc. gov. cn/web/fyrbt_673021/dhdw_673027/201111/t20111120_5432385. shtml，登录时间：2023 年 3 月 6 日。

79.《李松大使在裁谈会"对无核武器国家安全保证"附属机构首次会议上的发言》，http://geneva. china-mission. gov. cn/dbtxwx/202203/t20220328_10656761.htm，登录时间：2023 年 3 月 16 日。

80. "Bangkok Treaty," https://www. nti. org/education-center/treaties-and-regimes/southeast-asian-nuclear-weapon-free-zone-seanwfz-treaty-bangkok-treaty/，登录时间：2023 年 3 月 15 日。

81.《中国代表团在〈不扩散核武器条约〉第九次审议大会上关于防止核武器扩散及建立中东无核及其他大规模杀伤性武器区问题的发言》，https://www. un. org/en/conf/npt/2015/statements/pdf/main2_china_zh. pdf，登录时间:2023 年 3 月 5 日。

82.《中国的亚太安全合作政策》,https://www.mfa.gov.cn/web/ziliao_674904/tytj_674911/zcwj_674915/201701/t20170111_9869230.shtml,登录时间:2023 年 3 月 17 日。

83.《中国支持东盟中心地位的立场文件》,https://www.fmprc.gov.cn/web/wjb_673085/zfxxgk_674865/gknrlb/tywj/zcwj/202208/t20220804_10734026.shtml,登录时间:2023 年 3 月 10 日。

84.《王毅在东盟就开放的区域主义发表政策演讲》,https://www.fmprc.gov.cn/web/wjbzhd/202207/t20220712_10718688.shtml,登录时间:2023 年 3 月 10 日。

85. 习近平:《命运与共、共建家园——在中国—东盟建立对话关系 30 周年纪念峰会上的讲话》,北京:人民出版社 2021 年版。

86. 张洁:《中国东盟携手提升区域合作》,载《人民日报》(海外版)2023 年 3 月 7 日。

87. 习近平:《命运与共、共建家园——在中国—东盟建立对话关系 30 周年纪念峰会上的讲话》,第 5 页。

88. 2017 年和 2018 年的五核国会议没有召开。参见 Maximilian Hoell, "The P5 Process: Ten Years On," *European Leadership Network*, September 2019, p.1.

89. "Remarks by Mr. Fu Cong, Director General of Department of Arms Control at the Dialogue Between the P5 Delegations and Academia," https://www.fmprc.gov.cn/mfa_eng/wjdt_665385/zyjh_665391/201902/t20190202_678718.html,登录时间:2023 年 1 月 11 日。

90. 傅聪:《推进国际核裁军和防扩散进程,维护全球战略平衡与稳定》,载《外交》2021 年第 2 期,第 116—117 页。

91.《中国—东盟建立对话关系 30 周年纪念峰会联合声明——面向和平、安全、繁荣和可持续发展的全面战略伙伴关系》,https://www.fmprc.gov.cn/web/zyxw/202111/t20211122_10451473.shtml,登录时间:2023 年 3 月 16 日;习近平:《命运与共、共建家园——在中国—东盟建立对话关系 30 周年纪念峰会上的讲话》，2021 年版。

92. 王毅：《美英澳核潜艇合作带来三大隐患》，https://www.mfa.gov.cn/web/wjbz_673089/xghd_673097/202109/t20210928_9584876.shtml，登录时间：2023 年 3 月 8 日；《关于无核武器区和中东核问题中国代表团提交的工作文件》，https://www.fmprc.gov.cn/web/wjb_673085/zzjg_673183/jks_674633/fywj_674643/202112/t20211228_10476401.shtml，登录时间：2023 年 3 月 8 日。

93.《激浊扬清、团结协作、共维和平、共促发展——国务委员兼外长王毅接受媒体采访》，https://www.fmprc.gov.cn/wjbzhd/202208/t20220812_10741741.shtml，登录时间：2023 年 2 月 7 日。

94. Ryan A. Musto, "China Wants to Join Southeast Asia's Nuclear-Free Zone. Why Now?" https://www.lawfareblog.com/china-wants-join-southeast-asias-nuclear-free-zone-why-now，登录时间：2023 年 3 月 15 日。

95.《中国代表：中方呼吁三国三思而后行，放弃对抗行径》，https://world.huanqiu.com/article/49cxBwuj8tt，登录时间：2023 年 3 月 15 日。

96. "Bangkok Treaty," https://www.nti.org/education-center/treaties-and-regimes/southeast-asian-nuclear-weapon-free-zone-seanwfz-treaty-bangkok-treaty/，登录时间：2023 年 3 月 15 日；"4 Nuke States Postpone Signing SEAN-WFZ Protocol Next Week," https://en.antaranews.com/news/83305/4-nuke-states-postpone-signing-seanwfz-protocol-next-week-，登录时间：2023 年 3 月 5 日。

97. 马凯硕、孙合记：《东盟奇迹》，翟崑、王丽娜译，北京：北京大学出版社2017 年版，第 84 页。

98. Alice Ba, (Re)Negotiating East and Southeast Asia：Region，Regionalism，and the Association of Southeast Asian Nations，Stanford：Stanford University Press，2009，p.188.

99. Bonnie D. Jenkins and Theodore M. Hirsch, "Arms Control and Disarmament," The International Lawyer, Vol.32, 1997, pp.431—432.

100. Erik A. Corneillier, "In the Zone：Why the United States Should Sign the Protocol to the Southeast Asia Nuclear-Weapon-Free Zone," Wash-

ington International Law Journal，Vol.12，No.1，2003，pp.235—236.

101. U. S. Department of Defense, "2018 Nuclear Posture Review," https://media. defense. gov/2018/Feb/02/2001872886/-1/-1/1/2018-NUCLEAR-POSTURE-REVIEW-FINAL-REPORT.PDF，登录时间:2023 年 1 月 13 日。

102. U. S. Department of Defense, "2018 Nuclear Posture Review," https://media. defense. gov/2018/Feb/02/2001872886/-1/-1/1/2018-NUCLEAR-POSTURE-REVIEW-FINAL-REPORT.PDF，登录时间:2023 年 1 月 13 日。

103. Paul Kerr, "U.S. Accuses Burma of Seeking Weapons Technology," https://www. armscontrol. org/act/2004-05/press-releases/us-accuses-burma-seeking-weapons-technology，登录时间:2023 年 3 月 31 日。

104. Winston Lord, "Southeast Asia Regional Security Issues: Opportunities for Peace, Stability, and Prosperity, Statement Before the House International Relations Committee, Asia and Pacific Subcommittee," https://1997-2001.state.gov/regions/eap/960530.html，登录时间:2023 年 1 月 11 日。

105. ASEAN, "Treaty on the Southeast Asia Nuclear Weapon-Free Zone," https://asean. org/treaty-on-the-southeast-asia-nuclear-weapon-free-zone/，登录时间:2023 年 3 月 10 日。

106. Amitav Acharya and J. D. Kenneth Boutin, "The Southeast Asia Nuclear Weapon-Free Zone Treaty," pp.225—226.

107. ASEAN, "Treaty on the Southeast Asia Nuclear Weapon-Free Zone," https://asean. org/treaty-on-the-southeast-asia-nuclear-weapon-free-zone/，登录时间:2023 年 3 月 10 日。

108. Surya P. Subedi, "Problems and Prospects for the Treaty on the Creation of a Nuclear-Weapon-Free Zone in Southeast Asia," *International Journal of Peace Studies*，Vol.4，No.1，1999，p.72.

109. Thomas Graham, "Why U.S. Has Not Signed Protocol to Nuclear Arms Treaty," New Straits Times, June 24，1997.

110. Amitav Acharya and J. D. Kenneth Boutin, "The Southeast Asia Nuclear Weapon-Free Zone Treaty," p.226.

111. U.S. Mission to ASEAN, "U.S.-ASEAN Timeline," https://asean. usmission.gov/u-s-asean-timeline/, 登录时间:2023 年 3 月 9 日。

112. U.S. Mission to ASEAN, "U.S.-ASEAN Timeline," https://asean. us-mission.gov/u-s-asean-timeline/, 登录时间:2023 年 3 月 9 日。

113. Hillary R. Clinton, "Remarks at the Review Conference of the Nuclear Nonproliferation Treaty," https://2009-2017. state. gov/secretary/20092013clinton/rm/2010/05/141424.htm, 登录时间:2023 年 2 月 5 日。

114. The White House, "Joint Statement of the 2nd U.S.-ASEAN Leaders Meeting," https://obamawhitehouse. archives. gov/the-press-office/2010/09/24/joint-statement-2nd-us-asean-leaders-meeting, 登录时间:2023 年 2 月 5 日。

115. Peter Crail and Xiaodon Liang, "Southeast Asia Nuclear-Weapon-Free Zone and the Nuclear-Weapon States," Asia Pacific Bulletin, No. 148, February 7, 2012.

116. "Bangkok Treaty," https://www. nti. org/education-center/treaties-and-regimes/southeast-asian-nuclear-weapon-free-zone-seanwfz-treaty-bangkok-treaty/, 登录时间:2023 年 3 月 15 日;"4 Nuke States Postpone Signing SEAN-WFZ Protocol Next Week," https://en. antaranews. com/news/83305/4-nuke-states-postpone-signing-seanwfz-protocol-next-week-, 登录时间:2023 年 3 月 5 日。

117. "Can ASEAN Sell Its Nuclear Free Zone to the Nuclear Club," Policy Brief, Sigur Center for Asian Studies, the George Washington University, October 2014.

118. Xinhua, "Four Nuclear States Postpone Signing SEANWFZ Protocol," Carnegie Endowment for International Peace, July 10, 2012.

119. "Bangkok Treaty," https://www. nti. org/education-center/treaties-and-regimes/southeast-asian-nuclear-weapon-free-zone-seanwfz-treaty-bangkok-treaty/, 登录时间:2023 年 3 月 15 日。

120. Marty Natalegawa, *Does ASEAN Matter? A View from Within*, Singapore: ISEAS, 2018, p.75.

121. Bilahari Kausikan, "Pragmatic Adaptation, Not Grand Strategy,

Shaped Singapore Foreign Policy," in Barry Desker and Cheng Guan Ang, eds., *Perspectives on the Security of Singapore：The First 50 Years*, Singapore：World Scientific, 2015, p.303.

122. Marty Natalegawa, *Does ASEAN Matter? A View from Within*, p.75.

123. Bilahari Kausikan, "Pragmatic Adaptation, Not Grand Strategy, Shaped Singapore Foreign Policy," p.303.

124. Marty Natalegawa, *Does ASEAN Matter? A View from Within*, p.75.

125. "Can ASEAN Sell Its Nuclear Free Zone to the Nuclear Club," Policy Brief, Sigur Center for Asian Studies, the George Washington University, October 2014.

126. 董贺:《关系与权力:网络视角下的东盟中心地位》,载《世界经济与政治》2017 年第 8 期,第 98 页。

127. 赵明昊:《盟伴体系、复合阵营与美国"印太战略"》,载《世界经济与政治》2022 年第 6 期,第 28、36 页。

128. Frank A. Rose, "U. S. Contributions Toward a World Without Nuclear Weapons ASEAN Regional Forum," https://2009-2017.state.gov/t/avc/rls/2014/228906.htm,登录时间:2023 年 2 月 5 日。

129. Jeffrey Eberhardt, "U.S. Statement on Nuclear Disarmament and Security Assurances(Cluster 1 Specific Issue)," https://2009-2017.state.gov/t/isn/rls/rm/2013/208047.htm,登录时间:2023 年 2 月 5 日。

130. Frank A. Rose, "U. S. Contributions Toward a World Without Nuclear Weapons ASEAN Regional Forum," https://2009-2017.state.gov/t/avc/rls/2014/228906.htm,登录时间:2023 年 3 月 5 日;Rose Gottemoeller, "69th United Nations General Assembly First Committee General Debate," https://2009-2017.state.gov/t/us/2014/232698.htm,登录时间:2023 年 3 月 5 日。

131. U.S. Department of State, "Report of the United States of America

Pursuant to Actions 5，20，21 of the 2010 Nuclear Non-Proliferation Treaty Review Conference，" https：//2009-2017. state. gov/documents/organization/241363.pdf，登录时间：2023 年 3 月 13 日。

132. U. S. Department of State，"Statement by the People's Republic of China，France，the Russian Federation，the United Kingdom of Great Britain and Northern Ireland，and the United States of America to the 2015 Treaty on the Non-Proliferation of Nuclear Weapons Review Conference，" https：//2009-2017. state. gov/t/isn/npt/statements/241381. htm，登录时间：2023 年 3 月 13 日。

133.《五核国在北京举行正式会议》，http：//world. people. com. cn/n1/2019/0130/c1002-30600335.html，登录时间：2023 年 1 月 17 日。

134. The White House，"Remarks by President Biden at the U.S.-ASEAN Special Summit，" https：//www. whitehouse. gov/briefing-room/speeches-re-marks/2022/05/13/remarks-by-president-biden-at-the-u-s-asean-special-summit/，登录时间：2023 年 2 月 15 日。

135. Ryan A. Musto，"China Wants to Join Southeast Asia's Nuclear-Free Zone. Why Now?" https：//www. lawfareblog. com/china-wants-join-southeast-asias-nuclear-free-zone-why-now，登录时间：2023 年 3 月 15 日。

136. Ministry of Foreign Affairs，France，"P5 Conference，Paris，2—3 December，2021，" https：//www. diplomatie. gouv. fr/IMG/pdf/p5_statement_2_3-12-21_cle04ad34.pdf，登录时间：2023 年 3 月 9 日。

137. The White House，"ASEAN-U.S. Special Summit 2022，Joint Vision Statement，" https：//www. whitehouse. gov/briefing-room/statements-releases/2022/05/13/asean-u-s-special-summit-2022-joint-vision-statement/，登录时间：2023 年 3 月 5 日。

138. The White House，"Joint Statement of the U. S.-ASEAN Special Leaders' Summit：Sunnylands Declaration，" https：//obamawhitehouse. archives. gov/the-press-office/2016/02/16/joint-statement-us-asean-special-leaders-summit-sunnylands-declaration，登录时间：2023 年 3 月 5 日。

139. U. S. Department of Defense, "2022 Nuclear Posture Review," https://media.defense.gov/2022/Oct/27/2003103845/-1/-1/1/2022-NATIONAL-DEFENSE-STRATEGY-NPR-MDR.PDF♯page＝33,登录时间:2023 年 4 月 14 日。

140. 秦亚青:《世界政治的关系理论》,第 393 页。

141. 陈拯:《建构主义国际规范演进研究述评》,载《国际政治研究》2015 年第 1 期,第 142 页。

142. Patrick T. Jackson and Daniel H. Nexon, "Relations Before States: Substance, Process and the Study of World Politics," European Journal of International Relations, Vol.5, No.3, 1999, p.292.

第十二章　从规则治理到关系治理

——三十年来中亚地区治理模式的变迁

曾向红[*]

一、前　言

2021年适逢中亚五国(哈萨克斯坦、吉尔吉斯斯坦、塔吉克斯坦、乌兹别克斯坦、土库曼斯坦)独立三十周年。值此特殊时刻,学术界有必要对涉及中亚地区治理的相关重大议题进行较为全面的梳理和总结,[1]这是把握中亚地区发展态势并确保中国在参与中亚地区治理过程中有效捍卫自身权益的前提。中亚地区治理的研究议题非常繁杂,但本章关心的是中亚国家与域外行为体在参与中亚事务的过程中形成了什么类型的治理模式。因为中亚地区治理模式的类型、特征及其稳定程度,不仅影响该地区各国和利益攸关方应对各种地区问题的方式和效率,而且影响到该地区的稳定和内外部行为体关系的和谐。

迄今为止,学术界尚未对中亚地区治理模式的类型及其变迁进行深入探讨,[2]但该问题相当重要。中亚地区治理模式的变化涉及中亚国家应对攸关该地区和平与稳定的诸多问题,影响着中亚国家构建和社会转型的顺利推进。中亚国家独立以来,尽管国内外学术界一直盛行有关中亚地区局势的"危险话语"[3]——即突出中亚地区存在的重重风险,并对该地区的和平与稳定持非常消

* 曾向红,兰州大学中亚研究所、兰州大学政治与国际关系学院教授。

极的态度，但该区域迄今为止未爆发严重的国家间冲突并维持了基本稳定，这说明中亚地区治理取得了较为积极的成效。从地区治理的角度来考察，这种成效的取得，或许与中亚地区治理模式的转变息息相关。

地区治理已是国际关系和区域国别研究中的重要议题。不过，对于中亚地区治理模式的讨论，似乎仍有所欠缺。需要明确的是，本章所探讨的中亚地区治理模式，主要涉及各国对地区性问题，尤其是彼此间关系的处理方式，以及各国在推进国家治理过程中所遵循的基本路径而在地区层面所产生的涌现现象。如果地区治理的主要内容是指"在具有某种政治安排的地区内通过创建公共机构、形成公共权威、制定管理规则，以维持地区秩序，满足和增进地区共同利益所开展的活动和过程，它是地区内各种行为体共同管理地区各种事务的诸种方式的总和"，[4] 那么，所谓地区治理模式，则是指行为体参与治理时所采取的较为稳定的方式或路径。鉴于此，本章将不对有关中亚地区治理的主要议题，如地区内各国所持的地区观、各国是否已建立起相应的地区秩序以及何种地区秩序、各国对诸多攸关地区稳定问题的处理（如水资源分配、边界划分、环境污染等）、中亚地区性国家组织的建立与发展、地区间与跨地区合作等问题展开，而着重讨论中亚国家在推进国家或地区治理过程中所形成的治理方式与手段。

大体而言，自中亚国家独立以来，中亚地区治理模式的主导性特征或许发生过一定变化。这种转化大致发生在 2005 年前后。在此之前，中亚地区的治理模式整体而言具有较强的"规则治理"特征，而在此之后，中亚地区治理"关系治理"特征似乎更加突出。所谓规则治理，是指通过确立明确、有约束力的规则，以实现对相关问题的治理和社会秩序的稳定；而关系治理，则是指通过着眼于管理社会中的复杂关系，以推进社会生活的稳定运行和社会秩序的维系。[5] 尽管规则治理与关系治理的目标均在于实现对全球或地区的有效治理，但它们的主要特征有所不同：规则治理着眼的是行为体的行为，主要通过规则来进行治理；而关系治理着眼的是理顺治理中涉及的各种关系，旨在实现关系的和谐与稳定。[6] 尽管这两种治理模式可归结为不同社会实践或文化传统的影响，但实际上，它们不仅共存于特定地区或领域的治理实践中，而且可能是特定国家或地区治理模式所历经的两个阶段。如中亚地区治理模式的变化，在一定程度上体现了两种治理模式之间的转化。

表 12.1　规则治理与关系治理的区别

	规则治理	关系治理
世界观	本质主义	关系主义
治理对象	个体	关系
机制	执行规则	协调关系
导向	结果	过程
核心概念	个人利益	主体间信任

资料来源：Qin Yaqing，*A Relational Theory of World Politics*，New York：Cambridge University Press，2018，p.350。

　　需要强调的是，本章以 2005 年为界线，将中亚地区治理模式区分为规则治理为主和关系治理为主，在很大程度上是对复杂、动态的中亚地区治理状况及其特点的一种简化。事实上，自中亚国家独立之后，中亚各国就面临如何处理好各种内外部关系的重要任务，如各国建国后奉行的多元平衡外交政策，便是各国着力理顺和处理与域外国家之间的关系，并基于此制定相应的外交政策。换言之，关系治理在 2005 年之前同样是中亚国家推进治理的重要内容。2005 年之后，中亚国家尽管在国家治理问题上确立了一些基本的规则，但各国转型任务的复杂性，决定了它们的规则仍有修正、摒弃、重建的广泛空间。如吉尔吉斯斯坦在连续遭遇三次政权非正常更迭的背景下，始终在探索治理的合理路径。与此相似，乌兹别克斯坦、哈萨克斯坦、塔吉克斯坦、土库曼斯坦等国，同样在 2005 年后不断尝试和摸索相应的国家治理模式和治理规则。整体而言，无论是关系治理还是规则治理，均贯穿于中亚国家独立 30 年以来的发展历程中。

　　由此观之，本章以 2005 年为界，将前一个阶段划分为规则治理的阶段，而后一个阶段归纳为关系治理的阶段，只是一种初步和粗略的区分。对于中亚国家来说，无论是哪一个阶段，规则和关系均是中亚国家应对和处理国家内部或地区问题的基本手段；只是考虑到不同阶段中亚各国面临的主导性任务有所差异，故本章做了这样的区分。归根结底，进行这种讨论的本意，仍在于发现中亚地区治理模式所出现的明显变化以及由此带来的各种影响，但并不意味着忽视中亚地区治理状况的复杂性、多元性与动态性。如果这种划分方式具有一定的必要性和可行性，那么下文将对中亚地区治理模式的变迁及其影响进行初步分析。为此，本章结构安排如下：首先，对 2005 年之前与之后中亚地区所呈现出的规则治理和关系治理模式的具体体现进行分析；其次，剖析中亚地区为何会出现治理模式的改变，即改变的动力何在；再次，简要分析中亚地区治理模式改变所带来的复杂影响；最后，我们将从中亚地区治理模式转型的角度，对 2022 年初哈萨克斯坦大规模骚乱带来的影响及其前景进行简要分析。

二、2005 年前中亚地区治理中的规则治理

在 1991—2005 年的近 15 年的时间里，中亚国家在确立基本规则的同时也在积极处理各种内外关系。也就是，规则治理与关系治理均是这一阶段中亚地区治理的重要内容。不过，相对而言，这一阶段，中亚地区治理的规则治理特征似乎更加明显。主要原因在于：在独立初期，中亚国家依旧处于探索国家发展道路的阶段，确立国家运行的基本制度和接受现有的国际规则，是中亚各国确保国家顺利走上稳定发展轨道的重要前提，也是各国提升自身治国理政能力的必然要求。与其他苏联加盟共和国有所不同，中亚各国独立前并无建立现代意义上主权国家的经历，且对苏联解体也无充分准备。形势的突变和经验的匮乏，意味着中亚国家的国家建设历程具有摸索性质。正如普京在评价纳扎尔巴耶夫在推动哈萨克斯坦国家发展成绩时所评价的："纳扎尔巴耶夫做了一件独一无二的事——在从来不曾有过国家的土地上建立起了一个国家。"[7] 尽管普京的评价有夸大之嫌，但中亚五国开展国家建设的任务的确非常艰巨。在此背景下，摸索新的治国理政规则并接受既有的国际通行规则，是中亚国家推进国家建设和处理与其他行为体之间关系、解决地区治理的主要途径。而中亚五国不约而同在独立后开展国家构建工作，无疑具有涌现或系统效应，使之成为地区治理的重要议题。在此背景下，规则治理成为中亚地区治理的主导性治理模式。

中亚各国的国家构建与中亚地区层面的治理是相向而行、并行不悖的。独立后，中亚各国采取的具体发展路径有所差异，如在经济领域，吉尔吉斯斯坦与哈萨克斯坦快速推进私有化和市场化进程，使之具有重要的"休克疗法"特征；而乌兹别克斯坦和土库曼斯坦则选择了渐进式的发展道路，在推进市场化、自由化与私有化的过程中非常谨慎。在政治制度的设计上，土库曼斯坦与乌兹别克斯坦先后于 1992 年 5 月和 12 月通过的首部宪法确立了以三权分立为原则的总统

制国家权力体系。这两个国家的总统享有崇高权力,其政治体制与独立前的苏维埃体制有诸多的延续性。而吉尔吉斯斯坦与哈萨克斯坦虽然同样确立了总统制权力结构,但由于总统权威未得到普遍接受,故这两国的政治竞争仍较为激烈。为维护总统权威,哈萨克斯坦与吉尔吉斯斯坦分别在 1996 年 2 月和 1995 年 8 月修订宪法,确立起以维护总统权力为特征的政治体制。塔吉克斯坦则在 1992 年至 1997 年间爆发内战,直到 1999 年塔内战后修宪,塔吉克斯坦一直维持着以苏维埃为核心的议会制政体。[8]20 世纪 90 年代后期,随着中亚五国总统竞相巩固总统权力,各国在政治领域呈现出较多的家族相似性。不过,由于经济发展路径、资源禀赋状况、对外开放程度有所差异,各国在经济领域的差异越来越明显。如哈土两国因拥有丰富的能源资源,经济发展相对较快,其他三国因受到资源和地理环境等因素的影响,经济发展较慢。

　　从无到有地构建国家,事实上就是确立规则的过程。在 2005 年之前,中亚五国基本确立了规范国家政治、经济、社会、文化等领域的主要规则,为国家生活的运行奠定了必要基础。由于历史经历与经验匮乏,中亚国家在确立国内各领域活动的规则时,参考对象主要是俄罗斯。这一现象,尤其反映在中亚国家为巩固国家安全所确立的机制设置和具体运行规则上。换言之,俄罗斯构成中亚国家制定规则的主要参考群体。[9]而就效果而言,根据马克斯·韦伯有关国家是合法垄断暴力使用的机关这一概念来衡量,中亚国家的国家能力参差不齐,其中既有较好的哈萨克斯坦和乌兹别克斯坦,也有表现较差的吉尔吉斯斯坦与塔吉克斯坦。吉尔吉斯斯坦自独立以来分别在 2005 年、2010 年与 2020 年发生三次政权非正常更迭,而塔吉克斯坦则爆发过内战,即使在内战后确立起了能维持运转的制度体系,但其国家能力依旧差强人意,如塔吉克斯坦能否将内战中的反对派进行复员和融合、能否将政府权威拓展到内战中军阀控制的区域、能否向民众提供基本的公共产品等,均受到域外观察家们的质疑。正因如此,屡屡有西方媒体或智库预言塔吉克斯坦正走向国家失败。[10]因此,规则体系的确立与国家能力之间并不存在直接的正相关关系。

　　中亚国家确立的规则体系与各国国家能力之间的反差,部分可归咎于各国生活中的非正式规则。非正式规则在中亚国家生活中扮演了极为重要的作用,无论它们是以地区认同网络的形式出现,还是以庇护网络的形式存在,抑或经由部落或部落联盟的形式发挥作用。尽管人们经常从消极的角度理解非正式规则或网络在中亚政治生活中的作用，如催生腐败和裙带关系，借由这些网络挑战政府权威，煽动"颜色革命"之类的群体性事件，侵蚀甚至鲸吞国有资产或破坏社会公共产品的提供，滋生贩毒、武器走私、人口贩卖等犯罪团伙，甚至在中亚地区恐怖主义网络的形成和演变过程中产生重要的作用。[11]诸如此类的问题的确不容忽视，然而，非正式规则及其社会网络也具有重要的积极作用，尤其是在苏联解体后国家福利体系崩溃、中亚各国公共产品的提供严重受限的情况下，非正式规则及其社会网络在帮助弱势群体应对各种生活挑战、在国家政治生活中出现失序事件时维持社会秩序等方面，发挥了重要的补充和替代作用。[12]

在积极确立和完善国内各项规章制度和正式规则的同时，中亚国家面临的另外一个重要任务在于摸索与其他主权国家等国际行为体的相处之道，摸索自身的外交政策道路，以巩固自身的独立和主权。而实现这些目标的基本路径，同样是在熟悉和接受相应国际规则的基础上，推进自身外交决策机制的建设和完善。在苏联时期，各加盟共和国并不具有独立的外交权，故独立之后，它们是从无到有地开始外交机构的设立、外交人员的招募和外交经验的积累。尽管步履艰难，但在国际社会的帮助和各国的自主努力下，中亚各国迅速确立起了各自的外交决策系统，并日益娴熟地开展外交工作。[13]显而易见，由于中亚国家独立之时国际体系已经形成了较为稳定和成熟的规则体系，中亚国家融入国际社会的重要渠道是接受这些规则体系。其中，由于国际组织或制度是国际规则的集中体现，从中亚各国在独立之后加入国际组织的情况，大致可以管窥中亚各国融入国际社会的迅速程度。可见表 12.2。

从表 12.2 可以看出，中亚五国在独立之后 2—3 年左右的时间里，迅速完成了"融入"现有体系中的相关程序，表明了各国对获得国际承认的急迫心理。当然，中亚各国是否全面内化了主要的国际规则仍有待进一步考察，但通过加入主要的国际组织或机构，中亚各国的国家主权得以确认、国际合法性得到有效提高，其外交交往的成效得到彰显。需要指出，在促进中亚国家接受现有国际规则和促进它们融入国际社会方面，以美国为首的西方国家的确发挥了重要的作用。苏联解体后，西方国家对以"华盛顿共识"为基础的新自由主义国际规则体系的信心高涨，热切期盼以此塑造中亚国家的政治发展方向，故它们急切地向包括中亚国家在内的新独立国家扩散国际规则，这也是各国在很短的时间内融入国际

表 12.2　中亚国家加入国际组织的时间表

	哈萨克斯坦	乌兹别克斯坦	吉尔吉斯斯坦	塔吉克斯坦	土库曼斯坦
联合国(UN)	1992 年 3 月	1992 年 3 月	1992 年 3 月	1992 年 3 月	1992 年 3 月
欧安组织(OSCE)	1992 年 1 月	1992 年 1 月	1992 年 1 月	1992 年 1 月	1992 年 1 月
北大西洋合作理事会(NACC)	1992 年 3 月	1992 年 3 月	1992 年 3 月	1992 年 3 月	1992 年 3 月
和平伙伴关系计划	1994 年 5 月	1994 年 7 月	1994 年 5 月	2002 年 2 月	1994 年 6 月
国际货币基金组织(IMF)	1992 年 7 月	1992 年 9 月	1992 年 5 月	1993 年 4 月	1992 年 12 月
世界银行(WB)	1992 年 7 月	1992 年 9 月	1992 年 9 月	1993 年 6 月	1992 年 9 月
欧洲复兴开发银行(EBRD)	1992 年 1 月	1992 年 1 月	1992 年 1 月	1992 年 1 月	1992 年 1 月
关贸总协定/世界贸易组织(GATT/WTO)	2015 年 11 月	无	1998 年 12 月	2013 年 3 月	无
上海合作组织(SCO)	2001 年 6 月	2001 年 6 月	2001 年 6 月	2001 年 6 月	无

资料来源:Michael J. Tierney, "Commitments, Credibility and International Cooperation: The Integration of Soviet Successor States into Western Multilateral Regimes," Ph.D Dissertation, University of California, San Deigo, 2003, pp.98—99。本章在引用时做了必要的删减与更新。

社会的重要原因。针对新独立国家，美国推出了基于"自由支持方案"为基础的援助计划，但其援助力度远小于"二战"后美国援助欧洲的"马歇尔计划"。[14] 相较而言，针对新独立国家，美国更倚重的是由其主导的国际组织，西方有效地拓展了西方偏好的自由主义规则在中亚国家的影响。而俄罗斯在苏联解体之后自顾不暇并致力于融入国际社会，决定了它在相当长一段时间内没有投入太多精力去设计能有效影响并塑造中亚国家发展方向的地区治理规则。

在美国及其西方盟友致力于整合苏联国家的过程中，国际货币基金组织、世界银行与世界贸易组织等国际组织扮演了重要的角色。西方对这些国际经济组织的主导、西方不愿投入巨额双边援助整合苏联国家的考虑、这些机构在"二战"结束以后管理全球经济和援助第三世界国家的丰富经验、它们希望在整合苏联国家的过程中扮演重要角色的愿望等，为这些国际经济组织在整合苏联国家过程中发挥影响提供了基础。在整合苏联国家的过程中，国际货币基金组织、世界银行与国际贸易组织不仅各自发挥了重要的作用，而且彼此之间有一定的分工。如引导苏联国家推进私有化和劳工市场改革的工作，主要由世界银行来推动；而帮助成员国实现货币稳定和处理国际金融问题上的合作，构成国际货币基金组织的一个核心任务。[15] 至于世界贸易组织，尽管在促使中亚国家消除贸易壁垒、确立知识产权制度和推进经济自由化方面发挥了一定的作用，但直到 2012 年，只有吉尔吉斯斯坦成为该组织的成员（1998 年）。所以相对于世界银行与国际货币基金组织，世界贸易组织在推进中亚国家转型的过程中发挥的作用要小一些。

整体而言，在 2005 年"颜色革命"蔓延到中亚地区之前，基于国家构建和融入国际社会的紧迫需要，中亚国家将主要任务放在构建新规则或接受现有的国际规则上，由此决定各国内部和地区层面上的治理具有浓厚的规则治理特征。中亚各国独立初期将主要精力放在国内治理上，但中亚地区层面的治理也体现出规则治理的特征，这主要因为：其一，各国争相确立规则或接受已有规则，从而带来了地区层面规则构建或扩散的整体性地区效应；其二，中亚独立后，苏联各加盟共和国之间的关系变成了国家之间的关系，为了处理各国独立后迫在眉睫的问题（如边界划分、能源网络的调整、水资源的分配、军事力量的分割等），各国总体遵循了国际社会处理类似问题的惯例或规则，同时也通过签署协议或条约的方式将共识予以制度化。这无疑是规则治理的重要体现。基于以上原因,我们可以将 2005 年前中亚地区的治理模式称为规则治理。但需要指出的是,规则治理并不排斥关系治理,两者本质上并行不悖。即便是在中亚地区治理以规则治理为主要模式的阶段,关系治理同样是地区治理的重要内容。如在国内理顺个人、社会、国家之间的关系,在国际上平衡参与中亚事务的诸大国关系,均是关系治理模式的体现。只是相对而言,2005 年之前中亚地区治理的规则治理特征更为明显,而 2005 年后中亚地区治理的关系治理特征更加显著。

三、2005 年后中亚地区治理中的关系治理

大体从 2005 年开始,中亚地区治理的主要模式似乎逐渐转向了关系治理。经过 1991—2005 年的制度建设和规则创制,中亚各国基本确立相对稳定的国家运行制度。尽管各国的国家能力有大小之别,[16] 政治秩序的稳定程度有高低之分,但基本做到了"有规则可依"。在对外关系上,经过 15 年左右的锤炼,中亚各国不仅有效地保障了各国极为珍视的主权与独立,而且展现了较高程度的能动性,并通过奉行多元平衡外交政策在诸大国之间进行了灵活的周旋。1991—2005 年间中亚国家及其地区治理所取得的成效,从一个侧面说明了规则治理模式对中亚地区的适用性与有效性。然而,2005 年前后中亚地区形势发生的变化,也暴露了规则治理在稳定中亚地区局势和中亚国家开展对外交往时的局限性。2005 年对于中亚国家来说是一个较为特殊的年份,先是吉尔吉斯斯坦于当年 3 月发生了颠覆时任总统阿卡耶夫的"郁金香革命",同年 5 月,乌兹别克斯坦发生了有近 200 人伤亡的安集延事件,西方国家要求对该事件进行独立的国际调查,而乌方对此反应激烈,直接导致美国在乌军事基地汉纳巴德的驻军权利被取消,乌美关系因此进入一个低谷。[17] 上述事件既反映出中亚国家在独立后确立的规则在遭遇"颜色革命"冲击时效果难料,也说明中亚国家在摸索适合自身的外交政策路线时未能使它们与积极参与中亚事务各大国的关系保持恰当的平衡。

事实上,2003—2005 年蔓延于后苏联空间的"颜色革命"及其事态发展,对中亚地区治理具有转折性的意义,它们共同促成了中亚地区治理模式从规则治

理到关系治理的转型。2003 年格鲁吉亚的"玫瑰革命"、2004 年乌克兰"橙色革命"与 2005 年吉尔吉斯斯坦的"郁金香革命"，充分暴露了后苏联空间中"新独立国家"的政治体制和社会转型面临来自反对派与部分民众的挑战。这波抗议浪潮的传染性，也令那些未爆发"颜色革命"的国家紧张不已：因为欧亚多数国家所确立的体制，与发生"颜色革命"的国家具有诸多相似之处，在发展过程中都或多或少存在令民众不满的问题。而 2008 年俄格战争的爆发、2010 年吉尔吉斯斯坦出现推翻巴基耶夫统治的"二次革命"及此后发生的族群冲突、2014 年乌克兰危机的出现，2020 年白俄罗斯出现的大规模民众抗议、亚美尼亚—阿塞拜疆之间围绕纳戈尔诺—卡拉巴赫地区领土争议问题战火重燃，则直接对整个后苏联空间的秩序和稳定构成强烈冲击。尽管上述事件在时间线上延续较长，事件起因也有明显差异，但它们具有一个重要的相似性，即新独立国家所确立的国家运行规则，要么难以得到国内民众的普遍或深度认同，要么无法有效保障国家间关系的稳定。正因如此，如何理顺各种关系，成为包括中亚国家在内的后苏联国家亟须处理的问题。

2005 年左右，中亚国家治理模式从规则治理到关系治理的转型同样体现在国内社会与国家之间的关系上。尽管人们通常只将 2003—2005 年波及格鲁吉亚、乌克兰、吉尔吉斯斯坦发生的政权非正常更迭称为"颜色革命"，但如果将欧亚地区民众利用选举等政治机会动员起来对政权表达不满，甚至推翻政府视为"颜色革命"的特征，那么吉尔吉斯斯坦 2010 年与 2020 年出现的两次政权非正常更迭，以及乌克兰危机、2018 年亚美尼亚政局变动（2018 年，亚前总统谢尔日•萨尔基相试图卸任总统后改任总理之举引发大规模社会不满情绪，现任总理帕希尼扬通过参与社会抗议而促使萨尔基相辞职，后来当选总理），同样具有"颜色革命"的特征。显而易见，经过 1991—2005 年的规则创建与实施期，包括中亚国家在内的欧亚国家已拥有初步完整的国家运行规则。然而，规则的存在及其运行，并不一定代表各国社会关系、政治力量之间关系的和谐。事实上，"颜色革命"可被视为是各国国家—社会关系出现矛盾与问题的反映。如吉尔吉斯斯坦反复发生"颜色革命"，就与吉南北部的权力分配不均、族群关系存在内在紧张、精英之间的权力斗争等存在较为密切的关系。[18]

事实上，是否发生"颜色革命"之类的政局变动，关键还在于各国的领导层能否具备有效协调或平衡各种关系的政治手腕,或称政治领导力。如以中亚五国为例,哈萨克斯坦的政局相对稳定,前总统纳扎尔巴耶夫被认为具有高超的政治技巧,不仅有效地处理了可能影响哈国家统一的族群问题,[19]而且有效地团结了政治精英,不仅防范了"颜色革命"对哈的冲击,而且还保障了哈政权权力的平稳交接。[20]不可否认,哈萨克斯坦拥有丰富的能源资源,为哈精英维系政权生存和社会稳定提供了重要的资源基础。然而,世界上能源资源丰富而又陷入资源诅咒的国家同样不在少数,这或许从一个侧面说明处理各类政治和社会关系的技巧或手腕,对于一个能源丰富的国家确保社会稳定的重要性。这一判断,或者同样适用于土库曼斯坦和乌兹别克斯坦。整体而言,这两个国家与哈一样,拥有较为充裕的能源资源,再加上政治精英治国理政手段的高明,至少确保了两国在独立之后并未遭遇足以颠覆政权的群体性事件,这或许也是两国前任总统——土库曼斯坦的尼亚佐夫与乌兹别克斯坦的卡里莫夫——突然去世后,两国的政权交接能确保大致平稳的主要原因。[21]

与对内需要处理好国家—社会诸种关系以保障国家稳定相似,中亚国家独立之后面临的另一个艰巨任务是处理好各种外部关系。这种所谓"外部关系",主要是指中亚国家与邻国之间的关系及与积极参与中亚事务的主要大国之间的关系。这两类外部关系对于中亚国家的构建和转型的意义不同。独立后的中亚国家间关系较为复杂,而且还继承了苏联时期遗留的一些矛盾与纷争。因此,能否恰当地处理与邻国关系,主要涉及各国能否与邻国友好共处,并妥善处理好它们与邻国之间的各类潜在或现实矛盾。这些问题对中亚各国的影响,不仅仅是经济发展与社会稳定方面的,有时还涉及国家主权与领土完整,如各国之间边界划分问题。换言之,与邻国之间的关系攸关中亚各国能否为自身发展提供一个稳定或友善的周边环境,而发展与域外大国之间的关系,则攸关各国能否获得大国的承认与支持,无论这种支持是物质层面上的,还是象征性或声誉层面上的。积极参与中亚事务的域外行为体很多,但最为积极或影响力较大的主要行为体曾发生过变化,如在20世纪90年代初期,积极参与中亚角逐的大国为俄罗斯、伊朗、土耳其等;待到90年代末,尤其是"9·11"事件之后,对中亚地区事务产生重要影响的行为体变为俄罗斯、美国与中国。整体而言,积极发展与这些行为体之间的友好关系,对于中亚国家维系自身生存、拓展国家交往、收获各种外部资源具有重要意义。

2005 年中亚各国应对域外大国的策略和方式也出现向关系模式转变的特征。中亚国家自独立之后,基本奉行与诸大国交往的多元平衡外交政策。相对来说比较特殊的是乌兹别克斯坦。乌兹别克斯坦在 2005 年前致力于改善与西方,尤其是美国之间的关系。乌兹别克斯坦的这一诉求在"9·11"事件之后取得了重要进展。2002 年 3 月,美乌签署《战略协作关系协定》,标志着乌兹别克斯坦与美国之间形成了准联盟关系。而其他中亚国家,虽然也奉行多元平衡外交政策,但政策的优先方向仍以俄罗斯作为重点。不过,为了获得美国更多的支持,同时也更为有效地保障自身的安全,中亚各国同样借美国进驻中亚并加大对该地区的投入和关注之机,纷纷表达了对美国在中亚地区开展反恐行动的支持。在此背景下,美国迅速扩大了在中亚地区的影响力。但 2003—2005 年"颜色革命"在欧亚空间的扩散,直接挑战了中亚国家维系与西方国家,尤其是管理与美国之间友好关系的能力。尤其令中亚国家警惕的是,美国在"颜色革命"前大肆宣扬西方"民主"和"人权"价值观并积极支持各种西方非政府组织在欧亚国家活动,在"颜色革命"中呼吁各国政府尊重民众的"自由选择"、督促各国政府不得向抗议者使用武力等立场,被欧亚国家的政府精英解读为美国试图支持并推动"颜色革命"在欧亚空间的扩散。

尤其是 2005 年 5 月美国对乌兹别克斯坦"安集延事件"的立场,令中亚国家政府精英担心美国会颠覆各国现任政府,也给中亚各国提出了如何在利益存在明显分歧甚至冲突的大国间维持有效平衡的外交关系这一难题。基于对西方推动"颜色革命"的恐惧,中亚国家普遍加大了对中俄两国的倚重。在 2005 年 7 月召开的上海合作组织阿斯塔纳峰会上,会议发表的元首宣言表示:"鉴于阿富汗反恐的大规模军事行动已经告一段落,上海合作组织成员国认为,反恐联盟有关各方有必要确定临时使用上海合作组织成员国上述基础设施及在这些国家驻军的最后期限。"[22] 由于得到上海合作组织其他成员国的支持,乌兹别克斯坦于 2005 年 11 月将美军从其汉纳巴德军事基地驱逐出去。这种态势,实际上反映了中亚国家对待西方国家态度上的转变:各国对于政权可能被颠覆的恐惧,压过了对与美国合作反恐获得收益的期待,由此也带来了各国外交政策重点或优先方向的改变,如加强与中国、俄罗斯等不干预中亚国家内政的大国之间的联系。这种转变,其实质在于中亚各国在形势变化的情况下,重新调整与各主要大国之间的关系。

通过对西方在"郁金香革命"和"安集延事件"中所扮演角色的反思,中亚国家充分意识到平衡好各域外大国之间关系的极端重要性。在处理外部关系上,2005 年之前,中亚国家将注意力集中在建立外交决策体制、积极参与国际事务、探索与诸大国共处之道等问题上,签署条约、缔结协定是其中的主要内容,而这些内容具有规则治理的特征。2005 年左右,由于中亚国家经历了"颜色革命"的冲击,与西方关系趋冷,导致中亚国家不得不放弃进一步向西方靠拢的外交路径,转而奉行"多元平衡外交政策",其中与中俄的合作更为紧密、互动也更为频繁。显而易见,经过 15 年的摸索,中亚各国对大国在中亚地区进行"新大博弈"所提供的机遇和带来的挑战已有较为清晰的认识,而条约和协议的签署和执行,也为各国形成相对稳定的互动模式奠定了必要基础。然而,2005 年"颜色革命"的扩散与西方支持"颜色革命"扩散的立场,使中亚国家意识到西方对民主、人权等价值观的强调并非口头空谈,而是可能对各国政局稳定带来严重的负面影响。有鉴于此,中亚各国注重与各域外大国均保持友好关系,避免过于亲近某一个大国而带来难以预料的风险。

四、中亚地区治理模式转变的动力

中亚地区治理模式从规则治理到关系治理模式的转变,无疑是有其深层原因。大体而言,至少包括以下几个原因:中亚国家面临的主要任务发生明显转变、治理议题的丰富与拓展、参与中亚地区治理的主要行为体调整自身政策、上述诸种因素结合所产生的涌现效应等。

(一)中亚国家面临的主要任务发生了明显转变

中亚地区治理模式出现了从规则治理到关系治理模式的转变,首要原因是地区各国所面临的任务发生明显变化。以 2005 年为界,在此之前,中亚五国的工作重点在于确立国家运行的基本规则,以此来规范国内族群、地方、精英与民众等诸多关系,确保国家独立和政权生存。在 2005 年后,中亚国家发现确立规则只是国家构建和社会转型的一个方面，另一个同等重要的方面是各种关系本身需要得到有效的校准和调整，使之达到一种相对稳定的状态，这是保障各国独立与安全的重要路径。换言之，中亚各国国家治理首要任务的变化，对该地区治理模式的演进具有直接的影响。如前所述，2003—2005年间蔓延于后苏联空间的"颜色革命"浪潮，提醒了中亚国家精英注意维系或理顺国内不同行为体之间或及其与大国之间关系的重要性，从而在很大程度上促进了中亚地区治理模式发生转型。

大体而言，中亚国家三十年来的转型没有经历较突出的曲折过程。以各国所确立的政治体制为例：三十年来，中亚国家经过摸索，已经确立起了具有一定威权特征的政治体制。除了吉尔吉斯斯坦的政治体制经历过较多变化，其他中亚国家的政治体制至2005年左右已基本定型。按照西方的标准，中亚五国没有一个国家可被视为西方式的"自由民主国家"。如西方非政府组织"自由之家"（Freedom House）在2017年将中亚四个国家（哈萨克斯坦、塔吉克斯坦、土库曼斯坦和乌兹别克斯坦）的政治权利得分定为最糟糕的7分，将它们定性为"完全独裁统治"（outright dictatorships），尽管先前仅有5分的吉尔吉斯斯坦得分略有改善，但仍不能满足民主的最低要求。[23]然而，中亚五国均会定期进行选举，这意味着中亚国家的政治体制仍具有一定的竞争性。在西方研究者那里，中亚国家的政治体制被称为"竞争性威权主义"（Competitive Authoritarianism）、"半威权主义"（Semi-authoritarianism）、"混合型体制"（Hybrid Regimes）、"虚拟民主国家"（Virtual Democracy）、"世袭威权体制"（Patrimonial Authoritarian Regimes）等。[24]这些概念的意思大同小异，其大意是中亚国家并未采取西方式的自由民主政权形式，各国所谓"民主"只是徒有其表，实质上仍是传统意义上的威权甚至集权体制。姑且不论西方学者在提炼这些概念所蕴含的意识形态偏见，但至少由此可以看出，中亚国家的政治体制有很强的延续性，这为各国推动治理模式的转型奠定了必要的基础。

中亚国家在其他领域的体制规则虽然称不上完善，但基本轮廓在2005年也已大致成型。而"颜色革命"在中亚地区（吉尔吉斯斯坦发生的"郁金香革命"、乌兹别克斯坦发生的"安集延事件"）的扩散与衰退，提醒了中亚国家的政府精英，规则的确立是一回事，关系的治理则是隐藏在规则背后、影响政局稳定或政权生存的更加重要的因素。在中亚地区,那些非正式政治力量对于国家政局所产生的影响同样不容忽视。非正式政治力量是游离于正式的制度安排之外的一种权力或政治资源,如以吉尔吉斯斯坦为例,其政治发展,包括三次政权非正常更迭的出现,均与非正式政治力量的存在与运行有非常密切的关系。大体而言,在吉尔吉斯斯坦,反对派所掌握和运用的非正式政治力量主要分为三类,即个人政治关系网络、部族认同与部族群体、传统政治习俗。这三类非正式政治力量能够起到帮助反对派募集资金、动员支持者、获取舆论支持、削弱政府合法性、策反政府高层官员等作用。一旦吉尔吉斯斯坦民众对在任政府有所不满,他们往往会通过非正式政治力量动员民众掀起抗议活动、挑战政府权威、影响政局稳定。在塔吉克斯坦等国家,非正式政治力量甚至可能在激发国家产生暴力的过程中扮演重要角色。[25]如前所述,不能将中亚国家的非正式政治力量赋予纯粹的消极意义,但这种力量的存在及其活动本身,对于各国政府持续有效地贯彻规则治理会产生一定的消极意义。

正因如此,着眼和推进关系治理模式,客观上也是中亚各国治理非正式政治力量的一种手段。除了要推进对非正式政治力量的有效管理及保障规则与非正式规则之间形成良好互动,中亚国家在2005年前后也更为清醒地意识到与积极参与中亚事务的主要大国维持良好关系的高度重要性,这是各国在保障国家独立和政权生存的基础上获得重要外交资源的基础和前提。2005年是中亚地区治理模式转化为关系治理的一个重要时间节点,它通过"颜色革命"提醒各国忠实且灵活地贯彻多元平衡外交政策的必要性。另一个时间节点是2010年巴基耶夫在处理美军在玛纳斯军事基地的去留问题上,因同时得罪了美俄,进而导致自身被民众颠覆,这也提醒了中亚国家需要在博弈的大国间谨慎处理关系,避免因触怒某一大国而面临难以预料的严重后果。而乌兹别克斯坦总统卡里莫夫2016年的去世,进一步推动关系治理成为中亚国家处理对外关系时主导性治理模式。卡里莫斯去世后,乌总统米尔济约耶夫改变了卡里莫夫时期的"独立自守"[26]具有较多封闭性的外交政策,转而奉行"邻国优先"为基础的多元平衡外交政策,从而带来了中亚国家之间关系的改善,甚至重启了停滞多年的中亚地区一体化进程,如2018年、2019年中亚五国召开了两次元首峰会。[27]得益于各国均将关系治理作为维护自身主权和处理外部关系的主要方式,中亚地区治理模式出现了转型也就在情理之中。

（二）治理议题的丰富与拓展

在中亚国家的转型过程中，随着时间的推移，治理议题也得到进一步丰富。随着时间的推移，治理议题得到进一步的丰富。在中亚地区，主要的治理议题包括：如何融入国际社会、有效管控塔吉克斯坦内战与国家内部的族群紧张关系（如吉尔吉斯斯坦 1990 年、2010 年两次发生族群冲突）、处理中亚国家之间的边界划分与水资源分配、打击"三股势力"、防范"颜色革命"、管理劳务移民的跨界流动、打击阿富汗毒品与应对阿富汗局势动荡可能带来的外溢效应、治理咸海危机、缓解气候变迁和环境恶化对本地区国家所产生的影响、加强人文交流和应对域外价值观在该地区的扩散、推进域内外国家之间的互联互通、规范和管理国内或国际非政府组织在各国和本地区的活动、开发能源资源和修建能源管线、里海划界及其资源开发、加强公共卫生问题的治理、构建现代意义的教育体系，等等。上述问题随着形势的发展而逐渐被纳入治理之中。如以打击"三股势力"中的恐怖主义势力为例，在 20 世纪 90 年代后期该议题才在中亚地区治理中得以凸显，到"9·11"事件后美国在阿富汗开展军事行动，反恐则成为中亚地区治理中最重要、最迫切的议题。再如中亚地区与毗邻地区的互联互通，2004—2005 年间美国就提出联通中亚与南亚的"大中亚计划"，但直到 2013 年中国在哈萨克斯坦提出"丝绸之路经济带"倡议后，才得到域内外国家的显著重视。

尽管我们难以一一指出繁多治理议题在中亚地区出现的具体时间，但整体趋势是，2005 年前的中亚地区治理议题更多涉及传统安全领域，之后的议题更多地涉及非传统安全领域。如中亚边界划分、里海划界、水资源分配等议题自中亚国家独立伊始便开始成为重要的地区治理议题，且延续至今。这些议题均与中亚国家的主权或领土完整息息相关。至于防范"颜色革命"、应对阿富汗毒品等议题，则攸关中亚国家的政权稳定或经济发展，往往是在 21 世纪以来才成为重要的治理议题。不同类型治理议题的凸显，整体契合 2005 年前后中亚国家面临紧迫国家任务发生变化这一趋势。当然，需要指出，中亚国家主要任务的变化，虽与治理议题的丰富有一定的关系，但两者之间并不完全等同。如有的治理议题并不构成中亚国家亟须处理的要务，它并未被中亚决策者视为需要处理的急迫或重大议题,但在关心该治理议题的行为体看来,该问题依旧有被提出或处理的必要。如中亚公民社会的发展,就是一个中亚各国政府与民间存在意见分歧的治理议题。当然,许多地区治理议题之所以能被提出,往往是因为中亚各国政府与其他治理主体具有共识,故其出现在中亚地区治理议题的清单中。由于诸多治理议题的解决旷日持久,这会导致某个治理议题一旦被提出,就很难从各国的议事日程上消失。即使某个治理议题的重要性在下降,但由于惯性和治理该议题会形成特定的利益集团,治理议题仍将会得到一定的关注。如此一来,地区治理议题不断拓展也就顺理成章。

治理议题的不断膨胀,客观上也要求中亚地区治理模式发生转型。由于议题往往涉及诸多行为体,当某个议题成为地区治理议题,如何处理治理主体间的关系,成为促进该议题产生成效的必要条件。相较于治理议题较少时可依赖于规则来推进治理,当治理议题急剧增多,关系治理不可避免会成为主导性的治理模式。如前所述,2005 年前后,不少中亚地区治理议题涉及各国的传统安全,如哈萨克斯坦的弃核问题。此问题涉及至少包括哈萨克斯坦、美国与俄罗斯三国,因此,处理好该问题具有重要的关系治理特征。不过,由于哈萨克斯坦是唯一一个从苏联继承核武器的中亚国家,加上俄罗斯自顾不暇,无意承担帮助销毁哈核武器所需付出的诸多成本,故对此问题的处理,主要经由美国与哈萨克斯坦协商解决。为促使哈放弃核武器,美对哈做了大量的物质补偿。1992 年 5 月 23 日,哈美双方签署了《里斯本协定》,哈萨克斯坦保证在 20 世纪 90 年代结束之前放弃所有的核武器,而美国同意对哈与两个有核国家乌克兰和白俄罗斯提供 8 亿美元的补偿。显而易见,哈萨克斯坦的弃核过程虽离不开哈美俄三角关系的处理,但其核心仍在于哈自身决定放弃核武器,以及国际社会已经形成了不扩散核武器的规范,即受到《核不扩散条约》《削减战略武器条约》等规则的约束。诸如哈萨克斯坦弃核、划分中亚国家边界、商议中亚水资源分配等具有高度敏感性的问题,治理主体有限,故国家间达成的共识及基于此签署的国际条约或规则更为有效。而当诸多域外大国借应对中亚非传统安全问题而创设诸多地区议题时,一方面难以确立明确的规则,另一方面这些问题的处理涉及中亚地区域内国家、域外大国及彼此之间纷繁复杂关系的处理,自然也就使平衡各类行为体或各治理议题之间的关系成为治理的主要任务和核心内容。

(三) 治理主体之间的竞争与分化

参与中亚地区治理的行为主体政策的调整也是推动治理模式转型的一种动力。关心或参与中亚地区治理的行为体不仅数量明显增多,而且它们对不同领域议题的关注形成了错综复杂的治理网络。截至目前,在中亚地区治理中扮演了一定角色的行为体,至少包括美国、俄罗斯、中国、欧盟、土耳其、伊朗、印度、日本、韩国、巴基斯坦等。这些行为体积极参与该地区事务,并试图影响该地区局势的发展。而创设新的治理议题,或者对既有治理议题的治理规则、发展方向施加影响,又是这些行为体影响该地区局势发展的重要路径。对于大国介入中亚地区事务所形成的态势,人们习惯用"新大博弈"的术语加以表达,参与"新大博弈"的行为主体,往往也是积极介入甚至创设中亚地区治理议题的行为体。

参与"新大博弈"的行为体往往关注中亚地区治理的不同领域,与之相关的政策也经历过变迁。这种变迁,均促成了中亚地区治理模式的变化。关于"新大博弈"对中亚地区和平与稳定的影响这里难以展开讨论,但显而易见的是,不同行为体具有不同的诉求,追求不同的利益,这是各方进行"博弈"的前提。基于不同的诉求和各国比较优势的差异,中美俄三国优先关注的中亚地区治理议题有所不同。相对而言,俄罗斯因其在中亚地区享有其他大国难以匹敌的传统和全面影响力,故其对中亚地区治理的几乎全部议题均表示出兴趣,尤其是高度关注该地区的安全议题;而美国因其距离中亚地区路途遥远,再加上中亚不是其优先战略区域,故美国往往只是对攸关其战略目标——维护其全球主导地位——的议题感兴趣,如在阿富汗开展军事行动、塑造中亚国家的政治方向、遏制俄罗斯和中国、开发并向其欧洲盟友输送能源资源以削弱俄罗斯的影响等。而中国因自身发展需要,更多地关注与中亚国家合作打击"三股势力"、联合稳定阿富汗局势(如阿富汗重建、打击阿富汗毒品等)、携手推进该地区的互联互通、加强与中亚国家在人文(包括公共卫生领域)等领域的合作等。当然,这里的梳理仅仅只是提示性的,各主要大国既然是参与中亚"新大博弈"的主要行为体,它们在中亚地区诸多治理议题上均有一定影响,这与其他相对弱势的行为体往往只关注某个或某些特定的治理议题、影响力也只局限于特定领域有所不同。

除了重点关注的治理议题有所差异,不同国家推崇的治理模式也有所不同。

如包括美国在内的西方行为体特别重视塑造中亚国家的发展方向,其中主要路径是引导中亚国家采取西方的规则、规范,这尤其体现在西方借助其主导的国际金融机构有计划、有步骤地向中亚国家灌输西方的价值理念和具体规则上。而中国则注意与中亚国家维系关系稳定与平衡,迄今中国与五个中亚国家全部建立战略协作伙伴关系,中国在参与中亚事务的过程中始终注意与俄罗斯保持沟通,致力于与阿富汗毗邻的中亚国家围绕阿富汗稳定问题开展协调,在一定程度上均是中国侧重关系治理模式的体现。而俄罗斯则同时注重规则治理与关系治理。表面上,通过其所掌控的多边机制,如独联体、集体安全条约组织、欧亚经济联盟(此前的欧亚经济共同体)等,俄罗斯与这些组织的成员国签署了难以精确统计的条约、规则与协定,然而在地区治理过程中,这些得到签署的规则往往落实的少。如此一来,俄罗斯与中亚国家进行的地区合作,往往被称为"虚拟地区主义"(Virtual Regionalism)、"保护性一体化"(Protective Integration)、"威权国家之间的合作"(Authoritarian Cooperation)、"再生产性地区一体化"(Reproductive Integration)等。[28]事实上,俄罗斯在参与中亚地区治理议题中虽然热衷于拟定或签署规则,但将更多的注意力放在了管理与各国家的双边关系上。也就是说,俄罗斯在参与中亚地区治理时是规则治理与关系治理并重,其实质仍在于关系治理。

尽管中美俄三国关注的主要治理议题和偏好的治理模式有所差异,但随着中亚地区形势的变迁,最后均将关系治理提升为主要的治理模式。在大国参与"新大博弈"的过程中,随着时间的流逝,无论是介入其中的行为主体数量,还是治理议题数量,均呈增多之势。于是,在地区治理过程中,大国与大国之间、大国与中亚国家之间、中亚国家彼此之间、各种治理议题之间,均形成了错综复杂的关系网络。繁杂且性质有别的关系网络,很难有统一的规则予以规范或治理。再加上"新大博弈"主体之间还或多或少地存在竞争关系,相关互动机制的缺失,也很难让这些大国就如何治理中亚地区存在的问题达成有效的共识。事实上,迄今为止,在中亚地区并不存在一个将美俄中印、伊朗、土耳其、欧盟等诸多行为体囊括在一起的多边合作机制。在此背景下,这些行为体要么主要依靠双边途径参与中亚地区治理,要么通过联合特定伙伴开展治理(无论这种联合是正式的多边机制,如中俄共同引领的上海合作组织,抑或非正式的协调,如美国与欧盟在参与中亚事务时存在一定的协调),至于彼此竞争的大国,则有可能形成一种主要依靠通过相互摸索而形成的"潜规则"进行治理。[29]虽然"潜规则"依旧是规则,但其主要使命仍在于处理和应对它们在参与中亚事务时所遭遇的种种问题或各种复杂关系,因此将其称之为关系治理更为恰当。事实上,即便是推崇规则治理的美国,自2005年以来很少就推进中亚地区的治理拟定或创设新的规则,相反,为推进遏制俄罗斯与中国、塑造中亚国家的发展方向、将各国整合进其所青睐的地区合作进程中这三个方面的战略目标,[30]其主要精力放在处理与之相关的行为体或议题之间的关系上。换言之,在中亚地区治理过程中,关系治理模式的重要性和普遍性已凌驾于规则治理之上,故其已成为中亚地区治理的主导性模式。

上文就促使中亚地区治理模式发生变化的三个方面的动力做了简要的分析。大体而言,中亚国家所面临的主要任务的转变是最为重要的影响因素。而中亚地区治理议题的拓展与大国在该地区的竞争,客观上也为该地区治理模式从以规则治理为主走向以关系治理为主提供了必要助力。总而言之,经过近三十年的国家构建和社会转型,中亚国家面临的任务在变,大国参与地区事务的态势在变,该地区各种治理议题的治理状态及其数量同样在变。诸种变化的出现,导致该地区治理形势越来越混沌,关系也日益复杂,故关系治理的重要性更加凸显。因此协调处理好内外部各种关系,增强各国应对内外部风险的能力,进而实现该地区局势的稳定,越来越构成中亚各国地区治理的重要使命。

五、中亚地区治理模式转变的影响

中亚国家独立30年以来,在地区治理模式的发展上,大体而言以2005年为界,前十五年主要呈现出规则治理的模式,而在后十五年关系治理似乎更为重要。中亚地区治理模式的转型具有多重影响。这些影响大体包括中亚国家的自主性和国际活动空间得到显著提高,地区各国寻求各种关系的平衡增大了大国主导地区事务的难度,地区治理中的正式规则与"潜规则"的影响共同导致地区治理成效好坏参半,中亚地区出现的后自由主义地区秩序为国际关系中地区治理多元化赋予了动力等。

（一）治理模式的转型提升了中亚国家的国家自主性和国际活动 空间

中亚地区治理模式的转型，首先离不开中亚国家优先任务变化，而治理模式一旦出现转型，反过来又会对中亚国家的内外政策带来影响。大体而言，在规则治理为主导的治理模式阶段，中亚国家整体而言不仅实力较为弱小，而且还缺乏参与国际互动的经验和资源，故创建和内化国内国际社会规则，构成 2005 年前中亚国家建设的优先任务。在此背景下，对于如何创设和处理涉及地区稳定的相关议题，中亚国家更多地处于迷茫摸索的状态。而到 2005 年之后，情况则变得相反。由于前一阶段规则的制定已基本完成，而且随着国家内部和国家之间的关系变得更为复杂、对于各国的稳定变得更为重要，故关系治理凌驾于规则治理之上，成为中亚地区治理的主导治理模式。显而易见，关系的重要性与复杂性是导致中亚地区主导治理模式发生转型的重要原因，而中亚国家实力增强、经验累积，同样令它们超越仅仅着眼于接受规则的阶段，可以比前一阶段更为积极主动地创设议程，或者直接扭转既有议程的发展方向。这从一个侧面说明，经过多年实践，中亚国家参与地区或国际治理的能力均在提高，这是治理模式转型所带来的直接影响。

中亚国家在地区治理中自主能力的提高有诸多体现。在规则治理为主导模式的发展阶段，中亚国家更多的是被动接受域外大国强加的治理议程，尽管中亚国家在此过程中也获益良多，但客观上中亚国家的能动性和自主性是有限的。但到了关系治理阶段，经过学习和社会化，中亚国家极大地提高自身的外交技巧和地区治理能力，故可在诸多域外行为体之间进行灵活的周旋，有时甚至可以违背域外大国的意志，以维护自身的利益。以中亚国家与美国推进中亚地区议程为例，虽然中亚国家往往会配合美国在该地区所推进的诸多议程，但由于美国投入意愿、力度以及其他大国牵制等诸多因素的影响，中亚各国在应对美国时可展示出丰富的能动性。如在 2005 年之前，美国通过在阿富汗开展军事行动和加大对中亚事务的关注力度，把反恐塑造为中亚地区治理的优先议题，且得到中亚国家的积极响应，并获得了乌兹别克斯坦和吉尔吉斯斯坦的驻军权利。然而，当中亚各国感到以美国为首的西方国家支持的"颜色革命"给各国政权生存带来强大威胁时,中亚各国明显疏远了美国,并展现出向中国和俄罗斯倚靠的倾向。不仅如此,中亚国家还主动与中俄协调应对"颜色革命"的立场和政策,无形之中创设了防范和应对"颜色革命"的地区治理议程。这仅是中亚国家在地区治理中能动性体现的一个例子。不仅如此,针对美国在中亚地区为促进遏制、整合与塑造这三重战略目标,而相应地使用了强制性权力、制度性权力和呈现性权力时,中亚国家会酌情根据自身的需要和诉求对这几种权力采取或配合或抵制或反对等形式多样的回应。[31]

再比如对于俄罗斯在中亚可能着力推进的治理议程,中亚国家同样有较为广阔的回旋空间。按照通常理解,作为欧亚地区的地区霸权国,俄罗斯可对中亚地区治理施加强大影响,甚至可以左右地区治理议程的设置或其发展方向。在中亚各国政治、经济、社会、文化、安全等诸多领域,俄罗斯的确享有其他域外大国难以匹敌的影响力。尤其是在规则治理凸显的阶段,俄罗斯在诸多领域所创建的规则与制度,被中亚国家稍加改造后即变成了本国的规则与制度。特别是在安全领域,如制定打击恐怖主义、规范非政府组织等的立法或规则方面,俄罗斯是中亚国家首要参考对象。[32]从中亚国家的角度来看,它们参与地区治理事务的过程中,能实现国际规范或规则的本地化,本身就是它们能动性和自主性的一种体现。[33]之所以如此,离不开关系治理模式中关系网络为它们提供的广泛空间。美俄尚且如此,其他域外大国则更无法排斥中亚国家的参与。而中亚国家之所以能在地区治理方面施加自身影响,离不开各国利用地区治理主体与议题之间错综复杂的关系所提供的众多机遇。中亚国家在地区治理中所展示出的能动性和自主性,是各国独立三十年以来所取得的重要成就之一。

得益于参与地区治理所获得的经验,中亚各国已成为中亚和全球治理中的重要主体。其中尤为突出的是哈萨克斯坦。哈不仅积极参与中亚地区的治理,如对推进中亚地区一体化的浓厚兴趣,还积极参与对世界上其他热点或难点问题的治理。如召集或主持由伊朗、俄罗斯和土耳其等国家参与、着重推动解决叙利亚问题的"阿斯塔纳进程",[34]在哈首都阿斯塔纳(现名努尔苏丹)主持召开寻求通过政治途径和平解决乌克兰危机的德法俄乌四国外长会议,[35]在哈萨克斯坦举行由阿富汗冲突各方参加的谈判,以加快阿富汗问题的和平解决,[36]等等。诸如此类的治理倡议,既体现了中亚国家积极参与全球治理的意识,又展现了中亚国家尝试借鉴关系治理的经验推动世界其他地区棘手问题解决的意愿。尽管哈萨克斯坦是中亚五国中运用多元平衡外交政策最为娴熟的国家，其参与或推动全球热点问题解决的努力具有独特性，但这一事实依旧说明中亚五国在本地区治理模式转变为关系治理后，外交技巧得到锤炼、活动空间得到拓展。尽管其他中亚国家在参与和拓展其他地区治理议题时没有哈萨克斯坦那么积极，不过，经过学习、模仿和竞争，它们已能非常熟稔地配合或支持域外大国开辟新的治理议题，如吉尔吉斯斯坦和塔吉克斯坦在特定时段上迎合西方国家支持中亚非政府组织发展的议程，从而默许了大量以盈利为目的的"虚拟"非政府组织的存在或活动、[37]积极支持西方资助的冲突转型项目，[38]等等。这同样是中亚国家在关系治理中游刃有余的重要体现。

（二）治理模式的转型增大了大国主导中亚事务的难度

与中亚国家在地区治理模式转型中能动性和自主性得到明显提高相对应的，是域外大国主导地区事务的难度在上升。中亚五国中，除了土库曼斯坦奉行"永久中立"的外交政策，[39]其他中亚国家均奉行多元平衡外交政策。[40]多元平衡外交政策的出现与长期执行，从侧面说明积极参与该地区事务的行为体之繁多，以及这些行为体彼此间关系的复杂。由于这些域外大国在参与中亚地区治理的过程中存在利益分歧，甚至尖锐的矛盾，而中亚国家实力较弱，故为了规避风险而采取多元平衡外交政策，避免任何一个域外大国主导地区事务，的确是中亚国家最为保险的外交策略。除了规避风险，与各域外大国保持良好关系，同时又通过推动诸大国进行竞价，可有效提高中亚国家所获得的物质或象征性收益。

中亚国家在关系治理中之所以能够游刃有余，主要源自该地区形成了多元的权力结构，而不是一家独大。一家独大的权力结构，将会产生类似于"霸权稳定论"所描述的结果，即霸权国家通过提供地区或国际公共产品，从而能有效地解决地区治理涉及的诸多问题，进而有效维持地区或国际秩序。[41]而多元的权力结构，由于缺乏一个霸权国家，则有可能带来公共产品供给的严重缺口。这种现象在中亚地区治理的过程中始终比较突出。就权力结构而言，中亚地区越来越呈现出权力分配分散化的现象，其权力格局被有的学者称之为"套娃霸权"。这种观点认为，在中亚地区治理过程中，既有全球霸权国——美国——在此活动，又有俄罗斯和中国积极参与其中,再加上哈萨克斯坦与乌兹别克斯坦这两个致力于成为中亚次地区霸权国,从而导致中亚各国可利用这些大大小小的霸权国相互牵制,实现一种关系的大体平衡。[42]尽管人们往往将俄罗斯视为中亚地区的霸权国,但其影响力似乎正处于衰退阶段。在此背景下,俄罗斯要在中亚地区治理中维护自身的利益或扩大自身影响,也只能经由谈判的方式来进行,以避免疏远中亚国家,从而削弱自身的影响。换言之,在关系治理构成中亚地区治理主导模式的阶段,俄罗斯已不再是一个全面的霸权,而只是一个"谈判霸权"。[43]

在不存在能有效涵盖主要治理行为体且运转良好的国际机制情况下,产生治理赤字是大概率事件。[44]中亚地区恰好不存在一个囊括中亚五国与俄罗斯、美国、中国、欧盟、印度等主要治理主体的制度框架,再加上中亚地区权力结构的多元化,导致各治理主体在参与中亚地区治理时往往各行其是。由此带来的结果是,公共产品的提供虽然表面上看起来较为丰富,但实际上私物化现象较为严重,即各大国所提出的合作倡议或构建的地区制度主要服务于特定行为体的利益,但整个地区却存在治理赤字。事实上,在中亚存在较为明显的"制度过剩""机制拥堵"的现象,即域外行为体要么热衷于创建新的国际制度或提出新的倡议,要么试图将既有机制或倡议拓展到中亚地区,但这些机制或倡议之间缺乏有效的协调,从而导致多个机制或倡议叠床架屋,存在低水平重复的状况。[45]在规则治理的阶段,面临繁多的机制与倡议,缺乏外交经验的中亚国家一开始显得有些无所适从;但到了关系治理阶段,中亚国家会欢迎这种局面的出现,因为大国或机制间的相互牵制给它们获益留下了广阔的空间。在此背景下,一旦中亚国家面临来自"地区霸权国"俄罗斯的压力,中亚国家可能会采取"制衡性地区主义"(Balancing Regionalism)的方式对"地区霸权国"的修正主义倾向予以牵制。[46]中亚国家对待俄罗斯是如此,对待其他大国同样如此,这将导致任何一个大国都难以完全主导中亚地区事务。

(三) 治理模式的转型对中亚地区稳定的影响好坏参半

进入关系治理阶段,中亚国家自主选择空间的扩大和域外大国难以完全主导中亚事务的态势,给地区稳定会带来影响。至于大国彼此牵制及其倡导的机制或倡议相互竞争,首先带来的结果是:尽管中亚地区治理议题层出不穷,但这些议题治理的成效却不尽如人意。或许中亚地区治理议题的膨胀,本身就从一个侧面说明对中亚进行有效治理存在不小难度。此外,由于各大国在参与中亚地区治理的过程中均有其诉求,它们也很难通过大国协调的方式推进地区治理,从而使它们之间的竞争难以避免。[47]当然,不是所有的大国在参与中亚地区治理时均缺乏协调,如俄罗斯与中国就通过上海合作组织等机制实现了较好的沟通,从而构成稳定中亚地区局势的力量,且避免了双方在中亚发生明显矛盾或冲突。[48]然而,美国在中亚却极少与俄罗斯、中国进行协调。事实上,美国在中亚始终追求遏制俄罗斯和中国这一战略目标,正如美国为整合中亚地区、影响中亚地区治理进程曾提出的"大中亚计划"、新丝绸之路战略等倡议刻意排除中俄所显示的。在2020年2月5日特朗普政府公布的《美国的中亚战略(2019—2025):加强主权和促进经济繁荣》这一文件中,美国更是明确表示将排斥中俄伊在中亚的影响。[49]由此可见,在中亚地区治理中,美国明确排斥大国协调机制。鉴于美国在中亚地区治理进入关系治理阶段后密集提出各种合作倡议,部分说明美国为在中亚获得优势而有意对地区内各种关系进行重组。

需要追问的是,既然大国在中亚地区治理过程中难以开展大国协调工作,且中亚国家间也时而发生龃龉、地区治理存在赤字,但令人困惑的是,为何该地区未爆发严重的国际冲突?对此困惑的解答,需要从中亚国家与域外大国两个方面予以分析。就中亚国家而言,如前所述,尽管它们彼此之间存在不少矛盾与分歧,如各国围绕水资源分配、边界划分、能源管网的管理、历史遗产的分割、国家身份构建时包容度有限、实力较强的国家偶尔采取盛气凌人的邻国政策(如卡里莫夫时期的乌兹别克斯坦外交政策)等问题,经常会发生口角或争议,有时甚至可能爆发冲突。[50]但它们自独立以来所面临的优先任务并不是挑起与其他国家的冲突,也无意通过开启战端牟利。如在规则治理阶段,它们的优先任务是创建和内化规则,增强治理的国内与国际合法性;而在关系治理阶段,它们的首要任务是处理好内外部关系,以应对各种危机以巩固政权生存、获得各种收益。无论在哪个阶段,实现与毗邻国家的和平共处,均是中亚五国实现优先任务的前提和基本途径。不过,由于在规则治理阶段,中亚尚未充分意识到关系平衡或稳定对各国实现国家目标的重要性,所以它们对此重视程度不高,故关系治理隐而不彰,未能成为各国推进各种治理议程的主导性治理模式。总而言之,在2016年卡里莫夫逝世之前,中亚诸多地区治理议题的推进,由于中亚各国关系的不冷不热而处于停滞甚至冻结的状态,但各国关系的大体稳定保障了该地区秩序的稳定。

另外,中亚地区主导治理模式从规则治理转向关系治理,也为中亚地区秩序的基本稳定贡献了力量。关系治理强调的关系协调,着眼的是管控国家间互动过程,目的是通过增进行为体之间的战略互信以促进关系稳定。其中,强者的自我约束,对于增进各国之间的互信程度,甚至促进集体身份的形成大有裨益。[51]这一特征,在卡里莫斯去世后继任的米尔济约耶夫改为奉行邻国优先的外交政策中得到一定程度的体现。[52]乌兹别克斯坦一向有成为中亚次地区霸权的抱负。基于其与其他四个中亚国家毗邻且人口数量最多、军事实力最强,在卡里莫夫时期乌在处理地区治理议题时,难免有些"恃强凌弱"。无论是在水资源和边界划分等议题的治理上,还是在打击"三股势力"和构建国家身份等议题上,乌兹别克斯坦往往会选择采取强势的单边行动,有时甚至罔顾国家间平等相处的规则,破坏各国之间的互信。而当乌兹别克斯坦遭遇"安集延事件"后,卡里莫夫政府或多或少意识到了维持大国关系平衡的重要性。到了米尔济约耶夫政府时期,乌兹别克斯坦进一步意识到其与中亚邻国保持关系平衡对于实现发展和繁荣的价值。乌兹别克斯坦在治理议题上态度的转变,不仅是促使中亚地区治理模式发生转型的重要原因,乌兹别克斯坦自身也受到这种转型的影响。如在2010年6月吉尔吉斯斯坦南部贾拉拉巴德和奥什州发生吉尔吉斯族攻击乌兹别克族的族群冲突时,乌兹别克斯坦政府表现出了难得的自我约束,避免介入吉内部事务而引发吉乌两国发生严重争端。[53]换言之,自2005年左右关系治理模式成为中亚地区治理的主导模式,它自身就能产生相对独立的社会化作用,使相关治理主体在参与地区治理的过程中注意维系关系的平衡。

而在域外大国方面,它们同样为中亚地区的稳定做出了一定贡献。各大国为了扩大在中亚的影响力,并不排斥与其他大国的竞争,有时这种竞争还相当激烈,但它们并不乐见中亚成为战火纷飞之地。而且,由于中亚形成了一种多元化的权力结构,导致各大国相互牵制,难以独断专行,故也削弱了各国深度介入该地区错综复杂治理议题的意愿。事实上,经过多年的摸索,主要的域外大国,如中美俄之间,在中亚地区治理问题上形成了一种可被称为"无声的协调"的互动模式。这种"无声的协调"体现在多个方面：如大国不约而同承认中亚国家的主权、力促中亚地区的和平与稳定、默认俄罗斯在中亚地区具有特殊的地位与利益等。归根结底，"无声的协调"在本质上仍是一种关系治理模式，其形成与中亚地区的权力分配、该地区的地理位置特征等息息相关。就其影响而言，"无声的协调"虽然脆弱，但对于保障中亚地区治理的徐徐推进和中亚地区的影响，积极意义大于消极影响，值得肯定。

（四）治理模式的转型促进了中亚地区秩序的变化

与中亚地区主导治理模式从规则治理走向关系治理相伴随的，是中亚地区秩序类型同样发生了变化。对于这种变化，我们可将之描述为从后社会主义秩序到后自由主义秩序的转变。中亚地区秩序发生的这种转型，在很大程度上受到该地区治理模式变化的影响。因为当中亚国家将维系与域内域外诸多行为体的平衡关系视为地区治理的优先议题时，客观上也使地区秩序类型发生相应的改变。大体而言，从中亚国家独立之初至 2005 年前后，中亚国家面临的优先任务是改造苏联时期留下的制度遗产，创建新的制度和规则体系。冷战结束后，西方世界弥漫着一股强烈的乐观情绪，对西方自由主义意识形态充满自信，甚至认为自由主义价值观将一统天下，"历史已经终结"。苏联的解体，令新独立的原加盟共和国对坚持和发展社会主义制度失去自信，迫切期待引进西方资本主义制度及相应规则，以实现与过去的彻底切割。正是在这一背景下，引进、适应和内化西方资本主义的规则，成为中亚国家建国后的重要工作，由此也带来了这一阶段中亚地区治理模式呈现出明显的规则治理特征，而由此形成的地区秩序可称之为后社会主义秩序。[54]

而关系治理超越规则治理成为中亚地区的主导性治理模式的过程，同样是西方自由主义制度和规则遭遇挑战和质疑的过程。[55]尽管中亚国家独立后或多或少地采用了西方制度安排及其价值观，但国家或地区治理的成效，似乎远未达到该地区各国精英和民众的期待。尤其是在中俄坚持自身发展道路且实现了自身发展和提高国际地位的背景下，中亚国家对西方制度和规则体系的信心逐渐遭到侵蚀。再加上西方支持"颜色革命"以推进其"民主""人权""自由"等规范议程使中亚各国感到威胁并逐渐疏远西方的制度与规范体系，进而向中俄坚持的以国家为主导的发展模式靠拢。迄今，中亚国家构建的既具有自身特色、又具有不少西方自由主义形式特征（如三权分立、定期举行选举等）的政治体制，往往被称为"混合型政体"（hybrid regime）或"半威权主义政体"（semiauthoritarian regime）或"竞争性极权主义"（Competitive Authoritarianism）等，[56] 而基于此所形成的秩序，则可被称为"后自由主义秩序"。事实上，"后自由主义秩序"不仅仅出现在欧亚空间，中亚五国的国家建构层面上也有鲜明的体现。以吉尔吉斯斯坦为例，该国被视为中亚五国中自由化和民主程度最高的国家，然而，即便是在吉尔吉斯斯坦的国家建构中，也并不是纯粹接受并内化西方倡导的自由化、民主化、市场化等西方价值规范，相反，它在具体实践中同时混杂着接受、适应、抵制、颠覆、替换西方规范和价值等一系列复杂反应。换言之，吉尔吉斯斯坦的国家想象和构建实践，是"西方自由民主和平""主权的政治学"与"传统与文化"三种想象叠加或糅合在一起的复杂过程，由此所形成的秩序，即便不是颠覆了西方所偏好的自由主义秩序，但也严重偏离了这种秩序。[57] 吉尔吉斯斯坦尚且如此，其他中亚国家更甚。如此，将中亚地区治理中所形成的秩序称为后自由主义秩序或许是恰当的。

在中亚地区形成后自由主义秩序的过程中，域外大国同样扮演了一定的角色。如前所述，中俄在地区治理中均推崇关系治理模式，如此一来，规则治理与关系治理在中亚地区治理中的影响力此消彼长，客观上使中亚地区秩序整体呈现出明显的"后自由主义秩序"特征。由于中俄与中亚国家毗邻，且奉行不干预他国内政的原则，故警惕西方自由主义价值议程的中亚国家较为自然地向中俄国家发展模式靠拢。这既是中亚各国在关系治理中自主性和能动性提升的典型反映，也与中亚地区权力结构为各国赋予了广阔的选择空间有关。除此之外，中俄实践和倡导的"非自由主义和平"（illiberal peace）冲突管理模式，因其在管控国家间分歧和处理复杂的国家间问题上的有效性，得到了中亚国家的认可和青睐，进而导致它们在处理彼此间或与域外大国关系时积极效仿。"非自由主义和平"的冲突管理模式，至少体现在话语、空间与政治经济学三个方面。[58] 在话语层面，该模式倡导国家引导宣传工作，打造具有说服力的国家战略叙述，有效监管信息和知识流动方向，以此塑造国民价值观念、锻造国民认同；在空间实践层面，为了强化对国家领土的维护，尤其为增强边界地区对政治中心的归属程度，此模式推崇对边界进行集中化控制，防止域外敌对势力的渗透和颠覆活动；在政治—经济实践层面，与"自由主义和平"（liberal peace）冲突管理模式推崇私有化和市场化相反，"非自由主义和平"冲突管理模式强调经济举措为政治稳定服务，一方面削弱不稳定力量获取经济资源的能力，另一方面通过中央政府向经济欠发达地区或边疆地区提供经济补偿，削弱敌对力量煽动叛乱或动员不满的能力。随着近年来西方民粹主义浪潮的兴起和新冠肺炎疫情流行给世界经济和政治带来的严重消极影响，中俄践行的"非自由主义和平"冲突管理模式很有可能得到越来越多国家的认可与接受。

在国内践行"非自由主义和平"冲突管理模式，与在国家间关系中践行"基于承认"的关系模式，终究会让中亚地区秩序体现出后自由主义秩序的特征。显而易见，中亚五国面临维护国内秩序和地区稳定的艰巨任务，首先会让各国接受中俄倡导的"非自由主义和平"冲突管理模式。独立建国历史相对短暂、国力相对弱小、对来之不易的国家主权极为珍视、国内发展面临各种次国家行为体（如"三股势力"、部落或地区势力、西方资助的非政府组织等）提出的诸种挑战等因素，共同决定了中亚国家以维护国家主权和政权生存作为国家建设的首要目标，而"非自由主义和平"冲突管理模式有助于这些国家实现目标。而在国际间关系上，中亚国家与中俄共享不干预他国内政、尊重他国选择自身发展道路等立场，而这种关系相处模式，可以称为"基于承认"的交往模式。而"基于承认"的交往模式，首先反映了中亚国家对西方动辄制裁他国、试图以民主或人权为由干预他国内政的不满，其次也体现了对维持彼此间关系重要性的清晰认识。[59] 毋庸置疑，无论是"非自由主义和平"的国内冲突管理模式，抑或"基于承认"的国家间交往模式，不再以规则的完备或约束性作为行为体处理国内国外关系的前提，而是在承认规则或规范同时具有效力和局限性的前提下，着重根据治理议题的性质及其演变而灵活地处理各种关系，以实现国内和地区秩序的稳定或平衡。这种地区秩序，即为"后自由主义"地区秩序。

归根结底，关系治理的兴起是中亚地区形成后自由主义地区秩序的前提，而这种秩序的形成又巩固了关系治理在当前地区治理中的主导性地位。两者相辅相成、相互促进，有助于中亚地区秩序维持一种相对稳定和平衡的局面，即使这种稳定有其脆弱性。

六、结语与讨论

本章着重探讨了中亚地区治理模式的变迁、动力与影响。通过回顾中亚地区治理的发展历程可以发现，中亚地区治理模式经历了从规则治理为主到关系治理为主的整体变化。中亚国家独立后的优先任务在于学习并接受国际社会通行的国际规范与规则，以确保各国提升在国际上的生存能力，而国际规则也在很大程度上指引着中亚国家间的互动及其对国际事务的参与。这种态势导致中亚地区治理具有浓郁的规范治理特征。而到"9·11"事件后，尤其是2003—2005年间"颜色革命"在欧亚空间的蔓延，令中亚国家意识到处理好与域外国家间关系的重要性，因其直接影响到各国的政权生存。由此带来的结果是，中亚各国将实现各种关系的大致平衡视为外交实践的优先任务，进而使地区治理的关系治理特征得到凸显。当然，需要特别指出，无论规则治理还是关系治理，均是中亚地区重要的地区治理模式，只是在特定阶段某种治理模式更为突出而已。

在本章即将付梓之际，2022年年初的哈萨克斯坦出现了大规模骚乱。此事始料未及地发生，客观上检验了本章的观点。哈萨克斯坦骚乱的发生及大国的应对表明，关系治理模式似乎仍是中亚地区的主导性治理模式。首先，哈萨克斯坦骚乱的出现和演变，主要是因为哈萨克斯坦未能妥善处理国内各种国家与社会以及政治派别之间复杂关系所致；其次，就大国对哈萨克斯坦骚乱的反应来看，俄罗斯及其主导的集安组织的迅速介入与美西方在骚乱中的相对低调恰成对比，而其背后反映了主要行为体对中亚地区关系的敏感和细致处理。就俄罗斯方面而言，尽管俄罗斯与集安组织为何干预了2022年哈骚乱而未干预吉2010年的族群冲突和2020年的纳卡冲突仍有待回答，但俄罗斯和集安组织的干预有力、有效却是事实，这从侧面说明了俄罗斯通过其高超的外交手腕平衡了各种内外部关系，确保了干预未衍生严重的消极后果，迄今为止没有危及中亚地区秩序的稳定。而就美西方的反应来看，对于俄罗斯与集安组织的干预，它们除了表达对干预合法性的质疑外，并未采取更为激烈的应对行动。这或许主要是因为美西方缺乏有效影响哈局势的抓手，使其只能默认俄罗斯与集安组织的干预行动。这不仅说明了美西方在参与中亚事务时对各种关系（哈国内各种关系、哈俄关系、美哈关系、俄美关系等）及其性质的高度敏感，也从侧面说明了俄美之间的确存在"无声的协调"，即美西方不得不尊重俄在中亚地区的特殊地位和影响力，无法也无力像在处理乌克兰危机和南高加索问题一样与俄罗斯展开激烈博弈。就结果而言，美俄对哈萨克斯坦骚乱的应对，客观上有助于保障中亚地区秩序的整体稳定。简而言之，哈萨克斯坦骚乱的出现与目前的发展态势，似乎验证了关系治理的确构成当前中亚地区治理的主导性治理模式。

　　与此同时，需要指出，从中亚地区治理模式转型的角度，哈萨克斯坦骚乱也带来了不少仍有待进一步观察和思考的问题。如哈萨克斯坦局势企稳后如何处理与俄之间的关系，是否会调整其多元平衡外交政策，哈萨克斯坦是否会面临其国家自主性和国际活动空间遭到压缩的新难题；经此一役，俄罗斯能否实现对中亚事务的绝对主导，从而令该地区的"套娃霸权"权力结构陷入崩溃；美西方在哈萨克斯坦骚乱后是否会加大对中亚的投入，以与俄重新展开激烈竞争，进而导致中亚局势失稳等。这些困惑密切涉及本章有关中亚地区治理进入以关系治理模式为主的阶段而产生的各种效应是否准确的问题。对此，我们目前的判断是，即便短期内哈萨克斯坦的外交政策出现一定的亲俄色彩，但从长期来看，为了维护其主权，哈萨克斯坦大概率会重新奉行多元平衡外交政策，以对俄罗斯进行必要牵制；俄罗斯通过集安组织帮助平息哈骚乱，可能会进一步加强其在中亚的影响力，但中亚地区层面的"套娃霸权"权力结构不会出现颠覆性变化，因为其他大国会寻求中亚权力结构的大致均衡；美西方即便加大对中亚地区的投入，考虑到大国在中亚关系的复杂性和美国全球战略的重点仍在于应对与中俄的战略竞争，故其在中亚的影响出现急剧上升的可能性不大，这意味着中亚本已初现端倪的"后自由主义"地区秩序特征只会加强，不会逆转。当然，局势发展是否会验证本章的判断，让我们拭目以待。

（原载《东北亚论坛》2022 年第 2 期）

注释

　　1. 孙壮志：《中亚五国政治社会发展 30 年：走势与评估》，北京：中国社会科学出版社 2020 年版。

2. 有限的前期成果可参见张宪丽:《中亚问题的系统治理:从国家、地区到全球》,载《探索》2017 年第 6 期,第 62—71 页;E. Wayne Merry, "Governance in Central Asia: National in Form, Soviet in Content," *Cambridge Review of International Affairs*, Vol. 17, No. 2, 2004, pp. 285—300; Philipp Lottholz, John Heathershaw, Aksana Ismailbekova, Janyl Moldalieva, Eric McGlinchey and Catherine Owen, "Governance and Order-Making in Central Asia: From Illiberalism to Post-liberalism?" *Central Asian Survey*, Vol. 39, No. 3, 2020, pp. 420—437。

3. 对中亚研究中"危险话语"的总结与批评可参见 John Heathershaw and Nick Megoran, "Contesting Danger: A New Agenda for Policy and Scholarship on Central Asia," International Affairs, Vol. 87, No. 3, 2011, pp. 589—612;曾向红、杨恕:《美国中亚研究中的"危险话语"及其政治效应》,载《世界经济与政治》2014 年第 1 期,第 93—113 页。

4. 吴昕春:《论地区一体化进程中的地区治理》,载《现代国际关系》2002 年第 6 期,第 15 页。

5. 关于规则治理与关系治理的界定和区分,也可参考 Qin Yaqing, *A Relational Theory of World Politics*, New York: Cambridge University Press, 2018, p. 350。

6. Qin Yaqing, *A Relational Theory of World Politics*, New York: Cambridge University Press, 2018, pp. 318—356.

7.《普京:哈萨克斯坦总统在不曾有过国家的土地上建国》,观察者网,2014 年 9 月 1 日,http://news.ifeng.com/a/20140901/41807415_0.shtml。

8. 关于中亚国家独立后确立政治体制过程的分析,可参见包毅:《中亚国家的政治转型》,北京:社科文献出版社 2015 年版,第 3—14 页。

9. Mariya Y, Omelicheva. *Counterterrorism Policies in Central Asia*, New York: Routledge, 2011.

10. Emilian Kavalski, "The International Politics of Fusion and Fissure in the Awkward States of Post-Soviet Central Asia," in Emilian Kavalski, ed., *Stable Outside*, *Fragile Inside? Post-Soviet Statehood in Central Asia*, Burl-

ington：Ashgate，2010，p. 15；Catherine Owen，"Active Citizens in a Weak State：'Self-Help' Groups and the Post-Soviet Neoliberal Subject in Contemporary Kyrgyzstan," *Asian Journal of Middle Eastern and Islamic Studies*，Vol. 14，No. 3，2020：464—479；Cai Wilkinson，"Development in Kyrgyzstan：Failed State or Failed State building," in Anthony Ware，ed. ，*Development in Difficult Sociopolitical Contexts：Fragile，Failed，Pariah*，New York：Palgrave Macmillan，2014，pp. 137—162；Cai Wilkinson，"Giving a State a Bad Name? Kyrgyzstan and the Risk of State Failure," *Global Dialogue*，Vol. 13，No. 1，2011，pp. 1—11；Deirdre Tynan，"Tajikistan：An evermore Fragile State in a Brittle Region," International Crisis Group，Jan 28，2016，https：//www. crisisgroup. org/europe-central-asia/central-asia/tajikistan/tajikistan-evermore-fragile-state-brittle-region.

11. Alisher Ilkhamov，"Neopatrimonialism, Interest Groups and Patronage Networks：The Impasses of the Governance System in Uzbekistan," *Central Asian Survey*，Vol. 26，No. 1，2007：65—84；Kathleen Collins，*Clan Politics and Regime Transition in Central Asia*，New York：Cambridge University Press，2006.

12. Saltanat Liebert，"The role of Informal Institutions in U. S. Immigration Policy Implementation：the Case of Illegal Labor Migration from Kyrgyzstan," *Public Administration Review*，Vol. 70，No. 3，2010，pp. 390—400；Dina Sharipova，*State-Building in Kazakhstan：Continuity and Transformation of Informal Institutions*，Lanham，MD：Lexington Books，2018.

13. 比较典型的是吉尔吉斯斯坦外交政策的形成过程，可参见 Thomas J. C. Wood，"The Formation of Kyrgyz Foreign Policy 1991—2004," Ph. D Dissertation，Tufts University，2005。也可参见乌兹别克斯坦外交政策原则的确立过程，Bernardo Teles Fazendeiro，*Uzbekistan's Foreign Policy The Struggle for Recognition and Self-Reliance under Karimov*，New York：Routledge，2018，pp. 43—66。

14. 美国国会于 1992 年 10 月通过了《自由支持法案》。该法案规定在向新独立国家提供援助时致力于实现三个方面的援助目标:(1)旨在促进发展一种竞争性和市场取向的经济,在这种经济中,大多数资源由私人所有和管理;(2)旨在支持透明和负责任的治理,并尊重人权和基本自由;(3)旨在帮助各国将"法治"概念纳入宪法实践中,并且提高对民主制度和实践的理解。Anthony R. Bichel, "Contending Theories of Central Asia: The Virtual Reality of Realism, Critical IR and The Interent," Ph.D Dissertarion, University of Hawaii, 1997, p.105.

15. André Broome, *The Currency of Power: The IMF and Monetary Reform in Central Asia*, New York: Palgrave Macmillan, 2010, p.78.

16. Sally N. Cummings and Ole Nørgaard, "Conceptualising State Capacity: Comparing Kazakhstan and Kyrgyzstan," *Political Studies*, Vol.52, No.4, 2004, pp.685—708.

17. John Heathershaw, "World Apart: The Making and Remaking of Geopolitical Space in the US-Uzbekistani Strategic Partnership," *Central Asian Survey*, Vol.26, No.1, 2007, pp.123—140.

18. Scott Radnitz, *Weapons of the Wealthy: Predatory Regimes and Elite-led Protests in Central Asia*, New York: Cornell University, 2010.

19. Edward A. D. Schatz, "Framing Strategies and Non-conflict in Multi-ethnic Kazakhstan," *Nationalism and Ethnic Politics*, Vol.6, No.2, 2000, pp.71—94.

20. Sally Cummings, ed., *Kazakhstan: Power and the Elite*, New York: I. B. Tauris, 2005; Edward Schatz, "Reconceptualizing Clans: Kinship Networks and Statehood in Kazakhstan," *Nationalities Papers*, Vol.33, No.2, 2005, pp.231—254.

21. 杨恕:《中亚国家的权力交接形式及其评估》,载于王缉思主编:《中国国际战略评论 2017》,北京:世界知识出版社 2017 年版,第 258—270 页。

22.《上海合作组织成员国元首宣言(2005 年 7 月 5 日,阿斯塔纳)》,政府网,2005 年 7 月 5 日,http://www. gov. cn/gongbao/content/2005/content_64324.htm。

23. Grigorii V. Golosov, "The Five Shades of Grey: Party Systems and

Authoritarian Institutions in Post-Soviet Central Asian States," *Central Asian Survey*, Vol.39, No.3, 2020, pp.285—302.

24. Steven Levitsky and Lucan A. Way, *Competitive Authoritarianism: Hybrid Regimes after the Cold War*, New York: Cambridge University Press, 2010; Marina Ottaway, *Democracy Challenged: The Rise of Semi-authoritarianism*, Washington D. C.: Carnegie Endowment for International Peace, 2003; Kathleen Collins, "Economic and Security Regionalism among Patrimonial Authoritarian Regimes: The Case of Central Asia," *Europe-Asia Studies*, Vol.61, No.2, 2009, pp.249—281.

25. Idil Tunçer-Kılavuz, *Power, Networks and Violent Conflict in Central Asia: A Comparison of Tajikistan and Uzbekistan*, New York: Routledge, 2014.

26. 焦一强:《"继承"还是"决裂"? ——"后卡里莫夫时代"乌兹别克斯坦外交政策调整》,载《俄罗斯研究》2017 年第 3 期,第 105—131 页。

27. 周明:《乌兹别克斯坦新政府与中亚地区一体化》,载《俄罗斯研究》2018 年第 3 期,第 76—104 页。

28. Roy Allison, "Virtual Regionalism, Regional Structures and Regime Security in Central Asia," *Central Asian Survey*, Vol. 27, No. 2, 2008, pp.185—202; Roy Allison, "Virtual Regionalism and Protective Integration in Central Asia," in Anita Sengupta and Suchandana Chatterjee, eds., *Eurasian Perspectives: in Search of Alternatives*, Kolkata, India: Shipra Publications, 2010, pp.29—48; Sean Roberts, "The Eurasian Economic Union: the Geopolitics of Authoritarian Cooperation," *Eurasian Geography and Economics*, Vol.58, No.4, 2017, pp.418—441; Sean P. Roberts and Arkady Moshes, "The Eurasian Economic Union: A Case of Reproductive Integration?" *Post-Soviet Affairs*, Vol.32, No.6, 2016, pp.542—565.

29. 林民旺:《国际安全合作中的潜规则:一项研究议程》,载《世界经济与政治》2013 年第 8 期,第 40—53 页。

30. 曾向红:《遏制、整合与塑造:美国中亚政策的战略目标》,载《俄罗斯研究》2013 年第 5 期,第 120—163 页。

31. 曾向红:《美国对中亚事务的介入及中亚国家的应对》,载《国际政治研究》2015 年第 3 期,第 34—61 页。

32. Mariya Y. Omelicheva. *Counterterrorism Policies in Central Asia*, New York: Routledge, 2011.

33. Amitav Acharya, "How Ideas Spread: Whose Norms Matter? Norm Localization and Institutional Change in Asian Regionalism," *International Organization*, Vol. 58, No. 2, 2004, pp. 239—275; Alexander Cooley, *Great Games, Local Rules: The New Great Power Contest in Central Asia*, New York: Oxford University Press, 2012.

34.《新一轮叙利亚问题阿斯塔纳会谈在哈萨克斯坦举行》,新华网,2019 年 12 月 12 日,http://big5.xinhuanet.com/gate/big5/m.xinhuanet.com/2019-12/12/c_1125336302.htm。

35.《德法俄乌四国外长就缓解乌克兰危机举行会晤》,环球网,2015 年 1 月 13 日,https://world.huanqiu.com/article/9Ca Krn JGEd4。

36.《哈萨克斯坦表示愿意在阿富汗问题上进行调解》,中国国际广播电台,2001 年 4 月 19 日,http://mil.news.sina.com.cn/2001-04-19/19272.html。

37. Kanykey Bayalieva-Jailobaeva, "A New Look: Professionalization of NGOs in Kyrgyzstan," *Central Asian Survey*, Vol. 33, No. 3, 2014, pp. 360—374; Maija Paasiaro, "Home-grown Strategies for Greater Agency: Reassessing the Outcome of Civil Society Strengthening in Post-Soviet Kyrgyzstan," *Central Asian Survey*, Vol. 28, No. 1, 2009, pp. 59—77.

38. Christine Bichsel, *Conflict Transformation in Central Asia: Irrigation Dispute in the Ferghana Valley*, New York: Routledge, 2009.

39. 关于土库曼斯坦外交政策的研究,见 Luca Anceschi, *Turkmenistan's Foreign Policy: Positive Neutrality and the Consolidation of the Turkmen Regime*. New York: Routledge, 2009; U. Yapıcı, "From Positive Neutrality to Silk Road Activism? The Continuities and Changes in Turkmenistan's Foreign Policy," *Journal of Balkan and Near Eastern Studies*, Vol. 20, No. 3,

2018：293—310。

40. 乌兹别克斯坦在卡里莫夫时代宣称奉行"独立自守的外交政策"，其实质依旧是平衡外交。可参见 Bernardo Teles Fazendeiro，"Uzbekistan's Defensive Self-reliance：Karimov's Foreign Policy Legacy，" *International Affairs*，Vol.93，No.2，2017：409—427；Aleksandr Pikalov，"Uzbekistan between the Great Powers：A Balancing Act or a Multi-Vectorial Approach?" *Central Asian Survey*，Vol.33，No.3，2014：297—311。

41. ［美］罗伯特·吉尔平：《跨国公司与美国霸权》，钟飞腾译，北京：东方出版社 2011 年版；［美］罗伯特·吉尔平：《全球政治经济学：解读国际经济秩序》，杨宇光、杨炯译，上海：上海人民出版社 2003 年版。

42. Ruth Deyermond，"Matrioshka Hegemony? Multi-Levelled Hegemonic Competition and Security in Post-Soviet Central Asia，" *Review of International Studies*，Vol.35，No.1，2009，pp.151—173.

43. Costa Buranelli，"Spheres of Influence as Negotiated Hegemony：The Case of Central Asia，" *Geopolitics*，Vol.23，No.2，2018，pp.378—403.

44. ［美］罗伯特·基欧汉：《霸权之后：世界政治经济中的合作与纷争》，苏长和等译，上海：上海人民出版社 2016 年版，第 49—64 页。

45. 毕世鸿：《机制拥堵还是大国协调——区域外大国与湄公河地区开发合作》，载《国际安全研究》2013 年第 2 期，第 58—73 页；李巍：《东亚经济地区主义的终结? ——制度过剩与经济整合的困境》，载《当代亚太》2011 年第 4 期，第 6—32 页。

46. Aliya Tskhay and Filippo Costa Buranell，"Accommodating Revisionism through Balancing Regionalism：The Case of Central Asia，" *Europe-Asia Studies*，Vol.72，No.6，2020，pp.1033—1052.

47. 曾向红、杨双梅：《大国协调与中亚非传统安全问题》，载《俄罗斯东欧中亚研究》2017 年第 2 期，第 34—62 页；邓铭江、龙爱华：《中亚各国在咸海流域水资源问题上的冲突与合作》，载《冰川冻土》2011 年第 6 期，第 1376—1390 页。

48. Vsevolod Samokhvalov，"Russia and its Shared Neighbourhoods：A Comparative Analysis of Russia-EU and Russia-China Relations in the EU's

Eastern Neighbourhood and Central Asia," *Contemporary Politics*, Vol. 24, No. 1, 2018, pp. 30—45; Nadège Rolland, "A China-Russia Condominium over Eurasia," *Survival*, Vol. 61, No. 1, 2019, pp. 7—22.

49. "United States Strategy for Central Asia 2019—2025: Advancing Sovereignty and Economic Prosperity," U.S. Department of State, Feb. 5, 2020, https://www.state.gov/united-states-strategy-for-central-asia-2019-2025-advancingsovereignty-and-economic-prosperity/.

50. 如2021年4月28日开始,中亚国家塔吉克斯坦与吉尔吉斯斯坦爆发了边界冲突,并造成约40人死亡,200多人受伤。此次事件应是中亚五国独立以来伤亡人数较多的一次冲突。不过,吉塔双方都没有激化矛盾,事件没升级为两国间的高强度冲突。《中亚两国边境交火:突发矛盾易解,历史结痂难愈》,中国新闻网,http://www.chinanews.com/gj/2021/05-01/9469068.shtml。

51. [美]亚历山大·温特:《国际政治的社会理论》,秦亚青译,上海:上海人民出版社2014年版,第345—350页。

52. 周明:《乌兹别克斯坦新政府与中亚地区一体化》,载《俄罗斯研究》2018年第3期,第76—104页。

53. Andrew R. Bond and Natalie R. Koch, "Interethnic Tensions in Kyrgyzstan: A Political Geographic Perspective," *Eurasian Geography and Economics*, Vol. 51, No. 4, 2010, pp. 531—562; Shirin Akiner, "Kyrgyzstan 2010: Conflict and Context, Washington," D. C.: Central Asia-Caucasus Institute & Silk Road Studies Program, July, 2016, https://css.ethz.ch/content/dam/ethz/special-interest/gess/cis/center-for-securities-studies/resources/docs/CACI-SRSP%20Kyrgyzstan%202010%20Conflict%20and%20Context.pdf.

54. Valerie Bunce, "The Political Economy of Postsocialism," *Slavic Review*, Vol. 58, No. 4, 1999, pp. 756—793; Chris M. Hann, ed., *Postsocialism: Ideals, Ideologiesand Practicesin Eurasia*, New York: Routledge, 2002.

55. 对西方自由主义制度和规则在中亚地区逐渐失势过程的深入分析,可参见 Alexander Cooley, "Ordering Eurasia: The Rise and Decline of Liberal Internationalism in the Post-Communist Space," *Security Studies*, Vol. 28,

No.3，2019，pp.588—613。

56. Steven Levitsky and Lucan A. Way, *Competitive Authoritarianism：Hybrid Regimes after the Cold War*, New York：Cambridge University Press，2010；Marina Ottaway, *Democracy Challenged：The Rise of Semi-authoritarianism*, Washington D. C.：Carnegie Endowment for International Peace，2003；Kathleen Collins, "Economic and Security Regionalism among Patrimonial Authoritarian Regimes：The Case of Central Asia," *Europe-Asia Studies*, Vol.61，No.2，2009，pp.249—281.

57. Philipp Lottholz, "Post-Liberal Statebuilding in Central Asia：A Decolonial Perspective on Community Security Practices and Imaginaries of Social Order in Kyrgyzstan," Ph.D Dissertation, University of Birmingham，2017.

58. "非自由主义和平"的冲突管理模式及其涵盖的话语、空间与政治—经济这三个层面的讨论，参考了 David Lewis, John Heathershaw and Nick Megoran, "Illiberal Peace? Authoritarian Modes of Conflict Management," *Cooperation and Conflict*, Vol.53，No.4，2018，pp.486—506。

59. 曾向红、邹谨键：《反恐与承认：恐怖主义全球治理过程中的价值破碎化》，载《当代亚太》2018 年第 4 期，第 113—155 页。

第十三章 关系理论视阈下人工智能全球治理的困境与出路

周子淙[*]

随着大国战略竞争的不断加剧,全球治理陷入了一种两难境地:一方面,在一些西方大国冷战思维和零和博弈观的影响下,逆全球化和保护主义的不断抬头减缓了全球化进程,以意识形态划分的阵营和小多边集团阻碍了全球治理的深化与发展;另一方面,以广大发展中国家为主体的"全球南方"和高举全球发展倡议的中国以更加积极的姿态主动地参与到全球治理的实践中,推动全球治理体系变革转型,朝着更为公平公正合理的方向发展。[1]而人工智能作为当前最为前沿和颠覆性的技术态势,不但是推进全球治理发展变革的重要驱动力量,将为全球治理带来重大机遇,也会对现有全球治理的结构产生巨大冲击,产生一系列未知性风险与挑战。因此,本章的研究问题是:如何从中国学派的角度出发去思考破解人工智能全球治理困境之道以实现有效治理?

一、当前人工智能全球治理面临的权力、制度与规范困境

近年来,在大国博弈的背景下,由于人工智能发展迅速,超出了人们的预期,

* 周子淙,山东大学政治学与公共管理学院博士研究生。

不仅使得有关人工智能的全球治理远远滞后于其技术发展速度,还使其面临着一些结构性困境。这些困境大致上可以分为三类:其一是权力困境,其二是制度困境,其三是规范困境。这些困境给人工智能全球治理带来了诸多不确定性因素,需要予以关注并进行深入讨论。

(一) 人工智能全球治理所面临的权力困境

权力困境主要包括两类,即国家政府与领军公司之间有关国家内部权力的拉锯以及国家间涉及国家安全的外部权力争夺。首先,政府与公司常常围绕着权力展开博弈。[2]在一般意义上,作为社会治理的主要行为体,政府需要对公司实施一定程度的监管以维持经济与社会的稳定。制度理论(institutional theory)认为,政府可以凭借自身权力通过明确的制度规范、法律规则、公共政策等方式对公司施行强制性手段,在政府—公司这对关系中起到主导和决定性作用。[3]而对于公司而言,尤其是行业领军公司,其话语权和影响力极强,容易对政府的决策过程产生深刻影响。一些行业领军公司不仅在体量规模上较为庞大,还掌握着相关行业的关键技术。由此可能产生的垄断公司和寡头集团也会对国家的经济命脉产生威胁。

实际上,政府—公司之间的关系是处于动态变化之中的。资源依赖理论(resource dependence theory)将资源视为影响权力与依赖的关键变量,即其中一方提供的资源越多,权力就越大,另一方对其依赖也就越强。政府与公司之间就存在着这种相互依赖,例如,政府需要公司提供就业岗位和税收,而公司则需要政府实施优惠的政策以助力其发展。但政府与公司间的相互依赖更多是不对称的,这是因为政府具有单一性,而公司的数量却很多,资源分配难以平均,使得公司更加依赖政府,政府的也就拥有着更高的权力。[4]随着技术的快速发展,人工智能全球治理呈现出多主体、多领域、多层次等特征。其中,以科技领军公司为代表的私营部门成为推动人工智能进步的首要生产力,同时掌握着尖端的技术、庞大的数据以及广阔的平台。这既是对政府话语权和影响力的冲击,也给政府如何采取适当监管带来了难题。僵硬的管理体制、滞后的政策效应与日新月异的技术变革之间的差距将成为政府所面临的重要治理问题。

其次,国家间有关人工智能的权力争夺业已开始,并将对国家安全产生持续影响。传统上大国战略竞争以及由此引发的零和博弈和安全困境主要集中在政治、经济、军事等领域，如今已蔓延至电子信息、新材料、新能源等高技术领域。作为新兴交叉学科和复合技术业态，人工智能以大数据、先进算力与算法为基础，不仅要求网络空间、应用程序、系统生态等软件设施需要不断扩展、更新，更依赖于先进的芯片、新型材料等硬件设施。人工智能的应用广度和深度也在不断拓展，一些智能应用已经渗透到人类的生产实践和日常生活中，如语音识别、医疗诊断、自动驾驶、量化投资、仿生视觉、虚拟现实、无人机等。[5]可以说，人工智能带来了第四次工业革命，即智能革命。谁能在智能革命浪潮中占得先机便可以掌握一系列规则制定权和话语权。这就使得争夺人工智能领域的主导权变得紧迫起来。

由此，当前围绕人工智能的国家间权力竞争呈现出两种态势：一方面是西方发达国家内部美国与其他大国间程度较低的权力竞争；另一方面是发达国家与发展中国家间程度较高的权力竞争。

（二）人工智能全球治理所面临的制度困境

人工智能时代下全球治理的制度困境主要指由于缺乏具有高度合法性、代表性的人工智能全球治理制度而使得治理陷入较为混乱的状态。人工智能作为新兴技术模式近来引发了国际社会的巨大关注，成为人类发展的新场域，但有关人工智能的国际制度、法律法规和实体组织却尚未建立，远滞后于新技术的更新变革。目前，人工智能的制度化探索基本集中于主要发达国家或区域的内部治理，各国和地区根据自身实际情况、发展目标来制定各自的人工智能制度规则。

以欧盟为例，从 2019 年开始便重点关注人工智能监管领域，欧盟先后发布了人工智能伦理准则和《人工智能白皮书》。2023 年 12 月，欧洲议会、欧盟成员国和欧盟委员会三方就《人工智能法案》达成协议，全球首部有关人工智能的地区性全面监管法规就此制定完成，旨在按风险类别的区分对不同风险进行有效监管。可以说，欧盟在探索人工智能监管法律治理的道路上为其他国家和地区提供了学习模板，有力地推动了人工智能区域治理的进步。除了大国或地区性政府间国际组织，一些中小国家如加拿大、新加坡等国同样发布了各自的人工智能治理战略和方案，以期参与到全球的智能化浪潮之中。虽然一些国家或政府间国际组织有着各自的人工智能发展规划和治理路径,但并没有形成协商一致的国际制度或具体组织,人工智能全球治理亟须进一步发展。

西方发达国家长久以来凭借强权主导着全球治理的各项进程,并以此建立起有利于自身利益和体现自身意志的国际制度体系。在实践中,以美国为首的西方发达国家仍然拥有国际制度中的决定性权威,在全球治理中更多扮演监管者、规制者的角色,全球治理的民主化多数时候还只是停留在理念层面。[6]与此同时,由于发展中国家因实力有限很难参与到国际制度的制定、修改和完善的过程之中,发展中国家被动接受一些国际制度,致使国际制度缺少了必要的合法性和代表性基础,难以获得国际社会的理解和支持。而这些合法性和代表性缺失的国际制度往往会反过来进一步加强西方国家在全球治理中的话语权,广大发展中国家的声音和权益极易被刻意无视和打压,造成全球治理的混乱与失序。

人工智能时代的到来将使得发达国家与发展中国家之间的技术鸿沟不断加大,西方国家特别是美国在硬件和软件上把持着人工智能的准入门槛,掌握着构建新型人工智能国际制度的先导权,发展中国家参与人工智能全球治理的难度也在不断上升。例如,2023 年 11 月,在英国国家网络安全中心的主持下,包括美国在内的 18 个国家共同参与制定了《安全人工智能系统开发指南》。虽然此协议是全球首份具有国际合作性质的人工智能指南,但却并不拥有强制性和约束力,参与国也大多为西方发达国家,因而并不具备广泛的制度性意义。目前各国尚未围绕人工智能建立实体国际组织或达成明确协议以形成制度规则,但可以预见的是,西方国家不会轻易交出决策权来谋求有效的人工智能全球治理,合法性和代表性危机将持续并进一步增强。

(三) 人工智能全球治理所面临的规范困境

规范主要指具有给定身份的行为体所采取的适当行为的准则,是共同的评判标准。[7]由于可参与人工智能的行为体较多,新兴技术带来的不确定性使得各行为体之间需要达成更为一致的共识并在这些共识准则之下行事,因而如何建立更为严谨细致的规范成为摆在各行为体面前的关键问题。当前各行为体所达成的基本共识是:在人工智能时代,新技术的发展变革会对人类提供便捷的同时,也带来了包括人权和道德伦理等规范上困境,但并未就这些规范的具体内涵达成一致。

　　人权是每个人所固有的不可剥夺的权利，构成了国际社会的基本规范，并且已经成为当代政治话语的基本特征。[8]在智能化浪潮的冲击下人权更为脆弱，也更容易受到侵害。随着人工智能技术的不断发展，越来越多的工作尤其是缺少创造性和复杂性的简单工作将会由智能自动化机械进行，而人的工作权利将会被削弱乃至被剥夺。这将导致大量的人失业，继而失去收入来源，最终将对社会稳定造成极大的负面影响。另外，人的隐私权以及平等和非歧视权也极易受到损害。人工智能所倚靠的大数据往往会暴露个人隐私。而在受到网络攻击的较高可能性下，个人数据泄露也会导致隐私权受到侵蚀。平等和非歧视权同样是人的基本权利，但在大型模型和数据库甚至模型拥有者处于"黑箱"之中时，若他们之中出现偏见与歧视则可能导致大型模型在训练后不断重复和强化偏见和歧视，最终加剧对不同人的种族、性别、群体或其他方面的偏见与歧视。无论是工作权、隐私权还是平等和非歧视权，这些作为人权组成部分的权利并不能因技术的发展而遭到无视或侵犯。

　　从科幻小说到成为科学现实，自人工智能诞生之日起有关其道德伦理的讨论便持续不断，其中争议主要在于两个方面，即"人工智能道德伦理规范的承载主体是谁"以及"道德伦理规范的主要内容是什么"。人工智能背后需要去承担和遵守道德伦理规范的主体究竟是人还是机器是需要首先明确的。人类主体论认为，人作为机器的开发者、维护者通常被认为是能够主导和左右人工智能运行和发展的理性主宰，机器被视为"动物"而不存在理性，因而人工智能道德伦理规范本质上就是人的道德伦理规范。[9]而机器主体论则认为，人工智能主要依靠机器实现，在技术日益成熟的环境下，机器可能会有某种程度上的自主思维，因而也需要将道德伦理规范嵌入其中以防止机器伤害人类。[10]然而到目前为止，国际社会就人工智能道德伦理的实际承载主体难以达成一致，但基本共识是无论主体是人还是机器人工智能在运行时都必须遵守道德伦理规范，不应损害人的基本利益。

　　这就引发了对另一个问题的思考：人工智能道德伦理规范的主要内容究竟包括什么？因为在全球背景下，不同国家对道德伦理规范的定义和理解不同，道德伦理标准也是不一样的。实际上，在全球治理历史性因素和技术发展现实性因素的影响下,国际通行的道德伦理规范基本由西方国家所把控和定义。对于广大发展中国家而言,在西方道德伦理话语下进行往来交流是被动选择,很难打破西方话语体系或对其进行改革。同样,这种道德伦理的单一化投射到人工智能领域上也使得了西方发达国家正引领着人工智能全球治理道德伦理的确立和建构。对此,中国于2021年9月发布了《新一代人工智能伦理规范》,回答了如何将道德伦理更好地融入人工智能全生命周期这一关键问题,同时确定了人工智能伦理道德规范的具体内容,并为其制定了实施标准和基本要求。[11]这不仅能够及时有效地引导和促进国内人工智能的有序发展,更为其他发展中国家建立健全人工智能道德伦理规范提供了重要参考。由于尚未建立得到国际社会普遍认同的人工智能规范,规范的扩散乃至内化更无从谈起,因而需要各行为体进行更为广泛且深入的协商合作,打破规范困境,以实现人工智能规范的协调耦合。

　　总的来说,无论是权力困境、制度困境还是规范困境,表面上是由包括国家政府、国际组织、非政府组织、私营部门以及学术共同体等在内的各行为体在人工智能全球治理中对共同利益缺乏认识而导致难以达成普遍性共识所导致的。但本质上是西方发达国家同发展中国家因发展不平衡而造成西方大国把控全球治理机制规范而发展中国家难以参与和改变全球治理的问题。解题的关键在于从造成困境的原因出发,找到合适的治理路径,进而构建出一种理想的治理模式。

二、融合性关系——规则治理的分析框架与核心机制

　　世界即关系,世界是由关系构成的。全球治理不仅存在规则治理,还存在着一种更为深刻的治理模式,即关系治理。近年来,国际关系理论研究逐渐出现"关系转向"(relational turn),关系主义及其相关研究几乎同时在中国和西方国际关系学界兴起和展开。[12]以中华传统文化为理论基底的中文学界关系主义因其强社会性本体思想、更具贯通性以及更加强调关系性动态转化而更显厚重,是一种"深度关系主义"(deeper relationalism)。[13]本部分以世界政治的关系理论为基础,尝试提出一个能够融合关系治理和规则治理的理想分析框架,并对核心机制进行较为详细的阐释和说明。

（一）自变量:社会性关系

秦亚青将中国哲学文化中的关系概念引入国际关系理论研究,提出了世界政治的关系理论,试图从关系视角研究社会行为体的各种行为以及行为产生的动因。关系理论假定,社会行为体的存在是关系性存在(共在),行为体身份由关系实践所建构,是一种"互涵性身份",由此确定的行为体利益也同样具有互涵性特征。[14]事实上,各行为体的身份和利益都是在关系中被确定、建构和形成的,行为体本质上是关系体。如果关系不存在,行为体就丧失了其类属身份,因此身份是一个相对概念。利益存在的方式与身份存在的方式相似,都是在关系中互构。然而,这种共同利益虽存在并非总能被认识,需要能动地去发现,因此自我和他者的合作与合力是实现自我和他者利益最可靠且有效的途径。[15]这就为当前人工智能全球治理所面临的困境提供了潜在的理论解释和解决方法:一方面,造成困境的原因可能源于行为体对相互关系的认知不足;另一方面,走出困境的途径不仅需要基于规则,更要注重关系的作用。

关系理论的核心变量和基本分析单位是社会性关系,而关系的总和则构成了社会。也就是说,关系整体构成了社会环境,行为体与其所处的环境之间是相互塑造、相互促进和相互限制的关系。[16]行为体的各种行为往往会受到其所处环境的影响,亦即被背景知识所塑造。而行为体行为所产生的结果也会作用于环境、改变环境,这样动态的互动形成了关系上的循环与流动。同样,行为体与行为体之间处于复杂的关系之中,行为体会根据其背景知识、其与他者之间的亲密程度以及他者对其的重要性将他者按类属划分。以国际关系理论中的社会建构主义为示例,亚历山大·温特就将国家间的关系划分为敌人、对手与朋友。[17]当然,温特并非出于关系而是出于文化视角来思考国家间关系的性质,但依旧为关系理论提供了有益启发。正是这种"关系缠结"(relational enmeshment)的存在制约着国际社会中的行为体,"尤其是国家间关系的非流动性和持久性对它们形成了制约",同时也能够更好地促进行为体的能动性,发挥使能作用。[18]

综上,对"如何对社会性关系进行测量"这一关键问题,秦亚青认为,关系者会综合使用亲密度和重要性这两个指标,考虑自我与他者的关系。[19]亲密度关系者是出于主观情感意愿和判断所得出的,而重要性则更像是关系者经过利益得失而作出的客观计算。但是,无论关系者或行为体是如何看待对方和彼此关系的,个体都是通过某种身份进行互动的。也就是说,关系者认为他者对其的角色是什么就会做相对应的行为。这就意味着可以对亲密度和重要性进行更为精确的测量。具体而言,亲密度就是要参考关系者对他者的态度,例如重要官方文件对对方的身份定义、元首会晤所确定的伙伴关系等;而重要性则需要看关系者与他者之间的权力相互关系,例如地缘与地理位置远近、相互依赖程度、军事能力差异、战略地位的判断等。

(二) 因变量:治理效用

治理效用主要是指由各行为体参与的全球治理的程度,可具体分为有效治理和无效治理。对于参与全球治理的行为体来说,追求公共利益最大化的有效治理既是主要目标,也是动力来源。有效治理能够带来更为稳定的秩序,进而实现可持续发展,而无效治理则可能增加关系失衡的风险。在理想状态下,各行为体都会通过各种方式努力实现有效治理。由此,一个关键问题亟待回答:如何去测量治理效用? 这些行为体的一些行为指标将成为测量治理效用的关键要素。需要在此说明的是,治理的最终结果不是判断行为体治理效用的指标,这是因为治理是一个较为漫长的过程,是否会达到既定要求和目标需要将其放在较长时间段中观察,本文只讨论行为体参与全球治理的前期合作过程。具体而言,本文设定参与全球治理的主要行为体包括主权国家、国际组织、非政府组织以及跨国公司。

当前,主权国家仍是全球治理中最基本也是最重要的行为体。在全球治理中主权国家较之于其他行为体有更强的实力主要表现在:只有主权国家才能签订具有法律效力和强制约束力的治理协议;只有各国政府才能动用国家的力量,动员全社会各个方面的力量,落实全球治理的各项协议;只有主权国家才能保障全球治理形成行之有效的制度,保证全球治理的长期性、稳定性等。[20] 没有国家的引导和推动,治理很难成功,国家需要在全球治理进程中发挥主导作用。当然,强调国家在全球治理中的重要性并非意味着要持有"国家中心主义"的思维方式,更需要多主体参与其中。对主权国家参与度的测量指标共有五个,分别是:(1)是否提出了某一领域或行业规范性倡议;(2)是否主动召开或参与相关领域或行业的国际性论坛;(3)在论坛上各国是否达成了较为一致的共识、宣言或协议;(4)达成共识的主要国家是否在一定期限内推出明确且具体的政策措施或路线图;(5)是否正在或已经制定、实施相关法律法规。当测量指标达到三个及以上时,可以将主权国家参与全球治理的程度视为高;反之,则为低。

严格地说,国际组织是正式的政府间官僚机构。[21]国际组织是实现全球治理的重要平台,承担着促进多边合作、协调国家间关系、维护国际规则和全球秩序、提供公共产品与服务等诸多责任。在国际体系无政府状态的现实下,国际组织扮演着某种超国家角色,具有一定的权威性和公正性。虽然国际组织并没有绝对意义上的惩罚权,但依旧可以对其他行为体尤其是主权国家起到极为重要的监督作用。对国际组织参与度的测量指标共有三个:(1)是否提出了某一领域或行业规范性倡议;(2)是否就这一领域或行业的发展现状及未来趋势在组织内部进行了讨论;(3)是否正在或已经制定、实施相关规则制度。当测量指标达到两个及以上时,可以将国际组织参与全球治理的程度视为高;反之,则为低。

非政府组织是跨国市民社会的一部分,与跨国宣传网络和跨国社会运动相比其运行和影响的程度更深和范围更大。[22]非政府组织可以以正式或非正式的方式参与到影响国际政府间组织的进程之中:通过参与国际机构内部的活动以获取信息、提供信息、进行观察乃至参与决策;或通过外部影响的方式,如塑造系统规范、改变主导框架、建立或改变非政府组织声誉以及改变参与成员国的利益或行为。[23]其多样性也为一些国家和官方国际组织提供了新的合作途径。对非政府组织参与度的测量指标可以概括为三个,即(1)是否有非政府组织参与某一领域或行业的国际性论坛以发挥建设性作用;(2)是否提出了某一领域或行业规范性倡议;(3)是否为其他行为体提供建议,并可能提出不同意见。当测量指标达到两个及以上时,可以将国际组织参与全球治理的程度视为高;反之,则为低。

跨国公司不仅影响全球转型进程,而且是全球转型进程的关键推动者。[24]在早先的全球治理研究中,主权国家、国际组织以及非政府组织常常是讨论的重点,跨国公司的作用往往不会受到重视。这是因为跨国公司存在的意义被先验地描述为为了效率和利益的最大化。同时会以其庞大的规模与实力严重地冲击了国家在经济与金融领域的地位:"跨国公司的崛起挑战了国家形式的监管形式,改变了政府的贸易和财政优先事项,并催生了新的私人权力形式。"[25]随着全球化进程的加快,跨国公司在全球治理中所需要承担的角色和责任也逐渐被人们认识并加以研究。[26]跨国公司和全球治理之间的关系被概念化为两个维度,即投入(帮助形成全球治理机构的议程)或产出(受机构决策影响的公司)。[27]这就导致了跨国公司社会性容易被忽略。[28]

由此,对跨国公司参与度的测量指标可以概括为五个,即(1)是否明确表示遵守既有国际规范与法规;(2)是否对有益于行业乃至人类发展的技术进行共享;(3)是否自觉接受其他行为体监督;(4)是否就一些对人类利益有潜在损害之处制定规则;(5)是否积极推动行业治理共同体的形成。当测量指标达到三个及以上时,可以将跨国公司参与全球治理的程度视为高;反之,则为低。判断全球治理前期合作过程是否能达到有效治理,其标准在于上述行为体是否都能够广泛且深入地参与到这一过程之中。因此,当这些行为体都能够在各自的层面实现参与度达标,则可以被视为达到了有效治理的标准。但是,若出现一个行为体没有达标,则是无效治理,难以称之为有效治理。

(三) 关系—规则融合性治理模式:一种互涵式合作过程

当前,全球治理主流模式是规则治理。规则治理的基本假定是人是理性的,会根据计算利益上的得失来行动。而人往往有着利益最大化的倾向,希望通过不同方式和手段以最小的代价和成本获得最大的利益。由人组成的各种行为体也有着与个体近似乃至相同的动机和特质。因此,规则的制定和实施不仅可以限制各行为体潜在的不良行为,还可以促使行为体规范行事、加强合作。然而,规则治理的问题在于仅仅看到了可以利用规则来规范行为体行为、实现有效治理,却没有体现行为体所具有的关系性特征。

在全球治理视阈下,其本质就是对国际社会中错综复杂的关系进行治理,而主要行为体则包括主权国家、国际组织、非政府组织以及跨国公司等。应当确定的是,这些行为体的性质首先是关系性的,是关系性共在,自在与他在互为条件。其次,这些行为体的身份与角色由关系所塑造,其存在的意义和职能必须在互动过程中被赋予,而非既定或固定。例如,国家在某个具体领域的治理中可以是监管者,也可以是提供服务者,这需要在不同情境中加以界定。再次,行为体的利益是关系性利益,是交织在一起的利益,具有互涵特征,需要在利益互惠合作中得以实现。[29]因此,治理过程中可能出现各行为体的利益"一荣俱荣、一损俱损"的现象,这需要各行为体加强合作,避免治理危机和赤字。

秦亚青借鉴中国文化哲学、社会学理论以及经济管理学等三种传统,对关系治理做出了如下定义:"关系治理是一个进行社会/政治安排的参与协商过程,用来管理、协调和平衡社会中的复杂关系,使社会成员能够在产生于社会规范和道德的相互信任的基础上,以互惠与合作的方式进行交往,并以此建立和维持社会秩序。"[30]从关系治理的定义可以看出,关系治理的本质就是管理各行为体之间的关系,使这些关系朝着更和谐更积极的方向发展,进而构建可持续的秩序以实现有效治理。在此定义的基础上,可以勾勒出一个理想状态下关系—规则融合性治理模式的分析框架,即互涵式合作过程(见图 13.1)。强调关系治理并非要抛弃规则治理,而是要与规则治理结合起来形成一种具有两者优势又摒弃劣势的融合性治理模式。在这一模式中,社会性关系是自变量,有效治理是因变量,亦即各行为体间的关系好坏是决定治理效用的主要因素。因果机制为:由各行为体处于平等且拥有相似道德观和彼此信任的状态下组成的信赖共同体通过体现互惠性和平衡性的协商调和过程共同决策,并以规则来规范决策的实施,最终实现有效治理。而有效治理又会反过来增强社会性关系,使之更加积极和友好,从而形成可以良性循环的互涵式合作过程。

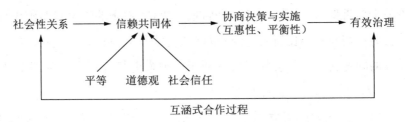

图 13.1   关系—规则融合性治理的理想模式

三、人工智能领域中的关系——规则融合性治理模式应用:以中美为例

在人工智能领域中,主要治理行为体包括主权国家、国际组织、非政府组织

以及跨国公司,它们都处在一个相互联结、彼此交织的关系网中。当前的人工智能全球治理正处于起始阶段,虽然各行为体已经意识到了随着人工智能发展所可能带来的安全风险并有所行动,但仍旧未形成比较统一清晰的综合治理实践模式和治理体系,如何实现人工智能领域的有效治理是值得研究的重要课题,利用关系—规则融合性治理模式对治理现实进行分析并找出亟待发展之处是一个有效路径。由于参与人工智能全球治理的行为体众多,本章将以中美两国为切入点对二者的治理模式以及与其他行为体关系进行分析,考察现有治理机制并对有待发展之处进行展望。

(一) 中美参与人工智能全球治理路径的异同

中国和美国作为全球人工智能领域的两大关键行为体,在该领域的治理理念和方式上存在差异。近年来,中国在人工智能领域的治理能力不断提升,树立了人工智能治理的行为典范。在国内治理层面,早在 2017 年,中国政府便开始布局人工智能领域,探索创新型发展道路。7 月 20 日,国务院印发《新一代人工智能发展规划》,提出了面向 2030 年我国新一代人工智能发展的指导思想、战略目标、重点任务和保障措施,部署构筑我国人工智能发展的先发优势,加快建设创新型国家和世界科技强国。[31] 2019 年 6 月,国家新一代人工智能治理专业委员会发布《新一代人工智能治理原则——发展负责任的人工智能》,提出了人工智能治理的框架和行动指南。[32] 2021 年,《数据安全法》和《个人信息保护法》相继颁布并施行,以法律法规的形式明确了信息数据时代有关政府、社会、个人的合法权益及相互关系,为人工智能的发展提供了基础性法律保障。而在政策方面,《互联网信息服务算法推荐管理规定》《互联网信息服务深度合成管理规定》《生成式人工智能服务管理暂行办法》也分别于 2022 年和 2023 年出台并施行,为有效治理人工智能、促进相关领域健康发展提供了政策导向和管理支撑。

中国对于人工智能全球治理同样是积极且具有实质性内涵,支持在联合国框架下践行多边主义治理道路。2021 年 12 月,中国向联合国《特定常规武器公约》第六次审议大会提交了《中国关于规范人工智能军事应用的立场文件》。翌年 11 月,中国向联合国《特定常规武器公约》缔约国大会提交了《中国关于加强人工智能伦理治理的立场文件》。这些文件从人类自身福祉出发,以维护世界和平与人类安全为主要目标,践行了中国长久以来的道义主张,体现了大国担当。2023 年 10 月,中国在第三届"一带一路"国际合作高峰论坛期间提出的《全球人工智能治理倡议》,着重强调人工智能全球治理需要发展中国家的参与,为人工智能全球治理与发展问题给出了"中国答案",引发了国际社会广泛赞同,有力地推动了人工智能全球治理走向开放共赢,为维护世界秩序安全作出了重要贡献。[33]

而美国将人工智能视为未来大国权力竞争的主要场所和路径。2019 年伊始,时任总统特朗普便签署了名为《维持美国在人工智能领域的领先地位》的行政命令,以指导美国未来几年人工智能法律和政策制定的范围。[34]2020 年,美国国会通过了《2020 国家人工智能倡议法》,以法律条文的形式确定了美国国家人工智能计划并规定了相关活动,同时设立白宫科技政策办公室以履行法案职责。[35]拜登政府时期,美国的人工智能治理政策进一步发展,试图进一步抢占技术高地以引领全球人工智能政策。白宫科技政策办公室于 2022 年发布《人工智能权利法案蓝图》,规定了关于人工智能和其他自动化系统设计、使用和部署的五项原则及其实践。[36]2023 年 2 月和 10 月,总统拜登分别签署有关于人工智能的行政命令,以消除人工智能技术可能带来的歧视和偏见,保障人工智能的安全和可信。此外,2023 年 7 月,拜登政府还宣布与包括亚马逊、谷歌、微软在内的七家头部人工智能公司达成安全自愿承诺,旨在加强政府对人工智能的治理与管控。

作为霸权国,美国在事实上引领着人工智能领域的发展变革,具有明显的先发优势。从智能计算硬件开发到智能算法框架及其生态的搭建,再到具体场景的应用,美国超强的原发性创新能力已将其与其他西方大国在人工智能领域的差距越拉越大。[37]以人工智能领域中的生成式人工智能(Generative AI)为例,美国人工智能研究公司 OpenAI 于 2022 年末发布的 ChatGPT 标志着生成式人工智能进入了新时代。而在生成式人工智能的背后,先进的张量处理单元(TPU)、图形处理器(GPU)等硬件是支撑其训练和运行的基础。谷歌和英伟达两家美国公司分别是开发和生产 TPU 和 GPU 的龙头,各自掌握着最核心的技术。可以说,美国已在人工智能的国际竞争中处于领先地位。同时,美国以意识形态为划分,将一些西方大国拉入己方阵营,试图凭借技术优势形成垄断,对广大发展中国家实施技术封锁,以此实现和维持技术霸权,发展中国家因而容易面临"边缘化风险"。[38]

在国际层面,美国通过构筑"小院高墙"以排除其他国家尤其是中国在高科技领域的进一步发展,同时以"小圈子"的单边主义形式联合其他西方国家试图掌握人工智能全球治理话语权和标准制定权。2023 年 5 月,美国主导下的七国集团(G7)发表联合声明,将以所谓"民主价值观"为指导推进关于包容性人工智能(AI)治理和互操作性的国际讨论,实现七国集团的共同愿景和可信赖人工智能目标。[39]同年 12 月,经过七国集团临时部长级会议和 2023 京都互联网治理论坛等多利益相关方高级别会议的持续讨论,"广岛人工智能进程综合政策框架"在七国集团数字和技术部长会议上达成一致,并得到七国集团领导人的认可,成为七国集团主导下的包含指导原则和准则的国际性框架。[40]

对比中美参与人工智能全球治理进程可以发现,国家间关系深刻影响着治理模式的形成,人工智能不应成为大国竞争的新场域。两国虽对如何治理在理念和行动上有差异,但都从自身实际出发引导国际社会积极参与治理进程。因而同样存在着相同之处,这就为两国间的合作提供了新的空间。中美不约而同地将人工智能视为对未来人类社会产生重要变革的前沿领域,同时都从人类本体安全出发希望减少和降低人工智能发展所带来的潜在风险与挑战。例如,中美同其他 26 国于 2023 年 11 月共同签署了首份全球性人工智能声明——《布莱切利宣言》,以期在凝聚规范性共识的基础上在人工智能领域与他国一道发挥建设性作用。[41]

此外,中美都尊重联合国在人工智能全球治理中的关键地位,都支持在《联合国宪章》下开展治理。可以说,中美两国在各自的国家层面都在人工智能全球治理中有着极高的参与度:在提出规范性倡议、参加国际性论坛、达成共识和宣言、推出明确政策措施,以及制定、实施相关法律法规等方面达到了上文所制定的标准。然而,这并不意味着已经形成了国家间信赖共同体,更遑论实现有效治理。因此,两国间还存在着诸多有待发展之处,合作治理前景广阔、空间巨大。

(二) 中美合作实现人工智能有效治理的有效途径

关系的和谐与否是实现有效治理的决定性因素,中美两国需要通过关系——

规则融合性治理模式来构建一种互涵式合作过程。当前的中美关系主要处于一种竞合状态：竞争中有合作、合作中有竞争。从特朗普时期到拜登时期，美国对于中国的态度与认知是较为稳定的，即中国是美国的主要竞争对手。在特朗普政府于2020年5月发布的《美国对中华人民共和国战略方针》中，美国"承认正与中国处于战略竞争当中"，将中美关系定性为"大国竞争"，"在回归有原则的现实主义的指导下，美国正在应对中国的直接挑战"。[42]拜登政府则延续了特朗普政府的对华战略，依旧强调对华战略竞争，将中国视为"最令人担忧的竞争对手"，[43]也是"唯一一个有能力将其经济、外交、军事和技术力量结合起来，成为对一个稳定和开放的国际体系发起持续挑战的潜在竞争对手。"[44]

而对于中国来说，发展对美关系是重要外交工作。习近平主席多次表示，"太平洋足够大，容得下中美两国"。外交部长王毅也在多个场合提出，中方始终愿本着不冲突不对抗、相互尊重、合作共赢精神，与美方共同建设一个协调、合作、稳定的中美关系。虽然美国将中国视为主要竞争对手，但并没有上升为敌对关系。而中国更是秉承中国特色大国外交理念，高举和平、发展、合作、共赢的旗帜来发展对美关系。因此，中美间除了竞争之外，有着更广阔的合作空间。在人工智能领域实现有效治理的合理途径就是在关系—规则融合性治理模式进行合作。

第一，中美应构建一个较深层次的人工智能信赖共同体。信赖共同体的三大基石分别是平等、道德观和信任。平等是信赖共同体得以形成的先决条件，也是治理国际社会中行为的一般性原则。在国家层面，平等主要指各国在主权上是平等的。[45]虽然各国不会在各个方面都具有平等性，但国家需要包容彼此的差异、尊重多样化。因此，平等是一种规范性原则，旨在规范国家或其他单位的关系。[46]在人工智能全球治理中，各国应在平等的基础上展开对话交流。中美作为两个世界性大国对于人工智能全球治理的重要性不言而喻，任何一方的缺席将对人工智能全球治理进程合法性和有效性产生严重的消极影响。因此，双方不应有任何排除对方、遏制对方的想法和行为。

道德既是信赖共同体生成的根基，也是维持其存在的理由和动力。在中国，儒学的治理之道将道德视为根本的条件，以"仁"为道德的基本内涵，治理靠的是以道德为核心的规范性权力。[47]虽然西方国际关系理论不同流派认知下的道德含义不一,但仍遵循着人的基本道德观念。[48]可以看到,在中国传统治理观中道德的作用是自上而下的,即从管理者/治理者的角度去探索如何实现更好的治理。而以美国为代表的西方则更重视被管理者/被治理者对道德或规范的自觉遵守,是一种自下而上的道德观。因此,将二者结合起来塑造多主体、多层次的人工智能道德观从不失为一种可行方式:在中美理解包容彼此的基础上达成较为明确且一致的人工智能道德规范,同时将这一道德规范进行国际性倡导并将其内化,使两国能够成为人工智能道德规范的有效倡导者。

信任是治理之本,没有信任各行为体之间的合作便无从谈起。在新现实主义看来,国际体系中行为体之间的信任度很低,因而必须靠"自助"来维系自身安全。新自由制度主义则相对乐观,认为行为体之间可以产生信任但需要建立国际制度予以保证。建构主义将"共同身份"视为信任来源,认为信任可以通过外部制约和自我克制得以实现。[49]而在中国传统话语体系中,信任是自然而然产生的,但前提是社会中的人是"道德人"。若将中西方的信任观相比较,可以发现中国的信任观是由内而外,相信人性本善;而西方则更倾向于人性本恶,需要从外到内的制约才能产生信任,这样的差别同样投射到了国际政治现实之中。因此,在人工智能全球治理的过程中需要中美不断地通过互动交流建立、维系信任。

第二,在构建起人工智能信赖共同体后,中美需要通过协商来共同决策并实施,而这一过程应体现互惠性和平衡性。协商体现了中美两国的参与性,也就是说无论双方关系有何波动都需要参与到人工智能治理的过程中去,就其中可能出现的问题以及责任的分配进行讨论、协商,增加多维度的沟通交流渠道,不能关闭对话的大门。例如,增加两国元首直接会谈的机会、保持畅通的高层往来热线、举行多层次座谈会议都是实现协商的良好途径。而经过协商后达成的共识则需要以明确且有约束力的方式确定下来并得以实施,这时规则治理将发挥其优势。在这里,正式规则和非正式规则都具有重要意义,其中正式规则更为关键。有效的规则不仅能够使具有西式思维的美国更易理解和接受,也能够充分发挥规则的制约作用,使治理能够深入进行并得以持续。互惠性和平衡性是协商过程应具备的主要特征:互惠基于行为体对成本—收益的考量,若一方认为没有获益甚至利益受到损害则合作难以达成;平衡则指即使一方认为自身利益可能短期受损,但长久来看利大于弊则可以将其视为利益平衡。所以,协商过程既是利益博弈过程也是利益均衡过程，双方既要从中获益，但又不需纠结于短期得失，而应将目标放得更加长远。

四、结　语

本章从全球治理的新兴领域人工智能全球治理出发，讨论了其所面临的三个困境，即权力困境、制度困境和规范困境。并提出了研究的主要问题：如何去破解这些困境以实现有效治理？据此，本章以关系治理为基础，构建了将关系治理与规则治理相结合的关系—规则融合性治理模式，并认为参与人工智能全球治理的主体包括主权国家、国际组织、非政府组织以及跨国公司，这些治理主体都处在一个相互联结、彼此交织的关系网中。它们彼此影响、彼此作用，自身的根本属性是关系性，是关系性共在，任何主体之行为将会对整个关系网产生影响，造成关系性坍缩。

关系决定治理效用，各主体通过形成以平等、道德观和社会信任为基础的信赖共同体经由协商来进行具有互惠性和平衡性的治理决策并实施，以此最终实现有效治理。以中美参与人工智能全球治理为例，虽然当前两国关系正经历着一定波折，但如果能够遵循关系—规则融合性治理模式以达成互涵式合作，那么将会树立新的全球治理合作典范。

随着人工智能发展的速度不断加快，对其进行有效治理的需求也在不断增加，新兴领域需要新的且可行的全球治理模式。虽然当前还存在着诸多治理困境和治理难题，但如果参与人工智能全球治理的各行为体能够找出一条合适的治理道路将会有力地推动世界范围内的人工智能业态朝着更安全、更规范的方向发展。未来，将关系—规则融合性治理模式运用于更多主体的人工智能全球治理实践将是一个有益的尝试。

注释

1. 参见周桂银：《全球南方崛起与全球治理体系变革：以国际规则和制度为例》，载《国际观察》2024年第2期，第97—129页；杨慧：《"全球南方"的兴起、分化与中国的选择》，载《外交评论》2024年第2期，第1—23页。

2. 相关观点参见［英］苏珊·斯特兰奇、约翰·斯托普德:《竞争的国家竞争的公司》,查立友等译,北京:社会科学文献出版社 2003 年版。

3. W. Richard Scott, "The Adolescence of Institutional Theory," *Administrative Science Quarterly*, Vol. 32, No. 4, 1987, pp. 493—511; W. Richard Scott, *Institutions and Organizations: Ideas, Interests, and Identities*, SAGE Publications, 2013; John C. Lammers and Mattea A. Garcia, "Institutional Theory", in Linda L. Putnam et al., *The SAGE Handbook of Organizational Communication*, Sage, 2014, pp. 195—216.

4. 张咏梅:《政府—公司关系中的权力、依赖与动态均衡——基于资源依赖理论的分析》,载《兰州学刊》2013 年第 7 期,第 150—154 页。

5. 陈伟光、袁静:《人工智能全球治理:基于治理主体、结构和机制的分析》,载《国际观察》2018 年第 4 期,第 24 页。

6. 陈雪莲:《全球治理中的知识生产与结构性权力竞争——以专业性国际组织 FATF 为例》,载《太平洋学报》2022 年第 9 期,第 12 页。

7. Martha Finnemore and Kathryn Sikkink, "International Norm Dynamics and Political Change," *International Organization*, Vol. 52, No. 4, 1998, pp. 891—892.

8. 山秀蕾、刘昌明:《人权规范的扩散与异化》,载《国际论坛》2022 年第 4 期,第 86 页。

9. 参见 David J. Gunkel, *The Machine Question: Critical Perspectives on AI, Robots, and Ethics*, MIT Press, 2012。

10. B. F. Malle, M. Scheutz and J. L. Austerweil, "Networks of Social and Moral Norms in Human and Robot Agents," in Maria Isabel Aldinhas Ferreira et al., *A World with Robots*, Springer, 2017, pp. 3—17.

11. 国家新一代人工智能治理专业委员会:《〈新一代人工智能伦理规范〉发布》,中国科学技术部网站,2021 年 9 月 26 日,https://www.most.gov.cn/kjbgz/202109/t20210926_177063.html。

12. 季玲:《论"关系转向"的本体论自觉》,载《世界经济与政治》2019 年第 1 期,第 78—97 页。

13. 秦亚青、付清:《关系转向与关系主义世界政治理论——基于中西学理对话和比较视角的分析》,载《国际观察》2023 年第 6 期,第 26—32 页。

14. 秦亚青:《世界政治的关系理论》,上海:上海人民出版社 2021 年版,第 143—195 页。

15. 秦亚青:《世界政治的关系理论》,第 183 页。

16. 秦亚青:《世界政治的关系理论》,载《世界政治研究》2018 年第 2 辑,第 37 页。

17. Alexander Wendt, *Social Theory of International Politics*, Cambridge University Press, 1999, pp.246—312.

18. 秦亚青:《世界政治的关系理论》,第 188—191 页。

19. 秦亚青:《世界政治的关系理论》,第 276 页。

20. 蔡拓:《全球学与全球治理》,北京:北京大学出版社 2018 年版,第 290 页。亦可参见 Stephen D. Krasner, "Globalization and Sovereignty," in David A. Smith et al., *States and Sovereignty in the Global Economy*, Routledge, 1999, pp.34—49。

21. Thomas G. Weiss and Rorden Wilkinson, "From International Organization to Global Governance," in Thomas G. Weiss et al., *International Organization and Global Governance*, Routledge, 2018, p.8.

22. Thomas Davies, *NGOs: A New History of Transnational Civil Society*, Oxford University Press, 2014, pp.2—3.

23. Molly Ruhlman, "NGOs in Global Governance," in Thomas Davies et al., *Routledge Handbook of NGOs and International Relations*, Routledge, 2019, pp.46—62.

24. John Mikler, "Global Companies as Actors in Global Policy and Governance," in John Mikler et al., *The Handbook of Global Companies*, Wiley-Blackwell, 2013, pp.1—16.

25. Tim Bartley, "Transnational Corporations and Global Governance," *Annual Review of Sociology*, Vol.44, 2018, p.146.

26. Nicole Deitelhoff and Klaus Dieter Wolf, "Corporate Security Respon-

sibility: Corporate Governance Contributions to Peace and Security in Zones of Conflict," in Nicole Deitelhoff et al., *Corporate Security Responsibility? Corporate Governance Contributions to Peace and Security in Zones of Conflict*, Palgrave Macmillan, 2010, pp.1—25.

27. Christopher May, "Who's in Charge? Corporations as Institutions of Global Governance," *Palgrave Communications*, Vol.1, 2015, p.2.

28. Tanja Brühl and Matthias Hofferberth, "Global Companies as Social Actors: Constructing Private Businessin Global Governance," in John Mikler et al., *The Handbook of Global Companies*, Wiley-Blackwell, 2013, pp.351—370.

29. 秦亚青:《世界政治的关系理论》,第 179 页。

30. 秦亚青:《世界政治的关系理论》,第 423 页。

31. 国务院:《国务院关于印发新一代人工智能发展规划的通知》,中央人民政府网站,2017 年 7 月 20 日,https://www.gov.cn/zhengce/content/2017-07/20/content_5211996.htm。

32. 国家新一代人工智能治理专业委员会:《发展负责任的人工智能:新一代人工智能治理原则发布》,中国科学技术部网站,2019 年 6 月 17 日,https://www.most.gov.cn/kjbgz/201906/t20190617_147107.html。

33. 中央网络安全和信息化委员会办公室:《全球人工智能治理倡议》,中国网信网,2023 年 10 月 18 日,http://www.cac.gov.cn/2023-10/18/c_1699291032884978.htm。

34. "Maintaining American Leadership in Artificial Intelligence," Presidential Documents, February, 2019, https://www.federalregister.gov/documents/2019/02/14/2019-02544/maintaining-american-leadership-in-artificial-intelligence.

35. "H. R. 6216-National Artificial Intelligence Initiative Act of 2020," 116th Congress(2019—2020), March 12, 2020, https://www.congress.gov/bill/116th-congress/house-bill/6216.

36. "Blueprint for an AI Bill of Rights," The White House, October, 2022, https://www.whitehouse.gov/wp-content/uploads/2022/10/Blueprint-for-an-AI-Bill-of-Rights.pdf.

37. 高奇琦:《全球善智与全球合智:人工智能全球治理的未来》,载《世界经济与政治》2019 年第 7 期,第 27—28 页。

38. 高奇琦:《人工智能时代发展中国家的"边缘化风险"与中国使命》,载《国际观察》2018 年第 4 期。

39. "G7 Hiroshima Leaders' Communiqué," The White House, May 20, 2023, https://www. whitehouse. gov/briefing-room/statements-releases/2023/05/20/g7-hiroshima-leaders-communique/.

40. "Hiroshima AI Process Documents of Achievement," Ministry of Internal Affairs and Communications, Japan, https://www.soumu.go.jp/hiroshimaaiprocess/en/documents.html.该网站有多项官方文件可参阅。

41. "The Bletchley Declaration by Countries Attending the AI Safety Summit, 1—2 November 2023," UK Government, November 1, 2023, https://www. gov. uk/government/publications/ai-safety-summit-2023-the-bletchley-declaration/the-bletchley-declaration-by-countries-attending-the-ai-safety-summit-1-2-november-2023.

42. The White House, *United States Strategic Approach to The People's Republic of China*, Washington D.C.: The White House, 2020, pp.7—8.

43. "Remarks by President Biden on America's Place in the World," The White House, February 4, 2021, https://www. whitehouse. gov/briefing-room/speeches-remarks/2021/02/04/remarks-by-president-biden-on-americas-place-in-the-world/.

44. "Interim National Security Strategic Guidance," The White House, March 3, 2021, p. 8, https://www. whitehouse. gov/wp-content/uploads/2021/03/NSC-1v2.pdf.

45. Hedley Bull, *The Anarchical Society: A Study of Order in World Politics*, Macmillan, 1977, pp.36—37.

46. Ronnie Hjorth, "Equality in the theory of international society: Kelsen, Rawls and the English School," *Review of International Studies*, Vol.37, No.5, 2011, p.2586.

47. 秦亚青:《世界政治的关系理论》,第 427 页。

48. 例如,以汉斯·摩根索为代表的古典现实主义虽然将国家道德视为国家利益,但在国际层面道德依旧对国际政治有着一定影响。参见 Hans J. Morgenthau, *Politics among Nations*：*The Struggle for Power and Peace*，New York：Alfred A. Knopf，1961。而建构主义者则将国际规范视为道德的体现。

49. 秦亚青:《世界政治的关系理论》,第 432 页。

第十四章 中国—东盟共建
"一带一路"的理念与实践

——基于关系性合作的视角

袁正清 董 贺[*]

2023 年是"一带一路"倡议提出十周年,也适值中国—东盟建立战略伙伴关系二十周年。十年来,随着"一带一路"倡议在东南亚地区的持续推进,中国—东盟命运共同体建设日益走深走实,积累了丰富的合作成果,中国与东盟已成为最大规模的贸易伙伴、最富内涵的合作伙伴和最具活力的战略伙伴。在"一带一路"倡议框架下,中国与东盟在政策沟通、设施联通、贸易畅通、资金融通、民心相通等领域的合作广度与深度进一步拓展,中国—东盟关系实现了历史性的跨越,于 2021 年年底建立了全面战略伙伴关系。东盟是中国周边外交的优先方向,双方合作的深厚基础与广阔空间为"一带一路"倡议在东盟的落地提供了良好的场域。与此同时,"一带一路"的实施也为中国—东盟关系的提质升级提供了重要支撑,双方在合作理念和实践中的交互为国际合作创设了一种更具韧性、包容性和可持续性的运行模式。鉴于双方十年来共同取得的卓越成果,中国—东盟的合作逻辑对中国同各方高质量共建"一带一路"具有重要的参考价值,值得深入研究和探讨。如何理解中国—东盟共建"一带一路"所依循的合作逻辑?该逻辑在理念与实践层面有着怎样的影响和呈现?本章借鉴世界政治的关系理论,试

* 袁正清,中国社会科学院大学国际关系学院教授、中国社会科学院世界经济与政治研究所研究员;董贺,暨南大学国际关系学院/华侨华人研究院副教授。

图通过关系性逻辑为中国—东盟"一带一路"合作的动因及机制提供一种新的解释,并结合中国—东盟关系网络的中心性分析结果,对双方共建"一带一路"进程中理念与实践层面的交互展开全面且具象的阐释。

一、"一带一路"框架下中国—东盟的合作逻辑

西方主流国际关系理论通常基于体系层面来发掘行为体之间合作的运行机制,认为在无政府体系下,行为体遵循的是理性逻辑,其自我利益具有排他性。[1]然而,这些理论并未将行为体之间的关系因素纳入其中,[2]也未能对行为体的利他行为提供充分的解释。世界政治的关系理论在共存共生思想、关系身份认知和共有利益意识等重要认识的基础上,提出了关系性合作(relational cooperation)[3]的逻辑,认为行为体之间的关系是促成合作的重要动力。根据关系理论,行为体的自在(self-existence)和他在(other-existence)、自在和共在(coexistence)具有共时性,其身份与角色是在与他者和关系环境的互动中建构的,这就决定了利益的非独立性和非排他性,行为体的自我利益与他者利益、自我利益与集体利益是互涵互有的。[4]由于行为体的关系性共在,其自我利益与他者利益总是交织在一起,伴随行为体之间互动的重复和关系的持续,绝对的排他性利益是难以界定且无法实现的。关系性合作逻辑关注行为体之间的互动及其关系网络,行为体之间通过互动形成关系,共同促成互动以生成合作的内动力。该逻辑并不否认权力、制度、规范等结构性外部因素的作用,但更加重视关系作为行为体的内生性动力对于合作的影响。在这一逻辑下,关系为理解合作行为提供了一种更加基础和兼容的视角,不仅能够将权力、制度、规范等因素纳入关系性逻辑当中,同时也能够更加充分地体现行为体的自主性,以及行为体之间、行为体与其所处的关系网络之间必然的交互性。

关系作为关系网络中的核心概念,一般被定义为两个行为人或对点之间的特定接触、连接或联结。[5]在网络结构中,关系可以是定向的,表现行为体之间由一方发起、另一方接受的关系;也可以是非定向的,表现行为体之间的互动关系。在对于小规模网络的实际研究中,可以结合特定范围和领域划定对象群体,分析群体中存在的某种关系或某些关系,即一元关系或多元(复合)关系。通过不同层面、不同程度的互动,行为体之间可能形成各种不同的关系,这些关系构成网

络结构,其结构特性同时作用于各行为体及其互动。根据具体情境,行为体的行动受其所处的关系网络、相关行为体的行动以及与其他行为体之间关系的形塑。关系本身具有多种特性,包括反身性(reflexivity)、对称性(symmetry)和传递性(transitivity)等。[6]反身性体现行为体的思想和行动与其所处关系情境之间的相互建构,对称性表明行为体之间关系的平等以及互换的可能性,传递性则反映关系网络的关联性和凝聚度。通过明确个体之间关系的属性,能够细化网络中个体间的互动模式,同时也有助于把握网络整体的结构特性。

国际关系的演化可被视为国际行为体间网络的互联与互动,国际关系以一系列相互合作与冲突的网络形式不断演进。[7]国际行为体出于安全与发展等的考量与其他行为体进行利益协调和交换,合作既是主体间互动的形式之一,也能够代表通过合作行为所建立的关系。从关系的属性来看,首先,国际合作通常具有反身性。行为体本身对于合作的意愿与行动是合作达成的基础,只有行为体双方或多方有着合作的意愿与利益汇合点,才能通过具体行动增进相互之间的了解与共识,在互动过程中发展合作关系。如果合作主体的决策出现变化,合作关系也会随之受到影响,比如,一方对另一方的制裁意味着双方合作关系受损或停滞。合作关系的反身性表明,主体与合作关系及其构成的网络之间相互影响、相互作用,同时也决定了合作网络的动态性。其次,合作关系是对称的。合作本身就是一种带有目的性的非定向互动,由此建立的关系是一种两者或多者之间的共有特征。再次,合作关系可能具有传递性。当网络中三个节点间的关系在任何时候都存在必然的因果性时,其关系就是传递性的。当主体间在某一领域存在一定的合作基础(如同盟关系)或利益相关性时,它们之间可能出现具有传递性的关系。传递性关系很可能仅出现在少数节点之间,从而形成网络中的小团体,这会更加凸显网络结构中"中心"与"边缘"的等级层次以及关系水平的差异。

合作机制的建立是合作关系制度化、常态化的标志。合作机制本身就是一个网络结构,由机制下的各成员及其之间的关系构成,而网络不仅可以作为结构,也可以作为行为体。[8]当网络中存在多个机制时,各项机制作为行为体,其间可能是共存并行的关系,可能是共存互补的关系,也可能是互相竞争、互相替代的关系。[9]因此,在衡量不同合作机制下主体间的关系时,既要考虑主体层面的关系,也要考虑机制层面的关系。例如,在评估中国与东盟关系时,需对中国—东盟双边关系、中国与东盟国家之间的关系,以及中国和东盟共处的关系圈网与关系环境进行综合考量。[10]

关系性合作逻辑认为,行为体之间关系的亲密度越高,合作越可能达成。[11]这一逻辑假设在权力、制度、规范等外部条件都相同的情况下,关系的亲密度决定着合作的可能性。关系亲密度对合作的促进主要体现在以下三个方面。第一,关系亲密度高意味着双方的距离可能很近,或双方之间已经建立了较多的了解与信任,因而能够规避合作过程中存在的障碍。第二,关系亲密度高意味着双方之间的关系存在良好的基础,也具有广阔的前景,可能会促成有利对方的合作行为。第三,亲密度高可能意味着双方利益互涵互嵌的程度高,因此,利他行为即为利己行为,共有利益的增进对于单纯的利己或利他而言都是更好的选择。

"一带一路"倡议是中国基于已有关系不断加强同世界深度互动的链接范式与合作平台。[12]在此框架下,关系不仅能够作为"一带一路"倡议推动全球与区域治理的可行模式,[13]更能够为理解中国与共建国家合作理念和具体实践中的交互提供一种适用的阐释逻辑,从理论与操作层面进一步丰富"一带一路"研究。对中国与东盟而言,中国—东盟的关系情境决定着双方合作的基础及前景。首先,基于中国—东盟地缘、历史和文化关系的相近,双方具备天然的关系亲密度优势;其次,双方均参与了东盟地区论坛(ARF)、东亚峰会(EAS)、《区域全面经济伙伴关系协定》(RCEP)等东亚区域合作机制,关系圈网高度重合;最后,双方已建立面向和平、安全、繁荣和可持续发展的全面战略伙伴关系,双边关系和谐对等,决定着中国—东盟关系具有自主性和可持续性。中国与东盟在以上三个维度均具备明确的关系优势。与东盟的其他域外伙伴相比,中国与东盟的共在性更强,共同利益更加突出。而东盟与其他域外伙伴之间关系基础的差异性更强,双方关系的亲密度受实力因素的影响更大,因而也就更难形成稳固且对等的合作关系。

将中国与东盟的关系亲密度具象化,既要从以上三个维度理解中国—东盟关系,同时也要把共在网络作为一个考量的具体维度。"一带一路"框架下的中国—东盟关系网络既包括中国与东盟国家之间的各项合作机制,也包括机制下的合作主体,因此,可被视为由中国和东盟国家及其在各领域的合作关系构成的网络。建构中国—东盟关系网络,既要强调东盟作为网络结构的整体性特征,同时要重视各东盟国家的个体性特征及其之间的关系。在中国—东盟关系网络中,行为体之间的关系水平影响行为体的决策与行为,对合作关系产生影响,进而影响"一带一路"合作进程。同时,主体在各领域的合作实践以及各合作领域之间的关系同样作用于网络结构,影响中国—东盟共建"一带一路"的进度与成效。因此,通过建构"一带一路"框架下的中国—东盟关系网络,既能够观察各合作主体之间的关系亲密度,为中国—东盟理念层面的交互做出注解,同时也能够把握各合作领域的发展水平以及中国与各东盟国家间合作程度的差异性,了解中国—东盟共建"一带一路"的动力与阻碍。

二、中国—东盟关系网络的复合结构

"一带一路"倡议在东南亚地区的推进不仅以中国与东盟之间的紧密联结为基础,中国与东盟国家之间的关系也为"一带一路"建设在东盟各国的率先落地提供了有利条件。为更好地呈现并分析中国—东盟关系网络,本文拟从政治、安全及经济三个领域对其进行网络分析,考察中国与东盟国家之间的关系及其亲密度。[14]分析采用节点中心性和网络密度指标,中心性分析主要选取中心性指标中的程度中心度(degree centrality)、中介中心度(betweenness centrality)和接近中心度(closeness centrality)。其中,程度中心度显示某一节点同网络中其他节点的关系数量,直接反映节点在网络中的活跃程度和重要性;中介中心度显示某一节点与其周边节点之间的关联性,以及该节点在所处网络中的桥接作用;接近中心度显示某一节点与网络中其他节点之间直接或间接的接近程度,反映该节点通过网络获取信息及其他资源的能力。[15]通过计算和比对中国—东盟关系网络中各节点的中心性和网络整体的密度,能够量化中国—东盟关系的紧密程度、中国与东盟国家之间的关系,以及各国在不同领域的重要性。在具体分析中,本文基于政治关系、安全关系以及经济关系三个网络维度,结合制度与实践层面的具体指标,构建双边外交关系、多边外交关系、武器贸易关系、国防合作关系、双边贸易关系以及双边投资关系共六个子网络,作为网络分析的基本框架,以尽可能全面地展现中国—东盟关系网络的复合结构。

(一) 政治关系网络

政治关系网络主要呈现中国与东盟各国在政治外交维度关系结构的主要情

况,分为双边外交和多边外交两个子网络。其中,双边外交网络采用外交代表数据(Diplometrics Diplomatic Representation,DDR)中的代表水平(Level of Representation,LOR)指数,[16]该指数综合了外交代表的级别及其对于外交关系的重视程度,旨在反映国家间双边的正式外交互动及关系水平;多边外交网络采用战争相关指数(Correlates of War,COW)中的政府间组织数据,意在根据国家间共有政府间国际组织数目,反映各国间多边外交互动的基本情况。[17]通过对中国与东盟国家的双边及多边外交网络进行分析可知,双边外交网络[18]中各节点的中心度差异较小,中国在该网络中的中心性十分显著。在多边外交网络中,中国的中心度略低于马来西亚、印度尼西亚、菲律宾和泰国。政治关系网络的综合分析结果[19]显示,中国的程度中心度、中介中心度和接近中心度均位列该网络的第五位(见表14.1)。就网络结构而言,双边外交网络的密度高达0.991,这意味着中国与东盟国家在政治外交层面的关系级别、互动频次以及重视程度等都为其政策沟通和战略对接提供了有力支撑。根据具体的中心度指标,马来西亚在该网络中的程度中心度与接近中心度均居首位,表明其在中国—东盟政治关系网络中同各国的联结数量,以及对于网络中资源和信息的影响方面拥有最大的优势。印度尼西亚、菲律宾和泰国在该网络中的中介中心度最高,证明其在对各国间关系的控制和调解上最具优势。

表 14.1　政治关系网络中心性分析结果

	程度中心度		中介中心度		接近中心度	
	节点	中心度	节点	中心度	节点	中心度
1	马来西亚	1.875	印度尼西亚	0.043	马来西亚	1.833
2	印度尼西亚	1.788	菲律宾	0.043	印度尼西亚	1.769
3	菲律宾	1.788	泰国	0.043	菲律宾	1.769
4	泰国	1.788	马来西亚	0.221	泰国	1.769
5	中国	1.588	中国	0.004	中国	1.667
6	柬埔寨	1.500	柬埔寨	0.000	柬埔寨	1.625
7	新加坡	1.488	新加坡	0.000	新加坡	1.625
8	缅甸	1.400	缅甸	0.000	缅甸	1.588
9	越南	1.400	越南	0.000	越南	1.588
10	老挝	1.100	老挝	0.000	老挝	1.500
11	文莱	0.988	文莱	0.000	文莱	1.333

资料来源:笔者自制。

在政治关系网络中,中国的主要优势集中于与东盟及东盟各国的双边关系层面,中国—东盟关系的稳步发展为中国与东盟国家之间的关系奠定了基石。1997 年,第一次东盟—中国领导人非正式会议确立了中国与东盟面向 21 世纪的睦邻互信伙伴关系。2003 年,第七次东盟—中国领导人非正式会议确立了中国与东盟面向和平与繁荣的战略伙伴关系。2009 年,中国设立驻东盟大使。2011 年,中国—东盟中心正式成立。2012 年,中国驻东盟使团成立。中国不仅是第一个加入《东南亚友好合作条约》的域外国家,积极参与东盟主导的各项区域合作机制,也最先表态支持东盟的中心地位,支持东盟的团结壮大与东盟共同体建设。2021 年 11 月 22 日,在中国—东盟建立对话关系 30 周年纪念峰会上,双方共同宣布建立有意义、实质性、互利的中国—东盟全面战略伙伴关系,实现了双边关系的提质升级。[20]与此同时,中国与东盟各国之间也普遍建立了深层次的伙伴关系,包括全面战略伙伴关系(马来西亚、印度尼西亚)、全面战略合作伙伴关系(缅甸、泰国、柬埔寨、老挝、越南)、全面战略合作关系(菲律宾)、战略合作伙伴关系(文莱),以及全方位高质量的前瞻性伙伴关系(新加坡)。中国与东盟及东盟各国之间的伙伴关系为中国—东盟的协同发展激发了新的活力,也为高质量共建"一带一路"创造了新的机遇。

东亚政治关系网络作为中国—东盟在政治外交维度的关系圈网,能够反映出中国与东盟以及东盟国家在深化合作进程中所面临的主要机遇与挑战。一方面,尽管东亚地区长期以来局势复杂多变,但包括东盟在内的多数行为体之间均已建立正式外交关系,并保持良好的外交往来。行为体之间存在着不同水平的双边关系,包括不同级别的伙伴关系以及非伙伴关系。在国家发展以及一系列具体的区域事务中,各方的合作一直呈双边与多边合作交错并行的状态。行为体对于双边和多边合作的选择受地缘关系与合作目标等因素的影响,既能够在多边合作框架下寻求双边合作,也能够通过双边合作促进多边合作的达成。这为中国—东盟共建"一带一路"创设了相对稳定且有利的合作环境。另一方面,域外国家的参与为中国—东盟的合作带来诸多竞争性和不稳定因素,其中包括中美战略竞争的影响以及印度、日本等域外国家对东南亚地区利益的争夺等。随着美日等国"印太战略"的推进,其与东盟在政治外交领域的互动将进一步增强,可能进而在安全和经贸合作领域掌握更大优势。

（二）安全关系网络

安全关系网络主要考察行为体之间在军事安全领域的实质性合作，包括常规武器交易和国防安全合作两个子网络。常规武器交易数据源于斯德哥尔摩国际和平研究所（SIPRI）双边常规武器交易数据库，[21]国防安全合作数据源于战争相关指数中的国防合作协议数据库，[22]意在反映国家间共同的国防合作协议情况。在中国—东盟安全关系网络中，中国的中心度居于11个节点中的首位，占据这一网络的中心。中国的程度中心度和中介中心度远高于其他节点，表明其在同各国的联结数量以及对各国间关系的控制和调解上具有最大影响力。在东盟国家中，印度尼西亚的中心度最高，较其他节点拥有较为明显的优势；越南的中介中心度和接近中心度都略低于印度尼西亚，反映出其近年来在安全事务中与域内外国家的积极互动；马来西亚、老挝和柬埔寨的中介中心度为0，原因在于与其相连的其他节点之间均存在联结，其对于其他节点不具备中介性。相对于政治关系网络，安全关系网络的密度更低，常规武器交易网络的密度为0.618，国防安全合作网络的密度为0.636。在常规武器交易网络中，新加坡和文莱均为孤点，意味着它们与其他节点之间无联结；与中国有直接联结的节点包括印度尼西亚、马来西亚、泰国、老挝、缅甸和柬埔寨。在国防安全合作网络中，泰国和柬埔寨为孤点；与中国有直接联结的节点包括印度尼西亚、马来西亚、新加坡、菲律宾、缅甸和文莱。

表 14.2　安全关系网络中心性分析结果

	程度中心度		中介中心度		接近中心度	
	节点	中心度	节点	中心度	节点	中心度
1	中国	4.000	中国	0.460	中国	1.082
2	印度尼西亚	1.600	印度尼西亚	0.246	印度尼西亚	1.056
3	老挝	1.500	越南	0.222	越南	0.956
4	泰国	1.400	缅甸	0.050	菲律宾	0.926
5	越南	1.200	泰国	0.030	马来西亚	0.917
6	菲律宾	1.100	菲律宾	0.020	缅甸	0.890
7	马来西亚	0.900	新加坡	0.020	新加坡	0.806
8	新加坡	0.900	文莱	0.020	文莱	0.806
9	文莱	0.700	马来西亚	0.000	老挝	0.800
10	缅甸	0.400	老挝	0.000	泰国	0.726
11	柬埔寨	0.100	柬埔寨	0.000	柬埔寨	0.650

资料来源：笔者自制。

在军事安全领域,域外大国对东盟国家的影响力不容忽视。在东亚安全网络中,大国间关系对整个区域安全格局起决定性作用,结构性对抗与有限度合作是当前大国安全关系的主流。冷战后,美国继续坚持《美日安保条约》《美韩共同防御条约》《澳新美安全条约》等,不断巩固以美日、美韩、美澳双边安全同盟为主要支柱的同盟体系。通过扩大合作范围、强化合作方式等举措,美国对其同盟关系进行了调整,包括赋予日本、韩国、澳大利亚等盟友更加重要的战略地位和责任,以及积极发展与以菲律宾、泰国为主的东盟国家之间的同盟关系和与印度之间的"准同盟"关系,使其东亚同盟体系呈逐渐扩大趋势。在"印太战略"的驱动下,美国不断加强由双边同盟、三边同盟、"四方安全对话机制"和"五眼联盟"共同构成的"印太"安全架构,成为东亚安全关系网络中的重要组成部分。对美国及其同盟国而言,同盟关系具有传递性,既为其在东亚地区的国家安全利益提供保障,同时也有助于盟友间在政治、经济等领域建立更加紧密的关系,增强其在地区事务中的影响力。对其他国家而言,美国同盟体系的存在增加了区域安全网络的非对称性,促使各国借助东盟与东盟地区论坛等机制的力量发展更加有效的双边及多边安全合作。

中国和日本之间有着历史遗留的信任困境,美日同盟关系使中日之间的安全关系更加敏感和微妙。大国关系的错综复杂构成了区域安全网络的底色。[23]在安全关系网络中,美国对于南海问题的持续干预必然影响中国与东盟国家之间的友好关系,对中国的周边安全产生威胁。同时,东盟国家与美俄等大国在军事安全领域的积极合作不仅阻碍着东盟一体化的效度,也加剧了主体间安全关系的敏感和脆弱。在非传统安全问题不断涌现的背景下,区域安全环境中的传统安全风险也与之交叉并存。然而,尽管各方在安全观念与战略取向等方面存在分歧,在国际法与各项合作机制的约束下,协商与合作仍然是大势所趋。随着各行为体之间互动的增强与相互依存的加深,区域安全的共同诉求促使各国建立双边或多边合作关系,寻找利益汇合点,进而开展有限度的合作。因此,在共商共建共享中建立并巩固包括东盟国家在内的国际社会的信任,规避政治和安全因素对合作进程的掣肘,对于中国与东盟共建"一带一路"以及发展其他领域的合作具有重要意义。

（三）经济关系网络

经济关系网络重点考察各行为体为推进经贸合作在机制、规范和实践上做出的努力,包括优惠贸易和双边投资两个子网络。优惠贸易数据来自贸易协定数据库(The Design of Trade Agreements,DESTA)中的双边优惠贸易协定数据,[24] 双边投资数据则来自联合国贸易和发展会议(UNCTAD)的双边投资协定数据。[25] 根据中心性分析结果,在中国—东盟经济关系网络中,中国居于网络中心,其程度中心度、中介中心度和接近中心度分别为 5.400、0.241、2.000,接近中心度达至最高值。这表明,中国在同东盟各国的联结数量、对东盟国家间经济关系的影响力以及对资源和信息的影响方面均占据最大优势。在优惠贸易网络中,由于中国—东盟自由贸易区的建立,各国在中介中心度和接近中心度上无差异,具体差异体现在程度中心度上。新加坡在优惠贸易网络中占据中心,其程度中心度为 4.500,中国与马来西亚为 4.400。中国的优势主要体现在双边投资网络中,其程度中心度与接近中心度均为最高值,中介中心度也远高于其他国家。在本文构建的六个子网络中,优惠贸易网络的密度为 3.509,体现出中国与东盟国家在优惠贸易方面已建立了相当成熟的制度体系。综合优惠贸易网络与双边投资网络可以看到,各国在接近中心度上差距较小,体现出中国与东盟国家在贸易投资领域合作的可达性和便利性。

表 14.3　经济关系网络中心性分析结果

	程度中心度		中介中心度		接近中心度	
	节点	中心度	节点	中心度	节点	中心度
1	中国	5.400	中国	0.241	中国	2.000
2	新加坡	5.300	越南	0.041	越南	1.909
3	马来西亚	4.900	老挝	0.027	印度尼西亚	1.833
4	印度尼西亚	4.700	印度尼西亚	0.026	老挝	1.833
5	泰国	4.500	柬埔寨	0.026	柬埔寨	1.833
6	菲律宾	4.300	缅甸	0.012	泰国	1.769
7	越南	4.200	泰国	0.011	缅甸	1.714
8	文莱	4.000	新加坡	0.007	新加坡	1.714
9	老挝	3.400	菲律宾	0.007	菲律宾	1.714
10	柬埔寨	3.000	马来西亚	0.000	马来西亚	1.667
11	缅甸	2.900	文莱	0.000	文莱	1.526

资料来源:笔者自制。

　　该网络的集中度与凝聚力刻画了中国与东盟近年来经济关系的大幅度提升。双方的自贸区谈判始于 2002 年，并于 2010 年全面建成中国—东盟自贸区。2013 年 9 月，在第十届中国—东盟博览会上，时任总理李克强提出打造中国—东盟自贸区"升级版"的主张。[26] 2013 年 10 月，李克强总理在第 16 次中国—东盟领导人会议上提出凝聚两点政治共识和推进七个领域合作的中国—东盟"2＋7合作框架"。[27] 2014 年 8 月，双方宣布启动中国—东盟自贸区升级谈判。2015 年 11 月，双方签署《中国与东盟关于修订〈中国—东盟全面经济合作框架协议〉及项下部分协议的议定书》，标志着中国—东盟自贸区升级谈判正式结束。[28] 自 2009 年以来，中国连续 13 年保持东盟第一大贸易伙伴地位，东盟自 2020 年起成为中国的第一大贸易伙伴，中国—东盟关系目前已成为东亚经济合作网络中最为活跃、最具成效的双边关系。《区域全面经济伙伴关系协定》的生效适应了双方快速发展的经贸关系，为双方贸易的平衡发展创造了条件，也为网络中各行为体间经济关系的进一步深化开创了良好局面。在东盟国家中，新加坡的网络优势不仅源于其自身的经济发展水平，也展现出其近年来在贸易开放、创新技术、人力资源和投资便利等方面积累的成就；越南的优势则源于其在双边投资和贸易领域的积极举措，劳动力成本、区位优势、外资政策、贸易开放等因素促使其在经贸领域发展迅速。东盟国家在网络中的中心性再次证明了中国—东盟合作过程中东盟国家的自主性以及双方合作关系的对称性。

　　从网络密度和关系水平看，在政治、安全和经济三大领域中，中国与东盟国家的经济关系网络最为紧密。然而，经济合作尽管往往先行于政治和安全合作，但始终受政治、安全关系的影响。政治安全环境的复杂性令各国间的经济关系无法保持一贯的、积极的态势，而是常常陷于国家间的历史遗留问题与信任危机等传统安全困境中，难以突破各国在政治与安全方面的利益冲突。经济关系"政治化"、政经分离等现象严重影响着政治外交、军事安全、贸易投资等领域关系的有机结合。在此背景下，各国间关系水平差距大，影响着整个经济关系网络的结构特征。关系亲密度并不取决于行为体双方合作的规模，而是基于双方合作的理念与实践。一方面，经济关系受政治、安全关系所限，在政治与安全领域未能进行有效合作的行为体之间难以在经济领域实现突破，良好的政治与安全合作关系是经济合作关系顺利发展的必要条件。另一方面，行为体本身对于合作的意愿与行动是合作达成的基础,只有行为体双方或多方在合作理念与利益中存在汇合点,才能通过具体实践增进相互之间的了解与共识,在互动过程中发展合作关系。基于经济制度、发展模式、发展水平上的差异性,各国得以借助产业分工上的便利,在资源占有与产业优势的基础上发展合作关系。[29] 在相对开放的经济关系网络中,如何协调和平衡各国间的互补性和竞争性,[30] 与各国共谋高质量发展,将是未来中国与东盟共建"一带一路"的重要议题。

三、中国—东盟共建"一带一路"的理念交互

"一带一路"倡议是中国为世界发展提供的重要国际公共产品。东盟是中国推进"一带一路"建设的优先方向和重要伙伴。自"一带一路"倡议提出至今,中国同东盟国家始终秉持共商共建共享理念,推动"一带一路"合作稳步发展。在共同落实"一带一路"倡议的过程中,中国与东盟国家通过双方国际合作理念的互动与交融,在强化共识的基础上,不断加强政策协调与战略对接,使"一带一路"逐步嵌入东南亚地区的发展进程,打造了高质量共建"一带一路"的东南亚样板。基于关系性合作的逻辑,关系既是理念交互的基础,也为理念的交互过程所建构。共建"一带一路"为东盟地区合作的本土理念与中国的国际发展合作理念提供了交互的场域,双方合作理念的交互是中国与东盟既有互动及合作关系再生产的结果,为中国—东盟共建"一带一路"提供了可持续的内生动力。

(一)东盟地区合作的本土理念

作为东南亚地区国家间的合作组织,东盟在内部各国政治安全、经济、社会文化等领域的紧密合作之中积累了以"东盟方式"(ASEAN Way)为特征的一体化经验,成为次区域合作的亚洲典范。同时,通过倡议和主导一系列区域合作机制,在政治、安全、经济等领域加强同东亚各国之间的合作,东盟将域内主体紧密地联系在一起,一同推动了东亚区域合作框架的建构,形成了以东盟中心性(ASEAN Centrality)为特征的东亚区域合作范式。"东盟方式"与东盟中心性汇聚了东盟长期以来在内外合作中所汲取的本土智慧与实践经验,也成为东盟在国际合作中秉持的规范性蕴含。

在东盟的演进历程中,东南亚国家间以东盟为平台,发展出一系列贯穿决策与执行机制的具有东盟特性的地区合作规范和原则,即"东盟方式"。[31]"东盟方式"一方面包括国际法所规定的行为准则,即尊重主权、不干涉内政、和平解决冲突以及不使用武力等;另一方面包括协商一致、非对抗性和非强制性、地区自治与集体自主等衍生自东盟自身发展进程的基本共识。[32]这些规范和原则使其区别于"欧盟模式",成为东南亚地区国家间特有的合作方式。"东盟方式"是一个不断演进的概念,从东南亚国家间的合作与互动中发展而来,蕴含东盟国家独特的历史根源和文化背景,带有鲜明的地区特性和时代特征。[33]地区自治与集体自主、非对抗性和非强制性、协商一致原则等深刻体现出东盟国家的共识,即各国无意将东盟建设成一个超国家组织,强调东盟框架内各国主权的绝对平等,这也表现在决策和执行过程中的全体一致原则上。同时,尊重主权、不干涉内政、和平解决冲突以及不使用武力原则与联合国宪章和亚非会议精神相一致,既影响东盟对外关系的发展,也为东盟内部各国的团结合作提供了准则和规范上的支持与约束,在东盟的一体化进程与共同体的建设中发挥着重要作用。

随着一体化进程的不断推进,东盟将地区主义逐步应用于同东亚其他国家的合作中。冷战结束后,东亚国家摆脱了长期以来两极对抗的权力格局,经济全球化与区域经济一体化的浪潮逐渐影响东亚,对于发展的迫切需求使各国更加紧密地联系在一起,开始了区域合作的探索。东盟既是东亚地区最早做出一体化尝试的次区域组织,也是东亚区域合作的倡导者和主导者。东盟主导下的"10+N"、东盟防长扩大会议、东盟海事扩大论坛、东盟地区论坛、东亚峰会、RCEP等机制,与中日韩峰会、亚太经合组织等其他双边及多边合作机制共同构成了东亚区域复杂的合作框架。在上述框架下,东盟与东亚各国签署了《东亚合作联合声明》(1999)、《东亚展望小组报告》(2001)、《东亚研究小组报告》(2002)、《关于东盟与中日韩领导人会议的吉隆坡宣言》(2005)、第二份《东亚合作联合声明》(2007)等相关文件,在强调以建立东亚共同体为长期目标的同时,逐渐明确了东盟在东亚地区合作机制中的中心地位。

通过将东亚各国引入东盟既有的合作机制,同时作为东盟国家的整体性力量参与到东亚区域合作机制及各领域的具体合作中,东盟得以在东亚区域合作框架中扮演关键性角色,并以其地区主义及一体化经验为东亚区域合作提供智力支持,影响共识和规范的建构。[34]"东盟方式"中的一系列规范和原则深刻影响着东亚区域合作,在意识形态、发展水平、发展路径等方面存在多样化的情况下,平等、协商一致等理念保障各主体能够尊重他方的主权和利益,进而达成合作。作为东南亚的一体化组织,东盟所代表的是东盟国家的共同利益。维护地区的和平与稳定,促进地区的经济增长、社会进步和文化发展是东盟的宗旨与目标,也是东盟积极推动东亚区域合作的最主要动因。由于自身实力受限,为在地区大国权力博弈中保持独立性,保持东盟国家在东亚区域合作及其他地区事务中的话语权和影响力,东盟坚持保有在东亚区域合作中的中心地位,并将其作为国际合作的必要条件。"东盟方式"与东盟中心性成为东盟协调内外关系、开展国际合作以推动地区发展的基本要义。

(二)中国的国际发展合作理念

2013 年,习近平总书记在访问哈萨克斯坦和印度尼西亚时,先后提出了建设丝绸之路经济带和 21 世纪海上丝绸之路的重大倡议。中国共产党十八届三中全会通过了《中共中央关于全面深化改革若干重大问题的决定》,明确提出加快同周边国家和区域基础设施互联互通建设,推进丝绸之路经济带、海上丝绸之路建设,形成全方位开放新格局。[35]之后,习近平总书记在中央财经领导小组第八次会议上强调,丝绸之路经济带和 21 世纪海上丝绸之路倡议顺应了时代要求和各国加快发展的愿望,提供了一个包容性巨大的发展平台,能够把快速发展的中国经济同沿线国家的利益结合起来,要集中力量办好这件大事,秉持亲、诚、惠、容的周边外交理念,近睦远交,使沿线国家对我们更认同、更亲近、更支持。[36]2015 年 3 月,由国家发展改革委、外交部、商务部联合发布的《推动共建丝绸之路经济带和 21 世纪海上丝绸之路的愿景与行动》指出,"一带一路"是促进共同发展、实现共同繁荣的合作共赢之路。[37]共建"一带一路"倡议是中国为促进全球和平合作和共同发展所提出的中国方案,其合作理念是秉持"和平合作、开放包容、互学互鉴、互利共赢"的丝绸之路精神,坚持共商、共建、共享原则,不干涉内政、不附加任何政治条件,促进相关沿线国家政策沟通、设施联通、贸易畅通、资金融通、民心相通。

共建"一带一路"倡议提出后,中国同沿线国家一道不断深化合作,互利共赢,为国际社会搭建起了广泛参与的国际合作平台。伴随"一带一路"建设的推进,中国的国际合作理念内涵日益丰富,不仅通过具体实践实现了与沿线国家的有效对接,也越来越多地受到世界各国的普遍认可并惠及全球。[38] 2017 年 9 月 11 日,第七十一届联合国大会通过关于"联合国与全球经济治理"决议,要求"各方本着'共商、共建、共享'原则改善全球经济治理,加强联合国作用",并重申"联合国本着合作共赢精神,继续发挥核心作用,寻求应对全球性挑战的共同之策,构建人类命运共同体"。[39] "共商、共建、共享"作为中国与各方共建"一带一路"的核心理念和基本原则,与"人类命运共同体"以及"合作共赢"等中国理念一道被纳入联合国的重要决议中,[40] 意味着中国所主张的一系列国际合作理念通过联合国的平台达成了最大程度的国际共识。

全球发展倡议的提出进一步强化了共同发展在中国国际合作理念中的导向作用。2021 年 9 月 21 日,习近平总书记出席第七十六届联合国大会一般性辩论并发表重要讲话,提出全球发展倡议,主张坚持发展优先、坚持以人民为中心、坚持普惠包容、坚持创新驱动、坚持人与自然和谐共生、坚持行动导向,呼吁国际社会在减贫、粮食安全、抗疫和疫苗、发展筹资、气候变化和绿色发展、工业化、数字经济、互联互通等领域加强合作。[41] 2021 年 11 月 11 日,在亚太经合组织工商领导人峰会上,习近平总书记强调,中国将坚定推进高质量共建"一带一路",指出中国愿继续发挥负责任大国作用,推动加强全球减贫、粮食安全、发展筹资等领域合作,落实联合国 2030 年可持续发展议程,构建全球发展命运共同体。[42] 在 2022 年世界经济论坛视频会议上,习近平总书记再次强调,全球发展倡议是"向全世界开放的公共产品,旨在对接联合国 2030 年可持续发展议程,推动全球共同发展",并表示中国愿同各方携手合作,共同推进倡议落地,努力不让任何一个国家掉队。[43] 在此基础上,党的二十大报告进一步确定了全球发展倡议的战略性地位,表示愿同国际社会一道努力落实。全球发展倡议强调尊重各国发展的自主性以及加强发展中国家的发展能力,倡导践行真正的多边主义,共创普惠平衡、协调包容、合作共赢、共同繁荣的发展格局,使发展成果惠及全球各国人民。

"一带一路"倡议与全球发展倡议作为中国为全球发展提供的国际公共产品,既是凝聚中国合作理念与国际共识的创新成果,也是践行中国发展理念的有力平台。[44] 两大倡议不仅为世界各国提供了可参考的发展路径,也为以共同发展为导向的国际合作提供了可行的方案。其共同的核心理念是以人民为中心,坚持共商共建共享原则,旨在将中国的理念与世界的需求相结合,以实际行动大力推进区域合作和全球发展。[45]当前,世界范围内的区域合作正在面临严峻挑战。"一带一路"倡议在有效推动中国与各沿线国家间双边合作的同时,更带动了与东盟、非盟、欧盟等区域发展规划和合作倡议相对接的区域合作进程,使中国能够同各区域组织及国家共同分享发展经验,解决发展问题,汇聚发展资源,激发发展动能,从而提升沿线地区的发展水平,有效推动全球发展。

(三) 中国—东盟的"一带一路"合作理念

伴随"一带一路"倡议在东南亚地区的持续推进,中国—东盟关系实现了提质升级,双方合作水平达至前所未有的新高度。中国与东盟拥有共同的关系圈网和关系环境,深厚的关系基础,以及共同的发展需求使双方得以在理念层面相互融合,东盟地区合作的本土理念与中国的国际发展合作理念相互吸纳、相互建构,涌现出兼具二者特性的合作理念,在中国—东盟共建"一带一路"的过程中发挥着深层次的导向性作用。

第一,合作主体多元共存,体现合作关系的对称性。

中国—东盟"一带一路"合作坚持以东盟为中心,同时秉承"一国一策"原则,充分尊重东盟国家的多样性、差异性和自主性,通过有效的政策对接和协调,与东盟和东盟各国共商发展议程。"一带一路"倡议提出以来,中国与东盟就高质量共建"一带一路"、"一带一路"与《东盟互联互通总体规划 2025》、"东盟印太展望"的对接合作,以及提升经济合作制度化水平等重要议题达成一致。在国家层面,中国与东盟十国均已签署共建"一带一路"合作文件,依照与各国谅解备忘录的具体内容制定规划、推进合作。同时,在兼顾各国需求和舒适度的前提下,开展"一带一路"倡议与东盟国家发展战略的对接合作,包括印尼的"全球海洋支点"构想、菲律宾的"大建特建"计划、泰国的"4.0 战略"、越南的"两廊一圈"以及柬埔寨的"四角战略"等。合作主体的多元共存既源于东盟的独特属性,也符合中国坚持真正的多边主义原则,有利于中国与东盟进一步拓展合作的广度和深度,促进双方在区域发展中更好地发挥主体性作用,使双方在涉及东亚区域稳定与发展的相关议题上实现更加务实、有效的合作。

第二，合作模式开放互构，体现合作关系的传递性。

在共建"一带一路"的进程中，中国—东盟积极发挥已有合作规范和机制网络的作用，通过相关机制为"一带一路"合作搭建平台，不断提升互联互通水平，促进区域各项互联互通战略对接，为区域发展创造更多机遇。不论是在东亚、亚太，还是在更大的地缘范围内，中国—东盟关系都是至关重要且极具特殊性的。基于东盟在区域合作中的中心地位，中国能够通过与东盟的关系进一步加强同其他主体间的联系，将中国—东盟关系作为范本，使其在中国同其他国家和组织之间的互动中发挥引领作用。同时，以东盟为核心的区域合作框架也能够为中国拓宽关系网络、强化双边及多边关系提供平台与媒介。双方的合作经验、理念与模式已经融入现有的区域合作架构中，东盟区域组织的特性及其中心性使其能够利用自身的潜力与优势，在合作进程与国际秩序中提供更具整体性、多元性的视角，为构建更加公正合理、稳定有效的国际秩序做出贡献。对中国而言，区域合作进程的发展既有益于构建国内国际双循环相互促进的新发展格局，也为"一带一路"建设塑造了更加有利的环境。合作模式的开放互构反映出中国—东盟关系兼具较高的亲密度与灵活度，意味着双方能够更好地适应日益扩大且复杂化的合作进程，中国—东盟"一带一路"合作前景广阔。

第三，合作目标共时互涵，体现合作关系的反身性。

第25次中国—东盟领导人会议通过的《关于加强中国—东盟共同的可持续发展联合声明》指出，中国与东盟坚持发展导向和发展优先，通过共商共建深化合作，建设有意义、实质性、互利的中国—东盟全面战略伙伴关系，促进和平、安宁、繁荣和可持续发展。[46]发展是中国和东盟共同的目标，也是共建"一带一路"的应有之义。多数东南亚国家都是发展赤字巨大的发展中国家，"一带一路"倡议与全球发展倡议符合东盟的发展需求，因而获得了东盟国家的普遍支持。[47]东盟十国都已加入"全球发展倡议之友小组"，并有望成为受益于这一倡议的最大地区集团，其合作重点集中于减贫、应对大流行病、粮食安全、气候变化和绿色发展等领域。各领域的合作项目是在中国与东盟既有发展合作议程的导向下签约并推进的，体现出双方合作理念与具体实践的有效对接。一方面，中国与东盟对于发展合作的共同需求使共建"一带一路"的意愿和目标愈加明确，不断塑造并强化双方发展利益的互涵互嵌，使中国—东盟关系更加紧密且稳固；另一方面，中国—东盟之间深厚的关系基础,以及中国与东盟各国的关系亲密度决定了"一带一路"在东南亚地区拥有广阔的可为空间。在理念交互的基础上,中国与东盟在各领域实践的协同增效能够为发展合作提供更多资源,增进中国—东盟"一带一路"合作的可持续性,使发展成果共享共用,惠及中国与东南亚各国人民。

四、中国—东盟共建"一带一路"的实践成效

根据对中国—东盟关系网络复合结构的分析,中国—东盟关系在政治、安全和经济领域均具备不同程度的比较优势,为双方共建"一带一路"的具体实践提供了丰富的关系性资源。不同的关系网络既体现出中国与东盟在各领域开展合作的关系基础,也反映出"一带一路"建设在不同国家和地区所面临的主要任务,涉及合作主体、合作模式以及合作目标等各个层面。十年来,共建"一带一路"倡议在东盟落地生根,以政策沟通、设施联通、贸易畅通、资金融通、民心相通为主要内容,中国根据沿线国家和地区的发展需要,积极开展合作,为各国发展培育空间、创造机遇,在互联互通、经贸投资、产能合作、绿色经济以及绿色转型等领域取得了丰硕的成果。[48] 这既是中国—东盟关系性合作和理念共识的具体呈现,也是中国将"一带一路"倡议嵌入东盟以及东盟各国发展的重要实践。

(一) 政策沟通

政策沟通是中国—东盟共建"一带一路"的基础和保障,双方已建立整体性的战略对接。2016 年 9 月,第 28 届、29 届东盟峰会通过了《东盟互联互通总体规划 2025》(MPAC 2025),旨在对可持续基础设施建设、数字创新、物流、进出口管理和人员流动等五方面加大投入。[49] 该规划中的可持续基础设施、数字创新、无缝衔接的物流、良好的规章制度、人员往来五大战略目标与"一带一路"倡议的"五通"理念高度契合,体现出中国与东盟在互联互通领域的合作潜能。2017 年 7 月 25 日,中国—东盟互联互通合作委员会第三次会议就进一步加强互联互通合作达成共识。2018 年 8 月 2 日,在中国—东盟("10+1")外长会议上,中国建议在《中国—东盟战略伙伴关系 2030 年愿景》指导下,加强东盟国家发展规划和《东盟愿景 2025》与"一带一路"倡议对接,形成优势互补,挖掘合作潜力,开辟更

大合作空间。[50] 2019 年 11 月 3 日,在第 22 次中国—东盟("10＋1")领导人会议上,中国和东盟发布《中国—东盟关于"一带一路"倡议同〈东盟互联互通总体规划 2025〉对接合作的联合声明》,着重明确了双方在基础设施项目开发合作、贸易和投资合作等 11 个方面的合作。[51] 政策层面的沟通和协调为中国与东盟实现互联互通和共同发展奠定了基础,也为双方进一步加强发展战略对接提供了重要机遇。

目前,中国与东盟十国均已签署双边共建"一带一路"合作文件,同各国的谅解备忘录均具备针对性和适用性,次区域和国家层面合作进展顺利。2016 年 3 月 23 日,澜沧江—湄公河合作首次领导人会议举行,六国一致同意,将秉持开放包容精神,鼓励"一带一路"倡议与澜湄合作活动和项目及包括《东盟互联互通总体规划》在内的湄公河国家相关发展规划之间的对接。[52] 2018 年 1 月 10 日,澜湄合作第二次领导人会议通过了《澜湄合作五年行动计划(2018—2022)》,明确提出将对接"一带一路"倡议、《东盟愿景 2025》《东盟互联互通总体规划 2025》和其他湄公河次区域合作机制愿景,致力于将澜湄合作打造成独具特色、具有内生动力、受南南合作激励的新型次区域合作机制。[53] 澜湄合作关乎"一带"与"一路"的交叉地带,[54] 这一机制的成功实践为共建"一带一路"树立了次区域合作的典范。

越南是中国—东盟关系网络中的重要节点,"两廊一圈"与"一带一路"倡议的对接为中越合作的深化注入了新的能量。中越两国于 2004 年 5 月就建设"两廊一圈"达成一致,包括"昆明—老街—河内—海防—广宁""南宁—谅山—河内—海防—广宁"经济走廊和环北部湾经济圈,涉及中国广西、广东、云南、海南、香港和澳门及越南的 10 个沿海地带。"一带一路"倡议提出后,2017 年 11 月 12 日,中越两国领导人举行会谈并签署共建"一带一路"和"两廊一圈"合作备忘录,同意落实好共建"一带一路"和"两廊一圈"合作文件,促进地区经济联系和互联互通,推动经贸、产能、投资、基础设施建设、货币金融等领域合作不断取得务实进展,稳步推进跨境经济合作区建设,加强农业、环境、科技、交通运输等领域合作。[55] 随着双方发展战略对接的持续推进,中国与越南在各领域的合作取得了跨越式的进展,中国连续多年保持越南第一大贸易伙伴、第一大进口市场和第二大出口市场地位,越南也已成为中国在东盟的最大贸易伙伴。

（二）设施联通

基础设施"硬联通"是中国—东盟共建"一带一路"的关键领域和核心关切。自"一带一路"倡议在东南亚地区落地实施以来,中泰铁路、中老铁路、印尼雅万高铁、越南河内轻轨项目、柬埔寨金边—西港高速公路、马来西亚东海岸铁路和中新国际陆海贸易新通道等项目稳步推进,致力于实现东南亚地区以及中国—东盟高速度、高质量的互联互通。根据《"一带一路"国家基础设施发展指数（2022）》显示,2022年,东南亚地区的基础设施发展指数仍然居于前列,以较高的发展需求和热度、较好的发展环境和较低的发展成本继续保持良好的发展态势,得分连续四年保持首位。[56]其中,印度尼西亚、菲律宾、马来西亚、越南、泰国升速较快,表现突出,反映出其在本国经济发展和政策环境优化等方面做出的努力。设施联通是多数东盟国家改善发展环境,实现经济复苏的关键点,也是中国基于东盟各国的发展需求,制定相应基建合作规划以带动当地经济和社会发展的核心导向。

近年来,根据基础设施发展需求指数结果,东南亚地区对于交通、能源、通信、水务,以及公共卫生等领域的发展需求均有不同程度的提高,主要集中于交通和能源领域。中国与东盟国家的基础设施建设合作就主要集中于这两个领域,已合作投资超过22个大型的基础设施建设项目,包括马来西亚槟城二桥、中缅油气管道、金边至暹粒6号公路、越南油汀500MW光伏电厂、越南河内都市铁路2A线等项目。这些基建工程不仅有助于推动东南亚地区的互联互通,加速资本、技术和人员的快速流动,也为中国与东盟的经贸合作提供了新的契机。其中,中老铁路是"一带一路"倡议与老挝"变陆锁国为陆联国"战略对接的重要项目,也是以中方为主投资建设、全线采用中国技术标准、使用中国设备并与中国铁路网直接连通的国际铁路。中老铁路北起昆明,南至万象,全长1 035公里,于2021年12月3日全线开通运营。截至2023年2月22日,累计发送货物1 560万吨,由开通初期的日均2列增加到目前的日均12列,货物品类由开通初期的化肥、百货等10多种扩展至电子、光伏、冷链水果等1 200多种,为畅通国内国际双循环、促进中老经济走廊建设发挥了积极作用。[57]同时,雅万高铁于2023年9月建成通车,其运行有效改善了当地交通状况,激发了沿线经济社会活力,助推了印度尼西亚经济的持续增长以及中国与印尼的务实合作。

除以互联互通项目为重点的交通基础设施项目和以可再生能源建设为重点的能源类项目外,绿色基础设施项目也逐渐成为中国—东盟共建"一带一路"的重要方向,凸显了双方在绿色、可持续发展领域的合作共识。[58]东盟十国均已加入"一带一路"绿色发展伙伴关系倡议。泰国、马来西亚、印度尼西亚、越南、菲律宾、新加坡等国家相继制定并完善了基础设施绿色发展政策,积极推进基础设施绿色发展融资,加快调整能源结构,大力发展以光伏、风电、太阳能等清洁能源的并网供电。中国绿色"一带一路"建设的思路符合东盟国家的普遍需求,从合作战略、机制、政策和实践上都为东盟国家提供了相应的支持。2021—2022 年,中国在东南亚地区开展的绿色基建合作项目超过 40 项,共建国家主要包括越南、缅甸、菲律宾等。[59]尽管当前美国、日本、澳大利亚和印度等域外大国参与东南亚地区基础设施建设,使这一领域形成了较为明确的竞争态势,[60]但相对而言,中国在基建产业的综合优势更加显著。同时,中国—东盟的关系基础和理念共识使其更能够满足东盟的发展需求,提供更具针对性的基建合作项目。[61]

(三) 贸易畅通

中国与东盟拥有成熟稳固的经贸合作关系基础,也具备通过合作和开放实现互利共赢目标的理念共识。自"一带一路"倡议提出以来,中国—东盟经贸合作持续深化,在双边关系提质升级的过程中发挥了关键性的作用。双方不断推进"一带一路"倡议与东盟地区发展战略的深入对接,共同捍卫自由贸易、反对保护主义,推动中国—东盟自贸区升级版全面生效,推动 RCEP 的落地实施,大力开展经济技术合作和人力资源培训,加强数字经济、电子商务等新兴领域的积极合作,双边贸易指数快速攀升。[62]2009 年以来,中国连续 13 年保持东盟第一大贸易伙伴地位。2020 年,东盟跃升为中国第一大贸易伙伴,首次形成中国同东盟互为第一大贸易伙伴的良好格局,双向贸易总值连创新高。2013 年,中国与东盟的贸易总值为 4 436.1 亿美元。2022 年,双边贸易总值翻了一倍,达至 9 753.4 亿美元,同比增长 11.2%。[63]"一带一路"倡议为东盟带来了更多的发展机会和更大的发展空间,助力东盟国家发展模式和产业结构的完善和优化,也赋予了中国—东盟经贸合作更强劲的动能。

产能合作是中国—东盟共建"一带一路"、共促可持续发展的必然选择。结合"一带一路"倡议,中国与东盟先后发表了《中国—东盟产能合作联合声明》《澜沧江—湄公河国家产能合作联合声明》《关于加强澜沧江—湄公河国家可持续发展合作的联合声明》《关于加强中国—东盟共同的可持续发展联合声明》等文件,共同打造国际产能合作平台,通过共建国际产能合作园区以及举办中国国际进口博览会等形式,促进中国—东盟之间的国际产能合作更加畅通。中国与柬埔寨、老挝、马来西亚、缅甸、菲律宾、新加坡、越南等东盟国家都签署了产能合作和第三方市场合作的有关协议。基于中国与东盟国家之间的地缘优势,双方的产业链和分工体系门类齐全、互补性强,在产能合作方面有着广阔的发展前景。中马钦州产业园区和马中关丹产业园区作为"一带一路"规划重大项目和跨境国际产能合作示范基地,自 2012 年、2013 年相继正式开园后,不断加强联动发展,开创了"两国双园"国际产能合作新模式。[64]马来西亚联合钢铁项目、上汽通用五菱印尼制造基地、中柬农业促进中心、文莱摩拉港等一大批标志性的产能合作项目在海外相继建成和投产。中国与东盟的产能合作带动了双方的经济增长和就业,有助于共同防范化解各类风险挑战,共同构建更加开放、更具韧性的区域产业链和供应链。

"数字丝绸之路"作为"一带一路"倡议与中国—东盟数字经济合作的融合,是中国—东盟经贸合作深入发展的重要依托。[65]2017 年 12 月,在第四届世界互联网大会上,中国、老挝、泰国等七国共同发起《"一带一路"数字经济国际合作倡议》,标志着"一带一路"数字经济合作开启新的篇章。[66]2019 年 11 月,第 22 次中国—东盟领导人会议发布《中国—东盟智慧城市合作倡议领导人声明》。2020 年为"中国与东盟数字经济合作年",11 月召开的第 23 次中国—东盟领导人会议发表了《中国—东盟关于建立数字经济合作伙伴关系的倡议》,双方共同提出了深化数字技术在疫情防控中的应用,加强数字基础设施合作等具体倡议。[67]2021 年 10 月,在第 24 次中国—东盟领导人会议上,双方就加强发展战略对接,深化数字经济、互联互通、智慧城市等领域的合作进一步达成共识。[68]结合东盟各国的实际需求,中国面向印度尼西亚、老挝等国开展了北斗应用系列活动,协助泰国打造 5G 智能示范工厂,在老挝、柬埔寨、缅甸等国建设了海外云计算中心。通过持续加强双方在电子商务、科技创新、5G 网络、智慧城市、数据中心和云计算等领域的合作，中国与东盟得以将科技创新成果进行转化，为中国—东盟的高质量发展开拓了更为广阔的前景。

（四）资金融通

资金融通是推进"一带一路"基础设施建设和贸易流转的关键要素。中国和东盟是彼此最重要的贸易投资伙伴，伴随双方贸易投资关系的快速发展，中国与东盟在货币、投资以及区域金融合作领域取得了一系列显著成就，为共建"一带一路"增添了巨大的动能。2014年，中国成立丝路基金，致力于为沿线国家基础设施建设和产能合作等领域提供资金支持。2017年，中国宣布向丝路基金新增资金1000亿元人民币，同时鼓励金融机构开展人民币海外基金业务，规模约3000亿元人民币。中国国家开发银行、进出口银行分别提供2500亿元和1300亿元等值人民币专项贷款，用于支持"一带一路"的基础设施建设、产能、金融合作，并同亚洲基础设施投资银行、金砖国家新开发银行、世界银行及其他多边开发机构合作支持"一带一路"项目，同有关各方制定"一带一路"融资指导原则等。[69]在资金融通方面，以丝路基金、国家开发银行、中国投资有限责任公司、中国建设银行、中国出口信用保险公司等为代表的中国金融机构为"一带一路"项目在东南亚地区的顺利推进提供了实际有效的支持。

在金融合作领域，2021年3月，由东盟与中日韩（"10＋3"）财长和央行行长以及中国香港金管局总裁共同签署的清迈倡议多边化（CMIM）协议特别修订稿正式生效。修订稿在清迈倡议多边化协议中增加了本币出资条款，将清迈倡议多边化与国际货币基金组织贷款的脱钩比例从30％提高至40％，进一步强化了清迈倡议多边化协议的有效性和可操作性，使其在中国—东盟共建"一带一路"的金融安全方面能够发挥更大的作用。[70]《2022年人民币东盟国家使用报告》显示，2021年，中国—东盟跨境人民币结算量达4.8万亿元，同比增长16％，十年来增长近20倍；中国人民银行与印尼、马来西亚、泰国、新加坡、老挝五国央行签署了双边本币互换协议，与印尼央行正式启动中印尼本币结算合作框架，实现了人民币跨境支付系统及中资银行在东盟十国的全覆盖。[71]人民币在东盟国家中的使用程度显著提高，增进了中国和东盟在"一带一路"金融合作中的自主性和稳定性。

从投资规模来看,自共建"一带一路"倡议提出以来,中国与东盟之间的双向投资一直保持较为稳定的增长态势。2022年,中国企业在"一带一路"沿线非金融类直接投资209.7亿美元,占同期总额的17.9%,其主要投向的10个国家中有6个为东盟国家。[72]根据《2021年度中国对外直接投资统计公报》,2021年,中国对东盟国家的投资共计197.3亿美元,占对亚洲投资的15.4%。[73]在东盟国家中,中国直接投资最多的前三位为新加坡、印度尼西亚和越南。其中,新加坡在流量和存量上均保持绝对性优势,基本实现了稳步且快速的增长;印度尼西亚和越南相对而言增速较缓,但也保持了持续增长的趋势。统计数据显示,新加坡自2013年起连续九年成为中国最大外资来源国。2021年,新加坡对华直接投资额为103.3亿美元,占比5.7%。2022年1—10月,新加坡对华实际投资96.1亿美元,同比增长15.7%。[74]2023年4月1日,双方共同签署《中华人民共和国商务部和新加坡贸易与工业部关于宣布实质性完成中国—新加坡自由贸易协定升级后续谈判的谅解备忘录》,确认实质性完成两国自贸协定升级后续谈判。[75]经贸、投资以及金融领域的合作成效从具体实践层面反映了中新关系对于两国间合作进程的助力。

(五) 民心相通

人文相亲是中国—东盟关系蓬勃发展的内在动力,也是构筑中国—东盟共建"一带一路"各领域合作实践的理念根基。中国与东盟山水相连、血脉相亲、文缘相通,具有天然的关系亲密度优势。在"一带一路"框架下,中国与东盟以人为中心,开展了多层次、多领域的人文交流合作,在公共卫生合作、救灾、援助和减贫、旅游合作、科技交流、教育培养等方面取得了可观的成果,在推动中国与东盟各国之间文明交流互鉴的同时,使"一带一路"发展成果切实惠及各国人民,为"一带一路"在政治、安全和经济等领域的关系及合作奠定了良好的社会基础。

从"健康丝绸之路"到构建人类卫生健康共同体,国际公共卫生合作一直是"一带一路"建设的重要内容。2013年至今,中国和东盟通过中国—东盟卫生合作论坛、中国—东盟卫生发展高官会和卫生部长会议、中国—东盟医院合作联盟等健康发展合作机制,不断开展相关对话与协调,推动双方在公共卫生领域的合作。自新冠肺炎疫情暴发以来,中国坚持与东盟相关国家分享疫情信息、诊疗和防控方案以及抗疫理念，多次举行专家视频研讨会，并向相关国家派遣抗疫专家组，开展疫苗捐赠与生产技术的转移合作，与东盟各国携手抗疫。2021 年 11 月，在中国—东盟建立对话关系 30 周年纪念峰会上，中国宣布启动"中国东盟健康之盾"合作倡议，内容涉及向东盟国家继续提供 1.5 亿剂新冠疫苗无偿援助，助力地区国家提高接种率；再向东盟抗疫基金追加 500 万美元，加大疫苗联合生产和技术转让，开展关键药物研发合作，提升东盟自主保障水平；帮助东盟加强基层公共卫生体系建设和人才培养，提高应对重大突发公共卫生事件能力。[76] 此外，中国还通过对东盟国家医疗基础设施建设提供援助、举办培训班、互派留学生等途径支持东盟各国的公共卫生能力建设。

在世界经济下行的背景下，东盟部分国家的减贫脱贫事业备受阻滞，印度尼西亚、缅甸和柬埔寨等国家出现因疫致贫、因疫返贫的现象。在减贫扶贫合作方面，中国始终坚持东盟中心性，尊重东盟的主导性和东盟各国国情的差异性，将东盟国家的需求放在首位。2014 年，在第 17 次东盟与中日韩（"10＋3"）领导人会议上，中国提出"东亚减贫合作倡议"，并提供 1 亿元人民币，开展乡村减贫推进计划，建立东亚减贫合作示范点。[77] 此后，中国积极推动同东盟国家之间的减贫示范合作项目，将柬埔寨、老挝、越南作为第一批重点合作国家，由云南、广西、四川分别承担相关项目。2022 年 7 月 4 日，中国通过澜湄合作第七次外长会宣布了下阶段六大惠湄举措，包括涉及农业、兴水、英才、公共卫生等领域的六项合作计划，为中国与湄公河国家的具体合作指明了方向。[78] 中国的脱贫经验能够为东盟国家提供行之有效的参考方案。以高标准、可持续、惠民生为目标导向，双方在减贫脱贫方面的务实合作将成为中国—东盟合作走深走实的重要支点，为构建更为紧密的中国—东盟命运共同体释放更多的发展动能。

五、结　语

在共建"一带一路"的十年进程中，中国—东盟之间深厚的关系基础使其得以在理念层面相互融合，合作共识深刻体现于双方在深化政策沟通、加快设施联通、推动贸易畅通、促进资金融通、增进民心相通的具体实践之中。基于关系性合作逻辑，关系因素建构了中国与东盟共建"一带一路"的理念共识和实践条件，反映了中国—东盟在理念与实践层面互容且互补的双向互动。通过对中国—东盟间多维关系网络的分析可知,中国与东盟的关系亲密度是建立在中国与东盟及东盟国家的关系基础之上的。相较于所属关系圈网中的其他行为体,中国—东盟关系的亲密程度为其合作进程提供了充分的保障。在中国—东盟关系网络的复合结构下,中国与东盟在各领域的关系水平决定了双方合作的空间,中国与东盟各国在关系网络中的不同位置也决定了合作条件的差异性。与此同时,在所属关系圈网与关系环境的复杂影响下,中国与东盟同其他行为体之间的关系以及网络结构的变化也将作用于中国—东盟关系,使其面临陷入亲缘困境的风险。这意味着在共建"一带一路"的过程中,中国和东盟既要提升双方在不同维度下的关系水平,不断巩固各领域的合作基础,也须继续强化理念共识,通过具体实践不断完善双方的合作模式。这对于中国继续深化同各方的"一带一路"合作具有重要的启示性意义。就中国与东盟而言,在兼顾双方舒适度的前提下强化中国—东盟关系的韧性与弹性,让"一带一路"建设成为引领中国—东盟关系性合作与共同繁荣的强劲引擎,是未来中国—东盟高质量共建"一带一路"的可行路径。

（原载《当代亚太》2023 年第 5 期）

注释

1. 参见［美］肯尼思·华尔兹:《国际政治理论》,信强译,上海:上海人民出版社 2017 年版;［美］罗伯特·基欧汉:《霸权之后:世界政治经济中的合作与纷争》,苏长和等译,上海:上海人民出版社 2016 年版;［美］罗伯特·基欧汉、约瑟夫·奈:《权力与相互依赖》,北京:北京大学出版社 2012 年版;［美］亚历山大·温特:《国际政治的社会理论》,秦亚青译,上海:上海人民出版社 2014 年版;［美］玛莎·芬尼莫尔:《国际社会中的国家利益》,袁正清译,上海:上海人民出版社 2012 年版;Alexander E. Wendt, "The Agent-structure Problem in International Relations Theory," *International Organization*, Vol. 41, No.3, 1987, pp.335—370 等。

2. 秦亚青:《关系本位与过程建构——将中国理念植入国际关系理论》,载秦亚青等:《关系性逻辑与东亚区域治理》,上海:上海人民出版社 2022 年版,第 15—54 页。

3. 秦亚青:《世界政治的关系理论》,上海:上海人民出版社 2021 年版,第 377 页。

4. 同上书,第 162—163 页。

5. [美]戴维·诺克、杨松:《社会网络分析》(第二版),上海:格致出版社 2012 年版,第 13 页。

6. 参见[美]斯坦利·沃瑟曼、凯瑟琳·福斯特:《社会网络分析:方法与应用》,陈禹、孙彩虹译,北京:中国人民大学出版社 2011 年版,第 109 页。

7. Zeev Maoz, *Networks of Nations: The Evolution, Structure, and Impact of International Networks, 1816—2001*, New York: Cambridge University Press, 2011, p.6.

8. Miles Kahler, "Networked Politics: Agency, Power, and Governance," in Miles Kahler ed., *Networked Politics: Agency, Power, and Governance*, New York: Cornell University Press, 2009, pp.1—20.

9. 参见周雪光:《组织社会学十讲》,北京:社会科学文献出版社 2003 年版,第 150—151 页。

10. Qin Yaqing, "A Relational Theory of World Politics," *International Studies Review*, Vol.18, No.1, 2016, pp.33—47;秦亚青:《世界政治的关系理论》,第 268—271 页。

11. 秦亚青:《世界政治的关系理论》,第 378 页。

12. 邢广程:《理解中国现代丝绸之路战略——中国与世界深度互动的新型链接范式》,载《世界经济与政治》2014 年第 12 期,第 4—26 页。

13. 陈伟光、王燕:《共建"一带一路":基于关系治理与规则治理的分析框架》,载《世界经济与政治》2016 年第 6 期,第 93—112 页。

14. 网络分析模型参见杨松、弗朗西斯卡·B.凯勒、郑路:《社会网络分析:方法与应用》,曹立坤、曾丰又译,北京:社会科学文献出版社 2019 年版,第 50—59 页。

15. Linton C. Freeman, "Centrality in Social Networks: Conceptual Clari-

fication," *Social Networks*，Vol.1，No.3，1978/79，pp.215—239.

16. Diplomatic Representation Dataset，https://korbel. du. edu/research/ project/diplomatic-representation-dataset. 与 COW 中的外交关系数据相比，DDR 数据库所提供的数据覆盖了更长的时段(1960—2020)以及更广的主体范围，LOR 指数(为正向指数,反映为 0—1 的具体数值,0 和 1 分别代表最低水平与最高水平)也能够更加集中地体现国家间的外交互动水平。参见 Jonathan D. Moyer，Sara Turner and Collin J. Meisel，"What are the Drivers of Diplomacy? Introducing and Testing New Annual Dyadic Measures of Diplomatic Exchange," *Journal of Peace Research*，Vol.58，No.6，2021，pp.1300—1310。

17. Correlates of War Datasets，https://correlatesofwar. org/data-sets/ igos/. 参见 Jon C. W. Pevehouse，Timothy Nordstron，Roseanne W. McManus and Anne Spencer Jamison，"Tracking Organizations in the World：The Correlates of War IGO Version 3.0 Datasets," *Journal of Peace Research*，Vol.57，No.3，2020，pp.492—503。文中对国家间共有政府间国际组织数据进行了标准化处理,以便于网络分析使用。

18. 文中对双边关系网络中有向数据的点入度、点出度进行了平均值处理。

19. 政治关系网络的综合分析结果由两个子网络分析结果的数值直接加总得出,安全关系网络和经济关系网络采用同一计算方式。

20.《中国—东盟建立对话关系 30 周年纪念峰会联合声明——面向和平、安全、繁荣和可持续发展的全面战略伙伴关系》,中国政府网,2021 年 11 月 23 日,https://www.gov.cn/xinwen/2021-11/23/content_5652616.htm。

21. SIPRI Arms Transfers Database，https://armstrade. sipri. org/armstrade/page/trade_reg ister.php.

22. Defense Cooperation Agreement Database，https://correlatesofwar. org/data-sets/defense-cooperation-agreement-dataset/.参见 Brandon J Kinne，"The Defense Cooperation Agreement Dataset(DCAD)，" *Journal of Conflict Resolution*，Vol.64，No.4，2020，pp.729—755。

23. 李晓、李俊久:《"一带一路"与中国地缘政治经济战略的重构》,载张蕴岭、袁正清主编:《"一带一路"与中国发展战略》,北京:社会科学文献出版社

2017 年版,第 45—81 页。

24. Design of Trade Agreements Database, https://www.designoftradeagreements.org/downloads/. 参见 Andreas Dür, Leonardo Baccini and Manfred Elsig, "The Design of International Trade Agreements: Introducing a New Database," *The Review of International Organizations*, Vol. 9, No. 3, 2014, pp.353—375。

25. International Investment Agreements Navigator, https://investmentpolicy.unctad.org/international-investment-agreements/.

26.《李克强在第十届中国—东盟博览会和商务与投资峰会上致辞》,中国政府网,2013 年 9 月 3 日,http://www.gov.cn/govweb/ldhd/2013-09/03/content_2480644.htm。

27.《李克强:凝聚两点政治共识推动七个领域合作促中国—东盟战略伙伴关系再上新台阶》,新华网,2013 年 10 月 9 日,http://www.xinhuanet.com/politics/2013-10/09/c_117641820.htm。

28.《中国与东盟结束自贸区升级谈判并签署〈议定书〉》,中国政府网,2015 年 11 月 22 日,http://www.gov.cn/xinwen/2015-11/23/content_5015519.htm。

29. 李向阳等:《亚太区域经济合作发展方向与中国的选择》,北京:社会科学文献出版社 2015 年版,第 6 页。

30. 沈铭辉:《"一带一路"、贸易成本与新型国际发展合作——构建区域经济发展条件的视角》,载《外交评论》2019 年第 2 期,第 1—28 页。

31. 郑先武:《东南亚早期区域合作:历史演进与规范建构》,载《中国社会科学》2017 年第 6 期,第 187—204 页。

32. 参见阿米塔·阿查亚:《建构安全共同体:东盟与地区秩序》,王正毅、冯怀信译,上海:上海人民出版社 2004 年版,第 66—100 页。

33. 魏玲:《本土实践与地区秩序:东盟、中国与印太构建》,载《南洋问题研究》2020 年第 2 期,第 1—14 页。

34. 董贺:《东盟的中心地位:一个网络视角的分析》,载《世界经济与政治》2019 年第 7 期,第 77—105 页。

35.《中共中央关于全面深化改革若干重大问题的决定》,中国国务院新闻办公室网站,2013 年 11 月 15 日,http://www.scio.gov.cn/zxbd/nd/2013/Document/1374228/1374228_6.htm。

36.《习近平主持召开中央财经领导小组第八次会议》,人民网,2014 年 11 月 6 日,http://politics.people.com.cn/n/2014/1106/c70731-25989646.html。

37.《推动共建丝绸之路经济带和 21 世纪海上丝绸之路的愿景与行动》,中国外交部网站,2015 年 3 月 28 日,http://newyork.fmprc.gov.cn/wjb_673085/zzjg_673183/gjjjs_674249/gjzzyhygk_674253/ydylfh_692140/zywj_692152/201503/t20150328_10410165.shtml。

38. 王明国:《制度实践与中国的东亚区域治理》,载《当代亚太》2017 年第 4 期,第 86—121 页。

39. "The United Nations in Global Economic Governance: Resolution Adopted by the General Assembly on 11 September 2017," The United Nations, 21 September 2017, https://documents-dds-ny. un. org/doc/UNDOC/GEN/N17/282/25/PDF/N1728225.pdf?OpenElement.

40. 刘结一:《中国理念彰显蓬勃生命力》,人民网,2017 年 9 月 28 日,http://theory.people.com.cn/n1/2017/0928/c40531-29564297.html。

41.《习近平出席第七十六届联合国大会一般性辩论并发表重要讲话》,中国政府网,2021 年 9 月 22 日,http://www.gov.cn/xinwen/2021-09/22/content_5638596.htm。

42.《习近平在亚太经合组织工商领导人峰会上的主旨演讲》,中国政府网,2021 年 11 月 11 日,http://www. gov. cn/xinwen/2021-11/11/content_5650227.htm。

43.《习近平在 2022 年世界经济论坛视频会议的演讲》,中国政府网,2022 年 1 月 17 日,http://www. gov. cn/xinwen/2022-01/17/content_5668944.htm。

44. 李向阳:《"一带一路":区域主义还是多边主义?》,载《世界经济与政治》2018 年第 3 期,第 34—46 页;李向阳:《亚洲区域经济一体化的"缺位"与"一带一路"的发展导向》,载《中国社会科学》2018 年第 8 期,第 33—43 页;孙吉胜:《"一带一路"与国际合作理论创新:文化、理念与实践》,载《国际问题研究》2020

年第 3 期,第 1—20 页。

45. 王俊生:《落实"一带一路"倡议与全球发展倡议》,载《光明日报》2023 年 4 月 26 日,第 12 版。

46.《关于加强中国—东盟共同的可持续发展联合声明》,中国政府网, 2022 年 11 月 12 日,https://www.gov.cn/xinwen/2022-11/12/content_5726314. htm。

47. 秦亚青、魏玲:《新型全球治理观与"一带一路"合作实践》,载《外交评 论》2018 年第 2 期,第 1—14 页。

48.《〈新时代的中国国际发展合作〉白皮书》,中国政府网,2021 年 1 月 10 日,http://www.gov.cn/zhengce/2021-01/10/content_5578617.htm。

49. "ASEAN Leaders Adopt Master Plan on Connectivity 2025," ASEAN Official Site, September 6, 2016, https://asean.org/asean-leaders-adopt-mas-ter-plan-on-connectivity-2025/.

50.《中国—东盟外长会议在新加坡举行王毅出席》,中国政府网,2018 年 8 月 3 日,http://www.gov.cn/xinwen/2018-08/03/content_5311395.htm?cid＝303。

51.《李克强出席第 22 次中国—东盟领导人会议》,中国国务院新闻办 公室网站,2019 年 11 月 3 日,http://www.scio.gov.cn/tt/34849/Document/ 1667582/1667582.htm。

52.《澜沧江—湄公河合作首次领导人会议三亚宣言》,新华网,2016 年 3 月 23 日,http://www.xinhuanet.com/world/2016-03/23/c_1118422397.htm。

53.《澜沧江—湄公河合作五年行动计划(2018—2022)》,中国政府网, 2018 年 1 月 11 日,http://www.gov.cn/xinwen/2018-01/11/content_5255599.htm。

54.《澜湄合作开启下一个"金色五年"》,中国国务院新闻办公室网站,2022 年 7 月 12 日,http://www.scio.gov.cn/31773/35507/35510/35524/Document/ 1727130/1727130.htm。

55.《习近平同越共中央总书记阮富仲举行会谈》,中国政府网,2017 年 11 月 12 日,http://www.gov.cn/xinwen/2017-11/12/content_5239154.htm。

56.《2022 年度"一带一路"国家基础设施发展指数报告》,中国对外承包工 程商会,2022 年 9 月 1 日,https://www.chinca.org/CICA/PublicationsList/

TP/22090110123211。

57.《中老铁路累计发送货物超 1 500 万吨》,中国"一带一路"网,2023 年 2 月 24 日,https://www.yidaiyilu.gov.cn/xwzx/hwxw/308701.htm。

58. 于宏源、汪万发:《绿色"一带一路"建设:进展、挑战与深化路径》,载《国际问题研究》2021 年第 2 期,第 114—129 页。

59. 参见 2021—2022 年《中企海外项目周报》,中国"一带一路"网,https://www.yidaiyilu.gov.cn/info/iList.jsp?cat_id=11432。

60. 毛维准:《大国基建竞争与东南亚安全关系》,载《国际政治科学》2020 年第 2 期,第 109—147 页。

61. 魏玲、刘淑琦:《不对称与发展自主:东南亚应对中美基建竞争》,载《南洋问题研究》2022 年第 3 期,第 1—16 页。

62.《中国—东盟贸易指数趋势》,中国海关总署网站,http://shanghai.customs.gov.cn/customs/302249/zfxxgk/2799825/302274/myzs75/3840284/3840291/3846055/index.html。

63. 参见中国海关统计数据在线查询平台、中国海关总署网站,http://stats.customs.gov.cn/。

64.《"两国双园"十年联动发展中马国际产能合作再升级》,中国政府网,2023 年 4 月 10 日,http://www.gov.cn/yaowen/2023-04/10/content_5750687.htm。

65. 马天月、翟崑:《制度嵌入与"印太经济框架"对东盟数字经济治理的影响》,载《当代亚太》2023 年第 1 期,第 100—124 页。

66.《世界互联网大会今开幕多国发起〈"一带一路"数字经济国际合作倡议〉》,中国"一带一路"网,2017 年 12 月 3 日,https://www.yidaiyilu.gov.cn/xwzx/gnxw/38241.htm。

67.《〈中国—东盟关于建立数字经济合作伙伴关系的倡议〉发表》,中国工业和信息化部网站,2020 年 11 月 13 日,https://www.miit.gov.cn/jgsj/gjs/yzhz/art/2020/art_82c43e18928e4ffeaea697eb34fef0ff.html。

68.《在第二十四次中国—东盟领导人会议上的讲话》,中国政府网,2021 年 10 月 26 日,http://www.gov.cn/gongbao/content/2021/content_5649723.htm。

69.《习近平在"一带一路"国际合作高峰论坛开幕式上的演讲》,新华网,2017 年 5 月 14 日,http://www. xinhuanet. com/world/2017-05/14/c_129604310.htm。

70.《清迈倡议多边化协议特别修订稿今日生效》,中国商务部网站,2021 年 4 月 1 日,http://asean. mofcom. gov. cn/article/jmxw/202104/20210403049099. shtml。

71. 梁海明:《提高人民币使用意愿夯实中国东盟合作》,载《中国贸易报》2022 年 12 月 1 日,第 A4 版。

72.《2022 年我对"一带一路"沿线国家投资合作情况》,中国商务部网站,2023 年 2 月 13 日,http://fec. mofcom. gov. cn/article/fwydyl/tjsj/202302/20230203384457. shtml。

73. 参见中国商务部、国家统计局、国家外汇管理局:《2021 年度中国对外直接投资统计公报》,北京:中国商务出版社 2022 年版。

74.《中国外资统计公报 2022》,中国商务部网站,http://images. mofcom. gov.cn/wzs/202211/20221102151438905.pdf。

75.《中国与新加坡宣布实质性完成自贸协定升级后续谈判》,中国商务部网站,2023 年 4 月 1 日,http://topic. mofcom. gov. cn/article/xwfb/xwbldhd/202304/20230403400620. shtml。

76.《习近平在中国—东盟建立对话关系 30 周年纪念峰会上的讲话》,中国政府网,2021 年 11 月 22 日,http://www. gov. cn/xinwen/2021-11/22/content_5652461.htm。

77.《李克强在第十七次东盟与中日韩(10+3)领导人会议上的讲话》,中国外交部网站,2014 年 11 月 13 日,http://switzerlandemb. fmprc. gov. cn/web/gjhdq_676201/gj_676203/yz_676205/1206_676788/1209_676798/201411/t20141114_7989505. shtml。

78.《澜沧江—湄公河合作第七次外长会在缅甸举行》,中国外交部网站,2022 年 7 月 4 日,https://www. mfa. gov. cn/wjbzhd/202207/t20220704_10715100. shtml。

后　　记

　　进入 21 世纪之后，关系主义世界政治理论有了明显的发展，并出现了中文学界关系主义和英文学界关系主义两支重要的力量。双方有相似之处，也有很大差异，比如中文学界关系主义学者几乎无一例外地以中华文化为思想启迪和智识资源，而英文学界则受到如杜威哲学等思想和关系社会学的影响。在近几年里，中国国际关系理论学者与世界其他地域文化的学者进行了一系列的对话，既包括不同国家关系主义学者内部的辩论，也包括关系主义学者与其他流派学者之间的论争。通过一系列对话和辩论的交流活动，促进了知识的流动，加强了既相互质疑、又相互借鉴的交互涵化效应。

　　对于关系主义理论的思辨性研究日益增多。虽然不同学派、不同地域的国际关系理论学者对关系主义的解读不尽相同，有的时候甚至大相径庭，但总体上承认关系主义是一种新的研究路径，在本体论、认识论和方法论等基本方面与现有国际关系理论有着明显的差异，理论潜力仍需继续深入挖掘。同时，使用关系主义理论进行实证研究的成果也越来越多。与前几年相比，实证研究范围明显扩大，涵盖了不同地域和不同领域。这无疑是对关系主义作为理论的普遍性和局限性进行的反复验证，对于促进理论发展和解释现实世界都有很大帮助。

　　本书的目的是将进入 21 世纪 20 年代以来关系主义的理论发展和实践检验成果选择整理、结集成册，与 2022 年出版的《关系性逻辑与东亚区域治理》相比，本书更为强调双向涵化对理论的深化意义和多地域、多领域实践检验对理论发展的作用。同时，这也是继《关系性逻辑与东亚区域治理》和《中华文化视野下的国际关系与全球治理》之后，由山东大学全球治理与国际组织研究中心出版的第三本研究性成果。该成果由山东大学科研经费资助出版，并得到山东大学政治学与公共管理学院及全球治理与国际组织研究中心各位同仁的支持，特表感谢。山东大学政管学院的付清同学在资料收集等方面做了大量工作，在此也表示感谢。

感谢各位作者对文集出版的贡献；感谢上海人民出版社一如既往的支持，感谢王冲、王琪编辑辛勤细致的工作，使得本书能够顺利出版；感谢《世界经济与政治》《当代亚太》《国际观察》《东北亚论坛》《学术月刊》《南洋问题研究》等学术期刊同意将论文收入本书出版。希望本书对于推动中国国际关系理论的发展、促进国际学术界的交流沟通有所帮助。

秦亚青

2024 年 11 月 20 日于青岛即墨

图书在版编目(CIP)数据

关系主义 ：理论发展与实践检验 / 秦亚青等著.

上海 ：上海人民出版社，2025. -- (山东大学全球治理
与国际组织研究中心国际关系与全球治理研究丛书).

ISBN 978-7-208-19600-1

Ⅰ. D81

中国国家版本馆 CIP 数据核字第 2025GC6024 号

责任编辑　王　琪
封面设计　陈绿竞

山东大学全球治理与国际组织研究中心国际关系与全球治理研究丛书
关系主义：理论发展与实践检验
秦亚青　等　著

出　　版　上海人民出版社
　　　　　（201101　上海市闵行区号景路 159 弄 C 座）
发　　行　上海人民出版社发行中心
印　　刷　上海商务联西印刷有限公司
开　　本　720×1000　1/16
印　　张　30.5
插　　页　4
字　　数　478,000
版　　次　2025 年 7 月第 1 版
印　　次　2025 年 7 月第 1 次印刷
ISBN 978 - 7 - 208 - 19600 - 1/D・4534
定　　价　138.00 元

山东大学全球治理与国际组织研究中心
国际关系与全球治理研究丛书